KB105234

인격 함양의 도덕교육

박 재 주 지음

인격 함양의 도덕교육

박 재 주 지음

철학과현실사

머리말

도덕은 도(道)와 덕(德)의 합성어이다. 인간이 가야 할 길이 도라면, 덕은 그 길을 갈 수 있는 힘 내지 의지력이다. 인간이 따라가야 할 도리로서의 도는 근본적으로 인간 외적인 것이며, 그 길을 따라서 갈 수 있게 하는 힘은 인간 내적인 것이다. 그 힘을 가지고 있음이 인간다움, 즉 인격이다. 도리를 알고 깨닫고 그것을 따를 수 있는 힘을 가지도록 하는 것이 진정한 도덕교육이다. 그런데 인간의 도리를 알고 깨닫는 것은 여러 교과들, 특히 사회과를 통해서도 가르쳐질 수 있지만, 인격 내지 의지력의 함양은 도덕교과를 통해서 이루어질 수 있다. 그래서 도덕교육의 근본적인 모습은 도덕(moral) 교육이 아니라 덕(virtue) 교육이어야 한다.

그러나 지금까지 우리의 도덕교육은 도덕이나 윤리 교육에 몰두하였고, 덕 교육은 등한시되었다. 덕 윤리 교육을 강조하는 요즘도 그 내용은 덕목(德目)(덕목은 규범들과 큰 차이 없음)에 지나지 못한다. 최근 도덕과가 사회과에 통합된 것은 당연하다 할 수 있다. 도덕교육이 덕 교육 내지 '인격 함양의 도덕교육'으로 반드시 그 모습을 바꾸어야 할 것이다. 인격 함양의 도덕교육을 위해서는 인격 내지 덕이란 무엇인가, 그것은 어떤 방법들을 통해 가르칠 수 있는가를 진지하게 연구할 필요가 있다. 지금까지는 도덕(moral) 교육에만 몰두하면서 덕목을 덕으로 오해하고, 명백한 덕(virtue) 관념마저 가지지 못하고 가질 생각도 하지 않았으며, 따라서 덕 교육의 방법은 거의 논의조차 하지 못했다고 생각한다. 인지적, 정의적, 행동적 접근들을 차시별로 나누어 시행하면서 그것이 통합적 도덕교육이라고 하는 것은 도덕(moral) 교육일 수는 있지만, 진정한 덕(virtue) 교육일 수는 없다. 덕은 인지, 정서, 행동으로 구분될 수 없는 개념이다. 덕 교육 자체가 통합적 도덕교육의 진정한 모습이다.

이 책은 진정한 통합적 도덕교육 내지 인격 함양의 도덕교육 방식들의 계발을 위한 이론들을 논의하고자 한다.

제1장에서는 '소크라테스적 방법'이 철학적 탐구로서의 도덕교육에 주는 의미를 밝히고자 한다. 철학적 탐구로서의 도덕교과교육이 인지, 정서, 행동과 자율성과 사회성을 진정으로 통합하는 도덕교육일 수 있다. '소크라테스적 방법'은 아이러니-엘렌코스-아포리아의 구조를 가진다. 아이러니는 소크라테스 자신의 무지의 고백과 대화 상대자의 무지를 자각하게 하여 지적 곤란 상태에 빠지게 하는 것을 가리킨다. 엘렌코스는 문답을 통해 대화 상대자의 주장을 논박하는 과정이며, 아포리아는 결론 없이 대화를 종결하는 것을 말한다. 그러한 '소크라테스적 방법'이 철학적 탐구로서의 도덕교과교육에 줄 수 있는 의미들은 (1) 대화를 통한 탐구, (2) 질문하고 답하기를 통해 탐구하는 방식, (3) 인격 함양을 궁극적인 목표로 삼는다는 점 등이다. 이글은 『도덕교육연구』 제20권 2호에 게재되었던 논문이다.

제2장은 도덕교육에서의 습관과 이성의 패러독스를 다룬다. 진정한 도덕교육에서의 습관과 이성의 관계는 패러독스가 아니다. 사실

그것들은 서로 구분되기 힘들다. 그것은 '습관적 이성'인 동시에 '이성적 습관'이다. 따라서 도덕교육에서 '습관으로서의 도덕적 삶'과 '합리적인 도덕적 삶'이 통합적으로 고려되어야 한다. 인격 함양의 덕 교육에서는 습관으로서의 도덕적 삶이 강조되어야 한다. 지금까지 우리의 도덕교육에서는 이 점이 매도당하였다. 이 점과 관련하여 소크라테스, 아리스토텔레스, 오크쇼트의 주장들을 검토하였다.

　제3장에서는 존 듀이의 도덕관과 도덕교육 이론을 다루었다. 존 듀이는 도덕교육이 특정한 도덕적 지식이나 덕목을 가르치는 일에 전념해서는 안 되며 도덕적 성장에 관심을 가져야 한다고 주장한다. 성장한다는 것은 모든 것이 미성숙하고 상호의존적이며 가소성을 지닌 것임을 전제한다. 가치관과 덕목을 가르치는 것은 상황을 초월하여 타당하고 보편적인 가치와 덕목을 가르치면서 학생들을 그 속에 가두어버릴 가능성이 높다. 학생들의 성장을 돕는 도덕교육을 위해서는 생활교육으로서의 도덕교육이어야 한다는 것이다. 그것을 위해 지능과 품성의 통합으로서의 지성을 개발하는 도덕교육이어야 한다는 것이 그의 강한 요구이다.

　제4장은 도덕적 상상을 기르는 도덕교육을 존 듀이의 이론을 중심으로 논의한다. 그는 도덕적 상상을 기르는 전략들로 네 가지를 제시한다. 첫째, 공감의 경험 기회들을 부여한다. 다른 사람의 입장에서 상황을 이해하고 다른 사람의 느낌을 느끼게 하는 것이다. 그 기회가 많이 주어질수록 도덕적 민감성이 확대되고 심화된다. 그리고 단순히 다른 사람의 입장에 서보는 차원을 넘어서 다른 사람의 입장에서 자신을 성찰하는 경험의 기회를 부여해야 한다. 둘째, 삶의 가능성들을 제시하고 그 결과들을 예상하게 한다. 도덕적 지식을 정답으로 제시하면서 옳음에 대해 단순히 알게 하기보다는 스스로 사고하고 탐구하는 과정을 거치면서 옳음을 스스로 판단하고 풍요로운 삶을 살 수

있는 능력을 기르게 하는 것이다. 셋째, 은유적 표현을 사용하게 한다. 도덕적 상상을 통해 자신의 심상을 은유적으로 표현할 수 있기 때문이다. 도덕적 책임은 신체적인 반응의 경험을 기초로 하는 은유로서 이해된다는 것이다. 마지막으로, 이야기 형식으로 표현하게 한다. 통합적인 일관성은 단순한 일련의 사건들을 도덕적 의미를 지닌 중요한 행위로 연결시킨다. 그래서 다양한 경험들을 통합시키는 상상적 구조의 맥락에서 인격, 의도, 행위를 이해하고 평가하게 된다. 문화적이거나 개인적인 이야기는 삶을 의미 있게 하는 가장 포괄적인 통합적 구조인 것이다.

제5장에서는 도덕적 상상과 도덕적 판단의 연관성을 다룬다. 공감은 다른 사람의 정감을 이해하는 것이며, 그것은 상상을 통해 이루어질 수 있다. 인식한다는 것은 감성적 직관이 오성에 의해 사고되어야 하고, 오성적 사고는 감성적 사고 내용을 가져야 한다. 그 둘을 서로 연결시키는 것이 바로 상상이다. 도덕적 상상은 삶의 가능성들을 탐구하는 기능과 자신의 가능성들에 관한 평가를 검토하고 수정하는 기능을 수행한다. 도덕적 판단은 상황에 대한 고려가 핵심이어야 하고, 그 고려는 도덕적 상상을 통해 다양한 삶의 가능성들을 고려하는 것이다. 고전적인 도덕적 판단은 도덕적 원리를 객관적으로 적용하는 것이며, 그것은 범주를 적용하는 것이다. 도덕적 상상을 통한 도덕적 판단은 원형을 기준으로 이루어진다. 원형은 새로운 경험들을 통해 검토되기 때문에 개선될 수 있다. 도덕적 상상은 삶의 가능성들 내지 도덕적 행위의 원형들을 평가하고 판단하는 능력이다. 도덕교육은 도덕적 상상을 통한 도덕적 판단을 시행하게 하는 교육이어야 한다. 그 대표적인 모습은 문학(특히 소설)을 활용하는 도덕교육이다. 이 글은 『도덕교육연구』 제23권 2호에 게재되었던 논문이다.

제6장은 '대화적 자아' 형성과 진정한 대화의 모습들을 논의한다.

인간은 진정한 대화 속에서 인격을 형성하는 '대화적 자아'이다. 주아(I)와 객아(me)로 구분되는 자아는 놀이(play)와 경기(game)라는 두 단계를 거치면서 인격적 자아 정체성을 구성하게 된다. 진정한 대화는 '나·너'의 인격적 만남이 그 본질이며, '무엇에 관한 말'이 아니라 '누구를 향한 말'로 이루어지는 대화이다. 진정한 대화는 토론이나 담화와는 다르다. 그것은 상호주체성이 존중되며, 공동으로 의미를 부여하는 과정이며, 공개적이고 혁신적이어야 한다. 인격교육으로서의 도덕교육의 대화학습은 지식교육으로서의 과학교육에서 이루어지는 담화나 토론을 통한 대화학습과는 전적으로 다른 것이어야 한다. 그것은 반드시 '대화 속의 도덕교육'이어야 한다. 이 글은 『초등도덕교육』 제38집에 게재되었던 논문이다.

제7장은 서사와 도덕교육의 연계성과 서사적 접근의 도덕교육을 통한 도덕 생각하기의 문제를 다룬다. 서사와 도덕교육의 연계성은 도덕교육으로서의 서사, 도덕적 방법론에서의 서사, 도덕적 대화의 적절한 한 형식으로서의 서사, 도덕적 정당화에서의 서사 등의 측면에서 논의할 수 있다. 서사는 내용 중심의 서사, 과정 중심의 서사, 반성 중심의 서사로 구분된다. 이야기의 내용은 단순히 기억되기보다는 그것을 듣거나 읽는 사람에게 모델이나 반모델을 제시한다. 그리고 이야기의 도덕을 가르치기보다는 이야기들에 반응하면서 자신의 가치들을 다루게 하는 과정을 중요시할 수 있다. 그리고 이야기를 통해서 어떤 도덕규범을 따라야 할 이유와 그것을 따르는 행위의 의미를, 반성을 통해 구성하게 할 수 있다. 이런 서사적 접근들을 통해 직관적 수준, 비판적 수준, 메타윤리적 수준의 도덕 생각하기가 가능할 수 있다. 일상적인 이야기들을 통해 이루어지는 직관적 수준의 도덕 생각하기는 도덕적 의무들 사이의 갈등을 임기응변적인 방안을 통해 해결하고자 한다. 그것은 개인의 성품 발달 과정과 유사하기 때문에

내용 중심의 서사와 연계된다. 비판적 수준의 도덕 생각하기는 갈등하는 도덕적 원칙들에 대한 결정을 내리는 것이다. 그것은 이야기의 내용보다는 그 이야기에 대응하는 과정을 중심으로 이루어진다. 메타윤리적 수준의 도덕 생각하기는 자신의 행위들에 의미를 부여할 이야기를 재구성하게 돕는 것이다. 그것은 반성을 통해 이루어질 것이다. 진정한 서사적 접근의 도덕교육은 위에서 제시한 내용 중심, 과정 중심, 반성 중심의 서사가 통합되어야 하고, 그것을 통해 직관적 수준, 비판적 수준, 메타윤리적 수준의 도덕 생각하기가 통합적으로 이루어져야 할 것이다. 이 글은 『도덕교육연구』 제24권 2호에 게재된 논문이다.

제8장은 철학적 탐구 공동체를 통한 도덕교육을 다룬다. 철학적 탐구 공동체에서의 학습은 진정한 통합적 접근의 도덕교육이다. 그것은 철학-학습이 아니고 철학하기-학습이다. 그것은 단순히 전달되거나 주입될 수 없는 주체적인 사고활동으로서, 스스로 질문하고 스스로 판단하고 해결하는 주체적 사고활동 자체이다. 그것은 어린이들이 함께 생각하는 활동이다. 그런 공동의 사고활동은 서로 다른 관점들과 입장들을 주고받는 대화를 통해 이루어진다. 대화를 통한 철학적 탐구활동은 개방성과 생동성을 통해 이루어지며, 신중함, 성실, 열린 정신, 참을성, 겸양, 상상, 친절 등을 반드시 요구한다. 이 점이 바로 철학적 탐구 공동체 활동을 인격 내지 덕과 연결시킨다.

제9장에서는 철학적 탐구 공동체를 통한 '함께 생각하기'의 도덕교육을 논의한다. 우리의 도덕교과교육은 여전히 '생각하기' 학습과는 너무 거리가 멀다고 생각한다. 생각하지 않음이 악의 근원임을 생각한다면, 도덕교과는 반드시 '함께 생각하기' 학습으로 그 모습을 바꾸어야 할 것이다. '생각하기'는 본질적으로 '함께 생각하기'이다. '함께 생각하기'는 '방문하기'로 은유될 수 있다. 방문한다는 것은 단순

히 여행하는 것도 아니고, 공감하는 것과도 다르다. 도덕교과교육은 옳음이라는 추상적이고 일반적인 기준에만 몰입하지 않으면서 다양한 관점들에서 현실의 사건들을 방문하여 그 옳음을 판단하는 방식의 '함께 생각하기' 학습이어야 한다. 그런 모습의 도덕교과교육은 철학적 탐구 공동체 학습을 통해 가능할 것이다. 여기서는 도덕적 원리나 지식을 일방적으로 전달하는 가르침(teaching)이 아니라 삶의 의미들을 스스로 탐구하는 배움(learning)이 이루어질 것이다. 그런 학습은 주로 대화나 이야기하기를 통해 이루어질 것이다. 그러나 그것은 협동학습과는 다르다. 협동학습은 대화에 적극 참여하여 공동의 노력으로 진리나 지식을 알아나가는 식의 학습이다. 그러나 철학적 탐구 공동체에서의 '함께 생각하기' 학습은 공동체에 적극 참여하여 남의 말에 귀를 기울이고 자신의 의견을 적극적으로 말하면서도, 결코 여기서 머물지 않고 그런 활동에서 철수하여 '자기 자신과의 대화'인 생각하기에도 적극 참여하는 학습이다. 이 글은 『초등도덕교육』 제29집에 게재되었던 논문이다.

제10장은 도덕적 지식과 도덕적 행위 사이의 연계성을 위한 도덕교육의 문제를 다룬다. 아크라시아(도덕적으로 나약함)에 대한 긍정과 부정은 큰 차이도 의미도 없다. 그것을 긍정하는 입장도 부정하는 입장도 단순한 인식(이론지)이 아닌 지혜 내지 진실한 의견, 실천지를 지식이라고 말한다. 그것은 결국 앎과 행동의 일치, 불일치의 문제라기보다는 행위의 이유를 어디에 두는가의 문제이다. 정당성의 행위 이유와 다른 동기 부여적인 행위 이유들을 둘 다 인정하는 것이 도덕적으로 나약하다는 상태를 잘 설명하는 온건한 내재주의의 입장이다. 그것은 정당성을 행위 이유로 인정하지만 동기 부여적인 행위 이유들을 중요시한다. 행위의 정당성을 알고, 믿고, 그런 것으로 판단한다면, 그 정도만큼 그것을 행할 수 있는 동기를 부여받을 것이다.

그러나 고려될 다른 이유들이 있을 것이며, 그것들이 정당성의 동기 부여를 압도할 것이다. 단순히 그 행위가 옳거나 선하다는 정당성보다는 다른 동기 부여적인 요소들 내지 행위 이유들이 앎과 행위의 연계성을 높일 것이다. 우리는 단순히 정당하기 때문에 행동하기보다는 행동할 다른 이유들을 가지기 때문에 행동할 것이다. 도덕적 앎과 행위를 연계시키는 교육은 성품 교육이어야 한다. 선한 성품은 선을 알고, 사랑하고, 행동하는 것이다. 실제 교실에서 이루어지는 성품 교육의 모습들은 관점 추구 접근, 가치 추구 접근, 그리고 덕 중심 접근 등이다. 진정한 도덕교과는 덕 중심 교과여야 한다. 무엇보다도 정당성 자체만을 강조하는 지금까지의 교육을 넘어서서 동기 부여적인 행위 이유들을 강조하는, 그래서 앎과 행위의 연계성을 높이는 성품 교육으로서의 도덕교과여야 할 것이다. 이 글은 『초등도덕교육』 제36집에 게재되었던 논문이다.

이 책은 평소 인격 함양의 도덕교육에 관심을 가지고 작성된 논문들을 편집한 것이기 때문에 체계성이 부족하다. 그러나 흔쾌히 이 저서의 출판을 허락하신 철학과현실사에 감사의 마음을 전하고 싶다. 그리고 늘 곁에서 짙으면서도 은은한 삶의 향기를 선물하는 나의 아내와, 나의 삶에 활기를 부여하는 정화와 지선에게도 이 기회를 통해 고마움을 전한다.

2012년 10월
心石 박 재 주

차 례

제 1 장

'소크라테스적 방법'이 철학적 탐구로서의
도덕교육에 주는 의미

1. 서론

그동안 우리의 도덕교과교육은 인지적 접근이나 행동적 접근 중 하나에 치우치거나, 자율성과 사회성 가운데 어느 하나를 강조하는 일방적인 도덕교육이었다. 이 결정적인 문제들을 해결하기 위해 등장한 것이 이른바 '통합적' 도덕교육이었다. 그러나 거기서 말하는 '통합'이란 이른바 인지적, 정의적, 행동적 접근을 내용별로 차시별로 나열한 수준에 지나지 못하였다. 그것은 오히려 쌍방의 문제들을 나열한 문제투성이의 도덕교과교육일 수 있다. 진정한 통합이란 인지와 정의와 행동을 따로 구분하지 않는 것이 관건이다. 이론지(episteme)나 직관지(nous)와는 달리 실천지(phronesis)로서의 도덕적 지식은 정서와 결코 구분될 수 없으며 구분하여 가르친다는 것은 불가능한 일이다. 인지적 접근으로서 도덕을 절대적이고 보편적인 지식으로서 가르치려는 도덕교과교육은 차라리 하지 않는 것만 못하다고 생각한다. 그것은 도덕적 지식 아닌 것을 도덕적 지식으로 가르치기 때문에 도덕적 행동이나 인격의 형성에 전혀 도움이 되지 않을 뿐만 아니라 심지어 그것에 방해가 될 수 있다. 즉흥적인 감정들(feelings)과는 달리 정서(emotion)나 정감(sentiment)은 인지와 구분될 수 있는 것이 결코 아니다. 명칭만 정서적 접근이지 인지와 구분하여 가르치는 감정교육 차원의 도덕교과교육도 하지 않는 것만 못하다. 행동적 접근의 도덕교육이 단순한 학생들의 움직임에만 관심을 가진다면, 훈련시키는 식의 교육일 수밖에 없고 그것은 결코 인격교육일 수 없다. 철학적 탐구 공동체를 제시하는 학자들은 다음과 같이 말한다. "도덕교육에서 정서적인 것과 인지적인 것을 분리시키는 것은 근거를 찾을 수 없는 일이며 학습의 본질을 오해하는 일이다. 지성(intelligence)이라는 우리의 관념은 '정신에만 관련된(mentalistic)' 것이 아니다. 우리는 지성을 '정신(mind)' 속에서 일어나는 것으로 보지 않는다. 오히려 그것은 어떤 형태의 인간 행동 속에서, 어떤 사람의 행위 속에서, 어떤 사람의 예술적 창조 행위들 속에서, 어떤 사람의 성찰이나 말들에서 드러날 수 있는 것이다."(M. Lipman, 1981, 162) 도덕의 통합성을 오해하는 우리의 도덕교과교육은 이미 그 실효성을 상실하였다고 생각한다. 인지와 정의와 행동을 내용별로 차시별로 구분하고 있는 현재의 제7차 도덕교과교육과정이나, 그 수준을 크게 벗어나지 못하는 부분 개정으로서의 미래의 도덕교육과정은 진정한 통합적 접근의 도덕교과일 수가 없다. 차라리 도덕교과를 다른 교과로 대체하거나 아주 다른 모습의 도덕교과로 다시 태어나야 할 것이다. 필자가 생각하는 아주 다른 도덕교과교육의 모습들 중 하나가 철학적 탐구 공동체 도덕교육이다.

철학적 탐구 공동체 도덕교육은 삶 자체가 통합성(integrity)을 지닌 어린이를 진정한 도덕적인 어린이로 간주한다. 그래서 인지와 정서, 자율성과 사회성, 논리와 인격의 통합성을 지향하는 도덕교육을 제시한다. 어린이 철학을 주장하는 학자들은 다음과 같이 말한다. "전체성(wholeness)과 일관성(coherence)과 통합성을 지닌 어린이들은 거짓말 같은 혐오스러운 일이 그 통합성을 깨지 않는 한 놀랄 일로 다가오지 않는 어린이들이다. 그들의 습관들과 신념들이 일관적으로 통합되었던 어린이들이 스스로 그들 자신의 덕에 대한 최선의 관리자들이다. 만약 우리가 어린이들의 덕을 존중한다면, 어린이 자아의 통합성을 발달시키는 것을 도울 수 있는 가능한 모든 것을 해야 할 것이다. 동시에 정직의 실행에 전념하는 어린이가 거짓말을 하지 않는 것은 그 실행과 일관적이지 않기 때문일 뿐만 아니라 그것이 그 어린이 삶의 전체 혹은 통합성과 조화를 이루지 못하기 때문이라는 점도 강조되어야 마땅하다."(Ibid., 181)

철학적 탐구는 '철학함(doing philosophy)'의 활동이지 단순히 철학적 지식을 습득하는 활동이 아니다. 철학을 '탐구'하는 것이 아니라 '철학적으로' 탐구한다는 것이다. 철학적 탐구는 진정한 이해를 위하여 스스로 참여하여, 생각하고 질문하고 동료들과 대화하면서 의미를 찾고 자신과 그 지식 사이의 관계를 파악하는 활동이다. 따라서 철학적 탐구의 구체적인 방법은 대화이다. 상호간의 대화를 통하여 학생들은 가정들을 제시하고, 도전하고 예와 반대의 예들을 제공하고, 추론하고 함축된 의미들을 확인하고, 잘못된 사고를 수정한다. 그런 대화의 과정을 통해 학생들의 논리적 이해력과 사고력을 증진시키는 것이다. 그러나 철학적 탐구에서는 지식 탐구나 사고력의 증진도 중요하지만 그보다 더 중요한 것은 인격 형성이다. 철학적 탐구로서의 대화는 반성적이고 자의식적인 활동들이기 때문에 스스로를 인격(person)으로 지각하는 것은 스스로를 대화에 참여할 수 있는 사람으로 지각하기를 요구한다. 그리고 그것은 스스로를 타자들 중에 있는 한 사람으로 지각함을 요구한다. 대화를 통하여 관계 속에 있음

(being-in-relationship)을 알게 되면서 인격으로서의 자신과 타인의 존재를 자각하게 된다. 질문하고 답하는 대화의 과정을 통해 지적 탐구와 인격 함양을 동시에 추구하는 철학적 탐구는 진정한 의미에서의 통합적 도덕교육일 것이다.

문답식의 대화를 통하여 진리와 인격을 동시에 탐구하는 철학적 탐구의 방식은 소크라테스가 원조이다. 그리고 '소크라테스적 방법'은 '철학'을 가르치는 것이 아니며 '철학함'을 가르치는 방법이다(L. Nelson, 1965, 1). 물론 '소크라테스적 방법(Socratic Method)'이 무엇인지는 분명하지 않다. 글을 남기지 않은 그의 설명을 직접 접할 수도 없을 뿐만 아니라 플라톤의 대화편들 어디에도 그것에 관한 구체적인 언급은 발견할 수 없다. 심지어 소크라테스 자신이 자신의 방법이 있음을 부인하기까지 하였다(*Apology*, 19b-d).[1] 따라서 그의 대화는 상대에 따라 상황에 따라 다양한 형태로 이루어지기 때문에 단일하게 적용될 만한 고유한 방법을 찾을 수 없다고 직접 주장하는 학자들도 있다(M. Carpenter & R. M. Polansky, 2002, 89-100). 그러나 로빈슨(R. Robinson, 1953), 어윈(T. H. Irwin, 1977), 블라스토스(G. Vlastos, 1983)의 본격적인 논의에 영향을 받아 오늘날 소크라테스적 방법은 '엘렌코스(elenchus)'로 통용되고 있다. 이 글은 그러한 '소크라테스적 방법'을 '아이러니-엘렌코스-아포리아'의 구조로 파악하고 그것을 중심으로 그것이 철학적 탐구로서의 도덕교과교육에 주는 의미들을 탐색하고자 한다.

---

1) 이 장에서 플라톤의 저서는 John M. Cooper, ed.(1997), *Plato: Complete Works*, Indianapolis: Hackett Publishing Company를 기본 텍스트로 삼는다. 그리고 이 책 인용 시 본문 속에 저서 제목과 스테파누스 쪽수를 표기한다.

2. 아이러니(Eironeia)와 그것이 도덕교과교육에 주는 의미

소크라테스는 교육의 본질을 영혼의 정화(淨化)에 둔다. 그리고 영혼의 정화는 가르침을 통해서라기보다는 스스로의 탐구를 통해서 이루어지는 것으로 생각한다. 지식도 인격도 가르침의 대상이 아니라 탐구의 대상이라는 것이다. 그의 대화들은 주로 일상적이고 일반적인 지식의 내용을 재검토하는 내용으로 이루어지며, 모든 사람들이 지식이라고 부르는 것은 참된 지식이 아니라고 하면서(W. K. C. Guthrie, 1971, 127), 인간의 의식 속에 존재하면서 인간을 행동하게 하는 것으로서의 참된 지식의 탐구와, 인격의 함양을 동시에 추구하고자 대화를 시도한다.

그러한 탐구는 우선 소크라테스 자신의 무지 고백으로 시작한다. 모르는 것을 아는 것이 진정한 앎의 시작이라는 것이다. 예를 들어, 덕을 가르칠 수 있는가를 질문하는 메논에게 자신은 덕 자체도 모른다고 고백한다. 그의 명성을 듣고 있었고 그와 함께 덕의 교수 가능성 문제를 가지고 논쟁을 하려는 메논의 기대와는 달리, "덕을 가르칠 수 있는지, 그것을 어떻게 얻는지를 내가 알고 있다고 생각한다면 당신은 내가 진정으로 행복하다고 생각하는 것이오. 나는 덕을 가르칠 수 있는지 없는지를 아는 것과는 거리가 멀고 덕 자체가 무엇인지조차 모르고 있다오. 메논, 나도 이 문제에 관한 한 나의 동료 시민들과 마찬가지로 빈약하다네. 그리고 나는 덕에 관한 완전한 무지를 스스로 질책하고 있다네."라고 말한다(*Meno*, 71a-b). 정의에 관한 무지를 고백하자, 사실은 알고 있으면서 일부러 모른 체한다고 생각한 트라시마코스는 "그는 큰 소리로 남을 골려주는 웃음을 웃는다네. 이것이 바로 소크라테스의 일상적 아이러니(eironeia)라네. 그는 대답을 하지 않으려고 하며, 만약 누군가 그에게 질문을 한다면 그는 아이러니하게 한 마디의 대답보다는 다른 일을 한다고, 나는 그렇게 알고 있으며 이전에 사람들에게 그렇게 말하기도 했다네.”라고 말한다 (*Republic*, 337a). 그는 소크라테스가 알면서도 모른 체하면서, 대답하기보다 질문하기가 더 쉽기 때문에 자신들을 함정에 빠뜨리기 위한 술책을 쓰고 있다고 생각한 것이다. 소크라테스는 자신의 지혜의 수준을 인식하고 있다. 그가 지혜로운 것은 자신이 무지함을 깨닫고 있기 때문이다(*Meno*, 21d). 그는 참된 지식은 신만이 가진다고 생각하기 때문에 덕에 관해서는 모른다고 하는 것이다.

소크라테스의 대화를 수업이라고 가정한다면 아이러니는 도입의 단계에 해당한다. 통상적으로 수업의 도입 단계에서는 학생들의 동기를 유발시키고 주위를 환기시킨다. 그런데 그의 아이러니는 오히려 학생들을 어리둥절하게 만드는 모습이다. 교사라고 생각되는 그는 모른다고 하고, 학생이라고 생각되는 대화 상대자는 오히려 알고 있으면서 그를 가르치는 상황이 되는 것이다. 그가 토론의 대상이 되는 문제에 대하여 완전한 무지 상태에 있었다고 볼 수는 없다. 그럼에도 그가 아이러니 상태를 고집하는 까닭은 무엇이었을까?

우선, 그것은 대화 상대자를 논의에 끌어들이기 위한 것이다(G. Bedel, 1980, 17-22). 그가 주장하는 ‘검토된 삶’을 살기 위해서는 일방적으로 다른 사람들의 관점을 받아들이기만 하거나 자신의 고독한 성찰들에 의존하기만 해서는 안 된다. 반드시 대화를 통한 공동의 탐구활동에 참여해야 한다. 다른 사람들이 생각하는 것에 귀를 기울이고 질문에 응답하는 것을 통하여 우리는 스스로 생각한다는 것이 무엇인지를 배우게 된다. 그리고 대화의 과정을 통해 생각한 것들을 표현하고 그것들을 공유하고 수정하는 과정을 통해 우리는 자신이 말하고 생각한 것에 대해 책임을 지게 되고, 다른 사람들도 역시 그런 일들을 하도록 동기를 부여하게 된다. 그에게 있어 교육한다는 것은 단순히 지식의 전달의 문제가 아니다. 교육은 전달되는 교육과정이 아니고 정신의 활동이다. 정신적 활동으로서의 학습에 참여한다는 것은 드라마에 참여하는 것과 같다. 그것은 비판적 사고와 정서적 몰입에 의존하기 때문이다. 그것은 합리적 목적과 도덕적 목적을 동시에 가진다. 그것은 지적 덕을 가질 수 있게 하는 동시에 학생을 하나의 인격으로 대하는 것이다. 소크라테스 자신이 논의하는 어떤 문제에 관해 잘 알고 있다고 하거나 알고 있다는 사실을 상대자들이 알고 있다면 그에게 직접 가르침을 요청하고 말 것이다. 교육에서 무엇보다 중요한 것이 적극적인 참여이다. 알고 있다는 망상을 가지거나 알고 있는 사람에게 단순히 가르침을 받으면 된다는 생각은 교육의 본질을 벗어나는 것이다. 교육의 본질은 의미의 탐구에 있다. "정보는 전달될 수 있고, 학설들은 교화될 수 있고, 감정들은 공유될 것이지만 의미들은 '발견'되어야 하는 것이다. 삶의 의미는 다른 사람에게 줄 수 없는 것이다. 다른 사람들이 읽을 책을 쓸 수 있지만, 독자들이 실제로 가지게 되는 의미들은 그 책으로부터 독자들이 발견한 것이지 반드시 저자가 그 책 속에 집어넣은 의미들은 아니다."(M. Lipman, 1981, 6-7)

교육에서 중요한 것은 토론에 참여하는 것이다. 학생들은 토론을 통해 의문을 제기하고 자신의 의견을 제시하고 스스로 삶의 의미를 발견해야 한다. 도덕교과는 도덕적 규범과 원리를 배우는 것 이상을 목표로 삼아야 한다. 그것은 지적 덕을 기르기 위한 것이며, 철학적 탐구의 주제로서 기능할 수 있지만 그 자체가 궁극적인 목표일 수는 없다. 도덕적 규범과 원리를 주제로 하여 소크라테스적 대화를 통해 삶의 의미를 발견하고 인격을 함양하는 것이 통합적 도덕교과 본래의 모습일 것이다. 여기에서 무엇보다 중요한 것이 학생들의 적극적인 참여이다. 따라서 소크라테스의 아이러니는, 대화나 토론의 과정에 인격으로 참여할 수 있고 학생들 스스로 삶의 의미를 발견할 수 있는 철학적 탐구로서의 도덕교과교육을 운영하는 교사들에게 모범이 될 수 있을 것이다.

소크라테스 아이러니의 또 다른 의도는 대화 상대자들의 무지를 깨닫게 하여 그들의 영혼의 상태를 내비치게 하는 것이다. 자신의 무지를 고백하여 대화 상대자를 어리둥절하게 한 후 이어서 그의 대화는 엘렌코스의 단계로 이어지지만, 이 단계에서도 아이러니의 상태는 지속된다. 이제는 대화 상대자의 무지를 깨닫게 하는 대화가 이어지는 것이다. 대부분 논쟁에 이기는 것을 목적으로 삼고 모든 언어기술을 유희하면서 이치를 따지는 변론들을 구사하는 소피스트들의 대화와는 달리, 소크라테스의 대화는 대화자에게 자신의 무지를 깨닫게 하기 위해서 질문을 하고 가지고 있는 실체를 조금씩 변형시켜가면서 대화자의 약점과 불합리성이 드러날 때까지 대화를 진행한다. 그는 대화 속에서 계속 질문하면서 대답은 거의 하지 않는다. 질문은 한계나 제한 없이 창조적으로 자유롭게 할 수 있지만 대답은 질문에 의해 제한되기 때문에 자유로운 창조가 불가능하기 때문이다.

예를 들면, 『메논』에서 소크라테스가 덕이 무엇인가를 메논에게 묻자, 그는 남성의 덕과 여성의 덕을 설명한다. 소크라테스는 내가 기대한 것은 덕의 본질 한 가지였는데, 당신은 덕의 종류들을 한 무더기 가지고 있음을 알게 되어 행운이라고 빈정대면서 덕의 본질에 대해 다시 묻는다(Meno, 71d). 문답이 이어진 후 결국 메논은 다음과 같은 비난성의 발언을 한다. "나는 당신을 만나기 전에 당신은 다른 사람들을 당혹스러운 상태에 빠지게 한다는 말을 들었습니다. 그러나 지금 당신은 나를 감언이설과 유혹으로 꼬드겨서 당혹하게 만듭니다. 농담한다면 당신은 외모나 다른 모든 면에서 전기가오리를 닮았습니다. 그것이 자기에게 다가가는 것이 무엇이든 마비시키는 것처럼 당신도 그와 같은 일을 하고 있습니다. 사실 나의 영혼과 혀는 마비되어 당신에게 무엇을 답해야 할지 모르겠습니다. 사실 나는 덕에 관하여 많은 연설을 하였지만 대부분 훌륭한 연설이었습니다. 지금은 덕이 무엇인지에 관하여 한마디도 말할 수 없습니다."(*Meno*, 80a-b) 여기에 소크라테스는 다음과 같이 말한다. "만약 전기가오리가 다른 사람을 마비시키는 역할을 한다면 나도 또한 그렇게 한다는 점에서 그렇다고 할 수 있지만 다른 면에서는 그렇지 않다네. 내가 다른 사람들을 당혹하게 만드는 것은 나 자신이 잘 알고 있기 때문이 아니라 내가 그들보다 더 당혹스러운 상태에 빠져 있기 때문이라네. 그래서 내 입장에서는 덕에 관해서 그것이 무엇인지 전적으로 알지 못한다네. 그렇지만 당신은 나를 만나기 전에는 잘 알고 있었고, 나를 만남으로써 이제 나와 마찬가지로 무지하게 된 것이라네."(*Meno*, 80c-d)

『에우티프론』이라는 대화편은 에우티프론이 하인을 죽인 자기 아버지를 살인죄로 고소하여 처벌받게 하는 일이 경건한 일이라고 생각하는 것으로 시작한다. 살인은 범죄이다. 그러나 아들이 아버지를 고소하는 것 역시 불경한 일로 간주될 것이다. 에우티프론은 신들과 그들의 소원들과 그리고 경건이라는 일반적 주제에 관한 비밀스러운 지식에 따라 아버지를 고소했다고 고백한다. 소크라테스는 이 기회를 포착하여 에우티프론으로부터 이 비밀스러운 지식을 얻어서 그 자신에 대한 고소를 반박하려고 한다. 그러나 에우티프론은 질문에 만족할 만한 대답을 하지 못한다. 궁극적으로는 자신도 자신의 대답에 만족하지 못한다. 그는 계속 알고 있다고 생각하지만 경건이 무엇인지를 설명하지 못한다. 소크라테스는 에우티프론의 학생이 되고 싶다고 말하면서 경건이 무엇인지를 묻는다. 에우티프론은 자기가 지금 하고 있는 일, 즉 살인이든 절도든 다른 어떤 일이든, 그 사람이 당신의 아버지든 어머니든 다른 사람이든, 잘못을 범한 사람을 고소하는 일이 경건이라고 말한다. 이에 소크라테스는, 경건이 무엇인지를 물었는데 분명하게 가르쳐주지 않고 아버지를 살인죄로 고소하는 일이라고 답하고 있을 뿐이라고 불만을 나타낸다(*Euthyphro*, 5d, 6d). 에우티프론은 당혹감을 다음과 같이 고백한다. "그러나 소크라테스여! 나는 당신에게 내가 생각하는 바를 어떻게 말해야 할지 모르겠습니다. 우리가 어떤 진술을 하든 그것은 이리저리 배회하여 원래 우리가 위치시켰던 곳에 머물러 있지 않으려 하기 때문입니다."(*Euthyphro*, 11b)

다른 여러 예들도 있지만 위의 두 예들에서만 보더라도 소크라테스의 대화 상대자들은 심적인 동요를 일으키고 그를 만나기 이전과 이후에 변화를 겪고 있다. 이 변화로 인해 대화 상대자들은 자신의 의견에 대한 믿음을 상실하고, 어떻게 이야기를 전개할지 모르고 혼란과 짜증을 겪고 영혼과 혀가 마비되는 당혹스러운 상태에 빠진다. 무엇인가 알기 위해 대화를 한 결과 오히려 알았다고 생각한 것을 모르게 되는 아이러니를 경험한 것이다.

소크라테스의 엘렌코스는 무지의 자각을 일차적인 목표로 삼는다. 그것은 주어진 주제에 대한 자신의 진술이 거짓임을 알게 되었기 때문에 다른 진술을 선택하게 하는 것이 아니라는 점이 요점이다. 어떤 진술이 참이지 않다는 점을 밝히는 것이지 그 반대의 진술이 참이라는 점을 밝히는 것은 결코 아니라는 것이다. 그래서 대화 상대자들은 판단 불능이나 지적 곤란 상태에 빠지는 것이다. 대화 상대자가 그런 상태에 빠지는 것은 주어진 주제에 대해 P인지 ~P인지 판단을 할 수 없기 때문이다. 예를 들어, 카르미데스는 자신을 절제하는 사람이라고 생각했지만 소크라테스와의 대화를 통해 자신이 절제하지 않는 사람이라는 것이 아니라, 스스로가 절제하는 사람인지 아닌지를 알 수 없는 상황에 처하게 된 것이다. 그는 다음과 같이 고백한다. "소크라테스여! 나는 내가 절제를 하는 사람인지 그렇지 않은 사람인지도 알 수 없습니다."(*Charmides*, 176a) 소크라테스는 대화를 통해 '절대적으로 P이거나 ~P이다'라는 원리가 더 이상 통하지 않음을 알리고 있는 것이다. 그가 시도하는 무지의 상태는 'P이다'와 'P가 아니다'를 판단할 수 없어서 주어진 주제를 규정할 수 없는 상태인 것이다. 그의 말을 직접 들어보자. "히피아스여! 내 의견으로는 사람들에게 고의로 해를 입히고 비행을 저지르며 거짓을 말하고 속이는 것이 더 낫다고 생각한다네. 그러나 때때로 나는 그 반대(자신도 모르게 그런 행위를 함)가 더 나은 것으로 생각된다네. 그래서 나는 이 일에 관해서 전적으로 갈피를 잡을 수 없다네. 그리고 그것은 분명히 내가 무지하기 때문이지."(*Lesser Hippias*, 372d)

'사고의 등에(gadfly of thinking)', '지식의 산파'를 자처하는 소크라테스의 관심은 대화 상대자들의 영혼 속에 감추어진 사상이 참인지 거짓인지를 드러내게 함으로써 대화 상대자들이 지적 곤란 상태에 이르고 자신들의 영혼의 상태를 드러내게 하는 것이다. 메논처럼 단지 기억한 것을 지식이라고 여기면서 자랑하고 싶은 영혼, 카르미데스나 리시스와 같이 아직 순진하고 때 묻지 않은 영혼, 에우티프론과 같이 벽창호 같은 영혼, 트라시마코스와 같이 야수와 같은 영혼 등을 드러나게 하는 것이다(H. Teloh, 1986, 93). 그들의 영혼의 성격들이 대화의 성격을 규정한다. 아이러니를 유지하는 상태에서 대화를 통해 계속 그들의 관점들이 검토되고 논박되면서 잘못된 신념과 지식이 제거되면서 그들의 영혼들도 조금씩 정화되어 가는 것이다.

영혼의 정화는 "검토되지 않은 삶은 살 가치가 없다."(*Apology*, 38a)는 그의 말과 직접 관련된다. 삶의 검토가 바로 자신의 영혼의 정화인 것이다. 그것은 자신이 믿고 있고 알고 있다고 생각하는 것을 비판적으로 탐구함으로써 가능해지는 것이다. 당시 유행했던 소피스트들의 가르침이나 오늘날의 일반적인 가르침은 삶의 검토나 영혼의 정화와는 무관하게 믿음이나 지식의 체계를 일방적으로 전달하고 배우는 것이다. 오늘날의 대화도 자신들의 믿음이나 지식을 서로 교환하는 일에 별 차이가 없다. 그런 교육이나 대화는 삶에 대한 비판적 성찰과는 거리가 너무 멀다. 그것은 곧 미완의 삶일 것이며, 그런 사람의 사고는 편견과 갈등의 희생이 되고 말 것이다. "우리의 일상적 생각들이 미해결의 갈등 상태로 남게 내버려두는 것은 불행이다."(R. Fisher, 1990, 183) 소크라테스가 오늘날 우리의 도덕교과교육에 주는 의미들 중 하나는 우리들이 무지를 깨닫고 생각들의 갈등들과 현안문제들에 관해서 알게 만드는 것이 진정한 가르침의 한 모습이며, 현안문제들을 다루는 방법이 있다는 점이다. 철학적 탐구 공동체 교육이 그 방법의 하나인 '소크라테스적 방법'을 부활시킨 것으로 볼 수 있다.

그런데 정답을 제시하기보다는 질문하기를 통해서 상대방을 어리둥절하게 만들어버리는 소크라테스는 '아무것도 모른다'고 주장한다는 의미에서 회의론자로 오해를 받는다. 그러나 아폴론 신탁은 그를 이 세상에서 가장 현명한 사람으로 선언했다. 그 까닭은 아무것도 알지 못한다는 것을 알고 있는 유일한 사람이었기 때문이다. 삶의 문제(현상의 문제)에 관해서는 누구도 참된 지식을 가질 수 없음에도 자신이 가진 믿음이나 지식이 절대적인 것으로 생각하고 더 이상의 성찰과 검토를 하지 않는다면 그 삶은 살 만한 가치가 없는 검토되지 않은 삶이 된다는 것이다. 삶의 현상이 아닌 삶의 본질에 관한 지식은 절대적일 수 있으며, 무지의 자각과 영혼의 정화는 결국 그런 절대적인 지식을 탐구하는 출발점인 것이다. 현상들에 관한 지식들이 절대적일 수 없고, P와 ~P로 정리될 수 없다는 점을 아는 것이 본질에 관한 절대적인 지식을 알 수 있는 출발점임을 보여주는 것이 소크라테스의 아이러니가 의도하는 바이다. 도덕은 인간 삶의 현상들에 관한 문제이지 결코 본질의 문제일 수 없다고 생각한다. 따라서 도덕교과교육에서 다루는 지식의 성격은 분명하다. 절대적인 지식(본질에 관한 지식으로서의 진리)일 수 없는 덕(도덕)을 가르치려고 하는 것은 어불성설이다. 그것은 끊임없이 탐구될 수 있는 것일 따름이다. 그래서 도덕교과는 본질적으로 철학적 탐구학습이어야 한다. 지적인 탐구의 과정에서 인격을 탐구하는 것이 철학적 탐구의 본질이다.

소크라테스는 『메논』에서 덕의 가르침이 가능한지를 논의하는 과정에서 이 점을 분명히 밝힌다. 즉, 덕이 지식이라면 가르칠 수 있겠지만 덕은 올바른 의견일 뿐 지식이 아니라는 것이다. 따라서 가르칠 수 없다는 것이다. 오늘날의 도덕교과교육에서의 도덕적 지식의 가르침은 불가능한 일을 하고 있는 셈이다. 소크라테스의 의견에 오류가 있거나 오늘날의 도덕교과교육이 엉터리이거나 둘 중 하나일 것인데, 필자는 후자라고 생각한다. 가르칠 수 없는 것을 억지로 가르치는 체하고 있는 것이 도덕교과교육이라고 생각한다. 가르치는 것과는 전적으로 다른 모습인 철학적 탐구로서의 도덕교과교육이 정상인 것이다. 예를 들어, " '물이 100°C에서 끓는다'는 지식은 그 성격상 그 지식을 가지는 주체와는 관계가 없는 객관적 사태를 나타낸다. 따라서 그 지식을 가지는 주체의 주관적 결단을 요구하지 않는다. 그러나 '사람은 정직해야 한다'는 지식은 사정이 전혀 다르다."(이홍우, 1984, 99-100)

덕은 진실한 의견이며 가르칠 수 없다고 하는 것은 그것의 주관적 의미를 진실한 의견으로 표현한다고 볼 수 있다. 이 경우 덕은 이미 지식이 아니며 그래서 가르칠 수 없는 것이다. 그리고 진실한 의견도 옳은 행위를 안내할 수 있는 것으로 생각한다. 예를 들어, 라리사로 가는 길을 여러 번 다녀서 잘 알고 있는 사람이 다른 사람을 안내한다면 올바른 안내이겠지만, 실제 그 길을 가보지 못했지만 그래서 확실하게 알고 있지는 않지만 짐작으로 그 길을 올바르게 알고 안내한다면 그것 역시 올바른 안내라는 것이다(*Meno*, 97a-b). 진실한 의견도 사람의 내면에 있으면 가치가 있고 모든 좋은 일들을 이루어준다는 것이다. 그러나 그것은 가만히 머물러 있지 않는다. 영혼으로부터 도망가 버린다. 그래서 사람은 그 이유를 설명함으로써 의견들을 묶어두어야 한다. 그렇지 않으면 사실 별 가치를 가지지 못한다. 그것은 그 의견을 지킬 확신을 가지고 있지 못함을 의미한다. 그러한 도덕적 의견을 붙잡아두는 방법이 바로 철학적 탐구인 것이다. 도덕적 의견들에 대한 지속적인 검토와 재검토는 그것들이 삶을 올바르게 안내하는 것이 가능하게 하는 방법이라는 것이다.

소크라테스의 인격을 모방하는 도덕교과교육 교사는 "철학적으로 삼가지만 교수법적으로 강하여야 한다(philosophically self-effacing but pedagogically strong)."(R. F. Reed & T. W. Johnson, 1999, 33) 그가 알고 있는 것이, 비록 교육과정 지침서에 등장하는 것일지라도, 국가의 입법에 의해 본질적인 것으로 간주되는 것일지라도, 일부 이론가들이 '문화적 교양(cultural literacy)'이라고 생각하는 것일지라도, 그가 알고 있지 못하는 모든 것들과는 비교되지 못한다. 그가 모르고 있는 모든 것을 직면하여 지적 겸손이 적절한 태도인 것 같다. 이런 태도로부터 출발하여 어린이 철학 교사는 항해하는 선박의 선장, 오케스트라 지휘자의 기술들을 배우고 통달해야 한다. 그는 바람과 악보를 사용하는 법, 어떤 목표들에 도달하기 — 안전하게 항구에 도달하기, 아름답게 음악을 연주하기 — 를 배워야 한다. 그는 다른 사람들이 그것이 어디를 이끌지라도 탐구를 따르도록 돕는 법을 배워야 한다(Ibid.). '철학적으로 삼간다'는 말은 지식체계로서의 철학이나 도덕적 지식을 전달하는 것을 자제하라는 의미이다. 그것은 지적 겸손을 말하는 것이다. 자신의 무지를 깨닫는 것이 중요하다는 것이다. '교수법적으로 강하다'는 말은 학생들의 무지를 깨닫게 하는 것, 도덕에 관한 그들의 믿음과 지식이 절대적이지 않음을 알게 하는 것에는 엄격하고 경건한 자세를 가지라는 의미이다.

소크라테스는 철학을 가르쳤다기보다는 철학을 살았던 사람이다. 그에게 있어 철학은 함께 극복될 수 있는 그래서 다른 어떤 것으로 계속 도달할 수 있는 그런 것이 아니다. 그것은 사람이 할 수 있는 최선의 일이다. 그것은 결론을 내리는 것이 아니라서 항상 호기심이나 경이로움을 가져야 할 어떤 것이 있음을 보여주는 것이다. 소크라테스가 보여준 호기심이나 경이로움은 도덕교과교육을 담당하는 교사들이 가져야 할 덕들 중 하나이다. 그는 그것의 가치를 인정하고, 그것을 추구하고, 가능하면 언제나 그것을 조성해야 한다. 그것은 철학적 탐구로서의 도덕교육에서 가장 필요한 학습의 조건인 것이다. 그런 점에서 소크라테스의 성격은 엄격한 편이다. 그는 중요한 반증의 실례를 통하여 주변 사람들의 의견들이 가진 문제점들과 약점들을 끊임없이 검증하고 있었다. 자기수정으로의 눈을 가지고 자기검토(self-monitoring)를 하고 있는 사람으로 정의되는 비판적 사고자로서 그는 진리를 발견하지 않지만 허위와 오류를 확인하고 근거를 밝히는 데 몰두한 것이다. 그를 모방하고자 하는 도덕교사는 이런 비판적 사고를 교실 탐구 공동체로 옮겨야 한다. 그는 일종의 심판으로 간주될 것이다. 그는 게임의 규칙(비판적 사고)을 상황으로 가져갈 수 있고, 규칙들이 지켜질 것임을 확신할 수 있는 사람인 것이다.

3. 엘렌코스(Elenchus)와 그것이 도덕교과교육에 주는 의미

소크라테스적 방법은 자신의 무지를 고백한 후 대화 상대자가 무지를 자각할 수 있도록 하는 아이러니 상태를 유지하기 위해서 질문과 답변 형식의 엘렌코스를 전개하는 구조이다. 엘렌코스는 무지의 자각이라는 소극적인 단계에 머무는 것이 아니라 산파 또는 구성이라는 적극적인 단계로 이어진다고 본다. "이 단계를 통해 대화 상대자는 무지에서 명백한 의식의 진리로 이동하는 것이다."(E. H. Wilds, 1956, 102)

엘렌코스를 소크라테스적 방법의 특징으로 평가했던 로빈슨은 그것을 질문과 답변을 통해 대화 상대자의 의견이 거짓임을 밝히는 탐구형식이라고 규정하면서, 그것의 목표는 거짓된 그 의견을 참된 의견으로 바꾸는 것이 아니라고 주장한다. 참이든 거짓이든 모든 의견을 논파의 대상으로 삼는다는 것이다(R. Robinson, 1953, 7 참고). 반면, 블라스토스는 주어진 주장 P에서 그것에 반하는 ~P를 이끌어내는 것이 아니라 P를 포함하는 전제들의 집합이 비일관적이라는 점을 드러내는 것이 소크라테스의 엘렌코스라고 주장한다. P가 직접적으로 거짓임을 드러내는 것이 아니라, 그것이 비일관적인 전체 집합의 한 요소임을 드러내는 것이라는 말이다. 그는 다음과 같이 규정한다. "소크라테스적 엘렌코스는 문답을 통한 적대적 논증으로서 도덕적 진리를 탐구하는 방식이다. 이 논증에서 어떤 진술은 답변자 자신의 신념으로서 주장될 경우에 한하여 논의의 대상이 되며, 그런 신념들로부터 원래 주장의 부정이 연역될 경우에만 논파된다."(G. Vlastos, 1983, 4) 그는 그것을 도덕적 진리의 탐구이며, 대화 상대자가 진실로 믿고 있는 것을 대상으로 하여 그의 신념들로부터 원래 주장의 부정을 연역하는 과정으로 간주한다. 도덕적 진리를 적극적으로 탐구한다는 것은 이론이 있을 수 있으나, 나머지 두 가지는 누구나 동의할 수 있는 관점이다. 여기서는 소크라테스의 엘렌코스가 이루어지는 과정을 설명하고, 그것의 특징들이 오늘날의 도덕교과교육에 주는 의미들을 살펴볼 것이다.

엘렌코스는 3단계의 과정으로 이루어진다. 첫째 단계는 주어진 주제의 본질을 절대적인 차원에서 규정하기를 요구하는 단계이다. 소크라테스가 엘렌코스를 시작하면서 처음에 던지는 질문은 "덕이란 무엇인가?"(*Meno*, 72c), "용기란 무엇인가?"(*Laches*, 190e), "경건은 무엇인가?"(*Euthyphro*, 5d), "절제란 무엇인가?"(*Charmides*, 159a) 등 보편적인 정의를 탐구하는 것이거나, "A가 B의 친구인가? B가 A의 친구인가? 아니면 서로가 서로의 친구인가?"(*Lysis*, 212b), "수사학이라는 것이 어떤 효과를 가진 유일한 기술이 아니라면 수사학은 어떤 종류의 설득이며 또 어떤 것을 다루는 설득인가? 수사학을 기술이라고 할 수 있는가?"(*Gorgias*, 454a-b) 등 선택을 요구하는 질문, "청년들을 개선시키는 사람은 누구인가?"(*Apology*, 24d), "당신은 아킬레스와 오디세이를 어떻게 구분하는가?"(*Lesser Hippias*, 364c) 등 비형식적인 질문 등으로 구분된다.

정의를 묻는 질문은 주어진 주제를 절대적으로 규정할 수 있는 정의를 탐구하는 것이다. 소크라테스가 집요하게 그런 질문을 던지고 절대적 규명을 요구하는 것은 그 자체가 목적이 아니라 엘렌코스가 가능한 조건을 마련하기 위함이었다. 선택을 요구하는 질문은 주어진 상황에서 생길 수 있는 가능한 경우들을 모두 나열하고 있으며 그 가능성들이 서로 배타적인 것들이다. 이 질문에 어떤 답을 하든 그것이 정답이 될 가능성은 사라지는 것이다. 두 가지 질문들의 형식은 다르지만 그 질문들이 요구하는 것은 동일한 것으로, 그것은 주어진 주제에 대한 절대적 규명이다. 주어진 주제에 생길 수 있는 가능한 경우들을 모두 나열하거나 사례들 모두를 포괄할 수 있는 정의를 요구함으로써 절대적 규명을 하고자 하는 것이다.

예를 들면, 소크라테스는 프로타고라스에게 쾌락은 선이고 고통은 악이라는 점에 동의하게 하고, 쾌락 중에서 일부는 악이고 고통 중 일부는 선이라고 생각하는 일반인들의 의견을 소개하면서 다음과 같이 말한다. "그것들이 가질 수 있는 다른 결과들에 무관하게 그것들이 쾌락인 한 좋은 것이며 고통은 그것이 고통인 한 악한 것입니다. 그렇지 않습니까?" 프로타고라스는 답한다. "소크라테스여! 당신이 묻는 것처럼 그렇게 단순한 방식으로 답하여, 모든 쾌락은 선이고 모든 고통은 악이라고 말해야 하는지 모르겠습니다. … 어떤 쾌락은 선이지 않고 어떤 악은 악이지 않으며, 제3의 것은 선도 악도 아니라고 생각하는 것이 더 나을 것입니다." 소크라테스는 묻는다. "쾌락에 관여하거나 쾌락을 만들어내는 것을 쾌락이라고 할 수 있을까요?" "그렇습니다." 다시 소크라테스는 말한다. "그것이 바로 내가 말하고자 하는 것입니다. '쾌락이 쾌락인 선이지 않는가?'라는 질문으로 내가 말하고자 하는 것은 '쾌락 자체는 선이지 않는가?'라는 것입니다." 일반적으로 쾌락은 좋은 것이지만 지나치면 고통을 수반할 수도 있다. 그러나 소크라테스는 상황이나 결과에 관계없이 쾌락 자체만을 생각한다. 선은 선이고 악은 악이지, 어떤 것이 선일 수도 악일 수도 있다는 생각을 하지 않는다. 그의 질문은 단순하고 절대적인 방식으로 이루어진다. 이 질문에 대해 때로는 옳고 때로는 그르다거나 부분적으로는 옳고 부분적으로는 그르다고 답하는 것은 옳을 수 없다. 비형식적인 질문도 역시 확신을 묻는다는 점에서 절대성을 요구하는 것과 다르지 않다. 결국 소크라테스가 엘렌코스를 시작하면서 묻는 질문은 단순하고 명료하고 확실하게 사유할 것을 요구하는 것이다. 그것은 소피스트들의 상대주의적인 입장에 대한 비판인 동시에 엘렌코스를 지속하는 예비절차에 해당한다. 모든 것을 상대적으로 생각한다면 엘렌코스를 통한 철학적 탐구는 그 필요성이 약해질 것이다.

엘렌코스의 두 번째 단계는 이가(二價)의 원리(principle of bivalence)를 확인하는 것이다. 처음 질문에 대한 대화 상대자의 답이 있은 다음 소크라테스는 성격이 다른 질문을 던진다. 덕이나 지혜 또는 가치 중에서 대립적인 것 중 하나를 선택하는 식의 질문을 하는 것이다. 우선, 몇 가지 사례들을 살펴보자.

(1) 덕은 고귀한 것을 바라고 그것을 얻는 능력이라는 답이 있자, "고귀한 것을 바라는 사람은 선을 바라는 것일까? ― 그렇습니다. 그것은 어떤 사람은 선을 바라고 다른 사람은 악을 바란다는 뜻이겠지요? 모든 사람이 선을 바라는 것은 아니겠지요? 어떤 사람은 악을 바란다는 말이지요?"(*Meno*, 77b-c)

(2) 소크라테스는 "정의는 선을 얻는 능력이다."라는 메논의 또 다른 정의를 검토하기 위해 다음과 같이 질문한다. "선들은 건강이나 부와 같은 것을 뜻하는가?" 이에 메논은 금, 은, 국가의 영예, 관직 등을 포함시킨다(*Meno*, 78d).

(1) 용기는 정신의 인내력이라는 라케스의 답을 듣고, 소크라테스 묻는다. "용기는 고귀한 것입니까?"(*Laches*, 192c)

(2) 용기는 두려워해야 할 것과 의연하게 행해야 할 것을 아는 것이라는 니키아스의 답이 있은 뒤 소크라테스는 묻는다. "용기는 덕의 일부이며 덕에는 여러 부분들이 있는데, 그 모든 것을 합하여 덕이라고 할 수 있겠지요?"(*Laches*, 198a)

(1) 신에 친밀한 것이 성스러운 것이고 그렇지 않은 것이 성스럽지 않은 것이라는 답을 들은 후 소크라테스는 질문한다. "성스러운 것과 성스럽지 않은 것은 서로 같지 않고 정확하게 반대되는 것이라고 할 수 있을까요?"(*Euthyphro*, 7a)

(2) "성스러운 것은 성스럽기 때문에 신의 사랑을 받는가요? 아니면 신의 사랑을 받기 때문에 성스러운가요?"(*Euthyphro*, 10a)

(3) "모든 성스러운 것을 정의로 생각하지 않는지 알고 싶습니다. 모든 정의를 성스러운 것으로 생각해야 하는가요? 아니면 성스러운 것 모두를 정의로 생각해야 하는가요? 정의 모두가 성스럽지 않고 일부는 성스럽고 나머지는 성스럽지 않은 것일까요?"(*Euthyphro*, 12a)

(4) 성스러움과 경건이 신에게 봉사하는 것이라는 정의를 듣고, "봉사한다는 것은 봉사를 받는 대상에게 좋은 일이거나 이득을 가져다준다고 할 수 있을까요?"(*Euthyphro*, 13b)

(1) "수사학이란 신념을 주는 설득인가요? 지식을 주는 설득인가요?"(*Gorgias*, 449d)

(2) "강하다는 것과 선하다는 것은 같은 것인가요?"(*Gorgias*, 488d)

위의 질문들은 'X가 F인가?'와 'X는 F인가, ~F인가?'의 두 형태로 이루어진다. 대화 상대자의 대답의 폭은 좁다. '예'가 아니면 하나를 선택할 수밖에 없다. 결국 이런 질문은 주어진 주제에 관해 일반 사람들이 믿고 있는 F나 그것과 양립 불가능한 ~F 둘 중 하나를 선택하게 하는 것이다. 그리고 소크라테스의 그런 질문은 대화 상대자가 암암리에 가정하는 전제를 끌어내는 기능을 수행한다. 예를 들어, '용기는 정신의 인내력'이라는 답변 속에는 '정신의 인내력은 고귀한 것'이라는 전제가 들어 있다. '용기는 고귀한 것인가?'라는 소크라테스의 질문은 그 전제를 확인하는 질문인 것이다. 그의 질문은 '용기는 인내력'이라는 답변을 직접 겨냥하지 않고 그런 주장을 가능하게 했던, 예를 들어 '정신의 인내력은 고귀한 것'이라는 전제를 겨냥한다. 그것은 그와 대화 상대자가 잘 알고 있지 못하는 주제에 관하여 상대자가 가진 규정이 어떤 속성(F 혹은 ~F)을 가지고 있는지를 확인하는 질문이다. 그는 대화 상대자의 사고나 가치관을 이루는 'F인가, 아니면 ~F인가?'라는 이가의 원리를 문제 삼고 있는 것이다. 그가 서로 양립이 불가능한 F와 ~F 둘 중 하나를 선택하게 하는 질문을 던지는 것은 본격적인 엘렌코스를 위한 예비단계에 불과하다. 예비단계로서 이가의 원리를 확인하는 것은 명료한 사고를 하게 하기 위한 것이다.

세 번째는 반전의 단계이다. 이 단계에서는 논박의 대상을 본격적으로 검토한다. 엘렌코스는 주어진 주제에 대한 대화 상대자의 답변을 검토하고 그것이 수용하기 힘든 것임을 밝힘으로써 주제 자체를 명확하게 규정될 수 없는 것으로 만드는 과정이다. 따라서 본격적인 것은 상대자의 답변을 스스로 번복하거나 포기하게 만드는 계기이다. 이 계기가 엘렌코스의 핵심인 반전의 단계인 것이다. 그 반전은 그 답변을 구체적인 상황이나 사례들에 적용시킴으로써 일어날 수 있다. 예를 들어, 에우티프론은 부정한 일을 한 아버지를 고발하여 벌주게 하는 것이 경건이라고 주장하지만, 그 주장을 제우스와 크로노스의 사례에 적용시킴으로써 그것이 불경임을 밝힌다. 현명하게 참는 것이 용기라는 라케스의 주장도 현재의 비용이 더 큰 이득을 가져올 것임을 알고 현명하게 참고 있는 상인의 사례를 통해 반박된다. 또한 쾌락이 선인지 악인지에 관한 논의가 있은 다음 칼리클레스는 쾌락은 선이라고 주장한다. 그 주장은 다음과 같이 논박된다. "배고픔 자체와 목마름 자체는 고통이다. 즉, 모든 결핍이나 욕구는 고통인 것이다. 그런데 목이 마를 때 물을 마시는 것은 쾌락이다. 그런데 목마름은 고통이지만 물을 마시는 것은 결핍을 보충하는 것으로 쾌락이다. 따라서 물을 마실 때는 결핍, 즉 고통과 만족, 즉 쾌락이 동시에 있을 때이다. 그러면 쾌락만이 행복이 아니며 고통이 불행만은 아닌 것이다. 그렇다면 쾌락과 선이 같다고 할 수 없다. 쾌락은 그것과 대립되는 고통과 동시에 있을 수도 있고 또 동시에 사라질 수도 있다. 그러나 선과 악은 양립할 수 없는 것이기에 선/악의 대립과 쾌락/고통의 대립은 다르고, 따라서 쾌락과 선은 동일한 것이 아니다."(*Gorgias*, 495e-497d) A와 B가 동일하다고 하려면 A와 ~A가 양립 불가능한 경우 B와 ~B도 양립 불가능해야 한다. A와 ~A가 양립 가능한 것들인데. B와 ~B가 양립 불가능하다면, A와 B는 같다고 할 수 없다. 쾌락이 선과 동일하다면 선과 악이 양립 불가능한 것이기에 쾌락과 고통도 양립 불가능해야 한다. 그런데 쾌락과 고통은 공존하고 양립 가능하다. 따라서 쾌락은 선일 수 없다.

동일한 사례에 상호모순적인 것이 숨겨져 있음을 찾아내어, 그 사례에 상대자의 주장을 적용시킴으로써 반전의 계기로 삼는다. 사례에 적용하는 방식은 항상 통용될 수 있는 것은 아니다. 그래서 소크라테스는 다른 것과의 연관을 분석함으로써 반전의 계기를 마련하기도 한다. 예를 들어, 『프로타고라스』에서 프로타고라스는 덕은 가르칠 수 있는 것이고 자신이 그 일을 할 수 있는 사람임을 강조한다. 소크라테스는 덕은 개별적인 덕들인 정의, 절제, 성스러움 등을 부분으로 가지는 단일한 것인지, 아니면 그런 개별적인 덕들이 모두 단일한 것들의 이름인지를 질문한다. 프로타고라스는 단일한 덕의 부분들이 개별적인 덕들이라고 답한다. 소크라테스는 개별적인 덕들이 눈, 코, 입, 귀처럼 얼굴의 부분인지, 금처럼 그 부분들 사이에 크고 작음의 차이 외에는 어떤 차이도 없는 부분인지를 묻는다. 프로타고라스는 얼굴을 구성하는 부분들과 같다고 답한다. 소크라테스는 이 답으로부터 덕의 각 부분들은 다른 부분들과 닮은 데가 없어서 다른 덕들은 지식과 같지 않고, 또 정의와 같지 않고, 용기와도 같지 않고, 절제나 성스러움과도 같지 않다는 결론을 끌어낸다. 소크라테스는 다음과 같은 논의를 이어간다. "정의는 아무것도 아닌 것이 아니라 어떤 것이다. 정의는 정의롭다고 할 수 있다. 즉, 정의로운 것은 정의롭다고 규정할 수 있다. 프로타고라스에 따르면, 성스러움 그 자체, 절제 그 자체, 용기 그 자체 등은 따로 구분된다. 정의 그 자체가 성스러움일 수 없고, 그 역도 성립할 수 없다. 개별적인 덕들 자체 각각은 프로타고라스의 말대로 따로 구분된다. 그러나 성스러움이나 정의가 그것에 대해 술어가 매겨질 수 있거나 규정이 가능한 어떤 것이라면 정의로움 자체에는 정의롭다는 술어가 매겨질 수 있고, 성스러움 자체는 성스럽다고 규정될 수 있다. 그런 술어 매김이 가능하다면 성스러움 자체를 정의롭다고 할 수도 있고, 또 정의로움 자체도 성스럽다고 할 수 있다. 즉, 어떤 것으로서의 정의 자체나 성스러움 자체 등은 다른 술어, 정의로움, 절도 있음 등도 허용이 가능하다. 그러면 개별적인 덕들이 서로 구분되기 때문에 유사할 수 없다는 프로타고라스의 주장은 더 이상 용인될 수 없다."(*Protagoras*, 330c) 프로타고라스는 개별적인 덕들이 다른 것과 무관한 것으로 생각하지만, 그것은 어떤 것인가라는 질문이 주어지는 순간 그것은 자체가 지니는 속성을 가지게 되고, 정의롭다는 술어를 허용하면서 성스럽다거나 선한다는 다른 술어도 허용하게 된다. 따라서 '정의는 성스럽다'거나 '정의는 선하다'는 진술이 가능해진다. 여기서는 주어진 주제 그 자체를 그 자체로서가 아니라 어떤 것으로 봄으로써 서로 다른 술어를 매길 수 있음을 확인하는 것이다.

주어진 주제를 그 자체의 관점에서가 아니라 다른 어떤 것으로 본다는 것은 로고스나 개념을 구체적인 사물로 보는 것과 같다. 예를 들어, 『고르기아스』에서는 다음과 같은 토론이 진행된다. 소크라테스는 불의를 저지르는 것과 불의를 당하는 것 중에서 어느 것이 더 부끄러운 일인지를 묻는다. 폴루스는 하는 편이 당하는 편보다 더 부끄럽다고 답하자, 소크라테스는 그러면 그것이 더 나쁜 일이라고 말할 수 있지 않을까를 묻는다. 폴루스는 그렇지 않다고 답한다. 이에 소크라테스는 폴루스가 명예로움과 선함, 미천함과 악함을 구분하고 있음을 확인한다. 몸이나 색깔, 형태, 소리나 규칙 준수와 같은 모든 훌륭한 것들을 훌륭한 것이라고 부르는 데는 그렇게 부를 수 있는 기준이 있어야 한다. 어떤 몸을 훌륭하다고 하는 데는 그것이 어떤 특수한 목적에 이바지할 수 있거나 그런 몸을 가진 사람에게 어떤 즐거움을 가져다주기 때문이다. 법이나 규칙 준수에 있어서도 그것들을 훌륭하다고 할 수 있는 것은 그것들이 이롭거나 즐겁기 때문이다. 소크라테스는 이로움을 선이라고 생각하며 폴루스도 훌륭함을 선함과 즐거움을 통해 정의하는 것이 옳다고 말한다. 따라서 미천함은 고통과 악에 의해 규정된다. A와 B 중에서 A가 더 훌륭하다고 할 수 있는 것은 그것의 원인이라고 할 수 있는 이로움과 즐거움의 측면에서 A가 B를 능가하기 때문이라고 할 수 있다. 또 B가 A보다 보잘것없다고 할 수 있는 것은 악함이나 고통의 측면에서 B가 A를 능가하기 때문이라고 할 수 있다. 그러면 부당한 행위를 당하는 것은 악하지만 그것을 행하는 것은 부끄러운 일이라는 이야기는 부당한 행위를 하는 것이 당하는 것보다 더 악하게 된다는 이야기로 바뀐다(*Gorgias*, 474d). '선'이나 '훌륭함' 등의 개념들은 그것 이외의 것과 연관되어 논의되어야 한다는 것이다. 주어진 개념은 'ㅇㅇ에 대한 것'으로 파악될 수 있다는 것이다. 소크라테스에게 있어, 그 자체는 그것 이외의 다른 것을 전제로 하기 때문에 자체를 그 자체로 보기 위해서는 다른 것과 연관시켜서 보아야 하는 것이다. 자체를 자체가 정당화시킬 수 없기 때문에 주어진 주제 그 자체의 절대성은 그것 외의 것에서 확보될 수 있는 것이다.

소크라테스의 엘렌코스는 한마디로 포퍼(K. Popper)가 말하는 '무과실성(infallibility)'과 같은 의미를 지닌다. 포퍼의 주장처럼 틀리기 때문에 진리를 향할 수 있다는 것이다. 그것은 대화 상대자의 주장이 가질 수 있는 문제점들을 끊임없이 지적하여, 그로 하여금 무지와 오류를 극복하고 진리에 이르게 하는 것이다. 회의를 통해 오히려 회의를 극복하고 상식을 깨어 더욱 건전한 상식을 가지게 하는 것이다. 그리고 진리 탐구에의 강한 신념을 가지게 만드는 것이다. 그것이 질문을 통한 가르침, 진리 탐구, 인격 함양 등의 측면들에서 철학적 탐구로서의 도덕교과교육에 중요한 의미들을 줄 수 있을 것이다.

첫째, 질문하기를 통한 가르침이다. 소크라테스 자신이 말한 '검토되지 않은 삶'은 성찰하지 않는 삶이다. '성찰'은 '자기의식적(self-conscious)'이라는 말로 비유된다. "우리가 하고 있는 일에만 완전히 몰두한다면 우리의 자의식은 뒷전으로 물러나지만, 거울 속에 비친 우리 스스로를 바라본다면 갑자기 그것이 전면으로 나타난다. 당신 자신의 이미지를 만나는 것과 지적으로 동등한 것이 당신이 방금 말했던 어떤 것에 관해서 '질문'을 받는 것이다. 즉, 사고의 흐름이 자신의 여세에 따라 순조롭게 진행하다가 갑자기 멈추게 되는 것이다. 무슨 질문이 물어지는가에 따라, 당신은 자신이 했던 말들의 의미에 관해서, 적용시켰던 개념들에 관해서, 제시한 이유들이 실제 당신의 결론을 지지하는가에 관해서, 기저에 깔린 가정들에 관해서, 그 문제에 접근하는 대안적 방식들에 관해서 성찰하지 않을 수 없다."(G. M. Ross, *Thinking*, vol. 12, no. 4, 3) 그래서 소크라테스는 항상 질문을 던지면서 성찰하는 삶이 인간의 진정한 삶이라고 생각한다. 그리고 그는 가르침을 '정신을 위한 향연(a festival for the mind)', '생각들의 축전'이라고 생각한다. 그가 생각하는 진정한 가르침은 정신 (minds)을 자유롭게 하는 것이다. 단순한 기억이나 정보를 말하는 것이 아니고 항상 자신의 정신을 말하고, 모든 반대 질문들을 만나고, 모든 주장들에는 항상 그 이유를 제시하려는 지속적인 노력을 통해 자유로운 정신을 가질 수 있을 것이다. 그래서 그는 '가르치지 않고 질문만 한다'는 점에서 회의론자로 오해받을 정도로 질문하기를 통한 가르침에 몰두하였다.

소크라테스의 가르침의 방법은 가르침을 '질문하고 답하는 일'로 규정하는(C. J. B. Macmillan & J. W. Garrison, 1988) 관점의 중요성을 확인할 수 있는 계기를 제공한다. 가르침과 관련하여 생각한다면, 질문은 두 가지로 구분된다. 한 가지는 질문하는 사람이 '실제로 제기하는 것'을 질문이라고 생각하고, 그 질문에 답하는 것이 가르침이라고 생각하는 것이다. 이런 질문은 어떤 문제에 관하여 모르는 사람이 정보를 얻기 위해 그것을 안다고 가정하는 사람에게 던지는 질문이다. 보통의 경우에는 그 정보가 옳은 것으로 질문자는 수용하게 된다. 이런 질문과 답변은 일상적인 것과 별반 차이가 없다. 교육에서의 질문은 다른 수준이어야 한다. 교육의 본질이 단순한 정보나 지식의 획득일 수 없기 때문이다. 다른 한 가지의 질문은 마땅히 '가져야 하는 것'으로서의 질문이다. 이런 질문을 통한 가르침은 배우는 사람이 무엇을 알아야 하는지를 먼저 생각하고 그가 질문해야 할 것을 가르치는 것이다. 모르는 사람의 질문에 아는 사람이 일방적으로 가르쳐주는 것이 진정한 가르침은 아니다. 마땅히 가져야 할 질문을 가지게 하고 스스로 그 질문에 답을 찾아나가면서 지식 탐구와 인격 함양을 동시에 추구하도록 하는 것이 진정한 가르침일 것이다. 그런 가르침의 진정한 모습을 몸소 보여준 사람이 소크라테스이다.

도덕교과교육은 학생들에게 도덕을 일방적으로 가르치는 것이 아니라 옳고 그름을 스스로 판단하고 깨닫고 자신의 인격으로 만들어가는 것이어야 한다. 그것을 위해 당연히 문답식의 학습이 도덕교과 과정의 본질이어야 한다. 어떤 질문을 학생들에게 물어야 할 것인가? 소크라테스의 방법을 사용하여 하는 질문은 열린(open) 질문일 것이다. 교사들이 가장 빈번하게 사용하는 질문들은 닫힌 질문이자 사실에 관한 질문이다. 교사는 옳은 대답을 알고 있고 학생의 지식에 대한 기억을 검증하고 있다는 의미에서 그런 질문은 소피스트들이 사용했던 수사적(rhetorical) 질문이다. 열린 질문들은 교사도 그 정답을 모르면서 학생들에게 묻고 있는 진정한 의문들이다. '그대는 무엇을 생각하고 있는가?'와 같이 학생들을 탐구로 초대하는 질문이 소크라테스적인 질문인 것이다. 소크라테스적 질문들은 생각하기와 대답하기의 자극을 제공한다. 예를 들면, 명료화를 추구하는 질문들로서 'ㅇㅇ를 설명할 수 있는가?', 'ㅇㅇ는 무엇을 의미하는가?', 'ㅇㅇ의 예를 제시할 수 있는가?' 등이며, 이유들과 증거를 조사하는 질문들로서 'ㅇㅇ를 왜 생각하는가?', 'ㅇㅇ를 어떻게 아는가?', '이유는 무엇인가?', '증거를 가지는가?' 등이며, 대안적 관점들을 탐색하는 질문들로서 '그것을 다르게 말할 수 있는가?', '다른 관점이 있는가?', '어떤 사람이 ㅇㅇ을 주장한다면 어떨까?' 등이고, 함의들과 결과들을 검증하는 질문들로서 '당신의 말에 어떤 말이 이어질 것인가?', '그 말은 이전에 말했던 말과 일치하는가?', 질문/토론에 관한 질문들로서는 '그것에 관해 하나의 질문을 가지는가?', '그것은 무슨 종류의 질문인가?', '누가 여태까지를 요약할 수 있는가?' 등이다(R. Fisher, *Thinking*, vol. 12, no. 3, 28에서 발췌).

둘째, 소크라테스의 엘렌코스를 통한 진리 탐구의 방식이 중요하다. 철학함이란 진리 탐구를 통해 인격을 함양하는 과정이다. 그것은 학습될 지식체계라기보다는 진리와 인격과 관련하여 '행하는' 어떤 것이다. 그러나 철학을 누구나 쉽게 할 수 있는 것은 아니다. 어떤 진리를 발견하려는 끈질긴 시도를 요구한다. 여유 있게 진행되는 『향연(*Symposium*)』에서마저, 소크라테스와 그의 대화 상대자들은 단순히 자신의 의견을 제시하고 있지 않다. 비록 술을 마시지만 술집에서 경험하는 사고의 느슨함도 없고, 무절제의 감정 표출도 없다. 그곳에는 진리를 확인할 가능성이 있음을 인정할 때 생기는 일종의 사고의 엄격성과 역동성이 있다. 소크라테스가 우정, 선, 국가 등에 관한 진리를 확인하려는 노력은 거의 종교적으로 신성한 것이다. 철학적 탐구로서의 도덕교과교육 교실에서 가장 중요한 것은 교사나 학생들의 진리 탐구, 특히 도덕적 지식 탐구에 대한 진지성과 경이로움이다. 립맨의 철학소설 『해리 스토틀마이어의 발견(*Harry Stottlemeier's Discovery*)』에 등장하는 인물들이 조용히 앉아 있을 수 없이 갑자기 모습을 나타내기도 하고, 동굴을 벗어나기도 하고, 한 줄기 빛을 보고 진실로 알 수 있는 어떤 것을 발견하려 하고 있음을 느낄 수 있는 이유가 바로 그 진리 탐구에의 경이로움과 진지성 때문일 것이다(R. F. Reed & T. W. Johnson, 1999, 40 참고).

철학적 진리 탐구활동은 그냥 중요한 것이 아니고 분명한 어떤 활동이다. 그것은 특정한 기술을 가지고 하는 활동이다. 그 기술이 진리 탐구의 기술인 것이다. 그 기술도 다른 대부분의 기술들처럼 자신보다 더 기술적인 어떤 사람과의 직접적인 만남을 통해 실행해봄으로써 얻어질 수 있는 것이다. 소크라테스가 실행한 진리 탐구의 기술은 대화나 변증적 토론이다. 일반적인 대화는 비대결적인 것이며, 거기서는 타협을 얻으려고 노력한다. 그러나 소크라테스적 대화는 비대결적인 것과 거리가 멀고 그 목적은 타협이 아니었다. 그것은 서로 다른 사람들이 제시한 주장들의 오류를 검증하기 위해 계속 질문을 던지고 답변을 듣는 과정이었다. 그것은 법정에서의 반대 심문(cross-examination)에 가까운 것이다. 그리고 그것은 일반적 원칙들로부터 출발하여 그것들로부터 특별한 결론들을 연역하는 것이라기보다는 특정한 사례들이나 대화 상대자들의 주장들로부터 시작하여 일반적 개념들이나 진리에 도달하는 것이었다. 그래서 아리스토텔레스는 '귀납적' 논증을 소크라테스적 방법의 주요한 특징들의 하나라고 보았던 것이다.

　대화 상대자들의 주장이 특별한 사례이거나 일반원리이거나, 소크라테스는 하나의 특별한 사례로부터 일반화에 도달하려고 노력하거나, 제안된 일반화에의 반증 사례로서 특별한 사례를 제시한다. 진리탐구 기술에서 가장 중요한 것은 오류들과 잘못된 추론들과 거짓들을 드러내는 기술일 것이다. 그는 여러 방식들로 구성된 엘렌코스를 통하여 그 일을 수행했지만, 그 가운데 가장 강력한 방식은 반증 사례들을 제시하는 것이었다. 그가 하나의 반증 사례를 제기했을 때 이전에 주장되었던 것을 주장하는 것이 논리적으로도 심리적으로도 불가능한 것이 되고 말았던 것이다. 그와의 대화에 참여하는 사람들은 오류의 가능성에 관하여 늘 방심하지 않아야 했다. 그들은 오류들을 제거하려는 자기수정으로의 눈을 가지고 그들 자신의 실행에 관해 지속적으로 성찰해야 했다. 소크라테스 자신이 전형적으로 그러나 가장 명백한 반증 실례들을 통해 자기성찰을 실행하는 모범을 보였던 것이다. 오늘날 철학적 탐구로서의 도덕교과교육도 소크라테스를 닮은 교사와 그의 대화 상대자들을 닮은 학생들이 공동으로 협동하면서 이끌어가는 것이어야 할 것이다.

　셋째, 소크라테스의 엘렌코스의 중요한 점은 인격 함양의 측면이다. 그가 실행하는 진리 탐구의 대부분의 주제들은 덕, 정의, 용기, 절제 등 도덕과 연관된 것이다. 보편적인 도덕적 지식을 탐구하자는 것이다. 그런 보편적 지식은 반드시 행위로 연결될 수 있으며, 인격을 구성하는 요소가 된다고 그는 생각한다. '덕은 지식'이라는 말에서 지식은 순수한 이론지가 아니고 실천지이다. 그가 말하는 지식은 실천적 의지를 포함하는 개념이다. 사람들이 잘못된 행위를 하게 되는 까닭은 무지이기 때문에 바른 행위를 할 수 있으려면 지식을 가지고 올바른 선택을 해야 한다는 것이 그의 생각이다. 자신에게 속하지 않는 외적 갈등들이 인간의 행위가 일어나도록 하는 것이기 때문에 인간 자신이 진지하게 고민하여 어떤 행위를 할 것인지를 결정할 필요가 없다고 여기던 것이 당시의 일반적인 생각이었던 것 같다. 『프로타고라스』에서의 설명에 의하면, 분노, 쾌락, 불쾌, 애정 등의 비합리적인 충동들이 지식을 압도해버렸기 때문에 인간의 옳지 못한 행위들이 일어난다(*Protagoras*, 352b-c). 당시 사람들은 지식이 행동을 지배하지 못한다고 생각한 것이다(*Protagoras*, 353b). 그래서 옳음이 무엇인지 알고는 있지만 실행을 하지 못한다는 것이다. 그러나 소크라테스는 잘못된 선택이 잘못된 행위를 일어나게 하고, 잘못된 선택은 지식의 결핍에서 온다고 생각한다. "일반적으로 '자동차를 운전할 줄 안다'는 것은 자동차의 운전 작용에 관한 '지식'을 가지고 있으며, 자동차를 운전할 능력이 있음을 말하듯이, 그리스어 '지식'과 그 동사 '안다'는 말은 어떤 것에 대한 '지적인 앎'과 실제로 실행할 수 있다는 '할 줄 앎', 즉 '능력'을 포괄하는 의미를 지닌다."(박홍규, 1995, 30) 실천적 능력을 포함한 지식은 반드시 행위와 연결될 수밖에 없을 것이다. 그는 실천 능력으로서의 지식을 가르치고자 했던 것이다.

그리고 소크라테스의 문답식 대화를 통한 진리 탐구의 과정에 인격 함양의 과정이 동시에 이루어진다는 것이다. 항상 그의 관심의 중심에는 '정신(psyche)'이 있다. 이것은 일반적으로 '영혼(soul)'으로 번역되지만, 그것은 인격을 포괄한다. 그의 철학적 사명은 사람들로 하여금 영혼의 정화나 개선에 집중하게 하는 것이었다(*Apology*, 30). 그가 궁극적으로 가르치고자 하는 자기지식(self-knowledge)이 영혼을 정화시킨다고 그는 생각한다. 그것이 바로 아폴론의 신탁이 내린 명령, 즉 "너 자신을 알라"인 것이다(R. Fisher, *Thinking*, vol. 12, no. 3, 24). 소크라테스에게 있어, 대화를 통한 자기지식의 탐구는 덕은 지식이라는 믿음과 연결된다. 어떤 행위방식이 최선인지를 진실로 그리고 충분하게 안다면 반드시 그 앎을 실행하게 된다는 것이다. 그는 소피스트들과 달리 진리나 선의 절대적인 기준이 있다고 생각하면서 엘렌코스를 시작하는 질문으로 그런 절대성의 규명을 요구하는 질문을 하고 있는 것이다. 그러나 그런 질문은 그를 직접 형이상학자로 만들지 못한다. 그 질문에 대한 대화 상대자들의 답변이 있자마자 그 주장의 오류를 검증하면서 특별한 사례들이나 삶의 현실의 문제들을 다루기 때문이다. 그는 지식과 행위에서 무엇이 진실하고 옳은 것인지에 관한 개인적 이해가 중요하다고 본 것이다. 그래서 그는 대화 상대자들이 반드시 자신들이 믿고 있는 것을 이야기하도록 한다. 그리고 모든 대화들을 개인들 사이의 대화로 이끌어간다. 그래서 "소크라테스 대화의 본질은 인간 정신들의 상호작용에 있다. 거기에서는 인간 개인이 그의 사고의 중심과 전면에 서 있다."(K. Seeskin, 1987, 2-3 참고) 진리 탐구의 과정은 주장들이나 명제들 사이의 논리적 관계들이 아니라 도덕적 행위자들의 상호작용이라는 것이다. 그것이 바로 프로타고라스가 가설들을 사용하기를 허락하지 않고 자신이 진실로 검토하기를 원하는 것은 '당신과 나'라고 주장하는 말의 의미이다 (Ibid., 3). 그가 주도하는 진리 탐구의 과정은 단순한 논박의 수준에 머물지 않는다. "대화 상대자들의 삶의 방식 이면에 전제되는 직관적인 도덕적 지식을 표현하고 그것을 옹호하도록 함으로써 소크라테스는 그들의 인격 내지 성격들을 폭로하는 것이다. 그래서 논박의 과장에서 논리적 예민함 못지않게 정직, 사리분별, 용기 등의 도덕을 요구하는 것이다, 즉, 진실로 자신이 생각하고 믿는 것을 말하는 정직, 자신이 알지 못하는 것을 인정하는 사리분별, 탐색을 계속할 용기 등을 강하게 요구한다. 대화 상대자들 대부분은 세 가지가 부족하다. 프로타고라스는 화를 내고, 폴루스는 시시한 수사적 속임수들에 호소하고, 칼리클레스는 골을 내기 시작하고, 크리타스는 자제력을 상실하고, 메논은 단념하기를 원한다."(Ibid.) 그들의 그러한 도덕의 결핍들은 그들의 인격이나 성격들의 문제를 드러내는 것이며, 논박을 통해 단순한 주장의 철회나 의견의 수정을 넘어 인격 정화의 계기가 되는 것이다. 따라서 소크라테스는 도덕적 행위자의 인격의 문제를 대화의 주제로 삼고 있다고 볼 수 있다. 대화 상대자들의 부분적이고 잘못된 생각과 신념을 더욱 명료하게 파악하도록 함으로써 그것들을 철회하고 수정하기를 바라는 것 이상으로 '영혼을 올바른 방향으로 이끄는 것'이 그의 궁극적인 목표인 것이다.

철학적 탐구로서의 도덕교과교육은 인격 함양의 교과이다. 그래서 그 교과의 내용만이 아니라 신중함, 성실함, 열린 정신, 참을성, 겸양, 상상, 친절함 등의 교실 분위기나 학생들의 태도를 강하게 요구한다. 도덕교과가 이루어지는 교실을 진리 탐구와 인격 함양을 목표로 하는 철학적 탐구 공동체로 운영하는 것은 실행해보는 것 외에 따로 방법은 없을 것이다. 그 실행의 고전적인 사례인 소크라테스의 엘렌코스는 이 점에서 도덕교과 운영에 큰 도움을 줄 수 있을 것이다.

4. 아포리아(Aporia)와 그것이 도덕교과교육에 주는 의미

소크라테스의 엘렌코스는 결론 없는 결론으로 끝난다. 예를 들어, 『에우티프론』에서 경건의 정의에 관한 대화의 마지막에서, 소크라테스는 "우린 처음부터 경건이란 무엇인가를 다시 시작해야 한다네."라고 말하면서 원점으로 대화를 되돌려버린다. 에우티프론은 바쁘다는 핑계로 그 제의를 거부한다(Euthyphro, 15c-e). 덕의 교수 가능성 문제를 다루는 『프로타고라스』도 마찬가지다. 소크라테스는 말한다. "우리의 논의가 우리에게 되돌아온 것 같다네. 그리고 만약 그 논의가 스스로의 목소리를 가졌다면, 비웃듯이 말할 것 같군. '소크라테스와 프로타고라스, 당신들 둘 다 대단히 웃기는군요. 소크라테스, 당신은 처음에 덕은 가르쳐질 수 없는 것이라고 말해놓고 지금에 와서는 바로 그 반대 주장을 하면서 모든 것 — 정의, 절제, 용기 등 — 이 지식이며, 덕은 분명히 가르칠 수 있는 것임을 보여주려고 하고 있지 않은가. 프로타고라스, 당신이 지금까지 말하려고 했듯이, 덕이 지식이 아닌 어떤 것이라면 그것은 분명히 가르칠 수 없는 것이겠지요. 소크라테스, 당신이 지금 재촉하는 바와 같이 덕이 전적으로 지식임이 판명된다면 그것이 가르쳐질 수 없다는 것은 대단히 놀라운 일이겠지요. 프로타고라스는 처음에는 덕이 가르쳐질 수 있다고 주장했다가 지금은 그 반대를 생각하면서 덕들 중 어느 것도 지식일 수 없다고 재촉한다네. 그런 관점이라면 덕은 결코 가르쳐질 수 있는 것이 아니겠지.' …" 결국 프로타고라스는 말하면서 다른 볼 일이 있어서 다음에 이 문제를 논의하자고 제의하고 대화는 끝난다(*Protagoras*, 361a-e).

탐구 자체와 인격 함양이 목표이지 특정 주제에 관한 지식의 획득이 목표가 아니었기 때문에 소크라테스의 엘렌코스가 결론을 내리지 않는 것이 당연한 것인지도 모른다. 진리도 인격도 완전하게 가지는 일은 매우 어려운 일이다. 중요한 것은 지속적이고 진지한 탐구이다. 결론을 내린다는 것은 그 중요한 탐구를 멈추게 할 수 있는 것이다. 진리 탐구와 인격 함양을 저해하는 장애물들이 있음을 대화 상대자들에게 확인시키는 것이 그의 대화들이다. 그 장애물들을 모두 확인한다면 결국 진리의 인격의 완전한 획득도 가능하다는 것이 그의 입장이다. "영혼은 불멸하는 것이고 여러 차례 태어나는 것이며, 이 세상과 저 세상의 모든 것들을 보았기 때문에, 그것이 알고 있지 못하였던 것은 아무것도 없다. 그래서 영혼이 덕과 다른 것들에 관하여 이전에 알았던 것을 상기할 수 있는 것은 놀랄 일이 아니다. 모든 자연은 유사하고 영혼은 모든 것들을 알고 있기 때문에, 만약 용기가 있고 탐구에 싫증을 느끼지 않는 사람이라면 그 사람이 나머지 것들을 발견하는 것으로부터 오직 한 가지를 상기하는 것, 즉 우리가 '학습(learning)'이라고 부르는 것을 하지 못하게 하는 것은 아무것도 없을 것이다."(*Meno*, 81c-d) 사람들은 대부분 이런 낙관론에 쉽게 빠져 자신의 한계를 인정하지 못하는 경우들이 많다. 소크라테스는 바로 이 점을 간파하고 자신의 한계를 끊임없이 확인하는 사람들이 되도록 하기 위해 순수 철학함을 실천한 것이다. 그래서 "그의 대화들은 우연한 토론이거나 단순한 연역적 실행인 경우는 아주 드물다. 대부분의 경우들에서, 다양한 선회와 전환에의 양식이 있다. 『프로타고라스』에서 그것은 엇갈림의 양식임을 볼 수 있다. 소크라테스는 덕은 가르칠 수 있는 것이 아니라고 생각하고, 프로타고라스는 가르칠 수 있는 것으로 생각한다. 그러나 결국 그들은 그 문제의 반대 측면들에 있는 것 같다. 『라케스』와 『카르미데스』에서 크리타스(Critias)는 너무 경솔한 반면 카르미데스는 너무 소심하다. 이는 대화 상대자들을 포함한 모든 사람들이 자신의 한계를 인식하고 자신의 지식과 인격의 수준을 명료하게 검토하라는 의도의 산물이다. 이는 교향곡을 듣고 마지막 다섯 음표들을 서술하도록 부탁을 받는 것과 같다. 소크라테스의 대화에서는 마지막 다섯 음표들이 무엇인지를 결코 발견할 수 없다."(Ibid., 12-13 참고) 그러나 그렇다고 해서 교향곡 자체를 들은 것이 문제 있는 것은 결코 아니다. 음표를 정확히 알기 위해 교향곡을 듣는 것이 아니듯이, 토론의 주제에 관해 어떤 결론을 내리기 위해 대화를 나눈 것은 아니다. 그는 특정한 결론을 가르치지 않는다는 점에서 소피스트와 같은 교사가 아니었다,

　소피스트들이 아니고 소크라테스를 닮은 교사의 모습이 철학적 탐구로서의 도덕교과를 운영하는 진정한 교사의 모습일 것이다. 도덕교

과교육의 궁극적인 목적은 인격 함양이다. "훌륭한 도덕교사는 대화를 통해서 아동이 스스로 현재 처해 있는 상황을 파악하고 자신의 문제점을 깨달아 새로운 자아로 나아가도록 만든다. 이러한 목적을 이루기 위해서는 대화자는 진술하게 대화를 해야 한다. 교사는 학생들이 스스로 자신의 문제를 발견하기 위해 솔직한 태도를 가질 수 있는 여건을 조성해야 한다. 이를 위해 교사는 인간의 허물에 대해 너그러운 태도를 가져야 한다는 것을 학생들에게 알려준다. 그러나 자신의 잘못을 반복하는 것은 좋지 않다는 것을 말한다. 그리고 이러한 사례들을 많이 들려주는 것이 좋다."(이영문, 2002, 334) 결국 소피스트들처럼 화려한 웅변을 과시하면서 그럴듯한 결론을 내리고 지식의 보따리나 풀어 헤치는 사람이 아니라, 소크라테스처럼 겸손과 정직과 진지성을 보여주면서 진리 탐구와 인격 함양의 길을 열어주는 사람이 진정한 도덕교사일 것이다.

5. 결론

어린이 철학(Philosophy for Children)과 철학적 탐구 공동체 교육을 주도하는 립맨은 소크라테스의 탐구 자세를 네 가지로 제시한다(M. Lipman, 1981, viii-ix 참고). 첫째, 그는 지적 탐구의 모델로 작용한다. 둘째, 그는 우리가 스스로와 스스로의 삶을 알아야 한다고 말한다. 셋째, 그는 사람들을 대화에 참여시킨다. 마지막으로, 그는 사고의 엄격성을 말한다. 모든 믿음은 논리와 경험의 검증을 받아야 한다고 주장한다. 그것이 누구의 의견이고 생각인지가 중요한 것이 아니라, 내적 일관성을 가지고 있는지, 입증될 수 있는지가 중요하다는 것이다. 물론, 철학적 탐구 공동체를 제시하는 어린이 철학과 소크라테스적 방법은 부분적인 차이들이 있을 수 있다. 전자는 "철학

이야기로 출발하고, 자유토론을 하도록 하고, 대안적 관점들을 표현하도록 하며, 대화를 통해 탐구하며, 질문들은 이미 토론 전에 작성된 것이며, 토론은 구술적으로 복습되며, 활동과 실행이 뒤따른다." 그러나 후자는 "철학적 질문으로 시작하며, 하나의 질문이나 문제에 초점을 두고, 의견의 합의를 목표로 하며, 대화에는 메타담화(meta-discourse)를 포함시키며, 질문은 토론 중에 작성되며, 토론은 문자적으로 복습된다."(R. Fisher, *Thinking*, vol. 12, no. 3, 26) 이런 부분적인 차이점들에도 불구하고, '문답을 통하여 철학적 탐구를 한다'는 큰 틀은 동일하다.

소크라테스적 방법이 철학적 탐구로서의 도덕교과교육에 줄 수 있는 의미들을 정리한다면, 무엇보다도 대화를 통한 탐구이다. 이 점에 대한 상세한 점들은 이 글에서는 논의하지 않고 다른 글을 통해 논의할 생각이지만 간단하게 그 의미를 제시하고자 한다. 문답식의 대화를 통해 가능성들을 탐색하고, 대안들을 발견하고, 다른 관점들을 인정하는 것은 근본적으로 사고력을 증진시킨다. 우리는 대화에 참여할 때 지적으로 분주해진다. 대화를 하면서 엉성한 추론이나 우둔한 문답은 있을 수 없는 것이다. 남의 말에 귀를 기울이는 것이 생각하는 것이기(listening is thinking) 때문에 주의하면서 귀를 기울여야 하며, 말하는 것이 생각하는 것이기(speaking is thinking) 때문에 우리의 말을 숙고해야 한다. 또한 우리와 다른 사람들이 말했던 것을 머릿속에 다시 되뇌어 보고, 우리나 다른 사람들이 무엇을 말했어야 했는가를 다시 숙고해본다. 그리고 대화는 참여자들이 공유하는 의미의 흐름(stream of meanings)이다. 대화 속에서는 다른 종류의 정신들이 숨 쉰다. 대화에서는 관점들을 얻거나 특별한 관점이 이기게 만들려는 시도가 전혀 없다. 오히려 어느 편에서 실수가 발견되면 모두 이득을 얻는다. 이것이 쌍방 승리(win-win)의 상황이다. 그리고 대화는 의사

전달의 수단만은 아니고 본질적으로 인간의 존재방식을 결정한다. 인간은 홀로 주체가 되어 세계를 인식하고 타자를 혼자 규정하는 것이 아니다. 나의 존재방식은 너와의 관계 속에서 형성되는 것이다.

다음으로는, 질문하고 답하기를 통해 탐구하는 방식이다. 소크라테스는 항상 질문을 던지면서 성찰하는 삶이 인간의 진정한 삶이라고 생각한다. 그는 진정한 가르침은 정신(minds)을 자유롭게 하는 것으로 생각하면서, 단순한 기억이나 정보를 말하는 것이 아니고 항상 자신의 정신을 말하고, 모든 반대 질문들을 만나고, 모든 주장들에는 항상 그 이유를 제시하려는 지속적인 노력을 통해 자유로운 정신을 가질 수 있을 것이다. 도덕교과교육에서 교사는 옳은 대답을 알고 있고 학생의 지식에 대한 기억을 검증하고 있다는 의미에서 닫힌 질문을 하기보다는, 교사도 그 정답을 모르면서 학생들에게 묻고 있는 열린 질문들을 해야 할 것이다.

마지막으로는, 인격 함양을 궁극적인 목표로 삼는다는 점이다. 표면적으로는 소크라테스가 탐구하는 것이 지식인 것 같지만 실은 인격 함양이 그 본질이다. 우선 그가 실행하는 대화들 대부분의 주제들이 보편적인 도덕적 지식을 탐구하자는 것이다. 그가 지식을 탐구하는 궁극적인 목적은 인격 함양인 것이다. 그는 덕이 곧 지식이라고 생각하기 때문이다. 도덕적인 행위는 도덕적 지식을 통해 가능하기 때문에, 지식을 가지고 올바른 선택을 해야 한다는 것이 그의 생각이다. 그리고 문답식 대화를 통한 진리 탐구의 과정이 바로 인격 함양의 과정과 일치한다. 그가 궁극적으로 가르치고자 하는 자기지식(self-knowledge)이 영혼을 정화시킨다고 그는 생각한다.

당연히 도덕교육은 수심(修心)교육이라기보다 수신(修身)교육이어야 한다. 유교에서 말하는 마음(心)도 정신과 마음이 분리되지 않은 것이며, 더욱이 몸은 더욱 통합적인 개념이다. 그것은 단순한 육체

(body)만이 아니라 정신(mind)과 마음(heart)을 포함한 인간 전체를 가리킨다. 수신교육으로서의 도덕교과교육은 실기교과여야 하지 이론교과여서는 안 된다. 그것은 '함으로써 되기(becoming by doing)'의 교육이어야 하는 것이다, 그리고 무엇보다 중요한 점은 도덕을 가르친다는 사람들은 자신의 인격이 도덕적이어야 한다. 최근, 인격에 심각한 문제를 가진, 심지어 법적 몽둥이마저 맛을 보고 있는 사람들이 도덕을 가르치고 도덕교과서를 집필하고 있는 상황에서, 도덕교과교육의 미래는 참담하다. 문제의식을 가지지 못하는 도덕교육계에 소크라테스 대화편 한 편이라도 읽기를 권하고 싶다. 도덕적 삶이 얼마나 진정성을 요구하는 것인지, 도덕이 결국 왜 영혼의 문제인지를 깨닫기를 바란다.

[참고문헌]

박재주(2000), 『서양도덕교육사상』, 청계.

박홍규(1995), 「희랍철학 소고」, 『희랍 철학 논고』, 민음사.

이영문(2002), 「Socrates의 대화법과 학교 도덕교육」, 『초등교육연구』, vol. 15, no. 2.

이홍우(1984), 「덕은 지식인가?: <프로타고라스>와 <메논>의 고찰」, 한국교육학회 도덕교육연구회 편, 『도덕교육연구』 제2집.

Bedel, G.(1980), *Philosophizing with Socrates: An Introduction to the Study of Philosophy*, Washington: University Press of America.

Carpenter, M. & Polansky, R. M.(2002), "Variety of Socratic Elenchi", G. A. Scott, ed., *Does Socrates Have a Method?: Rethinking the Elenchus in Plato's Dialogues and Beyond*, Pennsylvania: The Pennsylvania State University Press.

Cooper, John M., ed.(1997), *Plato: Complete Works*, Indianapolis:

Hackett Publishing Company.

Fisher, R.(1990), *Teaching Children to Think*, Oxford: Blackwell.

_____, "Socratic Education", *Thinking: The Journal of Philosophy for Children*, vol. 12, no. 3.

Guthrie, W. K. C.(1971), *Socrates*, London: Cambridge University Press.

Irwin, T. H.(1977), *Plato's Moral Theory: The Early and Middle Dialogues*, Oxford: Oxford University Press.

Lipman, M., et al.(1981), *Philosophy in the Classroom*, Philadelphia: Temple University Press.

Macmillan C. J. B. & Garrison, J. W.(1988), *A Logical Theory of Teaching: Erotetics and Intentionality*, Kluwer Academic Publishers.

Nelson, L.(1965), *Socratic Method and Critical Philosophy*, New York: Dover Publications.

Reed, R. F. & Johnson, T. W.(1999), *Friendship and Moral Education: Twin Pillars of Philosophy for Children*, New York: Peter Lang Publishing, Inc.

Robinson, R.(1953), *Plato's Earlier Dialectic*, Oxford: Clarendon Press.

Ross, G. M., "Socrates verse Plato: The Origins and Development of Socratic Thinking", *Thinking: The Journal of Philosophy for Children*, vol. 12, no. 4,

Seeskin, K.(1987), *Dialogue and Discovery: A Study in Socratic Method*, Albany: State University of New York Press.

Teloh, H.(1986), *Socratic Education in Plato's Early Dialogues*, Notre Dame: University of Notre Dame Press.

Vlastos, G.(1983), "The Socratic Elenchus", *Oxford Studies in Ancient Philosophy* I.

Wilds, E. H.(1956), *The Foundations of Modern Education*, New York: Reinehart & Co.

제 2 장

도덕교육에서의 습관과 이성의 패러독스

1. 서론

도덕교육의 주된 내용은, 도덕적 규범이나 원리를 반성적으로 검토하고 그것을 특정 상황의 행위에 의식적으로 적용할 수 있는 능력이어야 한다고 주장되기도 하며, 바람직한 행위의 전통이나 습관이어야 한다고 주장되기도 한다. 전자의 주장처럼 도덕교육의 과정이 합리적 논의의 장이어야 한다는 입장을 도덕교육에의 합리주의적 접근이라 부를 수 있을 것이며, 바람직한 행위의 전통이나 습관을 가르치는 장이어야 한다는 입장을 전통(습관)주의적 접근이라 부를 수 있을 것이다.

도덕교육에의 합리주의적 접근은 자율적 도덕성을 추구하며 인습적(타율적) 도덕성을 극복하고자 한다. 여기서는 기존사회의 전통과 관습은 불신된다. 근대 이후에 새롭게 부각된 '자율성'의 개념은 전통에 대한 불신의 표현에 다름 아니다. 전통이나 습관은 종속과 복종의 표현이며, 자율성은 사회와 전통으로부터의 독립을 의미한다. 따라서 자율성을 유지하기 위해서는 기존사회의 전통과 관습으로부터 벗어나는 것이 필요하다. 그리고 그 과정에서 전통과 관습은 자율성의 방해물로 간주된다. 전통과 관습으로부터의 탈피가 자율성의 소극적인 의미라면, 행위자 자신이 따라야 할 도덕법칙을 스스로 결정하고 그것을 자의에 의하여 행위로 적용한다는 것은 자율성의 적극적 의미이다. 즉, 이미 만들어진 규칙이나 원리를 타율적으로 따르는 것이 아니라 규칙이나 원리를 직접 결정하고 그것을 자발적으로 따른다는 것이다.

그런데 적극적인 의미에서의 자율성은 개인이 '보편적 이성'을 가지고 있기 때문에 가능하다. 즉, 자신이 따라야 할 규칙이나 원리를 결정하고 그것을 자발적으로 따르는 것은 모든 개인이 보편적 이성을 가지고 있기 때문에 가능한 것이다. 합리적 접근은 전통을 불신하는 대신 개인의 보편적 이성을 거의 무한대로 신뢰한다. 보편적 이성은 마음의 능력이다. 따라서 합리주의적 접근에서의 도덕교육은 개인의 마음의 능력에 호소한다. 여기서 말하는 마음의 능력인 보편적 이성은 깨끗한 상태에서 그 힘을 제대로 발휘한다고 생각된다. 따라서 이러한 도덕교육은 '마음 씻기'로부터 시작된다고 볼 수 있다. 즉, 묻어 있는 전통과 관습 그리고 지식의 때가 말끔히 정화된 마음이야말로 보편적 이성의 힘을 최대로 발휘할 수 있다는 것이다. 그러한 보편적 이성의 힘이 기존의 전통과 관습의 힘을 대신하여 완전하고 확실한 행위지침을 제공함으로써 인간의 일상적인 삶을 안내할 수 있다는 것이다. 즉, 마음은 보편적 이성의 능력을 가지고 스스로 자신이 따라야 할 구체적인 규칙이나 고차원적이고 추상적인 원리를 만들어내고 그것을 자발적으로 따르게 할 수 있다는 것이다. 인간은 이제 자기 밖에서 주어지는 행위의 규칙과 삶의 원리를 수동적으로 따르는 것이 아니라 자신의 규칙과 원리를 스스로 입법할 수 있는 존재로 간주된다. 그리고 그렇게 스스로 보편적 이성을 통해 만들어진 규칙과 원리는 보편성을 띠는 동시에 의무로 다가온다는 것이다.

결국, 합리주의적 접근의 도덕교육은 특정한 내용의 가치나 덕목을 교육하기보다는 마음의 능력을 기르는 데 주안점을 둔다. 마음의 능력을 기른다는 것은 실질적인 내용보다는 도덕적 판단능력을 기른다는 것이다. '절차적 원리'를 강조하는 콜버그의 도덕교육론이나 가치명료화 접근법이 특정한 내용보다는 형식(판단의 능력)을 강조하는 대표적인 이론들이다. 콜버그는 사회적 통념 또는 규범으로서의 덕목을 "그 자체가 어떤 도덕적 의미를 담고 있는 것이 아니라 도덕교육의 목적으로서의 도덕성 발달, 즉 도덕적 인지구조 또는 판단형식의 분화, 통합을 '저해하는' 일종의 환경적 요소"라고 비판한다(장성모, 1986, 73). 그에 의하면, 단계 6의 '정의의 원리'에 입각한 도덕성을 획득하기 위해서는 먼저 방해물로서의 사회적 규범이나 관습을 마음으로부터 제거해야 한다. 가치명료화 접근법 역시 결정적이고 합의된 그리고 분명한 도덕규범이나 가치군은 현존하지 않는다는 기본 가정에서 출발한다. 인간 행위를 결정지을 수 있는 어떤 절대적인 도덕적 진리도 존재하지 않기 때문에 아동들에게 어떤 가치나 덕목을 가르치기보다는 '가치화의 과정'을 가르쳐야 한다는 것이다.

반면, 도덕교육에의 전통주의적 접근은 전통과 관습을 신뢰한다. 인간은 진공 속에서가 아니라 기존의 문화나 도덕적 행위전통 속에서 태어나고 자라기 때문에, 인간이 되기 위해 입문해야 할 유일한 내용은 바로 전통과 관습이라는 것이다. 동시에 도덕적 행위전통은 인간의 정체성과 합리성을 가질 수 있게 해주는 도덕성의 유일한 조건이라는 것이다. 전통에 입문하는 것 자체가 인간됨의 길인 동시에 합리적인 삶을 살아가는 길이라는 뜻이다. 전통주의적 접근은 마음과 이성을 합리주의적 접근과는 다르게 이해한다. 즉, 마음속에 담긴 전통과 관습 또는 지식 외에 따로 마음이 있다고 생각하지 않는다. 마음은 그것에 담긴 내용과 다른 어떤 것이 아니라는 것이다. 마음에 깃든 전통과 관습 그리고 지식 등이 바로 마음 자체인 것이다. 따라서 마음에서 때를 씻어낸다는 것 자체가 어불성설이다. 때 자체가 마음인데 마음에서 마음을 씻어낼 수는 없는 것이다.

전통주의적으로 접근하는 도덕교육은, 내용이나 활동과는 철저하게 독립된 마음 그 자체의 훈련이나 그러한 마음이 만들어낸 도덕적 규칙이나 원리를 가르치는 것일 리 없다. 그것은 지금까지 전해 내려오는 도덕적 행위전통을 가르친다. 중요한 점은, 여기서 말하는 도덕적 행위전통은 개인의 구체적인 도덕적 행위와 다른 것이 아니라는 것이다. 전통은 구체적인 행위와 별도로 존재하는 실체로서 개인들에게 강요되는 어떤 것이 아니라, 구체적인 도덕적 행위들과 범주를 달리하는 것으로서 그것을 이해하기 위한 개념적 도구이기 때문이다. 따라서 전통은 개개인의 구체적인 도덕적 행위 이외의 다른 것이 아니다(A. MacIntyre, 1981, 204-205). 그리고 도덕적 행위전통은 새로운 도덕적 행위의 출발점으로 기능한다. 일상적 삶에서 우리는 무언가를 '가지고' 상황을 이해하고 대처한다. 새로운 것은 늘 전통의 연장선상에서 나온다는 점에서 "전통은 조상으로부터 물려받은 소유물인 동시에 미래의 새로운 출발점이다."(E. Shils, 1981, 46) 도덕적 행위의 시작 혹은 출발점은 도덕적 행위전통인 것이다.

물론, 시대에 따라서는 '습관의 도덕교육'이 도덕교육의 당연한 모습으로 자리 잡았던 경우도 있었고, 오늘날처럼 '이성의 도덕교육'이 단연 우세를 점하는 경우도 있다. 그래서 이성과 습관이 도덕교육에 있어서 진정한 패러독스의 문제가 아니라는 생각도 할 수 있다. 그것은 시대와 필요에 따라 선택할 수 있는 문제라고 생각할 수 있기 때문이다. 그러나 도덕교육에서 이성과 전통의 문제는 패러독스의 문제로 인식된다. 이 패러독스에 관한 직접적인 언급은 아마, 피터스 (Richard S. Peters)의 「이성과 습관: 도덕교육의 패러독스」라는 글(R. S. Peters, 1963, 46-65)이 처음일 것이다. 그러나 도덕교육에 있어서의 이성과 습관 사이의 긴장관계에 관한 논의가 피터스에 의해 처음 시작된 것은 결코 아니다. 비록 그 관계를 패러독스로 인식한 것은 아니지만, 아마 도덕성이나 도덕교육을 거론하기 시작하면서 오늘날까지 지속되고 있는 수수께끼 같은 문제가 바로 이 문제인 것 같다.

이 문제가 패러독스의 문제가 되는 것은 '개념적(논리적)' 차원에서가 아니라 '사실적' 측면에서 제기된다. 도덕성과 도덕교육의 문제는 인간의 삶의 현실을 한 치도 넘어서서 논의할 수 있는 것이 아니며, 인간의 도덕적 삶의 현실은 습관과 이성이라는 두 힘의 화학적 결합으로 이루어진다. 그것은 논리적으로는 구분되어 설명될 수 있지만, 사실적으로는 구분될 수 없이 하나의 삶의 현실을 이루는 것이다. 오크쇼트(Michael Oakeshott)의 이른바 '정서와 행위의 습관으로서의 도덕적 삶'과 '합리적인 도덕적 삶'이 구분할 수 없는 하나의 도덕적 삶의 현실을 이루는 것이다. 습관으로서의 도덕적 삶에 있어서 도덕성이란 글자 그대로 정서와 행위의 습관에 해당한다. 대부분의 경우 사람은 의식적으로 어떤 행위규범을 따를 것인지를 따져보고 행위하거나 어떤 행위가 도덕적 이상에 부합하는 행위인지를 심사숙고하여 판단하고 행위하지 않는다. 다시 말하면, 반성적으로 사고하여 이것 저것을 따져보고 행위하기보다는 어떤 정서와 행위의 습관에 따라 거의 자동적으로 행위하게 된다. 이 경우 여러 가지 대안적 행동방식을 생각해보고 그것의 결과를 예측해보는 과정이 필요하지 않으며, 행위결과의 불확실성에 대한 불안이나 행위를 하기 위한 어떤 주저함도 마음의 갈등도 필요하지 않다. 그저 그 속에서 자라온 정감과 행위의 습관이나 전통에 따라서 행위하기만 하면 되는 것이다. 이런 사람의 행위는 언제나 그 자신의 인격 자체의 표현이며 의식적인 꾸 밈이나 인위적 작위가 개입되지 않는 행위이다. 합리적인 도덕적인 삶에 있어서 도덕성이란 도덕적 규범이나 이상이다. 여기서는 관례나 습관에 따라 행위하는 것이 아니라 어떤 도덕기준을 반성적으로 적 용하여 행위하게 된다. 여기서는 삶의 상황을 '문제'로 인식한다. 그 러한 문제를 해결하기 위해서 어떤 규범과 이상을 적용시켜야 할지 를 생각해보는 것이다. 그리고 그것들을 행위로 번역하여 실제 상황 에 적용시키는 것이다(김안중, 1990, 7-15 참고).

이러한 도덕적 삶의 현실을 논리적으로 구분하여 설명하기 시작하 면 패러독스의 문제가 해결되기는커녕 문제 인식마저 가능하지 못할 것이다. 물론 현실적인 삶이 습관적으로 이루어질 때도 있고, 이성적 으로 이루어질 때도 있기 때문에, 습관과 이성이 사실적으로 시공간 적으로 분리되어 있다고 생각할 수도 있다. 그러나 인간의 삶의 현실 은 단순한 것이 아니다. 이성과 습관이 동시에 한 가지로 작용하여 하나의 삶을 이룬다고 보아야 한다. 전혀 따져 생각하는 바가 없이 전적으로 습관적으로 기계적으로 생활하는 사람은 거의 없으며, 습관 적이라는 것 역시 자신이나 다른 사람들이 따져 생각한 것을 습관적 으로 받아들인다는 의미이다. 마찬가지로 삶의 모든 순간을 철저하게 따져 생각하는 사람은 있을 수 없고, 이성적이라는 것 역시 습관적인 것을 따져 생각하여 선택한다는 의미인 것이다.

오늘날 우리의 도덕교육에는, 도덕적 규칙이나 원리를 반성적으로 정립하고 그것을 의식적으로 행위에 적용하는 일련의 과정을 중시하 는 합리주의적 접근이 주도권을 잡고 있다. 그래서 도덕적 행위전통 을 가르치는 것은 맹목적인 가르침으로, 또한 도덕적 습관을 형성시 키는 것은 교화로 매도당하고 있다. 보편적이고 객관적인 도덕적 규 칙이나 원리와 그것을 구체적인 상황에서의 행위로 적용할 수 있는 판단능력에 도덕교육의 초점이 두어지고 있다. 한마디로 말하여, 우리의 도덕교육에는 합리주의적 접근만이 판을 치는 가운데 전통주의적 접근은 일방적으로 매도당하고 있다. 이러한 현실은 도덕교육에서의 자유주의와 공동체주의의 문제와도 연관된다. 이는 인간의 도덕적 삶의 현실을 도외시하고 이론만을 위한 이론이 현실을 호도하고 있는 왜곡된 도덕교육의 모습일 뿐이다.

도덕교육의 문제는 인간의 도덕적 삶의 현실을 바탕으로 논의되어야 한다는 전제에 충실한다면, 의외로 쉽게 도덕교육의 패러독스를 해결할 수 있다고 생각한다. 이 글에서는 우선 도덕성 혹은 도덕교육에서의 이성과 습관의 긴장관계에 관한 대표적인 논의들을 새롭게 검토하고자 한다. 그리고 그러한 검토를 바탕으로 도덕교육에서의 이성과 습관의 패러독스적 문제를 해결하는 방안을 이론적 측면에서 논의하고자 한다.

2. 이성과 습관의 패러독스에 대한 논의

1) 소크라테스: 덕은 가르칠 수 있는가?

소크라테스는 도덕적인 삶은 이성이 명령하는 바에 따라서 사는 삶이며, 덕은 지식임을 강조한다. 그러나 한편, 그는 덕은 지식처럼 가르칠 수 있는 것이 아니라고 생각한다. 이러한 소크라테스의 입장은 비록 분명하지는 않지만, 도덕교육의 패러독스적 성격을 잘 암시하고 있다고 볼 수 있다.

소크라테스의 도덕교육에 관한 논의는 '덕은 가르칠 수 있는가?'의 질문을 중심으로 전개된다. 이 질문은 『프로타고라스』와 『메논』이라는 두 대화편에서 논의의 출발점으로 등장한다. 이 질문에 대한 대답은 '덕이란 무엇인가?' 그리고 '어떻게 가르쳐질 수 있는가?'의 문제와 관련된다. 소크라테스는 덕은 지식이라고 하면서 지식처럼 가르칠 수 없다고 다소 애매한 결론을 내린다. 이 모호한 대답이 덕의 본질과 도덕교육의 성격을 말해주는 동시에 도덕교육에서의 습관과 이성의 패러독스를 해결할 수 있는 최초의 실마리를 제공해주는 것 같다. 두 대화편의 논의를 요약해보자(Plato/최호연, 1997 참고).

『프로타고라스』에서, 프로타고라스는 덕(시민의 탁월성)을 가르치며 현재 탁월한 시민을 만들고 있다고 주장한다. 소크라테스는 두 가지 이유로 그것은 가르칠 수 없는 것일 뿐만 아니라 가르치는 것 자체가 불가능하다고 주장한다. 그 하나의 이유는, 시민술로서의 덕을 전문으로 가르치는 사람이 없다는 것이다. 건축이나 조선과 같은 전문적인 기술의 경우엔 전문가를 통해서 배우고 가르치듯이, 배우고 가르칠 수 있다고 생각되는 모든 것들은 전문가에 의지한다는 것이다. 덕을 전문으로 가르치는 사람이 없다는 것이 덕은 가르칠 수 있는 것이 아님을 보여준다는 것이다. 또 다른 하나의 이유는, 덕으로 이름 높은 사람들도 덕을 가르치지 못한다는 것이다. 만약 덕이 가르칠 수 있는 것이라면 페리클레스와 같이 당시 아테네에서 덕으로 이름 높은 사람들은 자신의 아들에게 덕을 가르치려고 했을 것이며, 따라서 그들의 아들들도 높은 덕을 가지고 있어야 할 것이다. 그런데 페리클레스의 아들은 덕 있는 사람이 되지 못했고, 따라서 덕은 가르칠 수 있는 것이 아니라고 보아야 한다는 것이다.

이어서, 덕을 가르칠 수 있다는 점을 분명히 보여달라는 소크라테스의 청을 받고 프로타고라스는 신들의 이야기를 통해 대답한다. 전문적인 기술과는 달리, 덕(정의와 분별)은 "모든 사람들이 그것을 가지도록 골고루 나누어 주라."는 제우스신의 이야기를 들려주면서 모든 사람들이 다 가지고 있다고 말한다. 그러나 덕을 모든 사람들이다 가지고 있다고 해서 그것은 반드시 날 때부터 타고나는 것도 아니며, 또 반드시 가르칠 수 없다고 보아야 할 이유는 없다고 한다. 그리스의 모든 부모들이나 어른들은 아이들에게 어릴 때부터 덕을 가르치려 하고 있다고 말한다. 나라가 존속하기 위해 모든 사람들이 덕을 가져야 한다면 상대방이 가진 덕이 자신에게 득이 되기 때문에 누구나 열성을 다해 덕을 가르칠 것이라고 말한다. 그런데 페리클레스와 같이 덕 있는 사람이 그 아들에게 덕을 가르칠 수 없었던 것은 타고난 소질에 따라 교육의 효과가 다르게 나타나기 때문이라고 답한다. 이런 식으로 '덕은 가르칠 수 있는가?'에 대한 그들의 대화는 분명한 결론 없이 끝난다.

『메논』에서, 메논의 "덕은 가르칠 수 있는가?"라는 단도직입적인 질문을 받자, 소크라테스는 "덕이 무엇인지도 모르면서 그것을 가르칠 수 있는가 없는가를 어떻게 말할 수 있겠는가?"라고 말하면서, 덕의 정의에 관해 대화한다. 덕이 무엇인지를 알고 있다고 생각했던 메논이 소크라테스의 질문에 더 이상 대답할 수 없는 지경에 이르자, 소크라테스를 마법사로 몰아세운다. 그리고 소크라테스가 자신도 덕이 무엇인지를 모르고 메논도 이제 모르는 사람으로 밝혀졌으니 함께 덕이 무엇인지를 탐구하자고 제안하자, 메논은 "전혀 모르는 것을 어떻게 탐구할 수 있는가?"라고 물으면서 그 제안을 거부한다. 소크라테스는 메논의 이 질문은 "우리는 우리가 모르는 것에 대해서도 탐구할 수 없고, 우리가 아는 것에 대해서도 탐구할 수 없기 때문에, 탐구한다는 것 자체가 불가능하다."는 소피스트들의 논리라고 말하면서 탐구의 가능성을 입증하기 위해 이른바 상기론을 제기한다. 탐구 불가능의 논리는 "무슨 지식이든 다른 사람에게 가르치는 것은 불필요하거나 불가능하다."는 것과 통한다. 즉, 알든 모르든 둘 중 하나이며, 알면 가르칠 필요가 없고, 모르면 무엇을 배워야 할지도 모르고 설령 배우더라도 그것이 자기가 알고자 하는 그것인지를 모른다. 그래서 지식을 가르치는 것은 불필요하거나 불가능하다는 것이다. 이 논리의 그릇됨을 증명하기 위해 소크라테스는 메논이 데리고 있는 노예 소년을 상대로 기하학의 문제를 가르쳐 보인다.

그러나 여기서 '가르친다'는 말은 특별한 의미를 지닌다. 소크라테스는 배운다거나 가르친다는 것은 실제로 '상기한다'는 것으로 생각한다. 기하학을 모르는 노예 소년을 가르친다거나 그가 배운다는 것은, 마치 여자가 아기를 배듯이 그의 마음속에 이미 들어 있는 것을, 마치 산파가 아기를 받아내듯이 '상기'하도록 하는 것으로 본 것이다. '덕은 가르칠 수 있는가?'라는 물음에서의 '가르친다'는 말은 '상기시킨다'는 의미와 '주입한다'의 두 가지 다른 의미로 해석될 수 있다.

『메논』의 끝 부분에서, 소크라테스는 메논이 처음에 질문한 '덕은 가르칠 수 있는가?'라는 문제를 다룬다. 그의 대답은 간접적이다. 즉, 만약 덕이 가르칠(이 경우 '주입한다'는 의미) 수 있는 것이라면 그것은 지식이다. (그는 무엇이든 가르칠 수 있으면 그것은 반드시 지식이라고 가정한다.) 그러나 덕은 가르칠 수 있는 것이 아니다(주입할 수 없고 다만 상기시킬 수 있을 뿐이라는 의미). (『프로타고라스』에서 든 두 가지 이유를 들어 덕은 가르칠 수 있는 것이 아니라고 한다.) 그러므로 소크라테스는 덕을 지식처럼 가르칠 수 있는 것이 아닌 그 무엇이라고 말한다. 그는 덕이란 타고나는 것도 아니며, 가르칠 수 있는 것도 아니며, 오히려 그것을 가진 사람이 있다면 지식과 관계없이 신의 시여에 의해 얻은 것이라고 말한다.

그런데 지식을 가르친다는 것이 주입하는 것이 아니라 상기하게 하는 것으로 생각하는 소크라테스가 덕을 가르칠 수 없는 것으로 말한 것은 이상하다. 덕은 주입할 수는 없는 것이지만, 상기하는 것으로서 배울 수도 있고, 상기하게 하는 것으로서 가르칠 수도 있다고 말하는 것이 온당하지 않을까? 그의 견해에 대한 올바른 이해를 위해서는 '가르친다'는 말의 두 가지 의미를 살펴보아야 한다. 첫째, '물은 100°C에서 끓는다'는 것을 가르치는 경우, '가르친다'는 것은 모르는 사람에게 그 '사실'을 '일러준다'는 의미이다. 이 경우 가르치는 내용으로서의 '사실'은 배우는 사람의 '밖'에 있다. 그것을 배울 때 배우는 사람은 그것을 그 자신의 눈으로 보거나 자신의 마음으로 생각할 필요가 없다. 둘째, 무엇을 가르친다고 할 때 사실이 아닌 교육 내용으로서의 '마음의 자세'를 가르칠 수도 있을 것이다. 그 내용은 배우는 사람의 '안'에 있는 것이며, 배우는 사람의 보는 눈과 생각하는 방식과 관계되는 것이다. 소크라테스가 덕을 가르칠 수 없는 것이라고 말한 것은, 사실을 일러주듯이 가르칠 수 없다는 의미로 읽을 수 있다. 덕을 단순한 사실로 볼 수 없다는 생각에 동의한다면 덕은 가르칠 수 없다는 말의 의미는 분명하다. 배우는 사람의 '밖'에 있는 단순한 사실로서가 아니라 그 사람의 '안'에 있는 '마음의 자세'로서의 덕을 가르친다는 것은 배우는 사람의 눈으로 혹은 그 자신의 마음의 눈으로 '보도록 한다'는 의미를 가진다. 이 경우, 마음의 눈이 보게 되는 것 즉, 가르치는 내용에 해당하는 것은 '원리'라고 부를 수 있을 것이다. 물의 비등에 관한 과학적 법칙이 '원리'이다. 원리는 사실과 다르다. 그것은 사실을 '보는 방법'을 의미하며, 배우는 사람의 '안'에 있는 것이다. 노예 소년을 상대로 산파술을 통해 그 자신의 눈으로 기하학의 해답을 '보도록' 할 수 있다는 증거를 제시했던 소크라테스가 원리로서의 덕을 가르칠 수 없다고 답한 것은, '일러준다'는 의미로서 가르칠 수 없다는 답으로 읽어야 할 것이다. 즉, 덕은 사실처럼 일러줄 수 있는 것이 아니라, 원리로서 보도록 할 수 있을 뿐이라는 것이다(이홍우, 1997, 246-249 참고).

'상기한다'거나 '상기하게 한다'는 말의 의미를 더 살펴볼 필요가 있다. 노예 소년이 기하학을 '상기한다'는 말의 의미는 매우 중요하다. 소크라테스는 사람으로 하여금 옳은 행위를 할 수 있도록 인도하는 것은 지식이지만 지식 못지않게 중요한 것이 '올바른 생각'이라고 말한다. 그는 사람은 누구나 '올바른 생각'을 가질 수 있고, 신비한 작용에 의해 덕으로 나타난다고 본다. 그런데 이 '올바른 생각'은 '지식'과는 달리 다이다로스(전설적 명장)의 조각처럼 꽉 묶어놓지 않으면 흩어져버리는 것이다. 즉, '올바른 생각'이 사람의 내면에 머물 때는 모든 좋은 일들을 이루어주지만, 가만히 머물지 않고 영혼을 피해 도망가버린다는 것이다. 그리고 그는 이 '올바른 생각'을 이룬 원인을 추리하여 묶어두어야 가치 있다고 말한다. 묶여 있어야만 지식이 되고 영속성을 가진다고도 한다. 그가 노예 소년으로 하여금 기하학을 상기하게 할 때, 그 소년이 가지고 있는 '올바른 생각'을 '지식'으로 '묶어두는' 일을 한 것이다. 이것이 바로 소크라테스의 경우 지식을 가르친다는 말의 뜻이다. 즉, 그의 경우 지식을 가르친다는 것은 자신의 생각에 비추어 올바르다고 생각되는 것을 다른 사람에게 말할 수 있고 또 좀 더 확실한 근거에 의하여 그 생각을 변호할 수 있게 되도록, 그리하여 옆에서 다른 사람들이 그릇된 말을 하더라도 그 것에 쉽게 흔들리지 않게 되도록, 한마디로 말하여 자신의 이성에 의하여 믿게 되도록 한다는 것을 의미한다.

그런데 '상기시킨다'거나 자신의 안목으로 '보도록 한다'는 의미에서의 '가르친다'는 말의 의미는, 이성과 습관의 패러독스라는 측면에서 말한다면 합리주의적 접근에 해당한다고 볼 수 있다. 이미 자신의 '안'에 주어져 있는 '올바른 생각'을 '지식'으로 묶어둔다는 것은 합리적인 추론과 반성의 과정을 거쳐 보편적인 어떤 것으로 입법한다는 의미로 읽을 수 있다. 그리고 소크라테스의 이른바 산파술은 자율성에 대한 강조와 조금도 다르지 않다. 상기하거나 본다는 것은 그저 주어진 '사실'의 발견이라기보다는 '원리'의 발명에 가깝다고 본다. 그렇다면 소크라테스는 덕을 합리적인 방식으로 가르칠 수 있다고 했어야 할 것이다. 그런데도 덕은 가르칠 수 없다고 한 것은, 가르친다는 말의 또 다른 의미, 즉 '주입한다'거나 '일러준다'는 의미를 생각하고 있었기 때문이다. 더욱이, 자주 그가 덕은 가르칠 수 없는 것이라고 말한 것을 생각한다면, 주로 이런 의미로 가르친다는 말을 사용한 것 같다. 이런 의미에서 가르친다는 것은 '사실'의 '일러줌' 또는 도덕교육에의 전통(습관)주의적 접근에 해당한다고 본다.

소크라테스의 '가르침'에는 이성과 습관이 패러독스를 이룬다. 그가 노예 소년에게 직접 시범 보인 '상기시킴'으로서의 '가르침', 즉 자신의 안목으로 '보도록 한다'는 것은 서로 상반되는 두 가지 접근, 즉 합리주의적 접근과 전통주의적 접근이 하나로 통합되어 있음을 보여준다.

우선, 기하학의 정리를 상기시키기 전에, 소크라테스는 메논에게 그 노예 소년이 그리스어를 말할 수 있는지를 묻는다. 이 물음은 단순히 의사소통이 가능한지를 묻는 것이 아니라 상기시키는 것으로서의 가르치는 일의 본질과 연관되는 물음이다. 즉, 가르치는 일은 본질적으로 '언어게임'과 관련된다는 점을 알려주는 물음이다. 그 소년이 그리스어를 말할 수 있다는 것은 단순히 그리스어로 대화를 나눌 수 있다는 수준을 넘어, 그에게 던져진 질문들에 사용되는 중요한 개념들(점, 선, 사각형 등등)의 '언어게임'을 할 수 있음을 뜻한다. 소크라테스가 이 점을 메논에게 확인한 것은, '언어게임'의 능력이 없이는 상기하는 일이 불가능하다는 점을 시사한다.

소크라테스가 그 소년에게 기하학의 정리를 가르치는 과정에서, 소크라테스는 질문하고 소년은 자신의 생각을 간단하게 답한다. 이러한 문답의 과정을 통해서, 소크라테스와 소년과의 차이인 앎과 무지의 차이가 말로써 설명할 수 있는가 없는가의 차이임을 알 수 있게 된다. 소크라테스가 질문한 것들은 소년이 모르고 있는 것이라기보다는 진술할 수 없는 것이라고 보아야 한다. 그래서 소년은 소크라테스의 진술을 듣고 그 내용들을 거의 모두 이해한다. 가르친다는 것이 언어적 진술의 능력을 가지게 하는 것이라는 점을 보여주고 있는 것이다.

소크라테스가 노예 소년에게 기하학의 정리를 상기시키는 내용은 사실 태어나기 전에 이미 배웠던 것도 아니고 신이 시여한 것이라고 볼 수도 없다. 그것은 그 소년이 태어나서 말을 배우기 시작함으로써 얻게 된 것들이다. 따라서 소크라테스에게 있어, 누구에게 무엇을 가르친다는 것은 그 사람이 말을 통해서 배우게 된 어떤 내용들을 다시 반성적으로 확인하는 일에 다름 아니다. 소크라테스는 메논에게 소년의 대답은 모두 그 자신의 내면에 생각하고 있었던 것들이며, 그 올바른 생각들이 묻는 말로 인해 깨우쳐지고 지식이 된다고 말한다.

가르친다는 것이 배우는 사람이 이미 가지고 있는 '올바른 생각'을 말로써 진술할 수 있도록 말로써 상기시키는(깨우치는) 것이라면, 가르침에서 중요한 것은 언어일 것이다. 소크라테스가 말하는 가르침이란 언어 한계 안에서 이루어지는 일일 수밖에 없다. 그 언어의 한계는 결국 그 사회의 전통과 관습에 해당한다.

이제, 소크라테스가 덕은 지식이며, 가르칠 수 있는 것은 모두 지식이라고 주장하면서도, 덕은 가르칠 수 없는 것이라고 수수께끼 같은 주장을 하게 된 까닭이 밝혀진 것 같다. 그는 덕은 사실적 지식과는 다르지만 원리적 지식으로서 가르칠 수 있는 것으로 생각한 것 같다. 다만, 덕은 지식이라는 생각을 뒤집은 것은 그것이 사실적 지식이 아니며, 따라서 '주입하거나' '일러주는' 식으로 가르칠 수는 없다는 점을 강조하기 위한 방편이었을 것이다. 덕은 원리적 지식으로서 '보도록 하는' 식으로 가르칠 수 있다고 생각한 것 같다. 그러나 그가

'보도록 하는' 식, 즉 합리주의적 접근으로 덕을 가르칠 수 있다고 생각하는 이면에는 '일러주는' 식, 즉 전통주의적 접근이 상감되어 있다. 논리적으로는 '보도록 하는' 가르침과 '일러주는' 가르침이 구분될 수 있고 여러 면에서 상반될 수 있지만, 사실적으로는 구분될 수 없는 하나의 가르침이라고 볼 수 있다. 소크라테스가 덕을 지식으로 말하기도 하고, 덕은 신에 의해 시여되는 어떤 것이라고 애매하게 말하거나, 덕은 지식이 아니고 가르칠 수 있는 것도 아니라고 말한 것은, 덕은 '일러주는 것'과 '보도록 하는 것' 또는 습관(전통)과 이성 모두를 반드시 필요로 한다고 생각하면서 둘 중 하나만을 인정할 수 없었기 때문일 것이다. 즉 덕이란 '말을 가르치는 것(또는 배우는 것)'처럼 무의식적으로 주변의 환경(전통과 관습)을 통해 그리고 반복적인 훈련을 통해 가르쳐(또는 배워) 습관이 되게 하는 것인 동시에, 자신의 안목(이성의 힘)으로 능동적이고 의식적으로 보도록 가르칠(또는 배울) 수 있다는 것이다.

2) 아리스토텔레스: 지적인 덕과 도덕적인 덕

아리스토텔레스에게 있어 인생의 궁극적인 목적은 행복한 삶을 사는 것이며, 그것이 곧 선이다. 그에게 있어 행복이란 "완전한 덕을 따른 정신의 활동"(Aristotle/최명관, 1991, 56(1102a))이며, 인간의 선이란 결국 "덕에 일치하는 정신의 활동"(Ibid., 44(1098a))이다. 따라서 행복과 선을 위해서 덕의 본질을 이해하는 것이 대단히 중요하다. 덕은 지적인 덕과 도덕적인 덕으로 구분된다(Ibid., 59(1103a)). 지적인 덕은 사물의 이치를 인식하고 올바른 행동을 계획하는 것으로서 철학적 지혜나 이해력이나 실천적 지혜 등이며, 도덕적인 덕은 너그러움, 절제, 용기 등과 같은 성품의 상태이다. 이러한 두 가지 종류의 덕들이 조화롭게 발휘될 때 행복과 선이 이루어질 수 있다고 한다. 즉, 행복하고 선한 사람이 되기 위해서는 이성을 통한 진리 인식뿐만 아니라 개인의 생생한 경험을 통해 진리를 깨달아야 한다고 본 것이다.

인간의 삶은 행위의 연속으로 이루어진다. 인간의 행위는 선택에 의해 이루어진다. 아리스토텔레스에 의하면, 욕망과 목적적 이치가 선택을 가능하게 한다. 따라서 성품과 사유의 결합을 통해서만 선택이 이루어질 수 있는 것이다. 그러나 관조적 이성 혹은 사유 그 자체는 진리와 허위에 관계될 뿐 무엇을 움직일 수 없다. 오직 목적적이고 실천적인 사유만이 무언가를 움직일 수 있다(Ibid., 175(1139a) 참고). 그래서 아리스토텔레스는 지적인 덕들(기술, 학적 인식, 실천지, 지혜, 이성) 가운데에서 실천지1)를 통해서 선한 사람에 대해 논의한다. 실천지가 있는 사람의 특징은 전체적으로 자기 자신에게 유익하고 좋은 것에 관해서 잘 살필 수 있는 것이다. 실천지란 결국 "인간적인 선에 관해서 참된 이치를 따라 행동할 수 있는 상태"이다(Ibid., 180(1140b)). 즉, 인간에게 있어 좋은 것과 나쁜 것에 관한 참된 이치에 따라서 행동할 수 있는 상태를 말한다.

모든 사람들이 본성적으로 도덕적(윤리적) 성품('본성적 덕')을 가지고 있을 수 있지만(나면서부터 옳으며, 절제할 줄 알며, 용감할 수 있지만), '시력이 없이 움직이는 강한 신체는 넘어져도 세게 넘어지는 것'과 마찬가지로 그것으로 인해 오히려 길을 잃어버릴 수 있기

---

1) 아리스토텔레스(Aristotle/최명관, 1991, 181-182(제6권 제7장))에 의하면, 지혜는 가장 고귀한 것들에 관한 이성이 결부된 학적 인식인 반면, 실천적 지혜는 인간적인 것들에 관계하며, 보편적인 것들뿐만 아니라 개별적인 것들도 알아야 하는 그런 것이다. '건강한 것'과 '좋은 것'은 사람과 물고기에게 서로 다르지만, '흰 것'과 '직선적인 것'은 언제나 같은 것이다. 지혜가 다루는 것은 언제나 같은 것이며, 실천지가 다루는 것은 변할 수 있는 것이다.

때문에 이성(실천지)을 얻어야만 '엄밀한 의미에서의 덕'이 될 수 있는 것이다. 그래서 아리스토텔레스는 모든 덕이 실천지라고 말할 수는 없지만 실천지 없이는 덕이 성립하지 못한다는 말은 지당하다고 말한다. 이어서 그는 덕을 정의하면서 (성품의) 상태와 그 영역을 지적하고 나서 그 상태가 '올바른 이치를 따른' 것이라고 부언하는 사실이 그 점을 입증한다고 말한다. 그런데 올바른 이치란 실천지를 따른 이치인 것이다. 모든 사람들은 대체적으로 이런 상태를 덕이라고 여긴다. 그러나 덕은 올바른 이치를 '따른'(그리스어 '카타'로서 남의 말의 이치를 듣고 따르는 경우를 포함한다) 상태일 뿐만 아니라 올바른 이치를 '머금고 있는'(그리스어 '메타'로서 따르는 태도가 자주적이고 자신 속에 이치를 가지고 있는 것을 말한다) 상태이기도 하다. 그리고 이런 것들에 대한 올바른 이치가 다름 아닌 실천지이다. 소크라테스에게는 (그에게 있어 모든 덕이 결국 학적 인식이었기 때문에) 모든 덕이 이치 내지 합리적 원리였지만, 아리스토텔레스에게 있어 덕은 이치를 '머금고 있는' 것이다. 그에게 있어 덕은 이치에 대한 학적 인식 혹은 이해의 수준을 넘어서는 것이다. 다시 말해, 실천지 없이는 엄밀한 의미에서의 좋은 사람이 될 수 없고, 또 도덕적 덕 없이는 실천지 있는 사람이 될 수 없다. 본성적 덕의 경우에는 한 가지의 덕은 있으나 다른 덕은 가지지 못할 수 있지만, 실천지를 가지면 모든 덕이 따라서 존재하게 된다. 덕(성품으로서의 도덕적 덕)이 없이는 올바른 선택이 가능하지 않다. 그리고 실천지(지적 덕으로서의)가 없어도 올바른 선택은 불가능하다. 전자는 목적을 결정하고, 후자는 목적을 실현시켜주는 것들을 행하도록 해준다. 그러나 의술이 건강보다 우월하지 않은 것과 같이 실천지가 철학적 지혜를 지배하지 못한다. 실천지는 지혜를 사용하는 것이 아니라 그것이 생기도록 마음을 쓰는 것이다. 그것은 지혜를 위하여 명령하는 것이지 지혜에게 명령하는 것이 아니다. 이는 정신적인 부분이 실제적인 활동보다 우월함을 말하는 것이다(Ibid., 193-194(1144b-1145a) 참고). 이는 아리스토텔레스가 합리주의적 입장에서 실천윤리를 강조하고 있음을 나타낸다. 그는 인간의 행복은 사유의 기능인 이성을 잘 발휘하는 데 있다고 생각한다. 그러나 이성이 발휘되기 위해서는 실천지가 필요하다는 것이다. 실천지는 인간의 욕망이나 정념을 이성과 연계지음으로써 이성적(합리적)인 삶을 살 수 있게 하는 것이다.

아리스토텔레스의 실천윤리는 도덕적 덕에 관한 논의를 통해 더욱 분명해진다. 그는 관념의 수준에 머무는 행복보다는 덕 있는 행위를 통해 도달될 수 있는 덕 있는 사람의 행복을 문제 삼는다. 그런데 덕 있는 행위를 통해 덕 있는 사람이 된다는 것은, 이미 덕 있는 행위는 덕 있는 사람이 할 수 있는 행위라고 생각하는 아리스토텔레스에게 있어서는 패러독스적이다.[2] 아무튼, 실천지와 함께 도덕적 행위를 가능하게 하는 것은 도덕적 덕이다. 실천지가 있다고 해서 아름답고 옳은 일을 더 잘할 수 있는 것은 아니다. 실천지와 함께 도덕적인 덕을 같이 따라야 무슨 일이든 해낼 수 있는 것이다. 사유활동을 탁월하게 하는 지적인 덕은 대체로 교육에 의해서 발생도 하고 성장도 한다. 그렇기 때문에 그것은 경험과 시간을 필요로 한다. 한편, 도덕적 덕은 습관의 결과로 생긴다. 그래서 '에티케'(도덕적, 윤리적)란 말은 '에토스'(습관 혹은 관습)란 말을 조금 고쳐 만들어진 것이다. 도덕적인 덕은 본성적으로 우리에게 생기는 것이 아니다. 본성적으로 존재하는 것은 모두 그것에 반하는 습관을 형성할 수 없다. 도덕적 덕들은 본성적으로 우리 속에 생기는 것도 아니며, 본성에 반하여 우리 속에 생기는 것도 아니다. 우리는 본성적으로 그것들을 받아들이도록

---

2) 이 문제와 관련하여 학습 가능성의 패러독스를 언급하고 있는 조영태(2000, 75)를 참고할 것.

되어 있으며, 또 그것들은 습관에 의해 완전하게 되는 것이다. 자주 보고 자주 듣기 때문에 시각과 청각이 생기는 것이 아니라 먼저 시각과 청각을 가지고 보거나 듣게 되듯이, 본성적인 것은 먼저 능력을 얻고 후에 활동한다. 그러나 (도덕적) 덕은 실천을 통해 비로소 얻게 되는 것이다. 집을 지어봄으로써 건축가가 되고, 거문고를 탐으로써 거문고 타는 악사가 되듯이, 옳은 행위를 함으로써 옳게 되고, 절제 있는 행위를 함으로써 절제 있게 되며, 용감한 행위를 함으로써 용감하게 된다는 것이다. 성품(으로서의 덕)은 활동(행동)에서 생기며 그것에 의해 결정된다(Ibid., 61-63(1103a-b) 참고).

그런데 올바른 행위를 함으로써 올바른 사람이 되고 절제 있는 행위를 함으로써 절제 있는 사람이 된다는 것의 의미는 매우 중요하다. 문법의 규칙에 맞는 일을 하면 문법가인 것처럼, 만일 사람들이 올바른 행위를 하고 절제 있는 행위를 하면 이미 올바르고 절제 있는 사람이다. 남의 지시에 따라 문법의 규칙에 맞는 일을 하기보다는 '문법적으로'(그 사람 자신 속에 내면화되어 있는 문법적 지식을 따라서) 어떤 일을 하기만 하면 문법가이듯이, '도덕적으로' 행위하면 도덕적인 사람이 된다. 이 경우 '도덕적으로' 행위한다는 것은 문법가의 경우에서처럼 옳은 이치를 '머금고 있는' 상태에서(내면화된 지식에 따라) 행위하는 것이다. 그러나 아리스토텔레스에 의하면, 문법가와 도덕적인 사람의 경우는 다르다. '문법적으로' 어떤 일을 하는 것은 내면화된 문법적 지식을 따르는 일이지만, '도덕적으로' 행위하는 것은 내면화된 옳은 이치(지식 혹은 학적 인식)에 따르기만 하면 되는 것이 아니다. 지식 이외에 다른 두 가지 조건들이 요구된다. 그에 의하면, 일정한 상태에서 행위할 수 있어야 도덕적인 행위자가 될 수 있다. 첫째, 지식을 가져야 하며, 둘째, 행위를 선택하되 그 행위 자체 때문에 선택해야 하며, 셋째, 행위가 확고하고 불변하는 성격에서 나오지 않으면 안 된다. 그러나 덕을 가지고 있다고 할 수 있는 조건으로서, 지식은 거의 혹은 전혀 아무 중요성도 없는 것이다. 다른 두 가지 조건들은 적지 않은, 아니 절대적인 힘을 가지고 있는 것이다. 그리고 이 조건들은 옳은 행위나 절제 있는 행위를 자주 하는 결과로 생긴다. 그러므로 옳고 절제 있는 행위를 하는 사람이 곧 옳고 절제 있는 사람인 것은 아니다. 그러한 행위를 하되 '옳고 절제 있는 사람이 하듯' 행하는 사람이 옳은 사람이며 절제 있는 사람이다(Ibid., 67-68(제2권 제4장, 1105a-b) 참고). 행위를 하지 않고서는 도덕적인 사람이 될 수 없지만 단순히 도덕적인 행위를 하는 것만으로는 필요조건일 뿐이지 충분조건이 될 수 없다. '도덕적인 사람이 행하듯', '알고 그 행위 자체 때문에 선택하고 확고한 성향으로서의 성품을 통해' 행위해야 한다. 그런데 여기서 '도덕적인 사람이 행하듯' 행해야 도덕적인 사람이 될 수 있다는 그의 생각은 앞에서 언급한 것처럼 패러독스적이다. 도덕적인 사람이 행하듯 행위하면 그는 이미 도덕적인 사람임에 틀림없기 때문이다.

그런데, 덕을 가진 사람이 되는 데 있어 지식은 거의 혹은 전혀 중요하지 않다는 아리스토텔레스의 표현은 문제가 있는 것 같다. 비록 그가 실천윤리를 강조하고 행위의 중요성을 부각시킨다고 하더라도 그의 일관된 윤리학적 입장은 합리주의적이기 때문이다. 그는 인간의 궁극적 목표인 행복이 이성의 기능을 잘 발휘하는 것과 진리를 인식하는 것과 관련됨을 말하면서 지적 덕의 중요성(비록 그 가운데 실천지의 중요성을 강조하지만)을 강조한다. 지식이 중요하지 않다는 지금의 표현은 이론지(혹은 관조적 이론이성)보다는 실천지(혹은 실천이성)가 중요하며, 동시에 성품(또는 성향)으로서의 도덕적 덕이 더욱 중요하다는 점을 강조하는 방편적 표현일 것이다. 도덕적인 사람이 되는 데 있어서의 지식의 중요성은 중용과 관련되어 설명될 수 있을 것이다.

　도덕적 덕3)은 세 가지 정신활동들, 즉 정념, 능력, 성품 가운데 하나이다. 쾌락이나 고통을 수반하는 감정들이 정념이며, 여러 가지 감정들을 느낄 수 있게 하는 것이 능력이며, 정념과의 관계에서 잘 혹은 잘못 처신하게 하는 어떤 것이 성품이다. 두려워하거나 노여워한다고 해서 비난받거나 칭찬받지 않는 것처럼 정념 자체는 도덕과 무관하다. 어떤 정념을 느끼는 능력 또한 그것이 본성이기 때문에 도덕과 무관하다(선한 사람과 악한 사람이 되는 것은 본성에 의한 것이 아니다). 그렇다면 덕은 정념도 마음의 능력도 아니고 성품임에 틀림없다. 덕은 '성품' 또는 '성격의 상태'(헤크시스)이다. 어떤 상태인가? 눈의 덕이 잘 보게 하는 것이듯, 덕은 그것을 가진 어떤 것이 좋은 상태에 이르게 하고 그것의 기능을 잘 발휘하게 하는 것이다. 사람의 덕은 사람을 선하게 하며 그 자신의 일을 잘하게 하는 성품이다. 덕은 정념과 행동과 관련하여 과도와 부족은 실패이며 중간은 일종의 성공이다. 마땅한 때에, 마땅한 일에 대하여, 마땅한 사람들에 대하여, 마땅한 동기로, 마땅한 태도로 정념을 느끼고 행동한다면 중간적인 것이며 동시에 최선의 일이다. 사람은 과도나 부족이 아닌 중간적인 것을 선택해야 한다. 그리고 중간적인 것은 올바른 이치에 따르는 것이다. 따라서 덕은 '중용에서 성립하는 행위(정념도 포함된다) 선택의 성품'이다. 즉, 정념과 행위를 선택함에 있어(물론 모든 정념과 행위에 중용이 있는 것은 아니다) 과도와 부족을 피하고 중용을 선택하려는 성향을 가진 성품의 상태인 것이다. 중용이란 대상 자체에 있어서의 중간(산술적 비례에 따른 중간)이 아니고 만인에 대해서 오직

---

3) 아리스토텔레스에게 있어서나 오늘날의 일반적인 경우에도 덕이라고 하면 도덕적인 덕을 말한다. 지적 덕이라고 표현하지 않고 그냥 덕이라고 하면 도덕적 덕을 가리키는 것이다.

하나만 있는 그런 것이 아니다. 그것은 '우리에 대한(우리와의 관계에 있어서의) 중간'이며, 만인에 대해 같은 것이 아니다(Ibid., 68-72 (제2권 제5장, 제6장) 참고).

중용을 선택하는 성향을 가진 성품으로서의 도덕적 덕이 습관을 통해 형성되기 때문에 도덕적인 사람이 됨에 있어 습관이 결정적으로 중요한 것처럼 보인다. 우리가 아주 어렸을 적부터 어떠한 습관을 가지는가 하는 것이 아주 큰 차이를 가져오며, 모든 (행위에서의) 차이가 습관에서 비롯된다고 한 아리스토텔레스의 말(Ibid., 63(1103b))이 그 점을 뒷받침한다. 그러나 반복적인 행위수행의 결과로 형성된 습관이 중용을 선택하는 데 결정적인 역할을 한다면, 중용은 거의 기계적으로 선택되는 것인가? 결코 그렇지 않다. 습관이라는 것도 기계적인 행위의 반복과는 다르며, 중용을 선택하는 것이 전적으로 습관에 의해서만 이루어지지도 않기 때문이다. 중용이 선택되는 과정에서 지식 내지 반성적 사고가 중요하게 작용한다. 이 점의 이해를 위해서는, 중용이 보편적으로 규정되지 않고 개별적으로 규정된다는 사실을 기억할 필요가 있다. 중용이란 모든 경우에서 그리고 모든 사람들에게서 동일하게 한가지로 규정되지 않는다. 이는 모든 신체에 대해서 동일하게 정확한 행위규칙을 정할 수 없는 것과 같은 이치이다. 그래서 중용은 대상 자체에 있어서의 중용이 아니라 '누구에게 있어서의 중용'이며 '상황에 마땅함(時中)'이다. 중용은 미리 규정된 것이 아니라 발견하고 선택하는 것이기 때문에, 매 상황에서 새롭게, "이성적 원리에 의하여 그리고 또 실천지를 가지고 있는 사람이 그것을 결정할 때에 기준으로 삼을 원리에 의하여"(Ibid., 72(1107a)) 결정되지 않으면 안 되는 것이다. 선택한다는 것은 숙고하여 결정한 것으로서 이성적 원리와 사유를 내포하고 있는 것이다(Ibid., 88(1112a)).

중용 자체는 하나의 덕 혹은 '원리'에 해당한다. 그것은 구체적인 상황에서 적용할 행위지침이 아니다. 예를 들면, 공포와 태연의 감정과 관련하여 말하면 용기가 중용이다. 태연함에 지나친 사람은 무모한(만용) 사람이며, 공포가 지나친 사람은 겁쟁이(비겁)다. 금전과 관련하여 말하면 과도는 방탕이며 부족은 인색이며 중용은 너그러움이다. 이는 삶의 원리일 뿐 구체적인 행위지침을 제시하지 않는다. 과다와 부족의 양극단에서 어디쯤에 위치하는 것이 적절함 내지 마땅함인지 혹은 구체적으로 어떻게 느끼고 행위하는 것이 중용의 정념과 행위인지에 관해서는 묵묵부답이다. "너그러움이 방탕과 인색 사이에 자리 잡고 있음에 대해서는 쉽게 의견의 일치를 볼 수 있지만, 그 분기점이 되어야 할 곳이 어디냐에 대해서는 서로 전혀 다른 입장을 취할 수 있다. 내 눈에는 인색한 사람으로 보이는 이가 당신 눈에는 너그러운 품성의 소유자로 비칠 수 있기 때문이다. 따라서 양극단의 중간에 위치한 품성의 상태가 도덕적인 덕이라는 언명은 실제적 지침을 거의 제공하지 않는다."(한석환, 1992, 255) 따라서 중용의 선택에는 원리를 알고 있다거나 이해하고 있다는 것 외에 또 다른 어떤 것이 필요하다. 그래서 중용을 이해하기는 쉽지만 그것을 '잡는다'거나 도달한다는 것은 어려운 일이다. 어떤 구체적인 상황에서 어떤 특정한 사람이 중용의 원리를 행위지침으로 적용하기란 매우 어려운 일이다. 그것은 논리적 추론이 아니라 아리스토텔레스가 이른 바의 '감각'이라는 것에 의해 '간파'되어야 하는 것이다. "어느 점까지 그리고 어느 정도까지 엇나가야 비난을 받을 만하게 되는가 하는 것은 '추리'에 의하여 쉽게 결정되는 것이 아니다. 사실, 감성에 의하여 지각되는 것들은 어느 것이나 다 이렇다. 이런 것들은 개별적인 사실에 의거하며, 그 판정은 감각에 달렸다."(Aristotle/최명관, 1991, 79-80 (1109b)) 여기서 말하는 감각이란 구체적인 상황판단능력 즉, 기지(機智)로서의 실천지에 해당한다.

그런데 중용은 선택되는 것으로 끝나는 것이 아니다. 그것은 반드시 행위로 실천될 때 의미를 지니는 것이다. 중용의 선택과 실천, 즉 도덕적 덕의 형성과 실현은 반성적 숙고와 함께 습관을 필요로 한다. 사람의 행위는 우연적인 것이 아니라 그의 내적 성품이 밖으로 표출된 것이다. 그래서 행동을 보고 그 사람의 성품을 평가하는 것이다. 그리고 성품은 반복적인 행위수행, 즉 습관을 통해 형성되는 것이다.

선하게 되는 것은 본성에 의한다고 하는 사람도 있고, 교육에 의한다고 하는 사람도 있고, 습관으로 말미암는다고 하는 사람도 있다. 본성에 의한다면, 신적 원인의 결과에 의해 참으로 운수가 좋은 사람들만이 선한 사람이 '되어' 있을 것이다. 교육도 누구에게나 영향력을 발휘하는 것은 아니다. 아름다운 것을 사랑하고 추악한 것을 미워하는 성품이 있어야 한다. 그러나 올바른 법률 밑에서 양육을 받지 않는다면, 어릴 때부터 덕 있는 사람이 되도록 올바른 훈련을 받는다는 것은 어려운 일이다. 절제 있게 또 애써 일하면서 산다는 것이 대부분의 사람들에게는 즐거운 것이 아니다. 더욱이 젊은 때에는 더욱 즐거운 것이 아니다. 그러나 이것이 습관이 되면 고통스럽지 않다. 여러 가지 습관이 형성됨으로써 이미 훌륭하게 된 사람들은 이러한 여러 가지 영향을 잘 따라갈 것이다. 선한 사람이 되려면 좋은 양육을 받고 좋은 습관을 붙여야 한다는 것이다(Ibid., 307-308(1179b-1180a) 참고).

그런데 아리스토텔레스가 직접 말하고 있듯이, 청소년 시절에 바른 양육과 훈도를 받는 것만으로는 충분치 않음이 확실하며, 어른이 되어서도 각기 그 일에 종사하고 또 그것에 습관이 되어 있어야만 한다(Ibid., 308(1180a)). 습관에 대한 이 언급은 도덕교육에서의 습관의 역할과 관련하여 매우 시사적이다. 이성의 능력을 충분히 발휘하지 못하는 어린아이들의 경우에는 옳은 행위를 반복적으로 수행하여 습관을 형성하는 것이 불가피하며 중요할 수 있다. 그러나 이러한 시각은 습관을 기계적인 행위의 반복으로 이해하면서 습관의 역할을 너무 한정적으로 인정하는 생각이다. 아리스토텔레스의 습관에 관한 견해는 이와 다르다. 이성의 능력을 충분히 발휘할 수 있는 어른들에게도 요구되는 것으로 생각하는 것이다. 따라서 도덕교육에서 습관의 역할은 배우는 사람들의 지적 수준에 관계없이 인정되어야 한다. 즉, 도덕교육에서 이성과 습관은 어느 하나를 선택해야 하는 문제가 아니고 함께 작용해야 하는 문제인 것이다. 그뿐만 아니라 습관의 의미도 분명하다. 그것은 기계적으로 반복되는 행위수행이 아니다. 그것은 성품(도덕적 덕)을 이루는 핵심요소이다. 어떤 행위를 반복적으로 수행함으로써 생겨난 중용과 선을 선택하고 실천하는 성향이며 성품인 것이다. 아리스토텔레스가 도덕적인 덕은 성품의 덕이며, 그것은 습관의 결과로 생긴다고 본 점은 어떤 구체적인 행위를 반복함으로써 선한 것을 좋아하는 성향 내지는 성품이 생기는 것으로 이해할 수 있을 것이다. 아리스토텔레스의 습관은 정당하게 행위하는 것을 좋아하고 정당하지 못한 것을 혐오하게 되는 성격을 얻었음을 말한다(A. E. Taylor, 1955, 93).

만약 어린 시절에 굳어진 습관이 선한 사람의 여부를 결정한다면, 개인의 선하고자 하는 의지나 노력은 불필요할 것이다. 그러나 아리스토텔레스는 어떤 모양으로 행위하는가는 우리의 힘의 범위 안에 있는 까닭에 성품도 유의적이라고 말한다(Aristotle/최명관, 1991, 96(1115a)). 도덕적인 사람이 되는 것은 사람의 힘의 범위 안에 있기 때문에 그것은 결국 그 사람 개인의 책임이 되는 것이다. 사람의 힘의 범위란 지적 덕(특히 실천지)을 통해 중용과 선을 알고 판단하고 선택하는 힘과, 그 선택을 행위로 실천하려는 '착한 성향'의 힘을 말한다. 아리스토텔레스가 의미하는 덕 있는 사람이란 덕을 아는 상태일 뿐만 아니라, 자주 해봄으로써 옳은 일을 주저 없이 친숙하고 쉽게 할 수 있는 상태, 즉 착한 성향이 자리 잡고 있어 언제나 중용에 따른 행동을 개인의 의지로 선택하여 행동할 수 있는 상태를 말한다. 그것은 바로 습관을 통해 형성되는 것이다. 이 경우 습관은 오히려 '선한 것을 좋아하게 된 마음의 상태'를 말하는 것이다. 이러한 의미에서의 습관은 도덕성을 형성하는 데 있어서 그리고 도덕교육을 함에 있어서 발달의 수준과 관계없이 대단히 중요한 역할을 할 수 있는 것이다. 다만 아리스토텔레스가 어른들에게도 습관이 형성되어 있어야 한다고 할 때, 이 습관은 어릴 때 형성된, 고정적이고 그래서 변화되기 힘든 것으로 생각될 수 있다. 이 점은 도덕교육에서의 습관이 가질 수 있는 긍정적인 역할을 제한할 수 있다는 문제점을 지닌다. 도덕성은 삶의 전 과정을 통해 완성되어가는 것인 것과 마찬가지로 습관 역시 삶의 과정과 함께 변화될 수 있는 것으로 이해해야 할 것이다.

3) 오크쇼트: 습관적인 도덕적 삶과 합리적인 도덕적 삶

소크라테스와 아리스토텔레스의 이성과 습관에 대한 논의는 근본적으로 합리주의의 바탕에서 습관의 중요성을 인정하는, 그러한 입장이다. 그러나 지금 다루는 오크쇼트는 근본적으로 전통주의(반합리주의)의 입장에서 전통과 습관을 철저하게 옹호한다.

교육은 문화유산을 새로운 세대에 전수하는 것을 주 임무로 한다고 생각하는(R. S. Peters/정희숙, 1989, 154) 오크쇼트의 도덕교육에 관한 논의는, 거의 대부분 그의 논문 「바벨탑(The Tower of Babel)」(M. Oakeshott, 1962, 59-79)에서 이루어진다. 여기서 그는 우선 합리주의(또는 도덕교육에의 합리주의적 접근)의 운명을 바벨탑에 비유하여 말한다. 바벨탑의 이야기4)는 말(언어) 즉 로고스(이성과 논리)를 가지고 신의 완전성에 도전하려는 인간의 오만하고 무모한 노력을 상징적으로 보여준다. 오크쇼트는 합리주의를 '하늘에 이르는 지름길을 찾는 시도'로 규정하면서 그것은 불경하기는 하지만 멸시할 수 없는 일이며, 그러한 지름길을 찾는 일의 매력은 인간의 삶의 환경이 지속적으로 요구하는 것이며 빼앗을 수 없는 것이라고 말한다. 지름길을 통한 완성의 추구는 인간의 삶에서 불경스럽기는 하지만 피할 수 없는 활동이라는 것이다. 그것은, 그러한 불경에 대한 응징(신의 노여움과 사회적 고립)과 보상(그것을 성취할 수 있다는 의미에서의 보상이 아니라 단지 그것을 시도했다는 의미에서의 보상)을 의미한다. 그리고 그것은 개인들에게는 적합한 활동이지만 사회가 합리성을 추구하는 경우엔 서로 갈등하는 도덕적 이상들의 아우성으로 인해 공동체적 삶의 붕괴를 초래할 수 있는 적합하지 않은 활동이다(Ibid., 59 참고). 오크쇼트는 우선 합리주의에 대한 비판적인 견해를 이렇게 제시한 후, 인간의 도덕적 활동에 관심을 돌린다.

그에 의하면, 도덕적 삶은 본성에 의해서가 아니라 기교(art)에 의

---

4) 성서에 나오는 이야기의 요점은 다음과 같다. 그 당시 전 지역은 한 가지 말을 쓰고 있었다. 사람들은 시날 평야에 정착하면서, 벽돌을 구워 성을 쌓고 꼭대기가 하늘에 닿는 탑을 세워 크게 이름을 떨치고자 하였다. 여호와께서 사람들이 세우기 시작한 도시와 탑을 보고는 생각했다. 사람들이 모두 하나의 종족이며 하나의 말을 사용하고 있으니, 지금의 일은 시작에 불과하고 이후로는 그들이 하고자 하면 못할 일이 없겠다. 당장 땅에 내려가서 사람들이 사용하는 말을 섞어놓아 서로 알아듣지 못하게 해야겠다. 마침내 여호와는 사람들을 각 지방으로 흩어지도록 쫓았다. 그래서 성을 쌓는 일이 중단되었다. 여호와가 온 세상의 말을 거기에 섞어놓고 그들을 흩어지게 하였다고 해서 그 도시의 이름을 바벨(원래 이 말의 뜻은 '신의 문'이었지만 '혼란하게 한다'는 말의 원어인 '바랄'과 어조를 맞춘 말이다)이라고 불렀다. 성서의 이 이야기는 노아의 홍수 이후 또다시 신을 배반하여 신에게 도전하려는 인간의 오만에 대한 신의 심판을 말하고자 한 것이다.

해서 결정되는 정서(affection)와 행위(conduct)이다. 그리고 인간 행위는 대안을 가진다. 그러나 대안이라는 것이 의식적으로 검토될 필요는 없다. 도덕적 행위가 반드시 특별한 행위의 반성적 선택을 의미하지는 않는다. 도덕적 행위는, 어떤 식으로 행위하려는 성향을 가지지 않거나 또는 어떤 식으로 행위하도록 미리 결정되지 않은 사람이 이른바 '깨끗한' 마음으로 선택하여 행하는, 그런 것일 필요가 없다. 도덕적인 감정과 행위는 오히려 지속적으로 도덕적이고자 하는 것이며, 그래서 성품으로부터 솟아나오는 것 같다(Ibid., 60).

그런데 그는 도덕적 삶은 단순하거나 동질적인 것이 아니며, 도덕적 삶의 형식은 두 가지 이상적인 형식들로 혼합되어 있다고 말한다. 첫째는, '정서와 행위의 습관'으로서의 도덕적 삶이며, 둘째는, '도덕적 기준의 반성적 적용'으로서의 도덕적 삶이다. 첫 번째 형식의 도덕적 삶(습관적인 도덕적 삶)에서는, 정상적인 삶이란 의식적으로 행위규칙을 적용하는 행위들로 이루어지는 것도 아니고, 도덕적 이상(ideal)의 표현으로서 인정된 행위들로 이루어지는 것도 아니다. 그것은 습관적인 행위들로 이루어진다. 이러한 형식의 도덕적 삶은 있을 수 있는 대안적인 행위들에 대한 의식이나 하나의 의견에 의해 결정된 선택으로 이루어지지 않는다. 현대적 삶의 대부분은 판단을 요하는 경우들이나 해결을 필요로 하는 문제로는 보이지 않는다. 거기에는 대안들을 저울질하거나(비교하여 선택하거나) 결과들을 따져보는 일은 없으며, 어떤 불확실성도 망설임도 없다. 다만 그 속에서 우리들이 양육되어 왔던 행위전통에 대한 비반성적 따름만 있을 뿐이다. 그리고 그러한 도덕적 습관은 그것대로 행위하는 것에서 뿐만 아니라 어떤 행위들을 삼가도록 하는 취향이나 어떤 행위를 하지 않는 것에서도 드러난다(Ibid., 61 참고).

그런데 오크쇼트에 의하면, 도덕적 삶은 기교에 의해 결정되는 정서와 행위이기 때문에 그것은 결국 교육에 달려 있다. 그리고 도덕적 삶의 형식들은 각각 그것을 양육하고 유지시키는 데 필요한 교육에 반영된다. 습관적인 도덕적 삶은 어떤 교육을 요구하는가? 그것은 암기되고 계속 실천되고 있는 규칙들이나 교훈들에 따라 살아가는 방식을 구성하는 교육을 요구하지 않는다. 그것은 습관적으로 행동하는 사람들과 함께 살아감으로써 행위습관을 얻게 되는 식의 교육을 요구한다. 그것은 모국어를 습득하는 것과 같은 방식이다. 어린이의 삶에서는 말을 듣는 가운데 습관적으로 말해지는 말을 배우기 시작한다고 말할 수 있는 시점이 없듯이, 주변의 사람들로부터 행위습관을 배우기 시작한다고 말할 수 있는 시점은 없다. 두 경우 모두에서 학습되는 것은 어떤 공식들을 배움으로써 배우지 않는다. 언어와, 어떤 행위를 해야 한다는 것은 규칙들에 대한 자각이 없이 습득되는 것일 뿐 아니라, 규칙에 대한 지식을 가지게 될지라도 그 규칙들을 잊어버리고 상황에 적용하려고 하지 않을 경우에야 습득되는 그런 것이다. 습관을 습득하는 교육은 의식적인 삶과 함께할 뿐만 아니라 깨어 있는 모든 순간들에 실천하고 관찰함으로써, 심지어 꿈속에서도 쉼 없이 이루어진다. 모방으로 시작된 것은 아주 다양한 관행들을 선택적으로 따를 때에도 지속된다. 이런 종류의 교육은 강제되는 것이 아니라 피할 수 없는 그런 것이다. 물론 이런 교육에서 학습될 수 없는 것도 많을 것이다. 어떤 방법으로 게임을 하거나 규칙을 어기지 않고 게임을 하는 법을 배울 수 있지만, 규칙들을 공식화하지 않고서는 그것들에 관한 지식을 얻을 수 없다. 더욱이, 규칙들에 관한 지식이 없이는 규칙을 지키고 있는지를 알 수 없으며 심판이 왜 호루라기를 불었는지를 설명할 수 없을 것이다. 그러나 정서와 행위의 습관을 습득하도록 하는 교육은, 적절하게 그리고 주저하지 않고 의심하지도 않고 어려움도 없이 행위할 수 있는 힘을 주지만, 행위를 추상적인 용어로 설명하거나 도덕적 원리에 따라서 행해진 것으로 옹호하는 능력은 주지 않는 그런 종류의 교육이다. 더욱이 그것은, 숙고(반성)의 필요 없이 모든 상황들에 대처할 수 있도록 충분한 종류의 행위들을 망라하지 못한다거나, 전혀 주저함이 없이 행위할 수 있게 할 정도로 영향력 있는 행위습관을 만들지 못한다면, 그 목적을 이루지 못한 것으로 간주되는 그러한 교육이다. 그러나 그것은 도덕적 규칙이나 도덕적 이상에 관해 무지한 상태로 남겨둔다는 점에서 실패한 것으로 간주되어서는 안 된다. 어떤 사람의 행위가 도덕적 이상에의 애착이나, 규칙에 따라야 한다고 느껴진 의무에서 나온 것이 아니라, 자존심에서 나온 것일 때, 그 목적이 가장 잘 이루어졌다고 말할 수 있을 것이다. 이러한 도덕교육은 크거나 급격한 변화를 지지하지 않는다는 점에서 개인의 관점에서나 사회의 관점에서나 도덕적 삶에 상당한 안정성을 부여하는 것으로 간주될 것이다. 습관적인 도덕적 삶을 구성하는 행위습관들은 하나의 체계로 인정되지 않기 때문에 그것들로 이루어지는 도덕적 삶의 부분들은 붕괴될 수 있지만 그 붕괴가 전체로 쉽게 확산되지 않는다. 그리고 엄격한 틀을 가지고 있지 않기 때문에 전체적인 틀이 깨지는 그런 식의 붕괴는 일어날 수 없다. 즉, 강한 탄력성을 가진다. 사실, 전통과 관습은 고정된 채로 존재하지 않으며, 지속적으로 변화하고 있는 것이다. 역설적으로 들리지만, 관습이란 적응 가능한 것이고 상황의 '뉘앙스'에 영향을 받기 쉬운 것이다(Ibid., 62-64 참고).

시대가 바뀌고 상황이 바뀌면서 사람들의 생각이 바뀜에 따라 관습이나 습관도 변한다. 그것은 처음의 그대로 고착되는 것이 아니라 사람들이 받아들여 행동할 수 있는 형태로 변하는 것이다. 습관적인 도덕적 삶에 있어서의 변화는 '살아 있는 언어의 변화'에 유비된다. 말하는 방식은 가장 관습적이고 습관적이며, 그리고 지속적으로 변화한다. 자유시장에서의 가격 형성처럼 도덕적 행위의 습관은 결코 휴지하지 않기 때문에 급격한 변화를 보이지 않는다(Ibid., 64-65). 다만 관습이나 전통은 사람들이 생각하거나 행동하는 것보다 더 앞서서 변하지 않기 때문에 변화하지 않은 것처럼 보일 뿐이다. 그럼에도 불구하고 관습과 전통이 구태의연하고 고정적인 것이라고 생각하기 때문에 변화하는 삶의 현실에 항상 어울리지 않고 고리타분한 것이라고 생각해버린다. 삶의 현실의 변화에 따라 변화하는 것이 바람직하다고 거의 무조건적으로 주장한다. 그러나 내적인 필요보다는 외적인 힘에 의해 일어나는 급격한 변화보다는 내적 필요에 따라 부분적이고 점진적인 변화를 하는 관습과 전통이 더욱 바람직할 수 있다. 그것은 바로 개인적 그리고 사회 전체적 측면에서의 도덕적 자기비판과 다르지 않다. 자기비판과 자기수정을 통한 변화는 변화의 충격을 거의 받지 않을 것이다. 도덕적 이상들의 체계에 의존하는 교육은 그 체계가 논리적 모순이나 흠을 드러내는 경우 그 이상들의 체계는 물론 교육 자체의 전체적인 붕괴를 가져올 위험이 있지만, 관습과 전통을 기반으로 습관적 행동을 교육하는 경우에는 그런 위험을 염려할 필요가 없다.

그런데 관습이나 전통에 따르는 행동, 즉 정서와 행동의 습관으로서의 도덕성은 상황에 대해 반성적으로 대처하지 않고 그저 관습이나 전통을 수동적으로 받아들이는 것으로 생각하는 경향이 있다. 전통과 관습은 특별한 이성적 검토 없이 다만 습관적으로 지켜왔다는 이유만으로 개인의 삶을 부당하게 제한하는 것으로 생각하기도 한다. 그래서 습관적인 도덕적 삶은 비합리적인 삶이라고 매도당하기도 한다. 그것은 삶의 상황을 반성적으로 검토하는 데 장애물이 된다는 것이다. 그러나 전통과 관습은 그 사회의 공통된 삶의 양식(common ways of living)이다. 그것은 한 개인의 삶의 방식이 아니라 한 사회가 공유하는 삶의 방식이라는 점에서 사회 구성원들의 합의가 전제된 것이라 할 수 있다. 사회 구성원들의 대다수가 인정하지 않는 전통과 관습이 존재할 수 없다. 사회의 대다수의 구성원들이 인정하지 않거나 따르지 않는 전통과 관습은 인정받고 따를 수 있는 것으로 자기변형을 할 것이다. 이것이 바로 전통과 관습의 자기비판 내지 자기수정인 것이다.

사람들은 전통과 관습을 따르면서 어떤 의무감을 느끼는 것은 아닐 것이다. 그저 그러한 전통과 관습에 물들어 있고 친숙해져서 습관적으로 따르는 것일 것이다. 전통과 관습을 따르고 습관화된 행동을 통해 도덕적인 삶을 산다고 해서 그러한 삶을 기계적인 삶인 것처럼 생각하는 것은 지나친 생각이다. 도덕적인 삶을 살아가는 데 행위의 전통과 관습이 더 많은 영향력을 미친다는 것이지, 합리적인 사고를 하지 않는다는 것은 결코 아닐 것이다. 전통을 따르는 행위의 습관 속에서도 인간은 계속 사고하고 있는 것이다. 그러므로 전통과 관습을 지키고 습관적으로 행동한다고 해서 천편일률적인 삶을 사는 것도 아니고 새로운 삶의 방식에 무감각한 것도 아니다. 전통과 관습 속에서도 다양하고 자유로운 삶이 보장된다. 오크쇼트의 이른바 도덕적 괴짜(moral eccentricity)가 그 점을 잘 보여준다.

도덕적 괴짜는 현재의 도덕적 규칙을 거부하는 것이 아니라, 그것들을 완벽하게 추구하고자 하는 과정에서도 나타날 수 있다. 오크쇼트는 도덕적 괴짜를 조형예술에서 변화를 추구한 예술가와 언어에서 변화를 일으킨 명문가로 비유한다. 모든 전통적 방식의 삶의 중심에는 자유와 창의성이 자리 잡고 있다. 때때로 관습적 도덕성으로부터 벗어나는 것이 항상 공식화된 도덕적 이상의 지시를 받고 일어나는 것으로 생각하지만, 실은 그렇지 않다. 그것으로부터 벗어난다는 것은 자유의 표현이고, 그것은 전통 자체에 대한 감수성으로부터 솟아

나와 여전히 그 전통적인 방식의 삶에 충실한 것으로 남는다. 도덕적 습관으로부터의 일탈은 완벽주의적인 것이지만 그것이 반드시 의식적으로 완벽주의적인 것은 아니며 반란적인 것도 아니다. 도덕적 괴짜는 유익한 방향에서 모방하고픈 대상은 아닐지라도 개인의 활동으로 머물며 공동의 삶을 파괴하지 않는 한, 행위습관의 도덕성을 가진 사회에 가치롭다. 일탈한 도덕적 괴짜에 대해 습관적 도덕성의 사회는 숭배하지만 모방하지 않고 존경하지만 추종하지 않으며 환영하지만 격리시켜버리는 이중적인 태도를 보인다(Ibid., 65-66 참고). 결국 도덕적 괴짜들이 사회에 공헌하는 바는 간접적이지만 강력하다. 사회는 도덕적 괴짜들의 행동을 지표로 삼아 계속 안정된 삶을 유지하면서 전통 속에 배태된 가능성을 탐색하는 것이다. 습관적 도덕성의 사회에서, 도덕적 괴짜는 사회안정의 대리 피해자로 인정된다. 그런 사회에서, 개인이 전통이나 관습에서 벗어나는 어떤 시도를 강제적으로 막는 일은 없다. 그러나 개인의 색다른 행위가 사회의 새로운 물결로 금방 나타나는 것은 아니라는 의미에서 도덕적 괴짜의 영향력은 강력하지만 간접적이라고 한 것이다. 한 도덕적 괴짜의 행위가 사회의 전통이나 관습을 직접 변화시키는 것은 아니다. 그는 다른 사람의 주목과 존경을 받지만, 사회가 그를 추종하는 것은 아니다. 도덕적 괴짜를 통해서도 알 수 있듯이, 전통과 관습은 개인에게 강요되는 것이 아니라 개인이 속한 사회의 합의에 의해 존속하는 것이다. 전통과 관습은 개인에게 도덕적 행동의 습관을 제공하는 근거가 되는 것이며, 개인이 몸과 마음에서 배어 나오는 도덕적 습관을 통해 도덕적 삶을 살도록 하는 원천이 되는 것이다. 그리고 도덕적 괴짜는 그 사회의 전통과 습관의 자기비판과 자기수정의 기회를 제공한다고 볼 수 있다. 그런 점에서 그는 지도자 내지 안내자가 될 수 있는 것이다.

오크쇼트는 도덕교육에의 전통주의적 접근을 강력하게 주장한다.

그의 입장은 반성적 능력이 미처 충분하게 발달하지 못한 어린이들이 어쩔 수 없는 과정으로 습관적 도덕성을 가진다는 입장과 전적으로 다르다. 합리적 사고의 능력이 발달된 경우에도 정서와 행위의 습관으로서의 도덕성을 습득하도록 교육해야 한다는 것이 그의 도덕교육론이다. 반성적 사고를 통하여 옳은 것이 무엇인지를 판단할 수 있지만, 안다는 것이 곧 실천한다는 것을 보장하지 못한다. 도덕적 행위의 실천만이 도덕적 삶을 보장한다. 실천을 위해서는 도덕적인 것을 좋아하는 정서를 가져야 하는데, 그러한 정서는 습관적으로 행동함으로써 친숙해져 있을 때 생길 수 있다. 사람은 모방을 통해 행위하기 시작한다. 그러한 모방의 계속적인 반복은 습관을 이루고, 습관은 주저함이 없이 어떤 행동을 할 수 있게 한다. 개인이 도덕적인 행동을 계속 해봄으로써 도덕적인 행동에 친숙하게 되고, 도덕적인 행동에 친숙하다는 것은 도덕적인 것을 좋아하는 도덕적 정서가 형성되었다는 뜻이 된다. 결국 도덕적인 것을 좋아하기 때문에 도덕적인 행동을 할 수 있게 되는 것이다. 그런데 개인이 습득한 행동습관에는 사회의 전통이나 관습이 내재되어 있다. 결국 도덕적 행동을 친숙하게 여긴다는 것은 결국 관습이나 전통을 친숙하게 여기는 것이다. 개인은 관습이나 전통에 따른 행동을 함으로써 사회의 일원으로 인정받을 수 있게 된다. 감정과 행동을 습관화한다는 것은 사회의 행위전통을 습관화하는 것이다.

오크쇼트가 구분하는 두 번째 형식의 도덕적 삶, 즉 '도덕적 기준의 반성적 적용'으로서의 도덕적 삶(합리적인 도덕적 삶)은 인간 이성의 능력을 신뢰한다. 여기서 인간은 자신이 처한 상황을 인식하고 판단하여 행동할 수 있는 유일한 존재, 즉 호모사피엔스로 간주된다. 전통과 관습 그리고 습관적 행위는 합리적인 도덕적 삶에 장애물이 된다. 그러한 것들은 항상 불완전한 것이며, 오로지 이성만이 완전성을 약속해준다고 생각한다. 도덕적 행위의 출발점은 합리적 판단이며, 도덕교육의 시작은 전통과 관습을 부정하는 것으로 이루어진다.

오크쇼트의 설명에 의하면, 합리주의자들은 근본적으로 모든 사태로부터 독립된 마음을 상정한다. 즉, 이성의 권위를 제외하고는 어떠한 권위에도 복종하지 않고 그래서 권위로부터 자유로운 마음을 상정한다. 그들은 권위, 편견, 그리고 단순히 전통적이고 관습적인 혹은 습관적인 것들을 모두 적대시한다. 그들의 마음의 상태는 회의적인 동시에 낙관적이다. 어떤 신념, 관습, 믿음도 그가 따져 묻거나 그가 이성이라고 부르는 것으로 심판할 수 없을 만큼 확고하고 보편적인 것은 없다고 생각하기 때문에 회의적이라고 하며, 사물의 가치, 의견의 진실성, 행위의 적절성을 결정해주는 데 있어 결코 그의 이성의 능력을 의심하지 않기 때문에 낙관적이라고 한다(Ibid., 1-2 참고). 합리주의자들에게 전통과 관습은 결코 믿을 만한 것이 못 된다. 그것이 수세대 동안 이어져 왔다고 해서 또는 지금 존재하고 있다고 해서 가치로운 것이 되는 것이 아니다. '익숙한' 것이라고 해서 어떤 가치를 가지는 것도 아니다. 따라서 어떤 것도 이성의 엄밀한 심판을 벗어날 수 없다. 그는 경험의 축적이라는 것은 모르며, 과거란 단지 그에게 장애물일 뿐이다. 그래서 거의 시적인 환상을 가지고 그는 매일 매일을 마치 그의 첫 번째 날이기라도 한 듯이 살려고 애쓰기 때문에 습관을 갖는 것은 곧 실패라고 믿는다(Ibid., 4 참고).

전통에 대한 합리주의자들의 불신은 합리적 행위란 어떤 행위인가에 대한 그들의 생각에서 드러난다. 오크쇼트에 의하면, 영국의 빅토리아 시대에 만들어진 블루머(Bloomer)라는 옷은 그 당시 '합리적인 옷(rational dress)'으로 간주되었다. 그때까지 사람들은 관례적으로 여성은 치마를 입어야 한다는 '편견'에 사로잡혀 있었다. 그런데 당시 자전거 타기가 유행했다. 치마를 입고 자전거를 타는 것은 매우 불편한 일이었다. 이러한 불편을 개선하여 자전거를 편하게 탈 수 있도록 만들어진 옷이 블루머였다. 그리고 합리주의자들은 블루머가 합리적인 것이 되기 위하여 어떠한 제작과정이 진행되었는지에 대하여 나름대로의 생각을 갖고 있었다. 먼저, 그들은 현재 문제가 되는 것에 관심을 집중시킨다. 즉, 치마를 입고서는 자전거 페달을 돌리기가 매우 불편하다는 사실에 모든 관심을 집중시킨다. 그리고 그것 이외에 고려해야 할 부분이 있다면 현재 출시되고 있는 자전거 형태와 인간의 신체구조뿐이다. 반면, 그 외의 나머지 고려사항들은 모두 제거되어야 한다. 왜냐하면 현재 만들고자 하는 옷의 합리성을 결정하는데 그것들은 아무 쓸모가 없기 때문이다. 그리고 특히 옷을 만드는 디자이너는 여성 옷과 관련된 기존의 편견이나 관습 혹은 관례 등에 얽매여서는 안 된다. 합리성의 관점에서 보면, 이것들은 제약조건들이기 때문이다. 결과적으로 이러한 목적을 달성하기 위하여 제일 먼저 취해야 할 조치는 완전히 마음을 비우는 것, 즉 마음속의 편견들을 모두 제거하는 것이다. 물론, 역학과 골상학과 같은 어느 정도의 지식이 이를 위해서 필요하다. 그러나 인간이 쌓아 올린 대부분의 지식들은 지금의 목적을 달성하는 데 방해가 되는 것으로 이해된다. 따라서 그런 것에 마음을 빼앗겨서는 안 된다. 만일 이 옷을 만드는 데 투자한 사업가가 있다면 그는 영국인보다는 중국인을 디자이너로 고용하려 할 것이다. 왜냐하면 중국인은, 영국인이라면 응당 신경 쓸, 쓸데없는 고려사항들에 현혹되지 않을 것이기 때문이다(Ibid., 81-82 참고). 합리주의자들이 블루머를 '합리적인 옷'으로 생각하는 가장 결정적인 이유 중의 하나는 그것이 기존의 편견이나, 관습과 관행과 같은 전통으로부터 벗어나 있다는 점이다. 만일 그것이 기존의 편견이나, 관습과 관례와 같은 전통에 얽매인 상태에서 나온 것이라면 실패라고 그들은 생각한다. 기존의 전통으로부터 완전히 자유롭지 못했기 때문이다. 이 점에서 그들은 합리성을 결정하는 데 있어서 전통은 아무런 역할도 하지 않으며, 오히려 그것으로부터 벗어나는 것이 합리적이라 생각한다. 따라서 합리주의자들은 전통에 대해서는 결코 신뢰하지 않는 것이다.

합리주의자들에 의하면, 인간은 행위의 출발점으로 이성의 힘을 가진다. 그것은 추론하고 명제를 만들고 조작하는 능력을 말한다. 그리고 이 힘은 인간이 가지고 있는 다른 어떤 힘과도 독립된 것으로서 인간 행위의 출발점이 된다. 또한 이 힘은 전통으로부터 전적으로 독립되어 있으며, 그 힘을 통해 이루어진 행위 그 자체로부터도 완전하게 독립되어 있다. 그리고 사람들은 모두가 공통적으로 이 힘을 갖고 있기 때문에, 이 힘의 발휘는 동일한 결론과 동일한 형태의 행위로 귀결될 수 있다(Ibid., 85-86 참고). 합리주의자들은 이 힘을 '이성(reason)'이라고 부르며, 마음의 천부적인 구성요소로 생각한다. 그리고 이러한 생각은 아주 자연스럽게 그리고 불가피하게, 이성을 포함하는 마음은 그 내용 혹은 행위와는 분리된 채 그것들과 동등한 차원에서 존재하는 '일종의 장치'나 '중립적인 도구'라는 생각으로 이어진다. 즉, 인간의 마음은 경험을 다룰 수 있는 독립된 도구이다. 신념, 관념, 지식과 같은 마음의 내용물과 특히 세상에서의 인간의 활동들은 그 자체가 마음이나 혹은 마음의 구성물이 아니라, 마음이 애써서 나중에 얻게 된 것 즉, 정신활동의 '결과물'로 간주된다. 마음은 지식을 획득할 수도 있으며, 신체활동을 일으킬 수도 있다. 그러나 그것은 모든 지식을 다 빼고 나서도 그리고 모든 활동을 제거하고 나서도 존재할 수 있는 무엇이기도 하다. 그리고 그것이 지식을 획득하거나 활동을 불러일으키는 경우에도, 여전히 그것은 그것이 획득한 내용물이나 활동과는 독립되어 존재한다. 지식을 채워 넣는 일이 이따금씩 생기는 것에 비해, 마음은 꾸준히 항구적으로 존재하는 그 무엇이다.

그리고 마음은, 비록 선천적인 것임에도 불구하고 '그 자체로' 훈련될 수 있는 것이다. 몸을 단련하는 것과 같이 마음도 순수하게 기능적인 훈련을 통해 단련할 수 있다는 것이다. 마음은 그것이 이미 습득한 경향들이나 지식과 같은 것에 오염되지 않아야 한다. 완전히 텅비고 자유로운 마음, 즉 기질(경향)로부터 해방된 마음이 진리를 받아들이기 쉽고, 편견과 같은 것을 저 멀리 쫓아버릴 수 있기 때문이다. 그래서 특정 지식이나 쓸데없이 일정한 기질을 형성시키는 훈련보다는 순수하게 형식적인 훈련이 더 우수한 것으로 간주된다. 마음이 어떤 기질이나 지식에 이미 오염되어 있을 경우에는 먼저 그것을 완전하게 제거해야 한다. 그래서 '정화'된 깨끗한 마음에서 새롭게 시작해야 한다(Ibid., 86-87 참고).

그런데 합리주의자들은 내용으로부터 분리된 마음과, 마음의 훈련을 위한 형식적 절차적 원리를 강조하기도 하지만, 도덕교육의 내용인 도덕적 지식으로서 실질적인 규칙이나 원리를 내세우기도 한다. 그리고 도덕적 지식으로서의 규칙이나 원리가 인간의 도덕적 행위를 안내할 것이라고 생각한다. 그래서 도덕교육에의 합리주의적 접근은 마음의 훈련보다는 오히려 도덕적 이상과 도덕적 규칙의 적용에 더 많은 관심을 가지는 것 같다. 오크쇼트의 이른바 '도덕적 기준을 반성적으로 적용한다'는 것은 다음의 두 가지로 이루어진다. 즉, '도덕적 이상의 자의식적 추구(self-conscious pursuit of moral ideals)'와 '도덕적 규칙의 반성적 준수(reflective observance of moral rules)'이다. 합리적인 도덕적 삶은 개인적인 혹은 사회적인 자의식에 특별한 가치를 부여한다. 도덕적 이상이나 규칙이 반성적 사고의 산물일 뿐만 아니라 그 이상과 규칙의 상황에의 적용도 역시 반성적 활동이다. 보통, 이상과 규칙은 먼저 그리고 추상적으로 결정된다. (습관적으로 이루어지는 행위가 아니라 기교에 의해서 이루어지는 행위를 위한)

기교(art)는 다음의 세 가지 임무로 구성된다. 첫 번째 임무는 도덕적 열망을 언어로, 즉 삶의 규칙이나 추상적 이상으로 표현하는 일이다. 이러한 언어적 표현은 행위의 바람직한 목적을 설정할 뿐만 아니라 그 목적을 분명하고 뚜렷하게 설정하고 목적들 간의 관계를 드러내기 위한 것이다. 둘째 임무는 이러한 유형의 도덕적 삶을 사는 사람은 공식으로 표현된 열망을 비판으로부터 지켜내는 능력을 확신하는 일이다. 공개된 것은 공격받기 쉽기 때문이다. 그의 세 번째 임무는 공식화된 열정들을 행동으로 옮기는 일이다. 즉, 상황에 공식들(이상과 규칙)을 적용하는 일이다. 합리적인 도덕적 삶에서는 상황에 적용되는 규칙이나 이상(목적)에 관련된 그 사람의 판단과, 그 상황에 그것을 적용하는 그의 결단으로부터 행위가 이루어진다. 그리고 삶의 상황은 해결되어야 할 문제들로 나타난다. 어떤 상황에서 행위를 하고자 할 때 저항이 있을 수 있다. 즉, 행위하는 것보다는 옳은 도덕적 이상을 가지는 것이 더 중요하게 보일 수 있을 것이다. 어떤 상황에서 규칙이나 이상을 적용하는 것은 결코 쉬울 수만은 없다. 보통, 이상도 상황도 모두 해석을 요한다. 그리고 삶의 규칙은, 그 삶에서 나타나는 다양한 상황들이 극적으로 줄어들어 단순화되지 않거나, 정교한 견강부회(특정 상황에 일반적 원리를 억지로 적용하기)나 해석으로 보완되지 않는다면, 항상 부족한 것으로 남게 될 것이다(Ibid., 66-67 참고).

반성적 사고를 통해 도덕적 기준을 상황에 적용한다는 것은 단순히 생각하는 것 이상의 능력을 요한다. 사실, 도덕적 이상과 규칙들이 우리들에게 너무 익숙하여 그것에 관한 반성적 사고가 습관적 혹은 전통적 방식의 사고일 수도 있고, 하나의 도덕적 이상이 성격의 유형으로 표현될 수도 있으며, 행위라는 것이 그러한 이상적 성격을 상황에 적용하는 것일 수도 있다. 그러나 이러한 점은 이상과 규칙

자체에 대해서 '그때그때(ad hoc)' 반성할 필요성을 없애주지만, 역시 한 행위를 하기 위해서 그 문제로서의 상황을 도덕적으로 해결할 수 있는 도덕적 기준을 찾아내고, 또 그것을 적용해야 하고, 권리나 의무를 행위로 번역하는 문제는 남는다(Ibid., 67 참고). 합리적인 도덕적 삶을 위해서, 사람들은 항상 모든 상황들과 그것들에 적용할 도덕적 기준들을 끊임없이 해석하여야 한다. 따라서 도덕적 이상이나 규칙들에 대한 지식이 요구된다. 그리고 행위하는 것 외에 자기가 한 행위의 당위성을 설명할 수 있어야 한다.

오크쇼트는 이러한 합리적인 도덕적 삶은 다른 종류의 교육에 달려 있다고 말한다. 도덕적 이상이나 규칙에 관한 필요한 지식을 습득하기 위해서는 행위 자체의 실천과 관찰 이상의 어떤 것이 필요하다는 것이다. 첫째, 도덕적 이상들 자체를 탐색하고 평가하는 지적 훈련이 필요하다. 이 훈련을 통해 도덕적 이상들은 특정한 행위들 속에서 발견되는 그것들의 불완전한 표현들로부터 분리된다. 둘째, 도덕적 이상들을 지적으로 관리하는 기교를 훈련해야 한다. 셋째, 구체적인 상황에 그 이상을 적용시키는 훈련이 필요하다. 이 훈련은 교육의 목적을 달성시킬 수단을 선택하는 기교의 훈련이다. 이러한 과정의 도덕교육은 누구나 소화해낼 수 있을 정도로 쉬운 것이 아니며, 합리적인 도덕적 삶을 누구나 공유할 수 없는 것이다. 오크쇼트는 스피노자의 말을 인용하면서 이 점을 말한다. 즉, 완벽하게 훈련된 도덕적 판단을 습득하게 하는 대신에 삶의 규칙들을 암기하고 그것을 은연중에 따를 수 있도록 할 수 있다. 비록 그것이 일부 학생들은 도달할 수 있는 거리에 있지만, 그것이 도덕교육의 목표로 간주될 수는 없다. 그것을 목표로 삼는다면 그러한 교육은 도덕적 기술을 획득하는 교육(도덕교육) 이상의 교육일 것이다. 그 교육이 자의식적으로 선택하여 행위를 결정할 수 있는 능력을 부여하고 그 선택의 이상적인 근거를 이해하게 한다면 목표를 이루지 못한 교육으로 간주되어야 한다. 한 사람의 철학자나 자기분석가(self-analyst)의 어떤 것을 공유할 수는 있지만 누구도 합리적인 도덕적 삶을 공유할 수는 없는 것이다. 즉, 그 교육의 목표는 공동으로 개발된 반성적 능력들로부터 이루어진 개인적 행위이다(Ibid., 67-68 참고). 모든 사람들이 합리적인 도덕적 삶을 살기 위해서는 이러한 고도의 지적인 교육을 받아야 한다면, 그것은 자연스럽게 이루어질 수 있는 것은 아니고 강제되어야 하는 교육이다.

모든 사람들이 매순간마다 자신이 행하고 있는 것이 어떤 행위인지 그리고 왜 그렇게 행위하는지를 정확하게 알게 되는 도덕적인 삶은, 개인의 관점에서도 사회의 관점에서도 위험을 지닌다. 그러한 삶은 사람들이 상당한 신뢰를 가지고 있어야 이루어질 수 있다. 그런데 신뢰는 반성적 사고의 과정, 즉 이상과 규칙을 합리적으로 적용시키는 기교에 주어지기보다는 오히려 도덕적 이상들이나 규칙들에 대해서 주어진다. 이상들을 적용시키는 기교를 가르치는 것과 그것을 배우는 것은 더욱 어려운 일이다. 그래서 이상과 규칙에 대한 가르침이 도덕교육에의 합리주의적 접근의 가장 성공적인 부분이라고 기대된다. 그런데, 도덕적 이상들에 대한 '생각'의 확실성과 함께 '행위'의 불확실성이 기대된다. 끊임없이 행위를 분석하는 것은 도덕적 습관에서의 편견을 불식시키는 데 멈추지 않고 도덕적 행위습관 자체를 해칠 수도 있다. 그리고 도덕적 반성은 도덕적 감수성을 억제할 수도 있다. 더욱이, 도덕적 이상을 '자의식적으로' 추구한다는 것은 모든 순간에 완전성을 준거로 행위를 결정하기 위해 그 행위를 실천하는, 그런 사람을 요구한다. 행위를 안내하는 것이 도덕적 규칙이라면, 그것이 완전성을 의미하는 것이 아니고, 다만 그것이 요구하는 행위와 그 상황에서의 완전한 도덕적 대응 사이를 조정한다. 그러나 그것이 도덕적 이상인 경우에는 완전성의 비전을 벗어날 수 없다. 합리적인 도덕적 삶의 사회는 덕을 지름길로 찾기를 요청하며, 원시적(hyper-optic) (멀리 내다보는) 도덕적 비전을 요구한다. 그리고 그러한 삶을 누리는 사람들에게 강렬한 도덕적 경쟁을 자극한다. 여기서는 도덕적 괴짜가 사회안정의 대리 피해자가 아니라 지도자와 안내자로서 인정된다. 그뿐만 아니라 이상의 도덕성은 거의 자기수정의 힘이 없다. 그것의 안정성은 융통성이 없고 변화에 둔감하기 때문에 생긴다. 물론 이상들은 해석되기는 하지만 그 해석은 닫혀 있고 엄격하다. 그것은 변화에 저항하는 큰 힘을 가지고 있기는 하지만, 그 저항이 무너지면 변화가 아니라 혁명, 즉 거부와 대체가 일어날 것이다. 모든 도덕적 이상들은 하나의 사로잡힘이다. 그래서 그것들을 추구하는 것은 일종의 우상숭배이다. 전체적인 체계 속에서 각 이상들이 차지하는 위치와 중요성을 지적으로 이해하는 더 근본적인 반성에 의해 이 점은 점검받을 수 있지만, 그러한 지적인 이해는 얻기 힘든 것이다. 그리고 종종 하나의 이상을 지나치게 추구하는 것은 다른 것들을 배제하는 결과로 이어진다. 예를 들어, 정의를 위해서 자비를 잊게 된다. 환멸로 이어지지 않는 이상의 추구는 없다. 모든 찬양할 만한 이상들은 덜 찬양할 만하지 않은 상대를 가진다. 합리적인 도덕적 삶을 살아가는 사람들은 이상들을 적절한 형태의 행위로 번역하는 과제뿐만 아니라 도덕적 행위를 하기 전에 이상들의 언어적 갈등을 제거해야 하는 과제를 지닌다. 갈등하는 이상들은 언어적이고 이론적인 화해를 요한다. 그러한 이상들을 추구한다는 것은 개인에게는 일종의 도박이며 위험스럽고, 사회에게는 어리석은 짓이며 파멸을 초래할 수 있는 것이다.

3. 습관과 이성의 패러독스의 해결

1) 습관(전통)적 이성

소크라테스의 '덕은 가르칠 수 있는가?', 아리스토텔레스의 '지적인 덕과 도덕적인 덕', 오크쇼트의 '습관적인 도덕적 삶과 합리적인 도덕적 삶' 등의 논의는 이미 도덕교육에서의 이성과 습관의 패러독스에 대한 해답을 찾고자 하는 논의들이었다. 그러한 논의들을 바탕으로, 두 가지 측면에서 그 해결책을 찾고자 한다. 즉, 이성 쪽에 이미 습관(전통)적인 요소가 깃들어 있을 수 있으며, 습관(전통) 쪽에 이미 이성적인 요소가 묻어 있기 때문에, 그것들을 논리적으로는 구분할 수 있지만 사실적으로는 구분할 수 없는 것이며, 따라서 도덕교육에의 합리주의적 접근이나 전통주의적 접근은 따로 분리될 수 없는 것이며 함께 통합적인 방식으로 도덕교육이 이루어져야 한다는 점을 밝히고자 한다. 그런데 이성 쪽에 습관적인 요소가 깃들어 있다는 점을 '습관(전통)적 이성'이라는 말로 정리하고, 습관 쪽에 이성적인 요소가 묻어 있다는 점을 '이성적 습관(전통)'이라는 말로 정리하고자 한다.

오늘날 오크쇼트의 이른바 합리적인 도덕적 삶이 우월한 것으로 인정되면서 합리주의적 접근의 도덕교육이 우세를 점하게 된 것은, 근대사회의 출범과 함께 등장한 '자율성'의 매력 때문이었을 것이다. 자율적 도덕성이란, 한 개인의 도덕적 삶을, 외부적인 어떤 것에 의해 규정되거나 강요되지 않고 개인 스스로가 자율적으로 결정할 수 있다는 점을 말한다. 도덕적 이상과 규칙 그리고 그것들을 '자의식적으로' '반성적으로' 추구한다는 것은 도덕적 자율성을 강조하는 것에 다름 아니다. 그런데 도덕적 이상과 규칙 그리고 그것들을 '자의식적으로' 추구한다거나 '반성적으로' 추구한다는 것은 '습관적으로' 추구한다는 것과 전혀 별개의 것이 아니라는 점이 중요하다.

우선, 소크라테스의 이른바 '상기시킨다'는 말을 상기할 필요가 있다. 그것은 결국 '보도록 한다'는 것인데, 그것은 언어를 통해서 가능해지는 것이다. 그냥은 볼 수 없으며, 반드시 언어를 통해서 일러 받고서야 볼 수 있게 된다는 것이다. 가르친다는 것이 '언어게임'과 연관된다는 것은 이 점을 말해주는 것이다. 단순한 사실을 일러주기보다는 마음의 자세로서의 덕을 가르치는 도덕교육(덕을 가르친다)은 전통과 관습으로서의 언어를 통해서, 또는 언어로 상징되는 전통과 관습을 통해서, 그것을 '깨닫고', 언어를 통해 설명할 수 있고, 언어를 사용하듯이 습관적으로 행위하게 하는 교육임을 알 수 있다. '본다'는 이성적인 작업도 기존의 전통과 관습(언어)의 요소를 통해 이루어질 수 있는 것이다. 그뿐만 아니라, 소크라테스가 상기한다고 할 때, 그 상기하는 내용은 '원래 우리 속에 들어 있는 지식'이라고 했지만, 그것은 신비적인 어떤 것이 아니라 일종의 전통이거나 관습이다. 다만 그것을 명료화시켜 이해하지 못하고(잊어버리고) 있으며 남에게 설명하거나 이유를 제시하지 못할 따름이다. 그것을 상기한다는 것은 명료화시켜 이해하고 설명하고 이유를 제시할 수 있다는 것이다. "플라톤(즉, 소크라테스)이 전생에서 학습한 것을 상기할 뿐이라고 말한 것은 잘못이다. 실지로 상기하는 것은 어머니의 무릎에서 배웠으나 그 배운 것을 기억하지 못하는 것들이다."(김안중, 1982, 97 재인용) 전생에서 학습한다는 것이 바로 전통과 관습을 통해 학습한다는 것으로 이해할 수 있을 것이다. 그리고 기억하지 못한다는 것은 결국 습관적으로 행위할 수 있지만 이성적(이론적)으로 이해하고 설명할 수 없다는 것으로 이해할 수 있을 것이다.

이 점과 관련하여, 아리스토텔레스는 실천지(실천적 지혜)를 강조한다. 그것은 인간의 욕망과 정념을 이성과 연계하는 다리의 역할을 한다. 그것은 '인간'과 '현실'을 초월하는 보편적인 것에 대한 지식(순수이성적 지식)이 아니라 인간 자신에게 좋은 것과 나쁜 것에 관한 이치를 따라서 행위하게 하는 지식(실천이성적 지식)이다. 더욱이, 도덕적 덕은 중용을 선택하려는 성향을 가진 성품으로 정의된다. 여기서 말하는 중용은 원리로서의 중용이 아니라 삶의 구체적인 지침으로서의 중용이다. 그리고 중용의 선택은 '감각'에 의해 선택된다. 이 경우 '감각'은 기지로서 실천지에 해당하며, 이것은 곧 상황적 지식 또는 전통적 지식에 다름 아니다. 중용을 선택하는 것은 그때그때마다 상황을 반성적으로 검토하여 선택하지 않는다. 그렇다고 해서 직관적으로 선택되는 것도 아니다. 거기에는 이미 임기응변적인 지식(어떤 의미에선 습관적인 지식)이 전제되고 있는 것이다.

오크쇼트의 지식의 분류는 이성의 습관과의 관련성을 이해하는 데 도움이 된다. 그에 의하면, 전통이라는 역사적 기반을 가지는 모든 인간 활동들은 지식을 전제한다. 그리고 그 지식에는 두 가지 종류가 있다. 물론, 이 둘이 별도로 존재하는 것은 아니지만 그 둘 사이에는 명백한 차이가 있다. 그 하나는, 모든 예술과 학문 그리고 실제적 활동 속에 포함된 지식이며, 나름대로의 특별한 기술과 통찰이 필요하지만, 분명하게 공식화하는 것이 가능한 지식으로서 '기술적 지식(technical knowledge)'이다. 또 다른 하나는, 오직 구체적인 활동 속에서만 찾아볼 수 있으며, 기술과는 달리 규칙으로 공식화할 수 없는 지식으로서 모든 활동 속에 포함되어 있으며, 어떤 활동이든 그것에 통달하기 위해서는 반드시 필요한 그러한 지식으로서 '실천적 지식(practical knowledge)'이다(M. Oakeshott, 1962, 7 참고). 이 두 가지 종류의 지식들은 그것이 표현되는 방식과 그것을 학습하고 습득하는 방식에 있어서 다른 점이 있다. 기술적 지식은 규칙이나 원리와 같이 명제로 공식화하는 것이 가능하며, 책으로 담아낼 수 있다. 어떤 예술가가 자신의 기술(art)에 대하여 무엇인가를 글로 쓰고 있다고 하면, 그때 그는 자신의 기술의 테크닉을 쓰고 있는 것이다. 그것은 그가 지식의 '심미안적 요소'라고 말할 수 있는 실제적 지식을 모르기 때문은 아니다. 오히려 그 지식에 대해서는, 만일 그가 화가라고 하면, 그가 그린 그림 속에서 이미 말했기 때문이며, 그런 식으로밖에 말할 수 없기 때문이다. 이런 점에서 실천적 지식은 공식화가 불가능하다. 오히려 그것은 무엇인가를 습관적으로 혹은 전통적으로 해나가는 방식 속에서만 표현된다. 즉, 실천적 지식은 구체적인 실행과 실제 속에서만 표현된다. 예를 들면, 요리의 경우에 그것은 요리사의 구체적인 요리활동 속에서만 표현되며, 과학의 경우에 그것은 과학자의 구체적인 탐구활동 속에서만 표현된다. 또한 두 지식들은 그것들을 습득하는 방식에서도 다르다. 먼저, 기술적 지식은 책으로부터 배울 수 있다. 따라서 그것은 외우고 암기하고 그리고 기계적으로 적용하면서 학습될 수 있다. 반면, 실천적 지식은 가르칠 수도 그리고 배울 수도 없다. 그것은 기술적 지식을 가르치는 것과 동시에 간접적으로 전수되고 습득될 뿐이다. 그 지식은 오직 개인의 구체적인 실행 속에서만 존재하기 때문에 그것을 습득하는 유일한 방법은 도제식으로 함께 생활하는 것이다. 그것은 선생이 그것을 가르칠 수 있기 때문이 아니다. 그는 그것을 가르칠 수 없다. 그것은 오히려 그 지식을 지속해서 발휘하고 있는 사람과 계속적으로 접촉함으로써만 습득될 수 있기 때문이다. 이것은 가르침과 배움이 이루어지고 있는 곳 어디에서나 찾아볼 수 있다. 예를 들면, 피아니스트는 선생으로부터 테크닉뿐만 아니라 예술적 영감을 습득하며, 장기 두는 사람은 말이 움직이는 규칙뿐만 아니라 게임에 대한 일종의 스타일이나 통찰력을 습득한다. 또한 과학자는 선생으로부터 탐구 테크닉은 물론, 그러한 테크닉이 더 이상 유효한 지침으로 작용하지 않게 될 때가 언제이며, 어떤 것이 탐구할 만한 가치가 있는 문제인지 아닌지를 구분하게 해 주는 '감식력(connoisseurship)'을 습득한다(Ibid., 10-11 참고).

오크쇼트는 기술적 지식과 실천적 지식을 '정보'와 '판단'으로 바꾸어 말하기도 한다. 그에 의하면, 정보에는 적어도 세 가지 종류가 있다. 첫째, 특정한 행위를 수행하기 위하여 그 선행조건으로서 반드시 알고 있어야 할 것이다. 예를 들면, 모스부호와 같은 것이다. 둘째, 정보에는 이미 수행한 행위에 관하여 그것이 어떤 점에서 잘못되었는지를 파악하는 기준으로서 사용되는 것이 있다. 예를 들면, 언어의 문법은 언어행위의 부정확성을 가려내는 기준으로 작용한다. 마지막으로, 정보에는 흔히 '원리'라고 부르는 것이 있다. 이런 종류의 명제는 모종의 행위나 활동에 관하여 그 기저에 들어 있는 '근거 또는 원리'를 들어서 그 행위나 활동의 성격, 이유, 원인 등을 설명하는 일을 한다. 예를 들면, 역학의 원리가 그것이다. 그것은 최고의 기량을 가진 사이클 선수라도 반드시 알고 있는 것은 아니며, 그것을 줄줄 외울 수 있다고 해서 자전거를 더 잘 탈 수 있는 것도 아니다. 또한 그것은 자전거 타는 행위의 부정확성을 가려내는 기준이 되지도 않는다. 그것의 가치는 오직 '자전거 타기'가 어떻게 일어날 수 있는가를 '이해'하도록 해준다는 데 있다. 그 원리는 자전거 타기를 배우는 데나 실제로 자전거를 타는 데나 아무런 도움이 되지 않는다. 그 원리는 자전거 타는 행위와는 별도의 행위, 즉 그 행위를 '설명하는 행위'를 하는 데 사용된다(M. Oakeshott, 1989, 52-53 참고). 판단에도 세 종류가 있다. 첫째, 그것은 정보가 어디엔가 쓰일 수 있다는 것을 아는 것은 물론 정보를 실제로 사용하는 능력을 가리킨다. 규칙은 완전히 숙달했으며, 지침은 훤히 알고 있고, 사실은 언제든지 상기해낼 수 있을지라도, 그 모든 것들이 구체적인 사태에서 어떤 모양으로 나타나며, 그런 정보가 구체적인 사태를 만들어내는 데 어떻게 활용되는가 하는 것을 아는 것은 바로 판단의 능력에 해당한다. 둘째, 그것은 단순히 정보의 적절성을 판단하고, 그 의미를 해석하고, 구체적인 사태에 적용하는 능력일 뿐만 아니라, 지성의 가치를 알고 그것을 향유할 수 있게 되는 것을 뜻하기도 한다. 예를 들면, 이해를 초월한 호기심, 인내, 지적 정직성, 엄밀성, 근면, 집중력, 회의 등의 능력과 겉으로 드러나지 않는 미묘한 차이를 알아보는 감수성, 우아한 사고나 표현을 식별하는 안목, 논박을 심각하게 받아들이고 그 결과에 기꺼이 응하는 태도 등도 포함된다. 마지막으로, 그것은 일체의 발언에 작용하는, 심지어 발언하는 당사자의 견해나 확신과는 아무 관계없이 객관적 정보를 전달하는 발언에도 작용하는, 개인의 독특한 '스타일'이다. 그러나 이 스타일은 규칙이나 원리와 같은 정보에서 자동적으로 나오는 것이 아니라, 그러한 규칙들을 어기지 않는 범위 내에서 우리가 누릴 수 있는 자유로운 선택에 의하여 만들어진다. 그리고 이것은 학습해야 할 매우 중요한 요소이다. 그래서 한 사람이 무엇인가를 말하고 있을 때, 그 사람이 하는 말을 아무리 귀 기울여 듣는다고 하더라도, 그 말에서 살아 움직이고 있는 '마음'을 엿듣고 그 사람의 생각하는 스타일을 간파하지 못한다면, 우리는 아무것도 이해하지 못한 것이라고도 할 수 있다(Ibid., 60-61).

도덕적 규칙과 원리를 상황에 반성적으로 적용하여 행위한다는 것도 기술적 지식과 실천적 지식의 결합을 통해 이루어진다. 다르게 표현하면, 세 종류의 정보와 세 종류의 판단의 결합을 통해 도덕적 행위가 행해진다는 것이다. 순수하게 안다는 것만으로는 도덕적 규칙과 원리 그리고 상황을 알고 판단할 수 없다. 즉, '정직해야 한다', '약속을 지켜야 한다'는 등의 도덕적 지식(또는 도덕적 규칙과 원리)과 그것을 상황에 반성적으로 적용하여 이루어지는 도덕적 행위란 일종의

'감각' 또는 '감식력' 또는 '통찰력'으로서 기술적 지식과 실천적 지식의 결합을 통해 이루어진다는 것이다. 여기서 말하는 실천적 지식은 전통(관습)적 지식 또는 습관적 지식이라고 할 수 있을 것이다.

우선, 도덕적 규칙이나 원리 자체도 전통이나 관습과 전적으로 무관한 것이 아니다. 그것들은 도덕적 행위전통을 사후적으로 요약한 추상물에 불과한 것이다. 즉, 행위전통이 있고 그 다음에 그것으로부터 만들어진 추상물에 지나지 않는다. 행위전통과 관습을 반성적으로 검토한 결과물로서 이론적으로 체계화된 것이 도덕적 규칙과 원리라고 볼 수 있다는 것이다. 오크쇼트는 이 점을 요리활동을 통해 설명한다. 하나의 구체적 활동으로서의 요리활동은 재료와 요리책이 있으면 할 수 있는 것으로 생각하기 쉽지만, 이것은 잘못된 생각이다. 요리책이란, 요리활동이 있기 전에 그것과는 별도로 생겨난 것이 아니다. 그것이 먼저 있고 그 다음에 거기에서부터 요리활동이 나오는 것도 아니다. 그것은 누군가 요리할 줄 아는 사람이 자신의 지식을 추상화한 것일 뿐이다. 그것은 활동의 대부(代父)가 아니라, 의붓자식이다(김안중, 1990, 34-35). 문법이나 삼단논법이 체계화되기 이전에도 사람들은 지능적으로 문법과 논법을 구사하였다. 말과 논증 등의 실천이 먼저 있었으며 그에 대한 반성의 결과로 각각의 규칙이 추상된 것이다. 이런 점에서, 실천이 그에 대한 이론을 앞선다고 할 수 있다(G. Ryle, 1949, 30). 마찬가지로, 도덕적 규칙이나 원리도 기존의 도덕적 행위전통을 사후적으로 요약한 것일 뿐이다. 그것은 결코 행위전통과 무관하게 그것과 독립적으로 미리 숙고되어 세워진 것이 아니다. 그것은 오히려 행위전통이 있었기 때문에 그 뒤에 세워질 수 있었던 것이다. 도덕적 규칙과 원리(또는 그것에 대한 지식)는 이론 이성(또는 아리스토텔레스의 학적 인식)의 산물이기보다는 습관(전통)적 이성의 산물이라고 할 수 있을 것이다. 따라서 도덕적 규칙과 원리를 원칙적으로 한 개인의 반성적 사유로는 모두 다 추상화하고 이론화하는 것이 불가능하다. 도덕적 행위의 전통들을 그 윤곽만을 그리고 있는 것이다. 또한 그것은 추상물로서 경직성과 고정성을 가진다. 도덕적 규칙이나 원리들은 전통으로부터 독립된 이른바 '정화된' 마음이 새롭게 창조한 것도 아니며, 완전한 것도 아니다. 그것은 전통의 추상물에 지나지 않는다. 그러한 점에서 그것들은 기술적 지식과 실천적 지식의 결합물인 것이다.

도덕적 규칙과 원리를 '자의식적으로' 그리고 '반성적으로' 추구한다는 것 역시 전통과 관련된다. 어떤 사람이 도덕적 지식을 인식하는 과정은 사회적 과정이다. 반성적 사고를 통해서 이루어지는 도덕적 삶은 완전히 개인적인 수준에서 이루어지는 것이 아니라 교육을 통해 형성된 도덕적 이상과 규칙에 관한 신념과 연관되어 이루어진다. 물론, 교육을 통해 배우는 것이 어떤 특정한 도덕적 이상이라고 말하는 것은 아니다. 교육을 통해 배우는 것은 '합리적으로 사고하는 방법들'이다. 그러나 개인이 도덕적 지식을 정확히 인식하는 사고방법을 배운다 하더라도 그가 추구하는 도덕성이 개인의 차원에서 완전히 창조된 것이라고 볼 수 없다. 도덕적 지식을 이해한다는 것은 사회의 '합의의 틀' 속에서 가능하다. 즉, 그것은 사회성을 띤다는 것이다.5) 함린에 의하면, 지식은 그 성격상 원자론적 의미의 '기초'를 가

---

5) 이러한 측면에서 보면, '도덕교육'보다는 '윤리교육'이라는 말이 더 어울린다. 윤리라는 말은 어원적으로 풍습(관례적인 행위전통)과 관련된다. 헤겔의 '인륜성(Sittlichkeit)' 개념은 공동체의 도덕적 합의의 틀로서의 윤리에 해당한다. 그에 의하면, 인륜적인 것이 개인의 성격에 반영되는 것이 덕이다. 덕이 있다는 것은 무언가 특수한 것이 되고자 하는 병적인 열망과는 무관하며, 개인이 자신이 처해 있는 상태에서 자신에게 지시되고 설명되고 알려져 있는 무엇을 완수해내는 것일 뿐이다. 인륜적인 것은 순수한 도덕적 입장에서의 선과 같이 추상적인 것이 아니다. 그것은 현실적인 것이며 '살아 있는 선'이다. 인륜성은 우연적인 것도 아니며 합리성이 결여된 것도 아니다. 오히려

질 수 없는 것이며, 사람들 사이의 '합의의 틀', 즉 사회를 그 논리적 가정으로 포함하고 있는 것이다. 이런 점에서 지식은 사회적 또는 공적인 성격을 가진다. 그것의 확실성 여부 역시 합의의 가능성에 의해 결정된다. 그러나 지식의 원천이 사회라고 해서 사회가 바로 지식을 결정한다고 말하는 것은 아니다. 지식을 습득하는 장면에서 다른 사람들과의 합의가 필수적인 논리적 가정으로 요구된다는 것 이상을 의미하지 않는다(유한구, 1998, 71-72 참고). 개인의 도덕적 인식은 그가 홀로 세계와 대면한 상태에서 이루어지는 것이 아니다. 그것은 기존의 도덕적 지식을 가지고 얻게 되는 것이다. 도덕적 규칙과 원리는 일종의 도덕적 합의의 틀(전통과 관습)이다. 개인의 반성적 사고를 통한 선택은 그 합의의 틀을 받아들일 것인가의 문제를 결정하는 것일 뿐이다.

매킨타이어(Alasdair MacIntyre)의 이른바 '전통의존적인 합리성(tradition-dependent rationality)'은 습관(전통)적 이성을 지적한 것이다. 그는 현대사회의 도덕적 상황이 통약 불가능한 전제들과 대안적 신념체계들로 말미암아 도덕적 불일치에 대한 어떠한 합리적 종결도 가능하지 않은 심각한 상대주의적 무질서 속에 있다고 규정한다(A.

그것은 인류의 이성적 성취를 반영한다. 그리고 그것은 개인의 이성을 초월해서 객관적으로 존재하는 것이며, 따라서 개인에게 의무로서 제시된다. 개인은 자신이 속한 공동체의 관습이나 법을 따라야 한다. 공동체의 구성원이 된다는 것은 그러한 인륜적인 것을 받아들인다는 것을 의미한다. 그것은 인간을 주관성으로부터 해방시켜주는 것이다. 그리고 개인이 인륜적인 것을 따르는 동안 그것은 습관이 되어 마침내 그 개인의 '제2의 천성'이 되는 것이다. 그러한 과정이 바로 공동체적 존재로서의 인간이 진정한 인간성을 실현하는 과정인 것이다. 사람은 도덕적 주체로서가 아니라 인륜적 주체로서 한 가족원으로서 시민으로서 살아간다. 유명한 헤겔의 비유인 새와 공기의 관계처럼 인륜적 질서가 개인을 강제하기는 하지만 그 질서 속에서만 사람은 살아갈 수 있는 것이다.

MacIntyre/이진우, 1997, 6-10 참고). 근대의 자유주의적 개인주의는 '계몽주의적 기획(the Enlightenment Project)'을 통해서 자율적인 개인의 합리적 이성이 도덕성에 대한 보편적인 합리적 정당화가 가능하다고 천명했으나, 그러한 합리적 이성은 도구적 이성에 불과한 것으로서 도덕적 추론에서 인간의 본성에 대한 자연적 목적(telos)을 배제함으로써 윤리학적 논증은 역사적 사회공동체에서 유리된 허구적인 자유, 권리, 계약의 개념이나, 칸트에서처럼 이성을 논리적 정합성으로 간주하게 되어 추상적인 도덕규칙의 의무설로 귀착될 뿐이라는 것이다(Ibid., 66, 70 참고). 매킨타이어에 의하면, 합리성은 주어진 시대와 상황이라는 특수한 전통에 의존하는 것이다. 따라서 전통에 따라 합리성도 다양하다는 것이다. 합리성은 역사와 관련되는 것이며, 역사에는 다양한 전통이 있기 때문에 다양한 합리성이 존재했다는 것이다(A. MacIntyre, 1988, 9 참고). 예를 들어, 아리스토텔레스적 합리성은 고대 폴리스를, 토미즘적인 합리성은 중세의 교회 공동체적 전통 속에서 각각 형성된 것이라는 것이다. 따라서 전통으로부터 자유로운 합리성의 개념은 허구에 불과한 것이다(Ibid., 367). 그에 의하면, 근대의 계몽주의적 합리성마저 근대라는 특정의 전통에 기반한 것이다. 매킨타이어는 합리성이란 결국 전통에 의존하는 합리성, 즉 전통적 이성에 다름 아니라는 것을 말하고 있는 것이다.

물론, 전통과 관습의 세계가 바람직한 것으로 합의되어, 주어지는 하나의 '세계'이며, 사람들은 그 '세계' 속에서 인생을 시작하고 성장하지만, 그것이 완전한 세계는 아니다. 그곳에는 편견과 선입견이나 모순과 부조리 등이 엄존한다. 도덕적 전통이나 관습 중에서 맹목적이라고 비판받는 것이 있다면, 그것은 상황의 변화에도 불구하고 그러한 부정적인 요소를 고집하는 점을 말하는 것일 것이다. 합리주의는 이 점을 비판하는 수준을 넘어 전통과 관습 전체를 맹목적이고 비합리적인 것이라고 매도하는 데 문제가 있는 것이다.

2) 이성(지성)적 습관

전통주의자라고 부를 수 있는 오크쇼트는 오히려 더 적극적으로 전통(또는 습관) 속에 이성적 요소들이 묻어 있음을 주장한다. 전통을 습관적으로 따르는 것은 사회의 합의된 삶의 양식을 따른다는 의미에서 자기비판 내지 자기수정의 힘을 가진다. 그것은 화석처럼 고정된 것이 아니라 탄력성과 변화 가능성을 지닌다. 스스로 변화할 수 있다는 것은 어떤 기준을 가지고 자기검토를 할 수 있다는 것이다. 이 경우 기준은 또 다른 의미에서 합리성이라 할 수 있을 것이다. 오크쇼트는 습관이 스스로 변화 가능하고 그래서 이미 이성이 들어 있다는 점을 '박쥐의 맹목(blind as a bat)'이라는 비유를 사용하여 나타내면서, 관습은 항상 상황의 뉘앙스에 민감하게 반응한다고 말한다 (M. Oakeshott, 1962, 64). 전통과 관습은 장님의 눈과 같이 전혀 상황을 파악할 수 없는 것이 아니며, 습관적인 행위가 결코 맹목적인 행위는 아니라는 것이다. 그것은 박쥐의 맹목과 같다는 것이다. 사람들에게 박쥐는 맹목적이고 어리석게 보일지 모르지만, 동굴 속에서의 박쥐들의 행동은 사람들보다 더욱 정확하고 목적적이다. 마찬가지로 전통과 관습 역시 시공간적 상황에 대응하여 다양한 모습으로 나타나면서 스스로 지속적으로 변화하고 있는 하나의 유기체와 같은 존재로 이해될 수 있다. 상황에의 적절한 대응은 합리적 사고능력의 산물에 다름 아니다. 따라서 전통과 관습이 자기비판과 자기변화를 이룸에 있어 그 기준과 방향을 제공하는 것이 바로 합리성이라는 것이다.

도덕교육에서 이성과 습관의 문제를 패러독스의 문제로 직접 명명한 피터스는, 오히려 이 문제가 패러독스의 문제일 수 없음을 주장함으로써 이 문제를 해결한다. 즉, 그는 습관과 이성이 적대적인 관계에 있지 않고, 오히려 습관 속에 이성이 들어 있다고 생각한다. 피터스는 오크쇼트가 구분한 합리적인 도덕적 삶과 습관적인 도덕적 삶 사이에 서로 대립되는 관계가 있지 않음을 밝힌다.

그에 의하면, 도덕은 행동을 하거나 하지 않는 이유에 관심을 가진다. 그러나 중요한 것은 적절한(타당한) 이유이다. 예를 들어, '면도칼로 상처를 내서는 안 된다'는 규범에 대하여 '그것은 붉은 피를 흘리게 하니까'라는 이유와 '그것은 고통을 주니까'라는 이유가 있을 수 있지만, 전자의 이유는 '붉은 것은 줄여야 한다'는 원리를 전제하기 때문에 도덕적으로 타당한 이유가 되지 못한다. 후자의 이유는 '고통을 줄여야 한다'는 원리를 전제하기 때문에 타당할 수 있다. 사람은 변화하는 상황에 적합하게 규범을 다소 수정하여 적용하고 정당화할 수 있고, 자명한 것 같은 많은 규범들을 통해서 삶에 안내를 받는다. 사람들은 서로 다른 관습과 전통을 가지고 있기 때문에, 합리적이고 분별 있는 규범에 따라 살려고 하면서 세련되게 판단하면서 행위할 수도 있고, 주먹구구식으로 무엇을 하고 있는지를 전혀 생각하지 않고 기계적으로 행동할 수도 있으며, 또는 자발적으로 해야만 하는 일을 할 수도 있다. 피터스 자신은 합리적이고 이지적으로 적용되는 도덕규범을 철저하게 옹호한다고 말한다. 그러나 사람이 합리적인 도덕규범을 지지하려면, 상황에 따른 차이점을 고려해서 규범을 현명하게 적용할 수 있을 뿐만 아니라 환경의 변화에 규범을 적용한 결과나 적용의 조건에 관한 경험적인 지식의 변화를 고려해서 규범을 수정할 수 있도록 어떤 고차적인 원리를 가지고 있어야 한다. 즉, 도덕규범들은 그것들이 전제하는 원리들에 의해 타당성이 검증되어야 한다는 것이다. 그런데 원리에도 타당한 원리와 부당한 원리가 있을 수 있다.

그는 합리적으로 정당화시킬 수 있는 고차적인 '근본적인 원리들'로서 공정성, 진실을 말하기, 자유, 타인의 이익을 고려하기 등을 든다. 이러한 원리들은 특정한 규범들을 정당화시켜주는 일반적인 기준을 제공한다(W. K. Frankena/안상원, 1987, 154-156 참고). 그에게 있어 도덕의 구조는 규범과 원리이며, 규범들은 내용에 해당하고 원리들은 형식에 해당한다.

도덕교육에서는 절차적인 규범(형식)과 기본적인 규범(내용)을 전달하는 것이 중요하다. 그런데 피터스에 의하면, 교육은 논리적으로 가치 있는 것을 전달하는 것을 의미하며, 가치 있는 활동은 오크쇼트가 구분한 '언어'와 '문헌'으로 구분할 수 있다. 즉, 시적인 상상력의 '언어'는 시나 소설과 구분되며, 과학자의 사고방식이나 '언어'는 지구과학 교과서 또는 지구과학적인 지식과 구분되며, 과학은 정보의 백과사전이나 '물리적인' 지식이 아니라 활동이며, 탐구되고 있거나, 사고를 설명하는 방식이다. 이른바 '언어' 속에는 다양한 신조들과 절차적 규범들이 들어 있다. 그것들로써 '문헌'을 비판하고 평가하고 계발한다. 일반적으로 교육과 도덕교육은 자율적으로 '언어'를 사용할 수 있도록 '언어'를 전수하는 것이 그 임무이다. 그리고 그 임무는 주로 '문헌'을 소개하는 것을 통해서 이루어진다. 그래서 도덕교육과 교육 일반의 패러독스에 직면한다. 피터스에 의하면, 도덕교육의 패러독스는, 합리적이고 지적으로 행위하며 어느 정도 자발적으로 행위하도록 발달시키는 것이 바람직하기는 하지만, 어린이들의 경우엔 그러한 형식의 삶을 살 수 없으며 그것을 적절하게 전달하는 방식이 통용되지 않는다는 데 있다. 많은 증거들을 통해 어렸을 때의 학습이 이후의 인격과 성격의 발달에 결정적으로 중요하다. 그리고 일정한 연령 이전에 이유를 제시하는 것은 교육적으로 거의 효과가 없다는 사실을 입증하는 증거가 있다. 합리적인 행위의 규범과 다양한 활동에 관한 '언어'는 어린이의 이해를 초월하는 것이라는 사실에도 불구하고, "어린이는 습관과 전통의 마당(the courtyard of Habit)을 지나서 이성의 궁전(the palace of Reason)으로 들어갈 수 있으며, 들어가야만 한다." 도덕교육과 교육 일반의 패러독스는, 합리적인 규범의 발달과 활동에 관한 '언어'의 숙달을 방해받지 않고, 다양한 좋은 활동들에 관한 '문헌'의 가정과 필요한 행위습관을 어떻게 기를 수 있는가의 문제이다. 피터스는 아리스토텔레스와 마찬가지로 어린이들은 도제제도에 의해서 점진적으로 바람직한 삶의 방식을 습득한다고 생각한다. 그리고 이러한 삶의 형식과 일치되는 자발적인 즐거움을 강조한다. 그는, "축복은 올바른 삶의 보상이 아니라 올바르게 사는 것 자체인 것이다. 왜냐하면, 욕망을 억제하기 때문에 그것을 즐기는 것이 아니라 욕망을 억제하는 것을 즐기기 때문이다."라는 스피노자의 말을 인용하면서, 합리적인 규범과 가치 있는 활동은 외재적이 아니라 내재적으로 유발된 동기여야 함을 강조한다. 피터스에게 있어, 교육은 오로지 내재적 목적을 가져야 한다. 교육을 경제학적인 용어인 '투자'와 '상품'으로 간주해서는 안 된다. 그는 삶이 교육을 위해 있는 것이지, 교육이 삶을 위해 있는 것은 아니라고 생각하는 것이다. 과학, 미술, 음악, 문학 등의 핵심을 이해한 사람들은 자신들이 하고 있는 활동의 요지를 묻는 것은 어리석은 질문이라고 생각할 것이다. 그 활동에 숙달하는 것, 즉 그것의 '언어'에 숙달하는 것은 그 자체가 즐거운 일, 즉 내재적인 동기에 의해 수행된 일이기 때문이다. 그러나 그 활동에 숙달하지 못한 사람들처럼 어린이들은 방관자의 입장에 서 있기 때문에 그들이 좋아하는 활동의 본질을 파악할 수 있도록 현명한 관점을 제시하고 그런 활동을 소개해야 할 것이다. 그런데 다양한 성숙의 단계에서 어린이들은 능력, 숙달, 호기심 같은 다양한 내재적 동기를 가질 수 있다거나 사랑과 믿음의 보편적인 역할이 있을 수 있다고 주장할 수도 있다. 그러한 내재적인 동기를 사용하는 것은 습관의 형성에 중요할 것이다. 습관의 형성이 자발적으로 즐기는 것과 반드시 적대적인 것은 아니기 때문이다(Ibid., 157-164 참고).

그런데 콜버그와 같은 사람들은 왜 습관과 이성(자발적이고 내재적인 동기에 의한 즐거움)은 적대적인 것이라고 생각한 것일까? 즉, 습관의 마당에서 살면 습관의 본질 때문에 이성의 궁전에 살 수 없게 된다고 생각한 것일까? 콜버그의 도덕성 발달단계론은 성숙한 자율적 도덕성으로의 발달을 위해서는 인습적인 도덕성(전통과 습관의 타율적 도덕성)의 단계를 극복해야 한다고 주장한다. 피터스에 의하면, 습관과 이성이 서로 대립된다고 생각하는 이유는 개념적인 문제와 경험적인 문제 두 가지이다. 개념적인 의미에서 습관적인 행위란 전에도 그렇게 행위했고 앞으로도 그렇게 행위할 것이라는 경향성을 가진 행위를 말한다. 행위의 과정을 설명하면서 흔히 '습관적으로', '습관의 힘을 통해서', '그것은 순전히 습관의 문제이다' 등의 표현을 사용한다. 습관적으로 행위한다는 말은 그것을 하는 성향을 가지고 있을 뿐 자신의 행위 이유를 가지고 있지 않다는 것과 그것을 즐길 수 있는 가능성, 즉 내재적인 동기를 가지지 못한다는 것을 의미한다. 또한 경험적인 측면을 살펴보면, 실제로 사람들은 습관적으로 행위하는 경우가 많은데, 그것은 정신을 해방시켜 다른 것에 주목하게 하는 데 필수적인 것이다. 극단적인 경우에는 습관의 힘이 매우 강하게 작용하여 여생을 망치거나 현명하게 행위하기 어려운 경우도 있다. 예를 들어, 일반적으로 청결과 정돈은 건전한 도덕적 습관이다. 그것은 시간을 절약하게 하고 건강하게 하며 수많은 다른 일들을 현명하게 효과적으로 수행할 수 있게 만들어주기 때문이다. 그러나 만일 어떤 엄마가 그러한 습관에 너무 집착하여 아기의 침실과 육아실을 수술실처럼 깨끗하게 하려고 한다면, 그것은 분명 가정의 행복을 깨뜨릴 것이며, 더 나아가 즐길 만한 가치가 있는 일들을 즐기거나 현명하게 적응하는 데 방해가 될 것이다. 그래서 도덕교육으로 통하는 입구에는 육아실의 문이 있다. 대개 여기서 성격특성의 유형과 그것을 훈련시키는 방법이 제시된다. 강압적인 사람, 강박관념에 사로잡힌 사람, 청교도 그리고 비현실적인 이데올로기를 가진 사람으로 발달하게 되는 곳은 처음으로 습관이 형성되는 바로 여기이다(Ibid., 167-169 참고).

그러나 피터스는 습관과 이성에는 개념적 갈등이 존재하지 않기 때문에 습관적 도덕성 또한 강조되어야 한다고 생각하는 것 같다. 습관과 이성의 패러독스의 해결을 위해 그는 "어린이는 도둑질을 할 수 없다."는 말을 한다. 즉, 어떤 행위를 도둑질이라고 생각하게 만드는 것은 허락을 받지 않고 다른 사람이 소유한 것을 자기 것으로 만드는 것이다. 그는 다른 사람과 확연하게 구별되는 자기 자신이나 재산 또는 허락을 얻는 것 등의 개념을 알고 있지 못하다. 오랜 시간이 지나야 그런 개념을 가지게 될 것이다. 도둑질이라는 개념을 습득하지 못한 어린이는 엄격한 의미에서 도둑질을 할 수 없을 뿐만 아니라 도둑질을 하지 않는 일도 할 수 없는 것이다. 부모들이 어린이들에게 도둑질하지 않도록 가르친다고들 하지만 실은 가르치지 않고 있는 것이다. 개념의 습득이 이루어지지 않은 어린이에게 도둑질하지 않는 것을 가르칠 수 없으며, 도둑질하지 않는 습관을 길러줄 수 없는 것이다. 도둑질하지 않는 습관을 드러내는 행위를 반복하더라도 그것은 사실 다른 종류의 행위습관일 것이다. 즉, 어른들이 하지 못하게 금지하는 일을 하지 않는 습관일 것이다. 도둑질을 하지 않고 거짓말하지 않고 약속을 지키기 위해서 규범을 따라 행위하는 것을 배우는 것은 지성과 고도의 사회적인 지식이 요구된다. 다양한 행위들은 하나의 고도로 추상적인 규범의 한 실례라는 점을 어린이는 배워야 하기 때문이다. 만일 어린이가 하나의 규범에 따라 행동하게 되었다면, 반성하거나 지성을 가지고 있지 않고서는 그렇게 하지 못했을 것이다. 그가 하나의 규범에 따라 행위하도록 훈련을 받거나 강제에 의해 그렇게 행위할 수도 있을 것이다. 그러나 그것은 습관을 학습한다는 것과는 거리가 멀다(Ibid., 166 참고). 어떤 어린이가 도둑질하지 않는 습관을 습득하였다면, 도둑질과 관련된 개념을 이해하였고 사태를 파악했을 것이다. 개념 이해와 사태 파악은 반성적 사고의 결과이다. 따라서 습관과 전통은 그 자체 속에 이미 이성적 활동이 상감되어 있는 것이다. 습관은 단순한 습관이 아니라 이성적 습관인 것이다.

그래서 피터스는 콜버그와는 정반대로, 이성이 충분히 발달하지 않은 어린이들에게는 습관이 반드시 필요한 것으로 본다. 그러나 그는 콜버그처럼, 그 다음 단계, 즉 자율적이고 합리적인 도덕성에로의 발달을 중시한다. 자율적이고 합리적인 도덕성이란 지금까지 자신이 무의식적으로 습득해온 도덕적 규범에 대하여 반성적으로 따져보고 때로는 비판하고 수정하는 도덕성이다. 도덕적 규범들에 대한 비판의 기준이 피터스가 말하는 '근본원리'인 것이다. 콜버그는 도덕교육의 내용으로서 정의의 원리를 제외하고 다른 원리들을 제시하지 않고 형식적 절차적 원리 또는 반성적 사고의 과정을 중요시한다. 그러나 피터스는 도덕규범들과 함께 원리들을 도덕교육의 실질적인 내용으로 제시한다. 피터스에 의하면, 전통과 관습에 따르는 행위에도 이미 나름대로의 이성이 포함되어 있으며, 반성적 사고활동은 그 이성적인 측면을 더욱 부각시켜 행위를 더 높은 수준으로 끌어올려주는 기능을 하는 것이다. 이런 점에서, 전통(습관)적 행동과 반성적 사고활동은 연속적인 것이라고 말할 수 있는 것이다. 이렇게 해석한다면 습관과 이성의 관계는 처음부터 패러독스의 문제가 아니다.

습관의 중요성은 존 듀이(John Dewey)에 의해서도 대단히 강조된다. 전통(보수)주의자인 오크쇼트와 실용(진보)주의자인 듀이는 습관의 의미를 새롭게 해석하면서 교육에서의 그것의 중요성을 강조하는 점에서는 의견을 함께하지만, 전통 속에서 개인의 재능과 적성을 발견하고 개발하는 것을 교육의 역할로 보는 오크쇼트와, 전통이 현재의 삶의 문제를 해결할 수 있을 때에만 소중한 것일 수 있다고 생각하는 듀이는 습관의 의미를 다르게 해석한다. 듀이는 삶과 교육을 동일시한다. 그가 의미하는 교육은 개인이 환경과의 상호작용을 통해 계속적으로 경험을 재구성하는 과정에서 성장하는 것이다. 교육의 목적인 성장은 결국 경험의 성장이다. 성장은 삶의 특징이다. 따라서 교육과 삶은 동일한 과정으로 이해되는 것이다. 그리고 성장은 지성적인 습관의 형성을 통해서 가능하다고 주장한다. 그는 인간본성이라고 규정하는 충동과 지성의 개념과 함께 습관의 의미를 밝힌다. 충동은 인간의 욕망으로서 행위화되기 이전에 인간 내부에 잠재하고 있는 것이고, 습관은 인간과 환경과의 상호작용에 의해 형성되는 능동적인 것으로 본다. 충동은 억누른다고 해서 없어지는 것이 아니라, 인간 내부에 억눌린 채로 존재하기 때문에 맹목적인 충동을 억제하기보다는 규칙적인 습관으로 전환해야 하는데, 이 과정에서 방향을 제공하는 것이 지성이다. 충동은 습관이 변화할 수 있는 동기를 제공해주고, 지성은 새로운 상황에 맞도록 습관의 방향을 안내해준다는 것이다. 환경과의 상호작용을 통해 인간의 본성을 재구성해나가는 과정은 가소성으로 인해 더욱더 능동적이게 된다. 가소성은 습관이 변화할 수 있는 근거가 되며, 바람직한 습관을 형성하는 힘이다. 듀이는 인간의 본성인 충동과 지성, 그리고 미성숙의 특징인 가소성의 개념을 함께 고찰함으로써, 도덕교육에서 습관의 의미를 능동적이고 역동적으로 논의하고 있는 것이다.

그는 성장으로서의 교육과정 자체가 도덕성을 획득하는 과정이어야 한다고 생각한다. 인간의 삶은 고정되지 않으며 항상 변화한다. 도덕교육은 고정된 사실 자체를 학습하는 과정이기보다는, 문제를 도덕적으로 해결하는 데 필요한 것을 관찰하고, 탐구하고, 사고하는 방법을 학습하는 과정이어야 한다는 것이다. 그는 도덕적인 삶을 위해서는 단순한 지식보다는 지성적 습관을 통한 실천이 필요하다고 생각한다. 그는 도덕적 관념(moral idea)과 도덕성에 관한 관념(ideas about morality)을 구별한다. 도덕적 관념은 행위를 함으로써 효과를 드러내며, 행위를 선하게 향상시키는 관념이다. 도덕성에 관한 관념은 도덕에 관한 지식의 개념으로서, 지성적 능력을 획득하고 교재를 이해하는 등의 행위를 활발하고 체계성 있게 하게 해줄 때 도덕적 관념이 된다고 밝힌다. 도덕적 관념은 개인이 도덕적으로 행동할 수 있도록 이끌어주는 것이고, 도덕성에 관한 관념은 도덕에 관한 지식을 획득하는 것이라 할 수 있다(John Dewey, 1975, 1, 3). 도덕적 지식은 도덕적 행위로 연결될 때에만 가치를 가질 수 있다. 결국 도덕교육은 추구해야 할 절대적인 가치나 도덕적 원리를 가르치는 것이 아니라 변화하는 삶에서 처해진 상황의 문제를 해결해나갈 수 있는 방법을 개인이 스스로 경험할 수 있는 기회를 제공해야 한다는 것이다.

그는 진정한 도덕적 지식이란 인간이 여러 가지 경험들을 통하여 스스로 획득하는 것이며, 획득된 지식이 행위에 중요한 영향을 미치는 것으로 이해되어야 한다고 본다. 그에게 있어 지식이란 한 물체가 어떤 주어진 사태에 적용될 수 있는가 하는 관점에서 그 물체가 가지고 있는 여러 가지 관련성을 파악하는 것이다. 우리는 삶의 상황에서 사태 하나하나에 반응하기보다는 그 사태가 가진 '관련들'을 파악한다. 그 관련들이 제시하는 여러 시각들 중에서 하나를 선택하여 그것에 접근하고 적절한 습관을 따라 행위할 수 있는 것이다. 이렇게 하여 우리는 새로운 사태에 대해 직접적으로 대응하는 것이 아니라 간접적으로 대응한다. 이상적으로 완벽한 지식은 새로운 경험이 제시하는 문제점을 해결하는 데에 과거의 경험이 유리한 방향으로 활용될 수 있는 그러한 상호연관의 망조직을 나타낸다. 지식이 포함되지 않는 습관은 외곬의 고정된 해결방식을 제공하는 데 비하여, 지식은 넓은 범위에 걸친 습관 중에서 적절한 것을 선택하는 것을 뜻한다(John Dewey/이홍우, 1993, 510-511 참고). 그가 말하는 습관은 지성적 습관을 의미하며, 이 지성적 습관의 형성이 도덕성을 결정짓는다는 것이다. 그래서 그는, 인간은 이성이나 본능의 창조물이 아니고 습관의 창조물이라고 주장한 것 같다(John Dewey, 1957, 125).

그런데 우리가 가지고 있는 많은 습관들 중에서 그 의미를 전연 알지 못하는 것이 있는데, 그것은 스스로 무엇 때문에 그런 행위를 하는지를 모르는 사이에 형성된 습관이기 때문이다. 이 경우, '우리가 그 습관을 소유하고 있다'기보다는 '습관이 우리를 소유하고 있다'고 할 수 있는 것이다. 그 습관이 우리를 움직이고 통제한다. 그 습관이 무엇을 이루려고 하는지 의식하지 못하는 한, 그 결과의 가치에 대해 판단을 하지 않는 한, 우리가 그 습관을 통제한다고 말할 수 없다. 반복적인 자극에 대한 동일한 반응으로서 그저 반복하는 행위는 모종의 목적의식 혹은 모종의 의미를 가지고 행한 것이 아니다. 이 경우 성장으로서의 교육을 받았다고 말할 수 없는 것이다(John Dewey/이홍우, 1993, 50-51).

교육은 때로 환경에 대한 개인의 적응을 가능하게 하는 습관을 획득하는 일이라고 정의된다. 이 경우 습관은 인간의 본성과 환경과의 상호작용이다. 습관이라는 것을 단순하게 신체상의 변화를 꾀하는 것으로만 생각하고, 이 변화가 사실은 그 후 환경의 변화를 초래할 능력의 변화라는 사실을 도외시한다면 적응이란 환경에 동화하는 것으로 생각해버리는 것이다. 이 경우 습관은 타성이 된다. 타성으로서의 습관은 상대적으로 수동적인 의미를 가진다고 할 수 있다. 그러나 습관은, 환경을 우리의 활동에 적응시킴과 동시에 우리를 환경에 적응시키는 그런 것이다. 그리고 습관은 단순히 일을 처리한다거나 행동한다는 것 이외에도 행동을 용이하게 경제적으로 효율적으로 하도록 해주는 동시에, 지적, 정서적 성향을 형성해주기도 한다. 습관은 반드시 행동경향성(그 습관을 행사하는 데 알맞은 조건을 적극적으로 선택하고 추구하는 것)을 나타낸다. 습관은 또한 지적인 성향을 나타낸다. 습관이 있는 곳에는 행동의 자료와 장비에 대한 지식이 있으며, 그 습관이 작용할 상황에 관한 확고한 이해가 있다. 눈과 손의 습관은 그 속에 들어 있는 마음의 습관으로 말미암아 의의를 지닌다. 습관에 들어 있는 지적인 요소는 습관을 다양하고 탄력성 있는 용도에 연결시켜줌으로써 계속적인 성장을 가능하게 한다. 습관에서 지성을 분리하면 판에 박은 듯한 고정적인 행위방식으로 전락할 수 있다. 고정적인 습관은 사고가 없는 습관이다(Ibid., 77-81 참고).

도덕교육에서 습관은 지성적 습관으로서 능동적인 의미를 지닌다. 습관과 이성은 모두 인간의 본성으로서 그것들 간의 상호작용에 의해서 인간의 행위가 결정된다. 습관은 환경을 변화시키기도 하지만 자신도 고정되지 않고 변화할 수 있는 탄력성을 지니고 있다. 도덕적인 습관이란 지성적 습관으로서, 정해진 규범을 습득해나가는 과정이라기보다는 이전의 경험을 환경과의 상호작용으로 갱신할 수 있는 능력을 말하는 것이다.

4. 결론

인간의 도덕적 삶의 현실을 고려한다면, 도덕교육에서의 이성과 습관의 관계는 패러독스적이어서는 안 된다. 사실적으로, 그 관계는 서로 구분할 수도 없는 것이다. 그것은 '습관적 이성'인 동시에 '이성적 습관'인 것이다. 그렇다면 이 문제와 관련한 도덕교육에의 바람직한 접근은 분명하다. 도덕교육에서 이성과 습관은 어느 하나가 우세하고 다른 하나를 매도할, 그런 관계일 수는 없는 것이다. 이미 우리의 도덕교육에서, 전통(습관)주의적 접근은 매도당한 지 오래이며, 합리주의적인 접근은 현실과 괴리된 도덕교육이 될 위험을 늘 안고 있으며, 그 위험성이 항상 문제점으로 지적되어 오기도 한다.

오크쇼트는 도덕교육에서 '습관으로서의 도덕적 삶'과 '합리적인 도덕적 삶'이 함께 고려되어야 한다고 주장한다. 그런데 두 가지 상반되는 것을 조화시킬 때 이성을 주로 할 것인가, 아니면 습관을 주로 할 것인가? 그는 습관으로서의 도덕적 삶이 지배적인 혼합을 강조한다. 즉, 도덕교육에서 감정과 행동의 습관을 지배적으로 가르칠 것을 주장하는 것이다. 이러한 도덕교육에서는 도덕적 지식보다는 도덕적 행동에 우선성이 주어진다. 그리고 도덕적 행동은 행위의 습관으로부터 나온다고 생각한다. 이상적인(비현실적인) 사색의 주저함이나, 철학적 재능이나 철학적 교육의 결과들을 상황에 적용시켜야 한다는 필요성(반성적으로 상황을 이해할 필요성)에 의해 행위가 어떤 방해를 받지 않을 것이다. 여기서는, 잘 양육된 습관적인 도덕적 삶에 속하는 행위에의 확고한 믿음은 흔들리지 않는다. 그러나 이러한 형태의 도덕적 삶에서는, 도덕적 행위습관의 자리를 침범하거나 도덕적 삶을 와해시키는 도덕적 비판이나 도덕적 사변의 위험이 없는 범위 내에서, 반성적 도덕성이 무시되지 않는다. 즉, 반성적 도덕성이 도덕적 삶 자체를 비판하고 개혁하고 설명하고, 한 사회의 관습의 범위를 넘어 그 자체를 전해나갈 수 있는 힘을 지닌다고 생각한다. 또한 도덕적 기준과 목적에 대한 적절한 지식을 믿는다. 도덕적 습관의 교육이 도덕적 이상에 대한 교육에 의해 약화되지 않고 보완될 것이다.

도덕적 사변은 소수의 몫인 반면, 행위습관은 다수의 도덕성으로 남을 것이다.

그리고 나서 오크쇼트는 도덕적 이상의 자의식적 추구의 도덕성이 지배적인 혼합의 문제점을 지적한다. 그것은 도덕적 혼란과 불안정을 초래하게 될 것이라고 주장한다. 그리고 어떤 행위가 요구될 때마다 심사숙고와 비판이 연이어서 이루어져야 한다고 생각한다. 이 경우, 습관에 의한 친숙한 행위들이 이루어진다고 하더라도 그것 역시 심사숙고와 비판의 대상이 되어 문제가 제기되고, 점차적으로 관습이나 전통을 습관화하는 것은 도덕적인 원리를 인식하는 것에 비해 보잘것없는 것으로 여겨지게 될 것이다. 그리고 개인이 합리적으로 사고하고 비판해서 인정하기 이전에 이미 존재하고 있던 관습이나 전통은, 한 개인의 힘으로는 전통이나 관습을 없애거나 변화시킬 수 없기 때문에 개인의 자의식적인 도덕적 삶을 방해하는 요소로 비추어지게 될 것이다. 이러한 형태의 혼합 속에서는 습관과 이성은 항상 긴장을 겪게 될 것이며, 행위습관을 혼란하게 만들 것이다(M. Oakeshott, 1962, 70-74 참고).

습관적 도덕성이 지배적으로 혼합된 형태의 도덕적 삶 혹은 그것을 배경으로 하는 도덕교육을 옹호하는 오크쇼트의 이야기는 문제가 있다. 도덕교육에서의 이성과 습관의 문제는 그것의 혼합을 통해 해결될 성질의 것이 아니다. 현실에서 그것들이 구분될 수 없는 것이듯, 도덕교육에서 이성과 습관은 구분되지 않고 강조되어야 한다. 그것은 곧 습관적 이성 또는 이성적 습관으로 인식되어야 하는 것이다.

그러한 인식의 바탕 위에서 이루어지는 도덕교육은 이론교과 또는 도덕적 지식의 전수에 중점을 두는 것이라기보다는 실기교과로서의 면모를 가져야 한다고 생각한다. 즉, 도덕교육은 미술이나 음악과 같은 실기 위주의 교육이어야 한다는 것이다. 이 경우 실기란 도덕적 행위에 해당한다. 미술교육에서 이론이란, 요리책(요리이론)이 요리가 있고 난 후에 만들어지듯이, 그림을 그리는 기교를 습득한 후에 그 기교를 정리한 것에 지나지 않듯이, 도덕적 이상과 규범 그리고 그것들에 대한 지식들은 도덕적 행위들이 이루어지고 난 후에 정리된 것에 지나지 않는 것이다. 도덕교육에서 지식의 교육은 이런 차원에서 이루어져야 한다. 이 경우, 보편적이거나 객관적인 도덕적 규범이나 지식의 추구는 금물에 해당한다. 오히려 도덕교육은 문화상대주의의 입장에 가까워야 한다. 사람들이 실질적으로 도덕적 행위를 행하는 이유와 그 방식을 이해하는 식의 도덕교육 내용과 그것을 정당화시키고 설명할 수 있도록 정리하는 식의 도덕교육 내용이 통합적으로 이루어져야 한다. 이는, 도덕적 개념이나 지식의 이해를 중심으로 하는 메타윤리적 관점의 도덕교육보다는 오히려 기술윤리적 관점에 해당하는 도덕교육이다. 그리고 그러한 도덕교육은 이른바 실천적 지혜, 도덕적 감각 내지 감식력을 가지도록 교육하는 것이다.

[참고문헌]

김안중(1982), 「덕성은 시여인가?」, 『도덕교육연구』 제1집, 한국교육학회 도덕교육연구회.

____(1990), 「오우크쇼트의 정치교육론」, 『민주문화논총』 제1권, 제2호, 민주문화아카데미.

____(1990), 「덕목교육의 재음미」, 『도덕교육연구』 제4집, 한국교육학회 도덕교육연구회.

이홍우(1997), 『증보 지식의 구조와 교과』, 서울: 교육과학사.

유한구(1998), 『교육인식론서설』, 서울: 교보문고.

장성모(1986), 「교육내용으로서의 도덕의 내용과 형식: Kohlberg와 Peters

의 도덕교육이론 분석」, 『도덕교육연구』제3집, 한국교육학회 도덕교육
연구회.

조영태(2000), 「도덕교육의 두 가지 패러독스」, 『도덕교육연구』제12집, 제
1호, 한국도덕교육학회.

Aristotle, 최명관 옮김(1991), 『니코마코스 윤리학』.

Plato, 최호연 편역(1997), 『프로타고라스/메논』, 서울: 두로.

Ackrill, J. L.(1981), *Aristotle the Philosopher*, Oxford: Oxford Univer-
sity Press, 한석환 옮김(1992), 『철학자 아리스토텔레스』, 서울: 서광사.

Dewey, John(1916), *Democracy and Education: An Introduction to the
Philosophy of Education*, New York: Macmillan, 이홍우 옮김(1993),
『민주주의와 교육』, 서울: 교육과학사.

____(1957), *Human Nature and Conduct*, New York: The Modern
Library.

____(1975), *Moral Principles in Education*, Illinois: Southern University
Press.

Frankena, William K., 안상원 옮김(1987), 『교육철학』, 서울: 성원사.

MacIntyre, Alasdair(1981), *After Virtue*, Notre Dame, Indiana: University
of Notre Dame Press, 이진우 옮김(1997), 『덕의 상실』, 서울: 문예출판
사.

____(1988), *Whose Justice? Which Rationality?*, Notre Dame, Indiana:
University of Notre Dame Press.

Oakeshott, M.(1962), *Rationalism in Politics and Other Essays*, London
and New York: Methuen & Co. Ltd.

____(1989), "Learning and Teaching", T. Fuller, ed., *The Voice of
Liberal Learning: Michael Oakeshott on Education*, New Haven and
London: Yale University Press.

Peters, R. S., 정희숙 옮김(1989), 『교육철학자 비평론』, 서울: 서광사.

Peters, R. S.(1963), "Reason and Habit: The Paradox of Moral Educa-
tion", W. R. Niblett, ed., *Moral Education in a Changing Society*,
London: Faber & Faber Ltd.

Ryle, G.(1949), *The Concept of Mind*, New York: Barnes & Noble.

Shils, E.(1981), *Tradition*, Chicago: The University of Chicago Press.

Taylor, A. E.(1955), *Arisotle*, New York: Dover Publications, Inc.

제 3 장

존 듀이의 도덕관과 도덕교육론

1. 서론

최근 교육적 이상으로서의 도덕에 관한 관심들이 고조되고 있다. 다양한 인격교육 프로그램들이 그러한 관심의 고조를 반영하고 있다. 그런데 중요한 것은 도덕관념 자체이다. 서로 다른 도덕관념들은 그것을 가르치는 교사들이나 배우는 학생들에게 서로 다른 의미를 가질 것이며, 결국 서로 다른 모습의 도덕교육을 초래할 것이기 때문이다. 듀이의 도덕관념은 전통적 도덕관들의 그것과는 전적으로 다른 것이다. 그리고 그것은 전통적 도덕교육들과는 전적으로 다른 모습의 도덕교육을 제시한다.

전통적 도덕관들은 하나의 절대적인 도덕적 기준을 제시한다. 그 기준으로서 이상적인 삶의 양식, 즉 고정된 삶의 목적이 가정되거나 (목적론, teleology), 하나의 고정된 법칙이나 의무가 가정되었다(법칙론, deontology). 그러한 목적이나 법칙을 발견하고 명료화시키고 옹호하고 특별한 경우들에 적용시키는 것이 전통적 도덕교육이 수행해야 할 임무의 거의 전부였다. 이런 하향식(top-down) 도덕관은 중세의 하향식 세계관과 정확하게 일치한다. 그리스인들 특히 아리스토텔레스에게서 전수받은 '질서 있고 한정되고 위계적인 세계질서', 즉 '닫힌 우주(a closed universe)'의 관념에 따르면, 자연 질서의 사다리는 고정된 별들의 완전성으로부터 지상의 덜 규칙적이고 덜 완전한 삶의 형태로 내려오며, 실체들의 사다리는 신으로부터 인간, 짐승, 식물로 내려오며, 권위의 사다리는 교황에서 시작하여 국왕, 영주, 농노로 내려온다. '어떻게 살 것인가?', '어떤 인간이 될 것인가?', '어떤 행위를 할 것인가?' 등의 물음에 대한 대답은 이미 주어져 있다. 그 대답을 이해하고 그 대답에 따라 살도록 노력하는 것이 문제될 뿐이다.

듀이의 실용주의적 도덕관은 전통적 도덕관의 확실한 대안이다. 그것은 도덕적 기준으로 군림했던 삶의 목적과 행위법칙의 선험성과 보편성을 인정하지 않는다. 이미 내려진 대답을 수동적으로 받아들이기보다는 능동적으로 그 대답을 찾을 것을 강조한다. 실용주의적 도덕관은 기준들을 사용하지만 '기준적(criterial)'이지 않다. 그것은 객관적이지만 절대주의적이지 않으며, 도덕이 상대적인 것임을 인정하지만 상대주의에 빠지지 않으며, 도덕적 차이들을 용인하면서도 우유부단하지 않는다. '어떻게 살아야 하는가?'를 생각할 때 이론화의 작업은 시작된다. 그런데 이론화의 작업을 도덕적 기준을 찾는 문제로 오인하는 경우가 많다. 즉, 악과 선을 그름과 옳음을 구별할 수 있는 규칙들이나 원칙들의 목록 혹은 되풀이해서 가르칠 덕들의 목록을 찾는 일이 이론화의 작업이라고 생각한다는 것이다. 공리주의자들의 '최대다수의 최대행복', 계약론자들의 '현실적 혹은 가설적 합의', 칸트의 정언명법 등이 이론화의 작업을 통해 찾은 도덕적 기준의 예들이다. 전통적 도덕관들이 '기준적'이라고 하는 경우에, 기준들은, 듀이의 실용주의적 도덕관이 선과 악, 옳음과 그름을 구별할 때 사용하는 기준의 의미와는 다르다. 그것들은 논리적으로 선행하며 고정되고 완전하며 직접적으로 적용 가능한 것이다. 그러나 실용주의가 말하는 기준은, 도덕적 결정을 내림에 있어서 고려해야 할 행위의 도덕적 특징들을 찾아내는 일종의 분석의 도구이다. 이러한 기준들이란 대체될 수도 있고, 그래서 논리적으로 선행하거나 고정적이거나 완전한 것이 아니다. 그리고 모든 상황에서 어떻게 행위할 것인가를 명확한 의미로 지시하는 것이 아니기 때문에 직접적으로 적용 가능한 것도 아니다. 그러한 기준들은 순수이성에 의해 발견되는 것이 아니라 도덕적으로 살려고 노력하는 가운데 진화하는 것이다.

듀이는 인간조건에 대한 비관론도 거부할 뿐 아니라 지금의 세계가 최선의 세계라고 믿고 더 나은 세계를 위한 노력을 요구하지 않는 도매금의 낙관론도 거부한다. 그의 입장은 '최적'보다는 '더 나음(better)'을 요구하는 개선주의(meliorism)이다. 그것은 아무리 나쁜 일이라도 개선될 수 있다고 믿는다. 그것은 선의 증진을 가로막는 장애를 극복하는 수단을 찾기 위한 개인적 그리고 집단적 지성을 자극한다.

'기준적인' 전통적 도덕관의 대안으로서의 듀이의 실용주의적 도덕관은 도덕교육에 대한 대안적인 목표와 내용과 방법을 제시한다. 도덕교육이 도덕교과의 단순한 이론학습의 장을 벗어나 교육의 모든 장면들을 통하여 공동체적 삶을 실천하는 실천학습이어야 한다는 듀이의 관점이 오늘날의 도덕교육에 던지는 시사점은 대단히 중요한 것이다. 급변하는 사회환경에 적응하기 위한 전문화 교육의 경향이 피할 수 없는 것임을 인정한다면, 교육의 모든 장면들에서 이루어져야 하는 실천학습으로서의 도덕교육이라는 무겁고 중요한 짐을 도덕교과교육이 짊어져야 할 것이기 때문이다.

2. 도덕과 인간성

1) 도덕의 근원으로서의 인간성

듀이의 도덕관은 도덕성을 순수한 동기, 품성의 교화, 멀리 떨어져 있어 붙잡을 수 없는 완성의 추구, 초자연적 지배에의 복종, 의무의 권위에 대한 인정 등에 관한 이론들을 용인하지 않는다. 그러한 이론들은 조건과 결과를 관찰하지 못하게 하고 사고력을 중요하게 여기지 않기 때문이기도 하고, 인생의 대부분을 도덕적 검토로부터 벗어나게 하여 일상적인 일에 도덕적 집행유예를 내리기 때문이다. 그에게 있어 도덕은 하나의 고정된 완성물이 아니라 연속적인 하나의 과정이다. 그것은 행위의 성장이다. 적어도 그것은 조건의 관찰과 행위의 결과로 인하여 생긴 의미상의 확대를 말한다. 그것은 성장하는 것과 같다. 도덕의 가장 넓은 의미는 바로 교육이다(John Dewey/신일철, 1963, 319-320 요약).

듀이는 도덕의 근원을 인간의 구체적인 일상생활 속에서 찾는다. 즉, "도덕은 존재의 현실성과 연관되어 있는 것이지 구체적 현실과는 무관계한 이상, 목적, 의무 등과 관계를 가진 것은 아니다. 도덕이 의존하고 있는 사실은 인간 서로간의 능동적인 결합에서 생긴 사실이며 욕구, 신념, 판단, 만족, 불만 등의 생활 가운데서 서로가 톱니바퀴처럼 물고 있는 인간의 활동력의 결과이다."(Ibid., 373-374) 도덕은 인간 삶의 문제이다. 인간의 삶은 다양한 문제 상황의 연속이다. 그러한 문제 상황을 해결하기 위하여 조건과 결과를 평가하는 과정 속에서 도덕이 발생한다. 문제 상황들 자체가 동일한 것이 아니라 다양하고 복합적인 것이기 때문에 고정적인 기준을 가지고 해결할 수 없는 것이다.

전통적 도덕관은 인간성을 모든 악의 근원으로 파악한다. 그리고 도덕을 통해 그것을 억제하거나 극복하려고 한다. 당연히 도덕의 근거는 인간성 밖에서 찾아진다. 인간성 밖에서 그 근거를 마련한 도덕관이 자발적인 삶의 지침을 제공하기란 어려운 일이다. 따라서 전통적 도덕관의 도덕은 삶의 지침으로 강요되거나 설득되면서 부정적 계율과 같은 성격을 띤다. 이러한 사정에 대하여 듀이는 "개에게 나쁜 이름을 붙여주고 그놈의 목을 매달아 죽여라."라는 격언을 소개한다(Ibid., 7). 선하지도 악하지도 않은 개를 악하다고 지목하여 목매달아 죽이듯, 전통적인 도덕관은 선하지도 악하지도 않은 인간성을 악한 것으로 일방적으로 매도한다는 것이다. 그것은 인간의 본성을 의혹, 공포, 불쾌감 등 악의 가능성으로 간주하였기 때문에 도덕성을 주로 인간성을 통제하는 것과 관련시킨다. 도덕성이 주장하는 목적이나 법칙이 인간성에 호소하고 거기서 어떤 적극적인 반응을 불러일으킬 때만 실현되거나 준수될 수 있는 것인데, 인간성의 격을 떨어뜨리면서 자신의 지위를 높이려는 도덕성은 자살하는 꼴이 되고 말았다는 것이다(Ibid., 8 참고). 그에게 있어 인간성 그 자체는 선도 악도 아니며, 환경과의 상호작용 속에서 선도 악도 될 수 있는 것이다. 도덕의 근원 역시 선험적인 어떤 것에 있는 것이 아니라 바로 인간성 속에 있는 것이다.

진화론에 영향을 받은 듀이는 인간을 환경과 끊임없이 상호작용하는 하나의 고등한 유기체로 파악한다. 인간은 그 상호작용의 주요 요소로서 각각 독특한 역할과 기능을 가진 습관, 충동, 지성을 소유한다. 전통적 도덕관이 이성만을 강조하고 감정을 경시하여 욕망과 충동을 억제하려 했지만, 듀이는 습관, 충동, 지성 모두를 자연적인 것으로 간주하면서, 인간을 행위하게 하는 역동적인 힘인 충동과 지성의 균형 있는 발달을 주장한다. 인간의 행위는 인간성의 표현이다.

그는 인간성의 통일적인 작용을 행위로 파악한다. 그는 인간성을 습관, 충동, 지성의 세 요소로 파악하면서 인간의 행위를 이러한 세 요소들의 통일적 작용으로 생각한다. 그리고 도덕의 근원 역시 이 세 요소들에서 찾는다.

2) 습관, 충동, 지성의 통합으로서의 인간성

듀이에게 있어, 자아 혹은 주관은 환경에 반응하는 유기체이다. 그 것은 행위자(agent of doing)일 뿐, 아는 자나 마음이나 의식은 아니다. 이 행위자의 기본적 기관이 습관이다. 한마디로 인간이란 습관의 동물이다(이장용, 1997, 37).

우선, 듀이는 특별한 종류의 습관들을 덕과 동일시한다. 그의 습관 관념은 일상적 의미의 그것과는 크게 다른 것이다. 일반적으로 습관이라는 말은 부정적 의미를 함축한다. 즉, 그런 관례적 부정적 의미에서의 습관은 구속력을 가진 규격화된 사고양식 혹은 행위로 생각된다. 우리의 통제를 넘어서고 종종 부정적인 행동의 반복들이라고 여겨지는, 그러한 부정적 의미에서의 습관은 청산의 대상이 되는 어떤 것이다. 듀이는 일부의 습관들이 일반적인 의미에서와 같이 바람직스럽지 않은 것임을 인정한다. 즉, "나쁜 습관은 끈덕진 행동에의 경향을 가지고 유혹하며 꽉 붙들고 우리를 지배한다. 그런 나쁜 습관은 부끄러워할 일을 우리들 자신으로 하여금 저지르게 하고, 해선 안될 일을 하게 만든다. 우리들의 형식적인 결의, 우리의 의식적인 결정을 저버리게 하는 것이 습관이다."(John Dewey/신일철, 1963, 32) 그러나 그가 나쁜 습관의 문제를 지적하는 것은 습관 자체를 부정적인 것으로 간주하려는 의도에서가 아니라 습관의 긍정적인 면들을 예시하기 위한 의도에서이다. 그에게 있어, 적어도 적절하게 이해된다면, 습관은 단순한 행동의 반복이 아니며, 반드시 나쁜 것만은 아니며, 우리로 하여금 우리의 의지에 반하게 강요하는 힘도 아니다.

듀이에게 있어 습관은 능동적인 수단이며 역동적이며 강력한 행동 방식이다. "모든 습관들은 어떤 종류의 활동성에의 요구이다. … 그것들은 우리의 현실적인 욕구를 이루고 우리에게 일할 능력을 부여한다. 그것들은 우리의 사상을 지배하고, 어떤 사상이 나타나야 하고 강화되어야 하며 어떤 사상이 광명에서 암흑으로 사라져야 하는가를 결정한다."(Ibid., 33) 인간의 삶은 사실 주로 습관들에 의해 지배된다. 우리의 사고, 언어, 감각지각, 심지어 우리가 행동하고 우리의 신체를 사용하는 방식 등은 모두 상당한 정도로 습관적이다. 그리고 그러한 습관들은 긍정적이고 유익한 것들이다. 일반적으로는 습관으로 인정되지 않는 미세한 습관들, 예를 들어 감각지각들마저 습관적인 것으로 생각해야 한다. 만약 그것들이 습관적이지 않다면, 우리는 주변 환경을 지각하는 데 삶의 대부분을 소비하게 될 것이다. 습관적으로 이루어지는 감각지각들을 통해 우리는 특별한 노력 없이 습관적으로 주변 환경을 지각할 수 있게 된다.

습관은 양날의 칼과 같다. 즉, 우리들에게 생각하고 행위할 수 있는 힘을 부여하면서 동시에 그러한 힘이 우리를 제한하기도 한다. 일종의 습관으로서의 언어는 그것이 없다면 아무것도 말할 수 없을 것이기 때문에 우리에게 말할 수 있는 힘을 주는 동시에, 우리가 말할 수 있는 것만을 말할 수 있기 때문에 오히려 우리를 제한한다. 습관을 통해 우리는 행위를 배울 수 있지만 습관적으로 행위하는 동안 우리는 근시안적인 행위의 수준을 벗어나기 힘들 것이다. 또한 습관은 지성적 효능의 조건이 된다. 그것은 지성에 작용해서 지성의 범위를 제한하며, 심안을 눈앞의 진로에만 한정시키는 눈가림이다. 그것은 사고가 자신의 긴급한 직무를 버리고 더 변화적이고 아름답고 그러나 실천과는 무관한 풍경에 빠지는 것을 방지하는 몫을 한다. 습관의 범위를 벗어난 사고력은 암중모색을 하고 혼란 속에서 갈팡질팡한다. 그러나 틀에 박힌 습관은 사고를 아주 교묘하게 막기 때문에 사고는 불가능하거나 불필요한 것이 된다. 습관의 형성이 제지당함이 없으면 지적 전문화의 시초가 된다(Ibid., 200-201 요약). 따라서 습관적인 동물로서 우리들은 습관들의 지배에 맹목적으로 순응하기도 하고 지속적으로 습관들을 평가하고 우리가 습관을 지배하기도 하는 미묘한 관계를 유지해야 한다. 우리는 역사를 인정하기도 하고 그것에 반항하기도 한다. 우리는 별 생각 없이 우리 문화의 습관들을 받아들이고 그것을 변화시키지 않으면서 터벅터벅 삶의 길을 걸어갈 수 있다. 아니면 반성의 기쁨을 누리면서 그것들을 재검토하는 대신 선택과 행위의 책임을 두렵게 떠맡을 수도 있다. 그러나 그중 하나를 선택한다는 것은 적절하지 않다. 양쪽의 길을 아슬아슬하게 걸어갈 수 있다는 것 자체가 하나의 습득된 습관이다.

습관은 개인적으로 소유하고 있는 어떤 것이 아니다. 그것은 사회적이고 문화적인 것이다. 우리는 문화를 통해 습관을 형성한다. 문화란 습관의 사회적 전달을 의미한다. 무엇을 먹고, 읽고, 믿고, 생각하는가 등등 모든 것은 성장하면서 받는 문화학습의 산물이다. 그들의 선조들로부터 습관을 전수받았던 선조들로부터 우리는 습관을 전수받는다. 그러나 사회적, 문화적 힘들이 습관을 형성한다고 해서 개인들의 선택이 전혀 불가능하고 그래서 책임을 면할 수 있다고 생각해서는 안 된다. 동시에 습관은 우리 자신의 선택의 산물이기도 하다. 습관이 사회적, 문화적이라는 의미 속에는 습관들을 강화시키거나 변화시킬 우리의 개인적 선택이 포함되어 있다는 의미, 즉 습관은 선택들의 습관이라는 의미를 함축한다. 따라서 습관은 자아를 구성하며 결국 의지라고 할 수 있다(Ibid., 33). 습관은 과거의 경험들과 결정들을 현재와 미래로 실어 옮기는 것이며, 사회적 영향들과 개인적 선택이 접목되어 형성되는 것이다. 그래서 동일한 사회, 문화 속에서 성장한 사람들의 습관들이 다를 수 있는 것이다.

우리는 직접적이고 즉각적으로 그렇게 할 수는 없지만 그래도 전수받은 습관들을 변화시킬 수 있다. "우리는 직접 습관을 변화시킬 수 없다. 그런 일이 가능하다면 그건 마술이다. 그러나 우리는 조건들을 다르게 함으로써 간접적으로 습관을 변화시킬 수 있다. 주목의 대상이 되거나 욕구의 만족에 영향을 줄 대상물들을 잘 선택하고 요량함으로써 간접적으로 습관을 개선할 수가 있는 것이다."(Ibid., 28) 습관의 통제와 변화는 그것이 형성되고 유지되는 조건들을 이해하고 신중하게 그것을 변화시키려고 할 때 비로소 가능해진다. 그것을 가능하게 하는 것은 심사숙고하는 개입의 손이다. 그러나 그 심사숙고는 신비적인 비술이 아니라 이전의 경험들이나 심사숙고들에 의해 세련된 하나의 지적 습관일 뿐이다.

도덕성이란 일종의 습관이다. 일반적인 행위들은 습관적이지만 도덕적 행위는 습관적인 것이 아니라고들 생각한다. 물론 그 기준의 원천에 대해서는 다양한 견해들이 있지만, 하여간 도덕적 행위는 적절한 기준의 적용에 의해 옳고 그름을 구별하는 것과 관련짓는다. 그러나 실용주의적 도덕관에 있어서는 삶의 중요한 측면들이 모두 그렇듯이, 도덕성 역시 즉각적이고 직접적이며, 의식적인 심사숙고의 산물이 아니다. 도덕성이 항상 또는 종종 전적으로 의식적인 선택에 의존한다면 우리는 훨씬 덜 도덕적일 것이다. 찻길에서 위험에 처한 어린아이를 보고 달려가 구하는 경우에서처럼 대부분의 도덕적인 행위들은 다른 사람의 이해관계를 고려하기를 결정하고 이루어진 행위들이 아니다. 그러한 행위들은 그저 다른 사람의 이해관계를 고려하기만 하는 그런 종류의 행위들이다. 즉, 그러한 행위들은 다른 사람들의 이해관계를 고려하는 습관에 의해 이루어지는 일종의 습관적 행위들이다. 물론 다른 사람을 돕는 최선의 방법에 관해 심사숙고할 수 있지만, 그러한 심사숙고 역시 습관에 의해 형성된다.

개인들이 행위의 직접적이고 즉각적인 원천이기 때문에 도덕성은 개인적인 것이라고 생각할 수 있다. 그러나 아리스토텔레스처럼 듀이는 도덕성을 결정하는 사회의 힘을 인정한다. 숨쉬고 소화시키는 일이 전적으로 개인적인 일이라고 믿듯이, 개인이 습관의 유일한 저자라고 믿는다. 그러나 공기 중에 산소가 있어야만 숨을 쉴 수 있고, 음식이 있는 경우에만 먹고 소화시킬 수 있는 것이다. 도덕성이 오직 자아에 속해 있고, 자아는 자연환경이나 사회환경과 동떨어져 고립해 있다고 하는 생각은 어처구니가 없는 생각이다. 모든 도덕관들은 도덕성을 성격에 국한시키고 성격과 행위를 분리시키며 동기를 실제 행동과 분리시키는 바탕 위에서 번창했다. 정직, 용기, 근면, 무책임, 악의 등은 한 개인의 사유물이 아니다. 그것들은 개인의 능력이 환경의 힘들에 작용하는 적응과정이다. 모든 덕들(악덕과 미덕들)은 환경의 힘들과 협동하는 습관들이다. 다른 습관들처럼 도덕성 또한 개인적인 것과 사회환경적인 것 간의 상호작용들이다(Ibid., 24 참고). 도덕적 습관들이 일단 우리의 습관이라면 우리가 책임져야 할 것일지라도 여전히 그것은 본질적으로 사회적인 것이다. 다른 습관들과 마찬가지로 습관으로서의 도덕성이 인간본성적인 요소와 사회환경적인 요소들 간의 상호작용임을 인정하는 것이 중요하다. 그러한 인정을 통해, 우리는 개인을 사회적 관계나 힘들의 단순한 산물로 간주하면서 개인의 책임을 피하려 하는 한쪽의 극단과 개인을 전적으로 자율적인 존재로 간주하면서 모든 사회적 영향들로부터 자유롭다고 생각하는 다른 한쪽의 극단을 벗어날 수 있기 때문이다.

듀이는 도덕성을 실천과의 관련 속에서 바라보기 때문에, 그것을 시간이 지나고 환경이 달라짐에 따라 어느 정도 변화할 수 있는 것으로 간주한다. 따라서 덕들의 의미와 중요성에 대해 딱 잘라 고정적이고 최종적인 설명을 할 수 없는 것이다. 즉, 자비, 친절, 정직, 애국심, 온건, 관용, 용기 등의 의미와 중요성은 변화한다. 도덕성의 변화 가능성은 역사적 관점으로 그것을 이해할 때 가장 분명해진다(M. C. Nussbaum, 1988, 32-52; David Carr, 1991, 6-7). 예를 들어, 관용의 도덕성은 경제적 불평등이 존재하는 사회에서는 기본적인 욕구를 충족시키지 못하는 사람들에게 물질적 도움을 주는 것에서 가장 명백하게 표현될 것이다. 경제적인 평등이 거의 완전하게 실현되는 사회에서도 관용의 도덕성은 계속 중요할 것이다. 그러나 그 경우 비물질적인 자원의 공유에 의해 다르게 표현될 것이다.

습관들은 상호침투(interpenetration)한다. 단순한 습관적 행위들마저도 수많은 지각적, 지적, 육체적 습관들을 포함하며 그것들은 상호침투한다. 예를 들어, 노련하게 자전거를 타는 사람은 먼 거리에 있는 가파른 언덕길을 보고, 힘을 더하려고 페달을 더 힘차게 돌려야겠다고 결정하고 힘을 더해 페달을 밟을 것이다. 습관들의 상호침투는 성격을 구성한다. 모든 행위에서 습관들이 지속적으로 작동하지 않는다면 성격은 존재할 수 없을 것이다. 단순히 고립된 행위들의, 묶이지 않은 다발만이 있을 것이다. 개인들의 삶의 상황들이 변하면 어느 정도 그들의 성격도 변한다. 성격은 환경의 변화에 따른 욕구들의 변화에의 반응을 거부하는 고정된 소유물로 굳어진 어떤 것이 아니다. 그것은 새로운 욕구에 유연하게 반응하는 것이다. 그러나 그러한 유연성이 무한정한 것은 아니다. 성격이라는 관념은 이미, 개인들은 특징적인 사고와 행위방식을 발전시킨다는 것을 가정한다. 그러한 가정이 가능한 것은 사람들이 살아가는 상황들의 지속성이다. 삶의 상황들은 많은 특징들을 공유하며, 심지어 새로운 상황이라는 것도 전적으로 새로운 것이 아니라 익숙하고 유사한 요소들을 발견할 수 있는 그런 상황이다. 도덕성은 도덕적 습관들의 복합적인 상호침투인 성격에 해당한다.

일단 형성된 습관은 자신을 영속화시킨다. 그것은 선천적인 활동을 자극하고 금지하고 강화시키고 약화시키고 도태시키고 집중시키고 조직하여 자기의 동류로 만들어버린다(John Dewey/신일철, 1963, 146). 습관의 이러한 보수적인 기능은 개인의 창조적 발전을 제한한다. 그러한 습관을 움직여서 새로운 방향을 제시하고 변화하고 새롭게 형성되도록 하기 위한 자극이 필요한데, 충동이 바로 그 역할을 담당한다. 생득적이고 본래적인 본성을 충동이라고 생각한 전통적 도덕관은 그것을 야생마와 같이 길들이기 힘든 본능으로 간주했다. 듀이에게 있어, "충동은 활동의 재조직에 방향을 부여하는 추축이요, 낡은 습관에 새로운 방향을 부여하여 그것의 성질을 변화시키는 방향 변화의 작인이다."(Ibid., 108) 그것은 생리적인 욕구와 같이 강한 에너지를 가지고 있으나 일정한 표현양식을 가지지 못한다. 그것은 환경과의 상호작용 속에서 표현될 잠재적인 활동력이며 습관을 통해 인도되고 질서를 가지게 되고 표현된다.

충동의 활동력은 세 가지 가능성으로 나타날 수 있다. 그것은 맹목적이고 비지성적으로 물결치고 폭발하여 해방된다. 또한 그것은 승화될 수 있다. 즉, 충동이 다른 요인들과 지성적으로 조화하여 하나의 연속적인 행동방식이 될 수 있다. 지성과의 조화를 이룬 충동은 습관으로 이어진다는 것이다. 예를 들어, 분노의 격정이 사회의 불공정이 시정되어야 한다는 확신으로 변하고 그 신념을 실행으로 옮기는 동인이 되기도 한다. 이런 식으로 표출되는 충동이 습관을 재편하는 작용을 하게 되는 것이다. 또한 충동의 활동력은 억제되기도 한다. 억제된다는 것은 말소된다는 것이 아니다. 마음의 에너지를 말소시킬 수는 없다. 폭발되지도 않고 방향 전환되지도 않은 충동의 활동력은 인간의 내부로 들어가 보이지 않는 곳에서 지하생활을 보내게 된다. 그것은 지성적 병리와 도덕적 병리의 원인으로 작용한다. 역사가 말하는 반동은 그러한 병리의 한 형식으로 구성된다. 청교도의 속박이 있은 후에 등장한 영국의 스튜어트 왕조 시대의 방종, 전시의 고난 뒤에 오는 흥청대는 사치의 도가니, 긴장된 이상주의 뒤의 도덕적 타락, 주의집중 뒤의 방심 등이 그 실례들이다(Ibid., 179-181 요약). 항상 아무런 기능을 가지지 못하더라도 끌어낼 수 있는 충동들이 우리 속에 허다하게 간직되어 있다. 그러한 충동들이 갑자기 자기를 드러내거나 이용될 때 그것을 마음을 고쳐먹는다고 한다. 그것을 조금씩 지속적으로 끌어내는 것을 학습 또는 교육에 의한 성장이라고 부른다. 습관이 굳어졌다는 것은 충동이 전혀 없다는 것이 아니고 유기적으로 이용되지 못한다는 것이다(Ibid., 120 요약). 듀이에게 있어 습관과 충동은 상호의존적이다. 호기심과 모험심에 가득 찬 아동들의 생래적인 충동은 기존의 습관에 의해 검토받지 않으면 무절제하기 쉬우며, 어른들의 습관은 충동에 의해 새로운 힘과 방향감을 제공받아야 한다.

인간사회는 항상 새롭게 출발한다. 그것은 항상 갱신의 과정 속에 있으며 그 갱신을 통해 영속할 수 있다. 습관은 젊은이들의 미숙한 활동을 통해서만 또는 다른 습관을 지닌 사람들과의 접촉을 통해서만 전달되고 영속된다. 젊은이들의 미숙한 활동 또는 충동을 의식적이고 목적적으로 다룬다면 새로운 목적과 욕구를 가진 사회를 창조할 수 있을 것이다. 그것이 바로 교육이다. 진실로 인간적인 교육이란 지성을 통해 생득적인 충동을 상황에 따라 지도하는 것이다. 어른들의 습관에 젊은이들의 충동을 억지로 맞추려는 것은 교육이 아니라 훈련에 해당한다. 인간의 가소성 내지 유연성은 자유롭고 너그럽게 무엇이든 배울 수 있는 능력을 의미하지 않았고, 오히려 어른 사회의 관습을 기꺼이 배우려는 마음, 권력과 권위를 가지고 있는 사람들이 가르치고자 하는 특별한 것을 그대로 받아서 소화할 수 있는 능력을 의미한다. 그것은 다른 사람의 의견에 고분고분 따르도록 하고 창의성을 가지지 못하는 일종의 편의주의이다. 젊은이들의 가학습성(docility)이란 낡은 습관을 개조하고 재창조하는 능력이 아니라 단지 본뜨는 것을 말한다. 오히려 가소성과 창의성은 대립되는 것으로 인식되어 왔다. 가소성의 가장 중요한 부분이 독자적 판단과 탐구적 창의의 습관을 형성하는 능력임을 무시해왔다. 젊은이들의 생득적 활동 속에는 적응, 동화, 재생의 방향으로 작용하는 것과 탐구, 발견, 창조의 방향으로 작용하는 것이 있다. 그러나 어른의 습관의 압력은 자기에게 적응하려는 경향을 보전, 강화하고, 자기로부터의 변화나 독립을 기도하는 경향에 반대해서 가해진다. 자라나는 세대의 습관은 어른들의 습관의 한계 내에 머물도록 강요된다. 어린이들의 즐거운 독창성은 어른의 뜻대로 길들여진다. 그러나 그들의 유연성 속에 더 나은 생활을 보장할 가능성이 깃들어 있다. 무절제, 불안정, 자유분방, 침묵 등에도 불구하고 자란다는 것은 정상이며, 습관을 형성한다는 것은 힘의 위축이 아니라 확장이다. 젊은이들의 경우엔 충동을 통한 습관의 경신이 분명하지만, 어른들의 경우에도 충동의 그러한 역할이 전적으로 포기되는 것은 아니다. 그렇다면 인생은 돌처럼 무미건조하고 사회는 정체될 것이다(Ibid., 112-118 요약).

선한 충동, 악한 충동이 있는 것이 아니다. 그것이 쓰이는 목적에 따라 선도 악도 될 수 있다. 그것은 습관을 형성하는 데 있어 그 가능성을 제공할 뿐이다. "충동은 요컨대 새로운 상황에 있어서의 새로운 요소에 일치하도록 습관을 튼튼하게 재조직한다는 보증을 동반하는 것이 아니라 그렇게 할 수 있으리라는 가능성을 동반한다."(Ibid.,

122-123) "충동은 해방의 원천이며 없어서는 안 될 원천이지만 다만 습관에 적정과 활력을 넣어주는 데 쓰일 때에만 힘을 발휘한다." (Ibid., 123) 습관과 충동은 공존한다. 미개인들은 원리도 법칙도 모르고 욕망과 충동에 사로잡힌 사람으로 생각되기도 하지만 일어나고 앉고 나가고 들어오는 것까지 규정하는 규칙의 그물에 걸린 습관의 노예로 생각될 수 있다. 미개인들의 삶은 그들에 관한 두 가지 상반된 견해들의 결합으로 설명된다. 즉, 습관은 하나의 틀이 되어 개인의 사상과 감정을 얽어맨다. 그러나 끊임없이 변화하는 삶의 구석구석까지 빈틈없이 습관이 지배할 수 없다. 그 틈은 육체적인 욕망이나 그 상황에 내맡겨진다. 그들의 삶에서 습관에의 노예화와 충동의 분방함은 나란히 공존한다. 준엄한 적응과 제멋대로의 야성은 서로를 강화시키고 격화시킨다. 문명 속에서도 미개인들은 존재한다. 그들은 해이된 방종과 엄격한 습관 사이에서 이리저리 흔들리면서 그 정도에 따라 미개의 정도를 나타낸다(Ibid., 121-122 요약).

그래서 습관과 충동은 지성의 검토를 받아야만 한다. "습관은 혼자서는 인식할 수 없다. 습관은 그것만으로는 서서 생각하고 관찰하고 회상할 수 없는 것이기 때문이다. 충동도 역시 그것만으로는 반성이나 명상을 할 수 없다. 그것은 다만 해내기만 할 따름이다. 습관은 그것만으로는 너무 단정적이고 결정적이기 때문에 탐구도 상상도 할 여지가 없다. 충동은 너무 혼돈되어 있고 난맥상을 보이고 있기 때문에 알려고 해도 인식의 능력이 없다. 습관은 그것만으로는 너무 명백히 환경에 순응하기만 하기 때문에 환경을 조사하고 분석할 수가 없으나, 충동은 또한 너무도 제멋대로 환경과 관계하고 있기 때문에 환경에 대해 아무것도 보고할 수가 없다. 습관은 대상과 일체화하여 그것을 제정하고 그것을 넘어서지만 대상을 인식할 수 없다. 충동은 들뜬 소동으로 대상을 쓸어내어 던지고 말살한다."(Ibid., 205) 그래서 습관과 충동 지성에 의해 심사숙고의 과정을 거쳐야 한다. 이것이 바로 습관이 경신되고 재조직되어 가는 과정이다.

듀이에게 있어, 지성은 탐구를 통해 경험을 재구성하는 일종의 실험이다. 그것은 전통적인 철학에서 말하는 본유관념으로서의 이성처럼 경험을 넘어서는 궁극적이고 실체적인 어떤 것이 아니라, 인간의 경험에 근본을 두는 것이며, 실체적이 아니라 기능적이다. 듀이는 이성과 자신의 지성의 차이점들을 다음과 같이 설명한다(John Dewey, 1929, 170-220 참고). (1) 칸트가 말하는 이성은 초월적이고 초경험적이어서 이성과 경험은 이원적이다. 그러나 지성은 경험에 내재하며, 그래서 지성과 경험은 일원적이다. (2) 이성은 지배적인 것으로 군림하지만 지성은 창조적이고 구성적이다. (3) 이성은 고정적이지만 지성은 가변적이다. (4) 이성의 대상으로서의 진리는 절대적이고 고정적이며 불변적인 것이지만, 지성의 대상인 진리는 항상 성장한다. (5) 이성은 인간의 사유능력이지만, 지성은 경험을 통해 얻어지는 후천적인 것이다. 듀이에 의하면, 지성은 곧 반성적 사고 내지 심사숙고이다. "심사숙고란 서로 다투는 행동의 가능한 방향들을 연출하는 연극의 리허설(dramatic rehearsal)이라고 할 수 있다. 그것은 선행하는 습관과 새롭게 해방된 충동과의 충돌에 의해 드러난 행동이 방해받는데에서 비롯한다. 드러난 행동이 일시적으로 중지되면서 습관과 충동은 차례대로 엄격한 검토를 받는다. 그것은 행동의 가능한 방향들이 실제로 어떤 것인가를 가려내는 실험이다. 그것은 습관과 충동으로부터 뽑아낸 요소들을 여러 가지로 결합시켜보고 실행하면 나타날 결과가 어떤 것일까를 알아보는 실험이다."(John Dewey/신일철, 1963, 220) 심사숙고란 바람직한 행위를 선택하기 위해서 상황을 검토하고 결과를 예상하는 일종의 실험에 해당한다.

심사숙고를 통해 지성은 습관을 합리적인 방향으로 변화시키고 수정한다. 낡은 습관을 개조하기 위해서는 지성의 힘이 요구된다. 심사숙고를 거치지 않은 습관은 타성에 젖어 삶을 침체하게 만든다. 지성의 심사숙고 역시 일종의 습관이다. 또한 지성은 충동을 조절하고 통제한다. 그것은 충동과 욕구들이 합리적인 방향으로 해방되도록 안내하는 역할을 담당한다. 결국 인간의 도덕적 행위는 인간성의 세 요소들, 즉 환경과의 지속적인 상호작용의 경험을 통해 후천적으로 습득되는 습관과, 습관에 새로운 자극을 부여함으로써 변화와 재편을 유도하는 선천적이고 생득적인 충동, 그리고 습관과 충동을 조정하고 안내하는 지성 등의 상호작용에 의해서 일어난다. 도덕교육은 습관과 충동을 지성화하는 일에 다름 아니다.

3. 도덕과 도덕교육의 본질

듀이는 교육 자체가 도덕교육이어야 함에도 불구하고 덕목 위주의 도덕교과교육이 실시되고 있는 것은 도덕의 본질에 관한 잘못된 이분법적 인식 때문이라고 지적한다. 그 첫 번째 잘못된 인식은 인간의 활동을 내적인 정신적인 것과 외적인 육체적인 것으로 구분하여 인식하는 것이다. 마음과 세계, 영혼과 육체, 목표와 수단 등 이원론적 구분을 집약적으로 표현하는 이 구분은, 도덕에 있어서 행동의 동기를 결과와 구분하고 성격을 행위와 구분하는 형식을 취한다. 동기와 성격은 내적인 것으로서 의식 속에서만 존재하고, 결과와 행위는 마음의 밖에 존재하는 것으로 생각된다. 그리고 내적인 마음의 상태를 도덕성이라고 하기도 하고, 외적인 행위나 결과를 도덕성이라고 하기도 한다. 중요한 것은 올바른 동기를 가지는 것이며 칸트의 이른바 '선의지'가 유일한 도덕적 선으로 간주된다. 내적 도덕성을 강조하는 이 입장과 반대되는 쾌락주의 내지 공리주의에서는 무슨 생각을 하는가가 아니라 무슨 일을 하는가, 즉 행위 내지 행위의 결과가 도덕성의 유일한 척도로서 중요하다. 일상생활의 도덕성 그리고 학교 교실에서 가르치는 도덕성은 두 가지 견해를 어울리지 않게 타협한 것이 되기 쉽다. 그래서 한편, 특정한 감정상태가 중요시되고, 개인은 선의를 가져야 한다고 생각하기 때문에, 의도가 선하거나 올바른 정서적 의식을 가진다면, 그것을 행동의 결과로 나타내지 않더라도 별 잘못이 없다고 생각한다. 그러나 다른 한편, 다른 사람들의 편의나 욕구충족을 위하거나 사회질서를 위하여 무슨 일인가를 해야 하기 때문에 개인이 관심을 가지고 있건 없건, 그 일을 수행할 지능을 가지고 있건 없건, 특정한 행위를 해야 함이 크게 강조된다. 규칙을 지키고, 게으르지 말고, 명령에 순종하고, 유용한 습관을 기르고, 자제력을 길러야 한다. 그런데 도덕의 본질에 대한 이러한 잘못된 인식을 불식시킬 수 있는 것은 개인의 관심(내지 흥미, interest)과 반성이 개입된 상황에서 개인이 가진 욕망과 사고의 성향이 외면적이고 명백한 행위 속에서 유기적으로 작용할 수 있을 때이다. 고정된 습관이나 명령에 맹목적으로 복종하지 않고 기분에 좌우되는 즉흥적인 반응을 하지 않고, 개인의 관심을 구현하는 계속적인 활동이 있고 거기서 모종의 확실한 결과를 얻어야 할 때 의식적인 목적, 의식적인 욕망, 그리고 주도면밀한 사고가, 특정한 결과를 염두에 두고 일어나는 활동의 정신 또는 성질로서 불가피하게 일어난다. 목적을 가지고 행해지는 의도적인 행위의 과정은, 결과를 의식적으로 예견하고 그 찬반의 고려사항들을 의식 속에서 저울질하는 정신적인 과정과 외현적인 신체적 과정이 연속적으로 일어나는 하나의 과정이다(John Dewey/이홍우, 1992, 518-524 참고).

도덕의 본질에 관한 두 번째 잘못된 인식은 원리에 근거한 행위와 이해(interest)에 근거한 행위를 구분하는 인식이다. 원리에 근거하여 행위하는 것은 개인적인 이해관계를 떠나서 일반적 원리에 따라서 행위하는 것이며, 이해에 근거하여 행위하는 것은 글자 그대로 이기적으로 자신의 이득을 위하여 행위하는 것이다. 원리나 의무에 근거한 행위의 입장을 지지하는 사람들은, 인간은 심지어 자기를 희생하는 행위도 할 수 있기 때문에 이해를 떠난 행위를 할 수 있다고 주장한다. 이해에 근거한 행위를 지지하는 사람들은, 이해관계가 없으면 동기가 없다는 전제에서 출발하여, 원리나 의무감에서 행한 행위도 사실은 이익이 있기 때문에 한 행위일 뿐이라고 결론짓는다. 두 입장들 모두 전제는 옳으나 결론은 잘못된 것이다. 둘 다 이해와 자아의 관계를 잘못 파악한다. 즉, 둘 다 자아를 고정된, 따라서 고립된 양을 나타낸다고 가정한다. 그 결과 자아의 이해를 위해서 행위하는 것과 그것을 떠나서 행위하는 것을 엄격하게 구분한다. 자아라는 것이 행위에 앞서 존재하는 고정된 것이라면 이해에 근거하여 행위한다는 것은 그 고정된 자아가 명성, 인정, 권력, 쾌락, 물질적 이득 등 무언가를 더 많이 가지게 된다는 것이다. 그러나 자아란 이미 만들어진 것이 아니라 행위의 선택에 의해 끊임없이 만들어지고 있는 것이다. 어떤 사람이 생명의 위험을 무릅쓰면서 어떤 일을 하는 데 이해(관심 내지 흥미)를 가진다면, 그 일을 하는 가운데 그의 자아가 나타나는 것이다. 그 사람이 그 일을 포기하고 안전과 안락을 선택한다면, 역시 그런 종류의 자아를 선택한 것이다. 이해와 자아를 분리시켜, 자아는 목적이며 이해(내지 관심)는 수단이라고 생각하는 것은 잘못이다. 사실 자아와 이해는 동일한 것의 다른 이름이다. 한 사물에 대하여 능동적으로 표시하는 관심(내지 이해)의 종류와 양이 그 사람의 자아의 질을 나타내며 그것을 가늠하는 척도이다. 관심이라는 것이 자아와 사물의 활동적, 유동적 '동일성'을 의미한다는 점을 생각하면 자아를 위하는가, 자아를 버리는가의 문제는 해결된다. 관대한 자아는 그 활동 속에 내포된 여러 가지 관계들과 그 자신을 의식적으로 동일시하고, 그 자신과, 자신과 다르고 자신과는 무관한 것이라고 제외되는 여러 가지 고려사항들에 확연한 선을 긋지 않는다. 한편 자아는 그 자신에 대해 과거에 가지고 있었던 관념을 재조정하고 확대하여 새로운 결과가 눈에 띌 때 그것을 받아들인다. 즉, 자아는 스스로를 수정하고 확대시키면서 발전한다. 모종의 추상적인 원리에 따르거나 의무에 충실하는 것이 아니라 그의 활동에 관심(내지 흥미)을 가지는 것이 도덕의 본질이다(Ibid., 524-529 참고).

또한 듀이는 도덕에 관한 논의의 중요한 패러독스를 지적한다. 즉, 지능과 품성(내지 인격) 간의 패러독스이다. 한편으로, 도덕은 이성 또는 합리적인 것과 동일한 것으로 생각된다. 이성은 도덕적 직관의 궁극적인 원천이 되는 능력이라고 생각되며, 때로는 유일하게 올바른 도덕적 동기를 제공한다고 생각된다. 또 한편으로, 구체적이고 일상적인 지능의 가치는 늘 과소평가되고 심지어 고의적으로 경멸되기도 한다. 도덕은 평범한 인식과는 아무 상관이 없는 일이라고 흔히 생각된다. 도덕적 인식은 일상의 경험과는 멀리 떨어진 것이며, 양심은 의식과는 근본적으로 다른 것이라고 생각된다. 이러한 구분은 교육에 특별한 의미를 지닌다. 품성의 발달을 목표로 세우고 지식 습득과 이해력 증진이 품성의 발달과 무관한 것이라고 여긴다면, 학교에서의 도덕교육은 절망적일 것이다. 그것은 일종의 교리문답식 가르침이나 도덕적 교훈으로 타락할 것이다. 그런 식의 도덕교육이 공감과 존중심을 불러일으키지 못한다면 품성에 전혀 영향을 주지 못할 것이다. 그러나 지식은 개인의 직접적인 경험에서 얻어진 확신으로 이해되어야 한다. 일상생활은 지식들이 행위들 속에서 표출되고 있음을 증명한다. 선에 대한 지식 역시 일상생활 속에서 표출된다. 선이라는 것이 경험되는 만족을 포함하지 못한다면 공허한 용어일 뿐이다. 지식이 여러 가지 의미들을 가지며 경험들에 의해 획득되고 어떤 방식이든 행위에 영향을 미치는 것으로 이해된다면 지식을 얻는 것과 품성을 얻는 것이 대립되지 않을 것이다. 사실, 학교에서의 도덕교육의 문제는 지식, 즉 충동 및 습관의 체계와 관련된 지식을 확보하는 문제이다. 금고털이범이 가진 다이너마이트에 관한 지식과 화학자의 그것이 명목상으로는 같을 수 있지만 근본적으로 다르다. 지식은 서로 다른 목표와 습관과 관련되어 있을 뿐 아니라 그 취지 또한 다르기 때문이다. 지식과 행위 간에는 활발한 관계를 유지해야 한다. 교과과정 속의 과목들은 사회생활의 기준이 되는 요소들을 대표하고 있기 때문에 그 과목들을 통해 사회적 가치들을 터득하지만, 그것을 단순한 학교교과로서 습득한다면 기술적 가치밖에 가지지 못한다. 사회적인 의미를 인식시키는 조건 하에서 습득될 때 그것은 도덕적 관심을 길러줄 뿐만 아니라 도덕적 통찰력을 개발시켜주기도 한다(Ibid., 529-534 참고).

듀이는, 도덕의 본질에 관한 이원론적 인식의 잘못은 도덕을 너무 좁은 의미로 받아들이기 때문이라고 한다. 한편으로는 사회적으로 필요한 일을 효과적으로 수행할 능력과는 상관없이 감상적인 선의를 내세우며, 또 한편으로는 관례와 전통을 지나치게 강조함으로써 명확하게 규정된 행위들의 목록에 도덕을 국한시킨다. 사실, 도덕은 다른 사람들과의 관계와 관련된 행위 전체를 포괄하는 넓은 개념이다. 인간의 모든 행위들은 잠재적인 도덕적 행위들이다. 성실, 정직, 정절, 우애 등 인격 특성들을 특별히 강조하여 '도덕'이라고 부르는 것은, 그것들이 다른 것들과 비교하여 중심적인 것들이며 그 자체 속에 다른 태도들이 포함되어 있기 때문일 뿐이며, 그것들만이 따로 분리되어 있거나 배타적으로 도덕을 이루기 때문이 아니다. 그것만을 특별히 떼어내서 도덕이라고 부르는 것은 인체의 골격만을 가지고 사람의 몸이라고 하는 것과 같다. 골격이 중요하지만, 그 중요성은 그것이 다른 신체기관들을 지탱함으로써 종합적으로 효과적인 활동을 가능하게 해준다는 데에 있다. (도)덕을 가지고 있다는 것은 인격 특성들로서의 일부의 덕들을 소유하고 있다는 의미가 아니라 인격 전체의 특성과 관련된다(Ibid., 534-535 요약).

도덕을 가르치는 도덕교육은 인격 전체와 연관되어야 한다. 그래서 그것은 삶 자체에 대한 교육, 즉 생활교육인 것이다. "학교 그 자체가 사회생활의 한 형태요 지역사회의 축소판으로서 학교 밖 공동생활의 경험과 상호작용을 한다. 사회생활에 효과적으로 참여하는 힘을 기르는 교육은 모두가 도덕교육이다. … 삶의 모든 장면에서 배우려고 하는 관심은 가장 중요한 도덕적 관심이다."(Ibid., 538) 도덕에 관한 좁은 '도덕주의적(moralistic)' 견해는 이 점을 인식하지 못한다. 현실생활과 동떨어진 고정된 덕목들이 도덕이 아니다. 생활에 유효한 것은 모두 도덕적인 것이다. "학교의 도덕교육에서 가장 중요한 문제는 지식과 행위의 관련 문제이다. 정규의 교과교육에서 학습되는 내용이 인격에 영향을 미치지 않는다면 교육의 통합적, 총괄적 목적이 도덕에 있다고 말하는 것은 부질없게 된다. 지식의 내용과 방법 그리고 도덕적 성장 사이에 하등의 밀접한 유기적 관련이 없다면 도덕교육을 위하여 특별한 수업과 훈육방법이 동원되지 않으면 안 된다. 그리하여 지식은 지식대로 행동의 원천이나 삶에 대한 태도에 통합되지 못하고, 도덕은 도덕대로 도덕적 지시로 구성된 별도의 덕목들의 체계를 나타내게 된다."(Ibid., 538)

무엇보다도 듀이는 사회적 삶과 유리된 교훈자적인 도덕교육의 잠재적 위험을 경고한다. 즉, 결국 학생들은 도덕성의 인습들을 전시하는 것을 배울 것이고 더욱 진지하고 실질적인 것을 결여하게 될 것이며, 더욱 성숙한 덕이 요구하는 예리한 감수성과 반성의 능력 그리고 판단력을 발전시키는 데에는 준비되지 못할 것이다. 듀이에게 있어, 모든 교육은 학생들로 하여금 사회적 삶에 더욱 능동적이고 의미 있게 참여할 수 있도록 만드는 정도만큼 도덕교육이다. 이러한 목적에 기여하는 방식으로 가르쳐질 때, 역사, 과학, 수학 그리고 다른 정규 학교교과들은 도덕교육의 측면으로서 간주될 수 있게 된다. 인격교육은 단순한 하나의 정규교과로서 이루어져서는 안 된다. 그것은 모든 교육의 측면들이 모두 관련되는 문제인 것이다.

4. 도덕교육의 목적으로서의 도덕교육과정

듀이에게 있어 목적과 수단은 구분되지 않는다. 목적은 행위를 위하여 설정된 결과로서의 행위들을 멀리서 바라본 것일 뿐이며, 수단은 그 행위들을 그 하나 앞의 단계에서 바라본 것일 뿐이다. 목적은 고정적이거나 절대적인 것이 결코 아니다. 그것은 활동과 발전 자체에 내재하는 것이다. 그리고 그것은 행위를 위하여 설정된 예견된 결과이며 기도된 결과이다. 따라서 교육의 목적 역시 교육활동으로서의 교육과정 속에 존재한다.

듀이가 목적과 과정을 통합하는 의미로 제시한 것은 '경험의 재구성'으로서의 교육이다(Ibid., 122-126 참고). 이 경우의 경험은 실험적 경험, 즉 이성에 대비되는 감성에 의한 경험이 아니라 지성에 의해 이루어지는 경험이다. 그리고 교육적 경험의 기준은 계속성과 상호작용이다. 계속성이란 경험이 이전의 경험에서 무언가를 섭취하고 다음의 경험의 질을 지성의 형성과 발달을 촉진하는 방향으로 변화시키는 것을 의미하며, 상호작용이란 개인과 환경과의 관계를 말한다. 계속성과 상호작용으로 이루어지는 재구성은 상황에의 참여에 의한 경험의 수정을 의미한다. 그것은 탐구과정에 다름 아니다. 듀이는 교육

목적으로서 '성장'을 제시한다(Ibid., 69-87 참고). 즉, 교육의 목적은 성장하는 힘을 조직적으로 길러주어 교육을 계속해나갈 수 있도록 하는 것이다. 성장은 발달의 능력이 있다는 것을 가리키는 미성숙을 조건으로 한다. 또한 미성숙은 의존성과 가소성을 특징으로 한다. 의존성은 인간이 다른 사람들과의 관계에서 능력을 성장시킨다는 건설적인 의미를 지니며, 가소성은 경험으로부터 학습하는 능력을 의미한다. 듀이는 의존성과 가소성에 의해 이루어지는 성장을 삶 자체와 동일시한다. 그에게 있어 교육의 과정은 그 자체 외의 다른 목적을 가지지 않으며 교육 자체가 목적이다. 그리고 교육의 과정은 끊임없는 재조직, 재구성, 변형의 과정이다. 즉, 성장은 바로 경험의 재구성을 의미한다. 그것은 바로 지성의 개발과도 통한다.

전통적인 도덕교육은 덕목의 일방적 반복적 주입을 통해 올바른 도덕적인 길을 선택하는 의지력을 기르는 것에 주목했다. 그러나 듀이에게 있어, 절대적인 선이나 고정적인 목적은 있을 수 없다. 개개의 선과 목적을 가진 상황들이 있을 수 있을 뿐이다. 따라서 도덕교육에서 필요한 것은 약국의 조제표나 음식점의 조리표와 같은 도덕적 행위 목록이나 규정집이 아니다. 도덕적 문제 상황에서 그 상황을 관찰하고 분석하고 예상되는 결과들을 비교 평가할 수 있는 탐구력 내지 과학적인 지성을 길러주는 것이 필요하다. 그가 말하는 반성 내지 지성은 지식교육과 도덕교육을 통합시킨다. 지식과 도덕의 분리는 지식은 인식능력에 의해서 그리고 도덕은 의지력에 의해서 성립한다는 신념에 근거한다. 이런 신념에 따르면 교육은 인식능력을 개발하는 지식교육과 의지력을 단련시키는 도덕교육으로 구분된다. 지성은 인식과 의지를 통합하는 탐구를 의미한다. 듀이에 의하면, 도덕은 당위의 문제라기보다 사실의 문제이다. 그것이 당위의 문제라면 관습이나 권위와 같은 외부적인 힘에 의해 강요되며, 사실의 문제라면 반성적 사고에 의해 탐구된다. 지식교육과 도덕교육은 지성의 개발이라는 면에서 동일한 교육이다. 그래서 도덕(도덕교육)은 곧 교육(지식교육)인 것이다. 그것은 지성에 의해 통제되는 습관을 형성하는 교육이다(조영일, 1988, 92-96 참고).

또한 듀이에게 있어 교육의 내용과 방법은 통합된다. 교육내용으로서의 교과는 기억하여 소유해야 할 대상이 아니라 지성을 형성하는 데 사용되는 자료이다. 지성의 형성에 교과를 자료로 활용하는 경우 행함에 의한 학습(learning by doing)이 이루어진다. 교육방법이란 교과를 가장 잘 활용할 수 있도록 그것을 배열한 모양에 다름 아니다. 교과를 구성하는 지식과 가치는 실험적 방법에 의해 이루어지며 그 자체를 성립시킨 방법을 내포한다. 실험적 방법은 마음과 세계를 분리시키지 않는다. 그것은 세계 밖에서 그것을 객관적으로 관찰하지 않고 그 속에 적극적으로 참여하는 인식과 의지의 통합으로서의 지성에 의해 이루어진다. 마음과 세계를 서로 분리된 것으로 간주하면 교과는 마음이 습득한 것을 제공하는 것이 되고 방법은 그 습득을 촉진하는 방식이 된다. 교과와 방법의 분리는 학습해야 할 교과로부터의 마음의 분리를 의미한다. 그것은 교과가 지성의 개발에 도움이 되지 못한다는 것을 말해준다. 그것들이 분리되지 않을 때 교과에 들어 있는 방법을 통해 인식과 의지를 분리시키지 않는 습관, 즉 지성을 형성할 수 있게 된다.

내용과 방법의 통합의 분명히 드러내기 위해 듀이는 '경험하는 것'과 '경험에 관해 생각하는 것'을 비교한다. 경험하는 것은 개인이 하는 것과 환경이 하는 것, 즉 개인이 당하는 것을 포함하는 하나의 활동이기 때문에 내용과 방법의 구분이 없다. 경험에 관해 생각하는 것은 자신의 태도와 태도의 대상을 구분하여 생각한다. 즉 경험하는 내용과 경험하는 방법 사이에 구분이 만들어진다. 이 구분에 교육의 내용과 방법이라는 이름을 부여하는 논리상의 구분은 가능하지만 그것을 사실상의 분리로 여겨서는 안 된다. 안다거나 느낀다거나 하고자 한다는 것은 독립된 실체로 마음에 속하는 것이고 그것이 독립된 교과와 연관된다고 생각해서는 안 된다는 것이다. 보고, 듣고, 사랑하고, 상상하는 능력들은 경험 속에 들어온 환경과의 작용방식을 가리킬 뿐이다. 발달단계에 따른 교육내용은 인간과 환경과의 상호작용방식을 나타내는 것이고, 그것은 교육방법을 가리키는 것이기 때문에 내용과 방법은 분리되지 않는다. 상호작용방식은 지성을 의미한다. 교육내용에 지성이 들어 있고, 그 지성은 그 내용을 다루는 방법이기 때문에 내용과 방법은 통합된다. 그럼에도 불구하고 내용과 방법을 분리시키는 교육은 폐단을 가져오게 된다. 그것은 경험의 구체적 상황을 도외시하고, 흥미와 도야에 관해 잘못된 관념을 가지게 하여 구미를 돋우거나 위협하거나 맹목적인 의지를 발동하게 한다. 그리고 학습행위 자체가 직접적 의식적 목적이 되게 하며, 교육방법을 틀에 박힌 절차로 강요하게 된다. 그러한 폐단을 없애기 위해서는 학생 스스로 융통성 있는 경험을 할 수 있는 올바르게 방향지어진 일이나 놀이에 전념할 수 있는 환경을 만들어주어야 하며, 자료를 효과적으로 다루는 방법이 자료와 연계지어져야 하며, 학생들로 하여금 활동하도록 하고 그 활동의 과정 속에서 배우도록 하며, 여러 가지 방법들을 시험해보게 한다. 즉, 교육의 내용과 방법을 통합시키는 교육은 행함을 통한 교육인 것이다(Ibid., 84-92 참고).

듀이는 지성의 개발을 위해서는 흥미 있는 교육이 되어야 함을 강조한다. 흥미는 동기와 노력을 통합하는 개념이며 참여자의 태도를 가리킨다. 참여하는 사람이란 자기의 능력의 범위 내에서 사건의 전개 방향에 영향을 주려고 노력한다. 흥미와 목적은 분리되지 않는다. 목적은 예견되는 결과, 즉 지적 측면을 강조하는 표현이며, 흥미(내지 관심, 동기)는 예견된 결과가 개인에게 장차 가지는 의미와 그 결과를 얻기 위해 행동하는 열의, 즉 정의적, 의지적 측면을 강조하는 표현이다. 따라서 흥미 역시 인식과 의지를 분리시키지 않는다. 흥미 있는 교육은 아동들에게 관심이 없는 자료에 유혹을 가하고 쾌락에 호소하는 교육과는 당연히 다르다. 학습자료가 학생의 능력에 관련되고 일관성 있게 지속적으로 활동을 일으킬 수 있는 기능이 바로 흥미이다. 그것은 대상 속에 자아가 몰입하는 상태이기 때문에 외적 동기유발을 필요로 하지 않는다(Ibid., 96-101 참고).

5. 결론

모든 교육이 도덕교육이어야 하며, 따로 도덕교과교육이 필요하지 않다는 듀이의 관점이 오늘날의 도덕교육에 던지는 시사점과 요구는 대단히 중요하다. 전문적인 지식의 교육에 힘겨워하는 오늘날의 교육현실을 감안한다면, 듀이의 요구는 항상 하나의 이상으로 남을 수밖에 없을 것이다. 대신 그 요구의 부담은 도덕교과교육에게 주어진다. 도덕교과교육만이라도 그의 요구에 충실할 수만 있다면, 즉 도덕교과교육이 이른바 도덕주의적(moralistic) 도덕교육을 벗어날 수 있다면, 그것으로도 그의 도덕관과 도덕교육론의 의의는 성공적이라고 할 수 있을 것이다. 결론에 대신하여 그의 도덕관과 도덕교육론이 도덕교과교육에 안겨주는 요구들을 정리하고자 한다.

듀이가 우리를 향해 강하게 요구하는 것은 탄력적인 도덕교과교육이다. 도덕적 옳고 그름이 선험적으로 결정되어 있지 않고 구체적인 상황 속에서 그것이 판단되어야 한다는 점이 존중되어야 한다. 상황을 존중한다는 것이 상대주의적(relativistic) 도덕관을 의미하는 것은 결코 아니다. 이른바 '상황윤리(situational ethics)'적 관점은 상황을 심각하게 고려한다는 것이지 모든 도덕원리들을 부정한다는 것은 아니다. 도덕교과교육은 특정한 도덕적 가치나 지식이나 덕목을 가르치는 일에 관심을 가져서는 안 된다. 도덕적 성장에 관심을 가져야 한다. 성장한다는 것은 모든 것이 미성숙한 것이며 상호의존적이며 가소성을 지닌 것임을 전제한다. 가치(신념)체계를 가르친다거나 덕목을 가르친다는 것은, 상황을 초월하여 타당한 그래서 완전하고 고립적이고 보편적인 것으로 가치와 덕목을 가르치기 십상이며, 학생들을 가치체계와 덕목 목록 속에 가두어버릴 가능성이 높다. 학생들로 하여금 지금의 행위들이 더 지성적이고 사회적인 것이 될 수 있도록 그 성장을 돕는 것이어야 한다. 악한 사람이란 지금까지는 선했지만 점점 타락하기 시작하고 점점 덜 선해지는 사람이며, 선한 사람이란 지금까지는 도덕적이지 않았지만 점점 더 선해지는 사람이라는 점이 항상 기억되는 그러한 도덕교과교육이어야 한다. 그래서 그것은 생활로서 계획되고 교육되고 생활과 함께 개선되고 재구성되어야 한다. 그것은 곧 생활교육으로서의 도덕교과교육이다. 그것은 또한 자연학습으로서의 과학교육처럼, 사회학습 내지 경험학습으로서의 도덕교육인 것이다.

또 다른 하나의 강한 요구는 통합적 도덕교과교육이다. 지금까지의 도덕교과교육은 합리적인 도덕적 삶만을 강조한 나머지 지적 판단능력의 배양에만 관심을 두는 것이었거나 습관적인 도덕적 삶을 중시하여 도덕적 행위습관들을 형성하는 데에만 관심을 두는 것이었다. 둘 다 앎과 행동을 분리시키는 결과를 초래했다. 생활교육으로서의 도덕교육은 지능과 품성의 통합으로서의 지성을 개발하는 교육이다. 이는 또한 학습하는 대상을 결과로서가 아닌 과정으로서 인식하는 교육이기 때문에 학습의 내용이 학생 개인에게 의미를 부여하고 그래서 행동에 영향을 미친다. 더욱이 성장으로서의 도덕교육은 학생들의 흥미 유발과 밀접하게 연관됨으로써 앎과 행위의 괴리 문제가 해소되는 통합적 인격교육으로서의 도덕교과교육이 될 것이다.

듀이의 도덕교육론은 교육평가와 관련하여 강한 요구를 한다. 교육평가란 교육목표(내지 목적) 달성의 정도에 대한 평가이다. 따라서 도덕교과에서의 평가는 도덕적 성장과 연관되어야 한다. 도덕적 성장은 도덕적 실천행위의 성장을 의미한다. 최근 강조되고 있는 도덕교과의 수행평가 역시 학생들의 도덕적 성장을 평가하는 수준에 이르지 못한다. 쉽지 않은 일이긴 하지만, 도덕교과에서의 평가는 인격발달의 평가여야 할 것이다.

[참고문헌]

이장용(1997), 「John Dewey의 도덕교육론 연구: 목적론과 사회화의 원리를 중심으로」, 성균관대학교 대학원 교육학 박사학위논문.

조영일(1988), 「John Dewey의 교육이론에서의 인식과 의지의 문제」, 서울대학교 대학원 박사학위논문.

Carr, David(1991), *Educating the Virtues*, New York: Routledge.

Dewey, John, 신일철 옮김(1963), 『인간성과 행위』, 서울: 사상계사출판사.

Dewey, John(1916), *Democracy and Education: An Introduction to the Philosophy of Education*, New York: Macmillan, 이홍우 옮김(1992), 『민주주의와 교육』, 서울: 교육과학사.

_____(1929), *The Quest for Certainty*, New York: Minton.

Nussbaum, Martha C.(1988), "Non-Relative Virtues: An Aristotelian Approach", *Midwest Studies in Philosophy* XIII.

제 4 장

도덕적 상상을 기르는 도덕교육

1. 서론: 원리 윤리의 실패와 도덕 상대주의

우리에게 있어 도덕(윤리)은 결코 멋진(pretty) 것이 아니다. 오늘날 우리는 윤리적 황야(ethical wilderness) 속에서 살고 있다(D. W. Gill, 2000, 11). 그 이유는 간단하다. 도덕의 근본 문제인 '해야 한다'는 것은 '할 수 있다'는 것에서 출발한다. 인간이 할 수 없는 문제는 도덕의 문제일 수 없다. 오늘날 우리가 할 수 있는 것은 너무나 다양하고 복합적이다. 물론 우리가 해야 할 것들도 다양하고 복합적이다. 그런데 우리는 할 수 있는 일이 더 없을까 하는 데에만 몰두한 나머지 해야 하는 일, 즉 도덕의 문제에는 크게 신경을 쓰지 않았다. 이제 도덕(윤리)에 관한 한 정답이 거의 없다고 보아야 한다. 이런 의미에서 우리가 윤리적 황야 속에서 살고 있다는 것이다. 그곳은 쉽게 길을 잃을 수 있고 심각한 상처를 받을 수 있는 위협적이고 위험한 곳이다. 그런 긴장 속에서 인간의 최선의 삶을 기대할 수 없는 것은 당연하다.

이 윤리적 황야의 풍경은 개념의 위기로서의 도덕적 위기로 표현될 수 있을 것이다. 도덕적 위기는 급속도로 변화하는 삶의 환경에 문제가 있다기보다는 그것에 적절하게 적응하지 못한 원리 윤리(ethics of principle)의 실패에서 기인한다고 본다. 원리 윤리는 시간적, 공간적 변화에 무관하게 합리적인 가치체계(윤리)나 도덕원리가 존재한다고 생각하면서, 그 도덕원리를 삶의 지표로 삼아야 한다고 주장한다.

이 원리 윤리의 실패는 두 가지 측면에서 논의할 수 있을 것이다. 첫째는 그것의 무게중심이 다양한 인간 삶의 현실보다는 삶을 평가하는 기준으로서의 형식적 원리이기 쉽다는 점이다. 그것은 도덕성을 인간이 발명하는(invent) 것이 아니라 발견하는(discover) 것으로 인식하는 경우가 많기 때문이다(D. McNaughton, 1988, 3-6 참고). 어느 때보다도 인간중심적이고 개인주의적인 현대사회에서는, 인간 개인의 능동적인 가치 창조와 발명의 가능성을 거부하고 보편적인 도덕원리를 제시하려는 원리 윤리가 설 땅은 대단히 좁은 것 같다. 도덕성은 발견되는 것이라고 주장하는 입장에서는, 우리가 긴급하고 당혹스러운 도덕적 문제에 직면하여 어떤 대답이 옳은 것인지를 발견하는 것이 어려운 경우들을 만나는 경우에, 중요한 것은 우리의 대답이 우리가 궁극적으로 책임을 져야 하는 우리 자신의 대답이라는 것이 아니고, 그것이 올바른 대답이냐는 것이다. 우리는 우리의 선택을 옳은 대답을 결정하는 것으로 생각하지 않고, 우리의 선택이 옳은 대답에 의해 결정되기를 바란다. 그리고 옳은 대답은 보편적인 원리로서 우리의 선택과는 독립적으로 존재한다는 것이다. 도덕성이란 결국 그 도덕원리를 발견하는 것이다. 그래서 그것은 인식의 문제로 귀결된다. 다른 한편, 도덕성을 인간이 발명하는 것으로 보는 입장에서는[1] 도덕적 의견들이 옳은가 그른가를 결정하는 우리의 도덕적 의견들과 독립적인 것들은 아무것도 존재하지 않는다고 생각한다. 우리들 각각이 우리가 무엇을 행해야 하는지에 관해 결심할 수 있는 권리를 가진다고 생각한다. 무엇을 행할 것인지, 무슨 도덕원리를 받아들일 것인지에 관해서 다른 사람들이 충고할 수는 있겠지만, 그들은 우리가 어떤 삶을 살 것인가에 관해서 말할 권위를 전혀 가지지 못한다. 누구도 도덕적 전문가일 수는 없다. 도덕성에서 중요한 것은 결국 개인적이고 구체적인 선택의 문제이다. '옳은' 선택보다는 의미 있는 '나의' 선택이 중요한 것이다. 오늘날 다원주의 사회의, 삶의 많은 측면들에서 이런 느낌들이 흘러넘치고 있다. 이제, 일관성과 정합성을 지나치게 강조하는 원리 윤리학은 도덕적 진리 탐구의 필요조건일 뿐 충분조건이 되지 못하고 있다.

원리 윤리의 실패의 두 번째 측면은 '이론가의 딜레마(theoretician's dilemma)'이다(N. L. Tierney, 1994, 9-13 참고). 우리가 추상적인 도덕이론을 구체적인 윤리적 상황들에 연결짓고자 할 때, 우리는 종종 하나의 딜레마에 직면하게 된다. 즉, 원리들의 이론이 선택과 결정의 구체적인 상황들에 더욱 정확하게 그리고 포괄적으로 연결될수록, 그리고 왜 이런 원리들을 따라야 하는지의 이유들에 대한 우리의 공식이 더욱 엄격한 것일수록, 우리의 이론은 그 상황의 긴급한 요구들에도, 그리고 관련되는 사람들의 실제적인 동기 부여에도 덜 적절하고 적용 가능성도 더 적어진다. 구체적인 상황들은 분명한 원리의 노선을 가지고 있는 것이 아니다. 그런데 하나의 원리가 실제 속에 어떻게 적용될 수 있는지를 우리는 어떻게 알게 되는가? 만약 이론에 의지하여 알게 된다면, 나쁜 순환에 곧 빠질 것이다. 즉, 하나

---

1) 대표적인 경우가 John L. Mackie, *Ethics: Inventing Right and Wrong*, London: Penguin Books, 1990이다. 이 책의 부제는 윤리학이 옳음과 그름의 발명의 문제임을 잘 표현한다.

의 원리를 실천에 적용하기 위해서 우리는 하나의 적용의 원리를 가져야 할 필요가 있다. 그러나 어느 적용의 원리가 실천에 채택되어야 하는지를 알기 위해서 우리는 또 다른 원리를 가져야 할 것이다. 그리고 이 순환은 계속될 것이다. 우리가 실천에 의지한다면, 하나의 딜레마에 직면하게 될 것이다. 실천은 이미 이론을 알고 행해진다. 이미 어떤 원리가 현재의 상황에 적용될 수 있는가에 대한 의식적인 성찰, 즉 이론적 검토를 통하여 도덕적 실천은 이루어진다. 도덕적 행위들은 대부분 어린 시절에 형성된 습관을 기계적으로 반복하는 문제일 수 없으며, 또 그래서도 안 될 것이다. 그것들의 대부분은 의식적 성찰의 과정을 통해 이루어질 것이다.

이론가의 딜레마는 원리 윤리가 도덕원리를 상황과 동기에 적절하게 통합시키지 못함을 잘 말해준다. 한편, 너무 많은 실질적인 내용들이 주어진 도덕원리는 보편성, 즉 일관성과 완전성에 의해 인도되는 우리의 (이론)이성을 명령할 수 없게 된다. 다른 한편, 너무 적은 실질적 내용들이 주어진 도덕원리는 구체적인 상황들과 연관성을 가지는 우리의 (실천)의지(will)를 명령할 수 없게 된다. 따라서 원리에 토대를 두는 윤리는 도덕적 행위에 관한 완전한 설명을 제시할 수 없다. (이론)이성과 의지를 통합하여 설명하려는 칸트의 '실천이성'도 이론가의 딜레마를 적절하게 해결하지 못한다. 그것은 궁극적으로 모호하고, 적절한 도덕적 심리학을 결여한다. 윤리이론이 구체적인 윤리적 삶의 영역에서 더 자유롭고 더 현명하게 작동하도록 윤리이론을 수정하는 데에서 그 해결책을 찾아야 할 것이다. 그것은 곧 윤리이론에서 '원리들'이 가졌던 토대적인 역할을 '사람들'에게 부여해야 할 것이다. 이제 '사람'을 중심으로 도덕(윤리)적인 것을 구분해야 한다. 이 인간 중심의 윤리는 객관적 고려를 포기하거나 원리에 따르는 행위의 중요성을 부정하지 않는다. 도덕적 삶에 대한 객관적이고 원리에 바탕을 두는 이해는 삶의 다양성이 극대화된 오늘날 다원주의 사회에서 매우 불완전하다는 것이다.

그런데 원리 윤리의 실패에 대한 대안으로 등장한 것이 도덕 상대주의이다. 원리의 부정은 곧 절대적인 보편적 도덕적 진리의 부정으로 이어진다. 도덕 상대주의는 바로 어떤 절대적 도덕적 진리가 없다는 관점이다. 그것은 모든 도덕적 믿음들과 그것들을 표현하는 진술들은 어떤 도덕체계와의 관련성 속에서만 진실이거나 거짓일 수 있다는 주장이다. 반드시 시간대와의 관련 속에서만 '지금은 오후 두시이다'라는 진술이 진실이거나 거짓일 수 있듯이, 도덕 상대주의자에게는 도덕체계와의 관련 속에서만 한 행위가 진실이나 거짓으로, 나아가 옳고 그른 것으로 판단될 수 있는 것이다. 오늘날 다양한 사회들과 문화들의 서로 다른 가치관과 관행들을 만나게 되는 다문화주의에서, 도덕적 다양성의 경험으로 인해 이 도덕 상대주의가 큰 힘을 가지게 되었다.

도덕적 상대주의자에게 도덕적 진리가 체계-상대적이라는 사실은 도덕체계가 무엇인가에 대한 서로 다른 관점들에 따라서 서로 다른 도덕적 상대주의의 유형들이 있음을 의미한다. 첫째, 도덕적 믿음은 '사과는 맛있다'와 같은 믿음에 견줄 수 있다. 그것은 한 개인과의 관련 속에서만 진실이거나 허위일 것이다. '사과가 맛있다'는 것이 너에게 진실이고 나에게 거짓일 수 있는 것과 마찬가지로 이 형태의 도덕적 상대주의에 따르면, 하나의 행위는 너에게는 도덕적으로 옳지만 나에게는 도덕적으로 그를 수 있다. 둘째, 도덕적 믿음은 '모든 사람은 우측으로 운전할 것'과 같은 믿음에 견줄 수 있다. 그것은 어떤 공동체와의 관련 속에서만 진실이거나 거짓일 수 있다. '모든 사람은 우측으로 운전할 것'이 영국에서는 진실이지만 프랑스에서는 거짓이듯이, 하나의 행위가 영국에서는 그를 수 있고 프랑스에서는 옳을 수 있을 것이다.

그러나 도덕 상대주의는 여러 가지 측면에서 원리 윤리의 실패에 대한 바람직한 대안이 되지 못한다(M. Talbot, 1999, 208-213 참고). 우선, 도덕 상대주의의 수용은 하나의 혼동, 도덕에 관한 의견의 불일치들이 도덕 상대주의의 타당성을 충분히 입증한다는 잘못된 관점의 결과이다. 사람들은 영국인과 에스키모인은 도덕적 믿음이 다르고, 오늘날 우리의 도덕적 믿음과 옛날 선조들의 그것이 다르다고 말한다. 도덕 상대주의는 그러므로 도덕이 상대적인 것이라고 주장한다. 이 주장의 문제점은, 영국인과 에스키모인의 도덕적 믿음에 차이가 있음이 사실이지라도 그 믿음들에 내재하는 가치들이 다르고 혹은 그러므로 영국인과 에스키모인의 근본적인 도덕적 믿음이 다르다는 것이 반드시 진실일 필요는 없다는 점이다. 예를 들어, 에스키모인은 노인이 평온하게 죽을 수 있도록 해야 한다고 믿고, 영국인은 노인이 가능한 한 생명을 유지하게 해야 한다고 믿지만, 이 두 가지 믿음들은 노인은 존중되고 보호되어야 한다는 믿음의 서로 다른 적용들일 것이다. 그 적용은 이런 가치들이 적용되는 환경에서의 차이의 결과로서 다른 적용일 것이다. 또 다른 문제점은, 그것이 영국인(이나 에스키모인)이 어떤 믿음을 가짐으로써 '그를(wrong)' 가능성을 무시한다는 점이다. 물론, 어떤 사람이 '도덕적으로 그르다'고 주장하면서 우리 자신이 겸손하게 스스로 그를 수 있다고 생각하는 것은 중요하다. 그러나 당신과 내가 서로 일관적이지 않거나 모순적인 믿음들을 가진다면 우리들 중 하나(혹은 둘 다)가 그를 수 있을 것이다.

오늘날 도덕 상대주의를 광범위하게 수용하는 또 다른 이유는, 다른 사람이 도덕적으로 그르다고 말하는 것이 도덕적으로 그르다는 믿음이 점점 더 증가하고 있기 때문이다. 젊은이들은 우리가 항상 타자들의 의견을 존중해야 한다고 확신하는 것 같다. 그러나 문제는 우리가 다른 사람의 의견을 존중하는 것은 그가 그를 수 있다는 점을 고려하기를 거부하는 것과 거의 일치한다는 데 있다. 그가 그를 수 있는지를 고려하거나 논쟁하는 것 자체는 불쾌한 일일 뿐만 아니라 실제로 잘못으로 생각하는 것 같다. 그래서 의견 충돌이 나타나기 시작하면 우리는 스스로 그르다고 생각하거나 둘 다 옳다고 믿을 수 있다. 스스로 그르다고 생각하는 것은 자존심의 상실과 자신의 의견은 존중되어서는 안 된다는 믿음으로 이어지기 때문에 내적 모순에 빠질 수 있다. 따라서 유일한 일관적인 선택은, 당사자들이 모두 옳다 (그들의 도덕체계에 따라 상대적이다)는 상대주의의 길일 수밖에 없을 것이다. 그러나 이런 이유로 도덕적 상대주의를 택한다면, 그것은 그 믿음이 바람직하지 못한 결과를 초래한다는 점을 간과하는 동시에 타당할 수 없는 믿음을 수용하는 셈이 될 것이다. 그것은 진리 발견의 가치를 손상시킨다. 진리 탐구에서 협동하는 방식으로 간주되는 논쟁을 도덕적으로 비난할 수 있는 것으로, 모든 사람의 의견이 존중되어야 한다는 도덕적 진리와 양립할 수 없는 것으로 본다면, 진리 탐구에의 참여는 거부되고 말 것이다. 다른 사람들이 그르다고 믿기를 거부하는 경우에서만 그들의 의견을 존중한다는 믿음을 수용하는 것은 진리의 가치를 거부한다는 것이다. 이 믿음은 오늘날 널리 수용되고 있는 도덕 상대주의 뒤에 자리한 믿음들 중의 하나인 것이다. 물론 이 믿음을 수용할 이유가 없다. 그것은 잘못된 믿음이기 때문이다. 다른 사람이 그를 가능성을 동시에 고려하면서 그의 의견을 존중한다는 것은 완전하게 가능하다. 믿음을 가질 수 있다는 것은 실수할 수 있음을 수반한다. 즉, 진리를 추구하면서 우리는 항상 성공하지도 않고 성공할 수도 없다. 그러므로 가끔 한 사람이 그를 것이라는 믿음을 가지는 것은 그 사람의 의견을 존중하는 것과 전적으로 일관적일 뿐만 아니라 그 믿음을 '표현하는 것'은 그 사람의 의견을 존중하는 것과 일관적이다. 우리는 일관적으로, 한 사람이 가끔 그를 것이라고 생각할 수 있고, 우리는 그때 그에게, 그가 그르다고 우리는 생각한다고 말할 수 있다. 즉, 어떤 다른 인간이 어떤 것에 관해 그르다고 주장하는 데 있어 불경스러운 것은 전혀 없다. 그럼에도 불구하고 사람들은 의견 충돌에 직면하여 항상 다른 사람이 옳을 가능성을 고려해야 한다는 진실한 믿음과, 결코 다른 사람이 그를 가능성을 고려해서는 안 된다는 거짓된 믿음을 혼동한다. 따라서 그들이 그를 가능성을 고려하기조차 거부하는 경우에서만 다른 사람들의 의견을 존중한다는 믿음은 잘못된 믿음이며, 그것으로부터 도덕 상대주의를 도출하는 것 역시 잘못이다.

도덕 상대주의의 수용은 또 다른 혼동에서 기인한다. 그것은 두 가지 아주 다른 주장들 사이의 논리적 혼동이다. 즉, 어떤 믿음을 가지고 있다는 것이 그것을 가진 '그 사람에게 있어' 진실이라는 주장과, 그것이 진실이라는 것이 '그 믿음에게 있어' 진실이라는 주장 사이의 혼동이다. 어떤 사람이 노인을 습격하는 일은 도덕적으로 받아들여질 수 있는 것이라고 믿는다는 것은 그 사람에게서는 진실일 것이다. 그러나 그것이 도덕적으로 받아들여질 수 있는 것이라는 것은 노인을 습격하는 일에 있어서는 거짓일 것이다. 그 경우 그것이 거짓이라는 것은 그 사람의 믿음에 있어서는 진실이다. 그래서 그것이 도덕적으로 받아들여질 수 있는 일이라고 말하는 것은 '노인을 습격하는 것'에 있어서 진실이지 않으면서, 그가 노인을 습격하는 것은 도덕적으로 받아들여질 수 있는 것이라고 믿는다고 말하는 것은 그 사람에게 있어서는 진실일 것이다. 도덕 상대주의자에게, '어떤 사람에게 노인을 습격하는 일은 도덕적으로 받아들여질 수 있는 일이다'라는 진술은 그 사람과 그의 믿음에 관한 진술일 뿐만 아니라 노인을 습격하는 일에 관한 진술일 것이다. 도덕적 믿음은 개인의 도덕체계들과의 관련 속에서만 진실이라고 믿는 도덕 상대주의자들에게, 만약 어떤 사람이 노인을 습격하는 것이 도덕적으로 받아들여질 수 있다고 믿고, 이 신념이 그의 도덕체계의 나머지와 일관적이라면 노인을 습격하는 일은 도덕적으로 받아들여질 수 있는 일이다(그의 도덕체계에 상대적이다). 그는 거짓된 믿음을 가진 것이 아니다. 그는 단순히 하나의 다른 도덕체계를 가지고 있다. 즉, 그와, 노인을 습격하는 것을 그른 것으로 묘사하는 도덕체계를 가진 사람들 사이에는 어떤 '의견 충돌'도 없다. 단지 '사과는 맛있다'는 것이 그들에게 진실인 사람들과 거짓인 사람들 사이의 차이와 유사한 하나의 '차이'가 있을 뿐이다. 그런데, 만약 '노인을 습격하는 일이 도덕적으로 받아들여질 수 있는 일이다(물론 어떤 도덕체계에 상대적이다)'라는 관점을 수용하고 싶다면, 그것에 대해 논쟁을 가져야 할 것이며, 우리는 단순히 도덕적 믿음들은 사람에 따라 다르다는 사실을 근거로, 단순히 일부 사람들은 노인을 습격하는 일이 도덕적으로 허용될 수 있는 일이라고 '믿고 있다'는 사실을 근거로, 이 견해를 수용하지는 않을 것이다.

도덕 상대주의를 수용하는 또 다른 하나의 이유는, 우주는 '대폭발(big bang)'로 시작했다는 믿음과 마찬가지로, 도덕적 믿음도 '소박하게' 진실이거나 거짓으로 믿어질 수 없기 때문에 도덕적 절대주의는 거짓일 것이라는 믿음 때문이다. 예를 들어, '거짓말하는 것은 그르다'는 믿음이 거짓인 수많은 상황들이 항상 있을 것이다. 이 믿음과 같은 일상적인 도덕적 믿음들에 '다른 사정이 동일하다면'의 조항을 첨부할 필요가 있다는 점이, 그러한 믿음들이 단지 제한된 범위의 상황들에서만 진실이라는 사실의 증거가 된다. 이것이 도덕적 진리는 상대적(하나의 상황에 상대적)이라는 믿음이라고 말할 수 있을 것이다.

그러나 일상적인 도덕규범들이 제한된 범위의 상황들에서만 진실이라는 관점은 절대적인 도덕적 진리는 결코 없다는 관점, 즉 도덕상대주의가 아니며 또한 그것을 수반하지 않는다. 그 이유는, 도덕상대주의는, 이런 도덕규범들이 이런 상황들에서는 절대적으로 진실이라는 관점과도 일관적이며, 이런 일상적 도덕규범들이 (절대적으로) 진실인 상황들의 범위를 제한하는 것은 어떤 더 근본적인 도덕규범들의 절대적 진리라는 관점과도 전적으로 일관적이기 때문이다. 예를 들어, 만약 특별한 상황에서 '거짓말하는 것은 그르다'는 도덕규범이 진실이라면 그 규범은 그 상황에서 누구에게나 진실일 것이다. '이 상황에서 거짓말하는 것은 그르다'는 규범은 이런 상황에서 거짓말하는 모든 사람은 그의 도덕적 의무를 행하지 못하기 때문에, 절대적 진리이다. 그러한 사람이 그가 하는 일이 옳다고 믿을지라도 그는 도덕적 실수에 빠진 것이며, 그는 도덕적으로 허용될 수 있는 것에 관한 거짓된 믿음을 가진다. 그리고 마찬가지로, 만약 특별한 상황에서 '거짓말하는 것은 그르다'는 도덕규범이 거짓이라면 그 규범은 그 상황에서 누구에게나 거짓이다. 이 상황에서 거짓말을 하지 못하는 누구도 그의 의무를 하지 못한다. 그리고 '거짓말하는 것은 그르다'와 같은 일상적 도덕규범들이 제한된 범위의 상황들에만 진실이라는 사실 이면에는 더 근본적인 도덕적 원리들이 있다는 사실이 내재한다. 그래서 도덕규범이 상황에 상대적이라는 관점이 바로 일반적인 도덕원리를 주장하는 도덕적 절대주의의 부정으로 연결되는 것은 아니다. 그리고 일반적인 도덕원리가 부정된다고 해서 바로 도덕 상대주의가 정당해지는 것도 아니다.

2. 도덕 다원주의와 실용주의 윤리

1) 원리 윤리 실패의 대안으로서의 도덕 다원주의

도덕 다원주의(moral pluralism)는 원리 윤리의 실패와 도덕 상대주의의 오류들에 대응하는 가장 최근의 윤리학적 입장이라고 할 수 있다. 그러나 1940년대 벌린(Isaiah Berlin)과 1950년대 오크쇼트가 다원주의에 대한 논의를 본격적으로 시도한 바가 있었지만(I. Berlin, 1969; M. Oakeshott, 1991 참고), 어떤 입장들이 다원주의에 속할 수 있는지에 관한 명확한 공식은 아직 설정되어 있지 않다. 그것은 가치에 관한 설익은, 새로운 접근이다. 그럼에도 불구하고, 원리 윤리나 도덕 상대주의와 비교한다면 그것의 특징들을 살펴볼 수 있을 것이다. 그것은 선하고 행복한 삶을 가능하게 하는 다양한 가치들 사이에는 '양립할 수 없는' 갈등현상이 존재함을 인정하면서, 합리적인 분석을 통하여 그 갈등을 해결하는 여러 가지 대안들을 제시하려 한다.

우선, 도덕 다원주의는 가치란 인간으로 하여금 선(good)하고 행복한 삶을 살게 하는 것이라는 관점을 가진다. 그것의 중심된 주장은, 좋은 삶이란 어떤 삶인가에 대한 합당한 관념들이 많이 있을 수 있으며, 그 좋은 삶을 실현시킬 수 있는 합당한 가치들도 많이 있을 수 있다는 것이다. 그리고 대조적인 관념들과 가치들은 상호 배타적일 수 있다는 것이다. 그래서 서로 대조적인 가치들 사이의 '양립될 수 없음(incompatibility)'은 도덕적 갈등현상을 일으키는 가치체계의 본질적 속성이라는 것이다. 가치들이 '양립될 수 없음'은 부분적으로는 갈등하는 가치들의 본질에서 기인한다. 이 본질 때문에 하나의 가치의 실현은 다른 가치의 실현을 전체적으로 혹은 부분적으로 배제시킬 수 있다. 습관적 식도락과 음식 절제는 전체적으로 양립될 수 없는 것이다. 가치들이 '양립될 수 없음'은 부분적으로는 인간본성에서 기인한다. 즉, 일부 가치들의 본질이 양립될 수 없는 것은 사람에게서 그 원인을 찾을 수 있다. 만약 식도락이 사람에게 쾌락을 가져다주지 않는다면 그것과 음식 절제는 양립될 수 없는 것이 아닐 것이다. 가치들이 양립될 수 없다는 점과 관련하여 도덕 다원주의가 주장하는 또 하나의 특징은, 가치들을 '같은 기준으로 잴 수 없음(incommensurability)'이다. 그 이유는 세 가지로 설명될 수 있다. 먼저, 도덕 다원주의는, 모든 다른 가치들을 부차적인 것으로 만들고, 그것을 준거로 모든 다른 가치들의 서열이 정해지는, 행복과 같은 최상의 가치가 있을 것 같지 않다고 생각한다. 다음으로, 그것은 모든 다른 가치들이 그것의 측면에서 표현되고 양적으로 비교될 수 있는, 돈과 같은 어떤 매개수단이 있다는 데 의문을 가진다. 그리고 그것은 가치갈등을 해소하여 모든 합당한 사람들이 만족에 이르게 하는 데 이용될 수 있는, 정언명법과 같은 유일한 혹은 소수의 근본원리를 옹호하는 주장에 회의적이다(John Kekes, 1993, 22-23). 결국, 사람들이 '양립될 수 없기도' 하고 '같은 기준으로 잴 수 없는' 가치들을 실현하기를 원하기 때문에 도덕적 갈등들은 항상 있을 수 있다는 점을 인정해야 한다는 것이다.

다음으로, 도덕 다원주의가 결론적으로 주장하는 것은, 가치는 조건적(conditional)이며, 어떤 가치도 압도적이지(over-riding) 않다는 것이다(Ibid., 38-52 참고). 이와 관련하여 다원주의는 가치들의 본질에 관한 다른 두 가지 이론들, 즉 일원론(monism)과 상대주의(relativism) 간의 중간 지점에 머물고자 한다. 일원론은 어떤 압도적인 가치가 있다고 주장한다. 그러나 그것이 유일한 가치라고 전제할 필요는 없다. 그것은 모든 가치들이 그것들을 토대로 비교될 수 있을 소수의 가치들, 혹은 서열 구도들, 혹은 원리들을 생각하고 있을 것이다. 원리 윤리가 여기에 속할 것이다. 다원주의의 입장은 특정한 가치들이 다른 가치들에 비해 상대적으로 중요하다는 점을 인정하지만 그 특정 가치들을 절대시하지 않는다. 다원주의는 어떤 가치도 압도적이지 않다고 주장하기 때문에 일원론에 반하는 것이다. 그것은 '모든' 가치들을 '항상' 압도하는 어떤 특정한 가치들이 있다는 생각을 반대하는 것이다. 또한 다원주의는 상대주의를 반대한다. 상대주의는 모든 가치들이 조건적이고 압도적이지 않다는 데에는 다원주의와 같은 생각이다. 그러나 상대주의는 다원주의를 넘어서 모든 조건적 가치들이 인습적인 것이라고 생각한다. 즉, 모든 가치들을 특정한 전통에서 발전한 관습, 관행, 신념의 산물로 주장한다. 그리고 어떤 가치가 그것의 전통적 맥락 외에 도덕적 권위를 가진다는 점을 부정한다. 상대주의에 있어서는, 합당한 것으로 간주되는 것 자체가 특정한 전통의 산물이기 때문에, 서로 다른 전통들에 속하는 가치들 '사이의' 갈등을 해결할 합당한 방법이 있을 수 없다. 그러나 다원주의는 비록 가치들이 조건적이고, 가치갈등들이 서로 다른 전통들의 맥락 속에서 일어날지라도, 양립될 수 없고 같은 기준으로 잴 수 없는 가치들 사이의 갈등들을 해결하는 합당한 맥락-독립적 토대가 있다고 믿기 때문에 상대주의와 의견이 다르다.

도덕 다원주의의 특징적인 주장의 또 하나는 바로 갈등 해결을 위한 합당한 방법을 모색한다는 점이다. 그것은 모든 합당한 사람들이 받아들일 수 있는 가치갈등의 해결을 위한 맥락-독립적 방법이 있다는 것이다. 그 방법이 있음을 인정하는가에 따라 다원주의와 상대주의는 다르며, 그 방법이 있을 수 있음에 동의하지만 그것은 압도적 (내지 절대적) 가치에 의한 방법이라고 생각하는가에 따라 일원론과 다원주의는 다르다. 도덕 다원주의의 주장에 의하면, 도덕적 논의의 충돌은 다양한 도덕적 가치들 사이의 조화를 추구하기보다는 하나의 특정한 가치를 절대시하면서 그것을 토대로 다른 가치들을 압도하려는 편협한 성향들에서 기인한다. 도덕성에 관한 대부분의 논의는 어느 하나의 주장이 다른 주장을 강제로 침범하거나, 그 주장들 사이의 타협으로 종결된다. 그러나 특정한 가치만을 지속적으로 주장하거나 가치들 간의 갈등을 근본적으로 해결하지 않고 타협하기보다는, 도덕적 담론에 참여하는 사람들이 가치 갈등 자체에 주목하면서 자신의 입장을 성찰할 경우 도덕적 갈등은 상대적으로 용이하게 해결될 수 있을 것이라고 생각하는 것이 도덕 다원주의의 입장이다. 그것은 도덕적 담론에의 참여자들이 더 합당하게 인식하고 행동할 경우 도덕적 갈등의 해결에 도움이 될 공동의 기반 내지 맥락-독립적 토대를 확보하게 될 것이며, 따라서 도덕적 가치들 사이의 갈등을 합당하게 해결할 수 있을 가능성을 발견할 수 있다는 것이다(Ibid., 22-23).

마지막으로, 도덕 다원주의는 실용주의적 접근을 통해서 그 맥락-독립적 토대를 마련하고자 한다. 그 토대는 좋은 삶을 위한 최소 요구조건들로 구성된다. 그러한 요구조건들은 인간본성에 의해 창조된, 보편적으로 인간적이고, 역사적으로 지속적이고, 사회적으로 불변하는 욕구들(needs)에 의해서 설정된다. 그 욕구들은 생리적, 심리적, 사회적인 것들이다. 이 기본욕구들의 충족은 '일차적(primary)' 가치들로 부를 수 있다. 반면 전통들과 좋은 삶에 대한 관념들에 따라 다른 욕구 충족으로부터 도출되는 가치들은 '이차적(secondary)' 가치들로 불릴 것이다. 모든 좋은 삶들의 최소 요구조건들은 일차적 가치의 실현에 의해 충족될 것이다. 사람들이 일차적 가치들을 추구하는 것을 돕고 보호하는 규칙, 관습, 원리 등은 '깊은 인습(deep conventions)'으로 불릴 것이다. 그런데 이 '깊은 인습'을 통하여 사람들을 보호하는 전통이야말로 도덕적으로 받아들여질 수 있는 전통일 것이다(Ibid., 3장 참고). 일차적 가치들이 보편적이고 일관적이고 불변적이라는 도덕 다원주의의 주장은 좋은 삶들이 그 일차적 가치들의 충족을 요구한다는 단순한 사실에 연관된다. 그것들이 '어떻게' 충족되는지에 관하여 거대한 역사적, 문화적, 그리고 개인적 차이들이 있음을 다원주의는 쉽게 인정한다. 그러나 그것은 또한 도덕적으로 받아들여질 수 있는 전통이라면 그것은 항상 '깊은 인습'을 지지하는 것이어야 한다고 주장한다(John Kekes, 1999, 171-172 참고).

2) 도덕 다원주의로서의 듀이의 실용주의 윤리

존 듀이의 실용주의 윤리(pragmatic ethics)는 도덕적 옳고 그름이 선험적으로 결정되어 있지 않고 구체적인 상황 속에서 판단되어야 한다는 점을 주장한다. 즉, 도덕적 상황이 도덕원리에 종속되는 것이 아니라 도덕원리가 도덕적 상황에 종속되는 것임을 강조한다. 상황을 강조한다는 것이 도덕 상대주의를 의미하는 것은 아니다. 그것은 모든 도덕원리들을 부정한다는 것이 아니라 상황을 심각하게 고려한다는 의미인 것이다. 이런 의미에서 실용주의 윤리는 상황윤리(situation ethics)에 해당한다. 원리 윤리 내지 의무론적 윤리(deontological ethics)는 도덕적 상황을 고려할 필요가 없을 정도로 완벽한 프로그램을 구성하고자 한다. 그것은 모든 상황을 망라하고, 복종만을 요구하는 포괄적인 도덕적 공식을 제시하고자 한다. 그리고 그것은 상황을 일반원리의 적용 사례로 간주한다. 이 경우 상황은 그것만의 고유한 조건들로 구성되는 것이 아니다. 상황에 관한 이러한 관점은 상황에 대한 진지한 관찰과 상황의 고유한 요소들에 대한 진정한 평가를 하지 못하게 만든다. 어떤 도덕원리도 그 자체로는 일상적인 삶 속에서 만나는 착잡한 문제 상황들을 해결할 수 없다. 도덕원리는 고정된 규칙들이나 '자연법'이 아니고, 작동하는 가설들이다. 그것들은 심사숙고를 대체하는 것이 아니라 오히려 심사숙고를 하게 한다. 도덕원리는 새로운 상황들과 새로운 경험들의 요구조건들에 따라서 땜질되고 수정되는 것에 지나지 않는다. 도덕원리는 도덕적 활동의 주인이 결코 될 수 없다. 그리고 그것이 유용한 것인가의 문제는 그것이 합당한 결과들을 가져오는 데 도움을 줄 수 있느냐에 의해 판단된다. 과학적 가설들이 경험 속에서 검증되어야 하듯이, 도덕적 원리들은 도덕적 활동의 영역에서 검증되고 재검증되고 수정되고 재수정되어야 한다. 도덕원리들은 법칙이 아니고 지침이며 도구에 불과하다. 인간의 행위는 원리에 따라 자동적으로 이루어지는 것이 결코 아니다. 행위가 이루어지는 상황은 복잡하고 고유한 상황들이며, 거기에는 많은 변수들이 등장한다. 하나의 상황 속에서 이루어지는 행위는 고정된 원리들에 따라서 분류될 수 없는 것이다. 그것은 항상 변화하는 조건들 속에서 현명하고 유능한 관리를 요구한다. 항해에 관한 지식만으로는 폭풍을 무사히 돌파할 수 없을 것이다. 적응적이고 창의적인 지식, 즉 실천적 지혜가 요구된다. 결국, 도덕적 행위를 결정하는 열쇠는 그 행위가 따른 도덕'원리'가 아니라 그 행위가 이루어진 고유한 '상황'인 동시에 상황에 대한 실천적 지혜인 것이다.

그리고 듀이의 실용주의 윤리는 '목적 그 자체(end-in-itself)'가 아니라 '전망 속의 목적들(ends-in-view)'을 제시한다. 그가 제시하는 '전망 속의 목적'에서의 목적은 활동 밖에 있는 대상들이나 사물들이 아니고 활동 속의 구성요소들이다. 그리고 그것은 미래의 사건들이 아니라 현재의 기대들이다. 목적은 현재의 심사숙고나 활동에서 작동하는 것이며, 충분히 전망될 수 있는 것이다. 그의 '전망 속의 목적'은 기존의 목적론적 윤리(teleological ethics)에서 제시하는, 모든 삶들이 지향해야 할 최고선이나 궁극적 목적이 아니다. 그 목적들은 끝없이 다양하다. 사실, 모든 도덕적 혹은 실천적 상황은 고유하고 개인적이며, 고유하고 개인적인 가치나 선을 포함한다. 일반적인 목적들이 있는 것도 사실이다. 그 일반적인 목적들이 언어와 관습들과 함께 학습된다. 건강, 부, 행복 등이 그 예가 될 수 있을 것이다. 그런데 좀 더 깊은 의미에서 생각한다면, 일반적인 건강이나 부나 행복 같은 것은 없다. 이 사람의 건강은 저 사람의 건강과 다를 수 있고, 그것을 실현하는 수단도 마찬가지로 개인적인 것이다. 그래서 모든 도덕적 상황의 도전은 검토되고 분석되고 새로이 판단되어야 한다. 실제적인 상황들에 대응하는 행동방식들은 항상 특정한 것이며, 유연하고 항상 수정되는 지혜와 기술을 요구한다. 특정한 상황의 개인성과 그 속에서의 있을 수 있는 고유한 선을 평가하지 못함은 목전의 것만을 인식하는 근시안에 머물고 새로운 상황에 둔감한 것이다. 그것은 동일한 선을 단순하게 모든 곳에서 반복되는 것으로 보는 과도한 단순화의 오류이다. 그것의 결과는 도덕성을 예술이 아니라 하나의 판에 박힌 수단으로 만드는 것이다. 그러나 도덕적 상황에는 어떤 유사성도 없다는 것을 말하지 않는다. 어떤 연관들은 유사하다. 이전에 작동했던 것이 다시 작동할 수 있다. 이전에 선한 것은 지금 선한 것에 유사할 것이다. 그러나 우리는 절대적 고정된 목적이나 철칙으로서의 원리를 조심해야 한다는 것이다. 듀이가 강조하는 것은 유연성과 적응 가능성이다. 그에게는 모든 가치들을 느슨하게 특징짓는 일종의 우산과 같은 용어가 있다. 그것은 고정된 목적 자체가 아니고 가치들의 일반적인 방향을 가리키는 일종의 나침반이라는 용어이다. 그것은 바로 '성장하기(growing)'이다. 개인들과 개인들이 만나는 상황들은 고유하다. 중요한 것은 이 혹은 저 고정적인 목적의 달성이 아니라 그들이 향하는 방향이며 그 방향을 잡아나가는 '조종하는(piloting)' 기술이다. 듀이의 실용주의 윤리에서 그 기본은 모든 개인들의 대체 불가능하고 고유한 자질이다. 도덕적 행위는 외부에서 주어지는 고정적인 도덕적 목적에 이르는 단순한 수단이 아니다. 그것은 사물들을 더 나은 것으로 만드는 과정 내지 상황을 더 낫게 만드는 과정이다. 과정으로서 그것은 수단과 목적을 포괄한다.

수단과 목적은 분리시킬 수 없는 것이며 상호연관적인 것이다. 한편, 기대된 바람직한 결과들(가치들)은 활동을 자극하는 수단이다. 다른 한편, 도구적 활동들은 즉각적으로 즐길 수 있는 목적일 수 있다. 사람들은 목적을 먼저 설정하고 그 다음에 그 목적에 이르는 수단을 찾아야 한다고 생각한다. 그러나 목적과 수단에 대한 일상적 이해는 쉽게 우리를 오도한다. 대부분의 사람들은 목적은 활동을 동기 부여하는 고정된 목표들이며, 수단은 그런 목적들에 이르는 길들이라고 생각한다. 수단과 목적은 근본적으로 다르지 않다. 오히려 그것들은 동일한 것의 두 가지 이름들이다. 이 용어들은 실질상의 구분을 의미하지 않고 판단에서의 차이를 의미한다. 즉, "목적은 단순히 격려된 상태로 관찰된 일련의 행위들이며, 수단은 단지 이전에 관찰된 일련의 행위들이다."(John Dewey, 1922/1988, 27-28) 사람들은 목적을 외부적 활동 가운데 어딘가에 있는 고정되고 결정적인 목표들로 생각하게 된다. 그 목표는 행위에 가치와 의미를 제공한다. 그 유일한 가치는 먼 목적들을 달성하는 데 있다. 그러나 목적들은 가치의 원천도 아니고, 목적에 도달하는 것이 완전한 행위도 아니다. 목적은 실제로 행위에의 목적이 아니고 기껏해야 행위의 새로운 방향 잡기이다. 목적은 행위 내에서 생기고 기능한다. 그것은 행위를 넘어서 있으면서 행위의 방향을 잡는 것이 아니다. 그것은 엄격히 말해서 행위의 종착점(ends)이 아니다. 그것은 심사숙고의 종착점이며 그래서 활동에서의 전환점이다(Ibid., 164). 그것은 이야기의 종말과 같다. 그것은 그것으로부터 그 이야기의 요소들을 이해할 수 있는 관점을 제공한다. 그것은 그 이야기의 밖에 있는 어떤 요소가 아니다. 수단에 관한 일반적인 관점은 인간을 기본적으로 위협을 받거나 꾐에 빠지지 않으면 행동하지 않는 수동적인 동물이라고 본다. 그 위협이나 꾐은 행동하게 동기 부여하는 바람직한 목적이다. 그 목적은 행위에 의미를 주입한다. 즉, 그것은 싫은 활동(수단)을 참을 수 있는 활동으로 변형시킨다. 이 관점은 의미의 본질을 오해한다. 즉, 그것은 수단을 단순한 수단으로서 다룬다. 그것은 목적에 이르는 길로서 유일한 가치를 가진다. 수단이 중요하지 않다고 생각하는 것은 목적 달성을 위한 최소한의 노력만을 행사하도록 자극하며, 그 결과 목적 달성을 가능하게 하는 능력을 축소시킨다. 수단이 단순한 목적으로 이르는 길이라기보다는 목적들을 구성한다는 점을 이해한다면 목적을 달성할 가능성은 더욱 클 것이다.

또한, 듀이의 실용주의 윤리는 옳고 그름의 기준을 사용하지만, 결코 '기준적(criterial)'이지 않다. 그것은 절대주의적이지 않으면서 객관적이고, 상대주의적이지 않으면서 윤리적 판단들이 상대적이라고 인정한다. 그리고 그것은 우유부단하지 않으면서 도덕적 차이들을 관용하고 진정으로 환영한다. '기준적'이라고 하는 말은 적어도 사용하는 기준들이 논리적으로 우선적이고, 고정되고, 완전하고, 직접적으로 적용할 수 있는 것이라고 주장한다는 의미이다. 그러나 실용주의가 기준에 관해 말하는 경우 그것은 분석의 도구로서, 도덕적 결정을 내릴 때 고려해야 하는 특징들을 분석해내는 발견적 교수법으로 생각한다. 기준들은 대체될 수 있고 종종 대체되기 때문에 논리적으로 선행하거나 고정되지 않는다. 그것들은 도덕적 판단의 중심적 요소들이 그들에 포함될 수 없기 때문에 완전한 것이 아니다. 그리고 그것들은 원리들이 모든 상황에서 어떻게 행동해야 하는지에 관한 명백한 방향을 제시하지 못하기 때문에 직접적으로 적용될 수 있는 것이 아니다. 따라서 실용주의 윤리는 원리들에 바탕을 두지는 않지만 그렇다고 원리를 전적으로 무시하고 따르지 않는 것은 아니다. 도덕성은 절대적 답을 구하지 않는다. 그것은 '사악하게' 상대주의적이지 않다. 그것은 환경은 변하고 그 변하는 환경에서 적절한 행위는 다른 행위들임을 인정한다. 그래서 그것은 사람들 사이의, 그리고 문화들 사이의 도덕적 획일성을 요구하지 않는다. 더욱이 그것은 도덕적 진보는 우리 밖의 어떤 것이나 어떤 사람에 의한 선언을 통해서가 아니라 경험의 가혹한 시련으로부터 생긴다고 이해한다. 실용주의 윤리가 도덕성의 '기준적' 관점을 거부하는 것은 그 관점을 지탱하는 합리성의 관념에 대한 거부로부터 나온다. 도덕성은 고정적인 기준을 의식적으로 따르는 것이라는 신념은 과도한 합리화(overrationalization)를 가져온다고 생각한다.

도덕적 행위는 무엇보다도 의식적인 심사숙고의 결과여야 한다고 믿는 사람들이 많을 것이다. 그러나 걸음을 디딜 때마다 심사숙고하면서 걷고, 다음 말을 심사숙고하여 결정하면서 말을 한다면, 우리는 제대로 걸을 수도 말할 수도 없을 것이다. 심사숙고는 살아 있는 것이다. 그러나 그것의 중심적인 역할은 행위를 직접적으로 안내하는 것은 아니고, 습관들을 형성하고 변화시키고 강화시키며, 그래서 간접적으로 행위를 안내하는 것이다. 이것은 인간 활동이 습관적이기 때문에 중요한 역할이다. 그러므로 심사숙고의 적절한 역할을 이해하기 위해서는 실용주의의 습관 관념을 탐구해야 한다.

듀이의 실용주의 윤리는 인간성을 습관, 충동, 지성의 세 가지 요소로 파악하면서, 그것들의 통일적 작용으로 도덕성을 설명한다(박재주, 2003, 268-280 참고). 인간은 어느 의미에서 습관의 동물이라고 할 수 있을 것이다. 사실 인간의 삶은 대부분 습관의 지배를 받는다. 우리가 생각하고 말하고 느끼는, 심지어 행동하고 신체를 움직이는 방식은 습관적인 경우가 대부분이다. 그런데 습관은 양날의 칼과 같다. 그것은 힘을 부여하기도 하고 제한하기도 한다. 일종의 습관으로서의 언어는 그것이 없다면 아무것도 말할 수 없을 것이기 때문에 우리에게 말할 수 있는 힘을 주는 동시에, 우리가 말할 수 있는 것만을 말할 수 있기 때문에 오히려 우리를 제한한다. 습관을 통해 우리는 행위를 배울 수 있지만 습관적으로 행동하는 동안 우리는 근시안적인 행위의 수준을 벗어나기 힘들 것이다. 따라서 습관적인 동물로서 우리는 습관들의 지배에 맹목적으로 순응하기도 하고 지속적으로 습관들을 평가하고 우리가 습관을 지배하기도 하는 미묘한 관계를 유지해야 한다. 우리는 문화의 습관들을 별 생각 없이 받아들이면서 의도적으로 그것들을 바꾸지 않으면서 생을 터벅터벅 걸어갈 수 있거나, 성찰의 기쁨에 매우 관심을 가질 수 있을 것이다. 우리는 결정적 선택과 행위의 책임을 떠맡기를 두려워할 것이다(John Dewey, 1922/1988, 137).

그런데 습관은 사회적이고 문화적인 것이다. 우리는 문화를 통해 습관을 형성한다. 문화는 습관의 사회적 전달을 의미한다. 그러나 문화적 힘들이 습관을 형성한다고 해서 개인들의 선택이 전혀 불가능하고 그래서 책임을 면할 수 있다고 생각해서는 안 된다. 동시에 습관은 우리 자신의 선택의 산물이기도 하다. 습관이 사회적, 문화적이라는 의미 속에는 습관들을 강화시키거나 변화시킬 우리의 개인적 선택이 포함되어 있다는 의미, 즉 습관은 선택들의 습관이라는 의미를 함축한다. 따라서 습관은 자아를 구성하며 결국 의지라고 할 수 있다. 습관은 과거의 경험들과 결정들을 현재와 미래로 실어 옮기는 것이며, 사회적 영향들과 개인적 선택이 접목되어 형성되는 것이다. 그래서 동일한 사회와 문화 속에서 성장한 사람들의 습관들이 다를 수 있는 것이다. 습관의 통제와 변화는 그것이 형성되고 유지되는 조건들을 이해하고 신중하게 그것을 변화시키려고 할 때 비로소 가능해진다. 그것을 가능하게 하는 것은 심사숙고하는 개입의 손이다. 그러나 그 심사숙고는 신비적인 비술이 아니라 이전의 경험들이나 심사숙고들에 의해 세련된 하나의 지적 습관일 뿐이다.

그래서 도덕성을 일종의 습관으로 간주할 수 있다. 실용주의 윤리는 삶의 중요한 측면들이 모두 그렇듯이 도덕성 역시 의식적인 심사숙고의 산물로 보지 않고 습관의 산물로 본다. 도덕성이 항상 또는 종종 전적으로 의식적인 심사숙고와 선택에 의존한다면 훨씬 덜 도덕적일 것이라는 생각이다. 찻길에서 위험에 처한 어린이를 보고 달려가 구하는 경우에서처럼 대부분의 도덕적인 행위들은 다른 사람의 이해관계를 고려하기를 결정하고 이루어진 행위들이 아니라, 그저 다른 사람의 이해관계를 고려하기만 하는 그런 종류의 행위들이다. 즉, 그러한 행위들은 다른 사람들의 이해관계를 고려하는 습관에 의해 이루어지는 일종의 습관적 행위들이다. 물론 다른 사람을 돕는 최선의 방법에 관해 심사숙고할 수 있지만, 그러한 심사숙고 역시 습관에 의해 형성되는 것이다. 일단 형성된 습관은 자신을 영속화시킨다. 습관의 이러한 보수적인 기능은 개인의 창조적 발전을 제한한다. 그러한 습관을 움직여서 새로운 방향을 제시하고 변화하고 새롭게 형성되도록 하기 위한 자극이 필요하다. 그 자극의 역할은 충동이 담당한다. 생득적이고 본래적인 본성을 충동이라고 생각한 전통적 도덕관은 그것을 야생마와 같이 길들이기 힘든 본능으로 간주한다. 그러나 듀이는 그것을 낡은 습관에 새로운 방향을 부여하여 그것의 성질을 변화시키는 방향 변화의 동인으로 여긴다. 그것은 맹목적이고 비지성적으로 물결치고 폭발할 수 있고, 승화될 수도 있다. 즉, 그것이 다른 요인들과 지성적으로 조화하여 하나의 연속적인 행동방식이 될 수 있다. 지성과의 조화를 이룬 충동은 습관으로 이어진다. 예를 들어, 분노의 격정이 사회의 불공정이 시정되어야 한다는 확신으로 변하고 그 신념을 실행으로 옮기는 동인이 되기도 한다. 이런 식으로 표출되는 충동이 습관을 재편하는 작용을 하게 되는 것이다. 또한 충동은 억제되기도 한다. 억제된다는 것은 말소된다는 것이 아니다. 폭발되지도 않고 방향 전환되지도 않은 충동은 인간의 내부로 들어가 보이지 않는 곳에서 잠재한다. 기능하지 않고 잠재된 충동들이 우리 속에 허다하게 간직되어 있다. 그것을 조금씩 지속적으로 끌어내는 것을 학습 또는 교육에 의한 성장이라고 부른다. 습관이 굳어졌다는 것은 충동이 전혀 없다는 것이 아니고 그것이 유기적으로 이용되지 못한다는 것이다.

듀이에게 있어 습관과 충동은 상호의존적이다. 호기심과 모험심에 가득 찬 아동들의 생래적인 충동은 기존의 습관에 의해 검토받지 않으면 무절제하기 쉬우며, 어른들의 습관은 충동에 의해 새로운 힘과 방향감각을 제공받아야 한다. 인간은 항상 새롭게 삶을 출발한다. 인간의 삶은 항상 갱신의 과정 속에 있으며 그 갱신을 통해 영속할 수 있다. 진실로 인간적인 교육은 지성을 통해 생득적인 충동을 상황에 따라 지도함으로써 갱신의 삶을 살게 하는 것이다. 그런데 습관과 충동은 반드시 지성의 검토를 받아야만 한다. 습관은 혼자서는 인식할 수 없다. 습관은 그 자체로는 너무 단정적이고 결정적이기 때문에 탐구도 상상도 할 여지가 없다. 충동 역시 그 자체로는 반성이나 명상을 할 수 없다. 그것은 다만 해내기만 할 따름이다. 충동은 너무 혼돈되어 있고 난맥상을 보이고 있기 때문에 알려고 해도 인식의 능력이 없다. 그래서 습관과 충동은 지성에 의해 심사숙고의 과정을 거쳐야 한다. 이것이 바로 습관이 경신되고 재조직되어 가는 과정이다.

듀이에게 있어 지성은 탐구를 통해 경험을 재구성하는 일종의 실험이다. 그것은 전통적인 철학에서 말하는 본유관념으로서의 이성처럼 경험을 넘어서는 궁극적이고 실체적인 어떤 것이 아니라, 인간의 경험에 근본을 두는 것이며, 실체적이 아니라 기능적이다. 그가 말하는 지성은 곧 반성적 사고 내지 심사숙고이다. 그것은 선행하는 습관과 새롭게 해방된 충동과의 충돌에 의해 드러난 행동이 방해받는 데에서 비롯한다. 드러난 행동이 일시적으로 중지되면서 습관과 충동은 차례대로 엄격한 검토를 받는다. 그것은 행동의 가능한 방향들이 실제로 어떤 것인가를 가려내는 실험이다. 그것은 습관과 충동으로부터 뽑아낸 요소들을 여러 가지로 결합시켜보고 실행하면 나타날 결과가 어떤 것일까를 알아보는 실험이다. 심사숙고란 바람직한 행위를 선택하기 위해서 상황을 검토하고 결과를 예상하는 일종의 실험에 해당한다. 심사숙고를 통해 지성은 습관을 합리적인 방향으로 변화시키고 수정한다. 낡은 습관을 개조하기 위해서는 지성의 힘이 요구된다. 심사숙고를 거치지 않은 습관은 타성에 젖어 삶을 침체하게 만든다. 지성의 심사숙고 역시 일종의 습관이다. 또한 지성은 충동을 조절하고 통제한다. 그것은 충동과 욕구들이 합리적인 방향으로 해방되도록 안내하는 역할을 담당한다. 결국 인간의 도덕적 행위는 인간성의 세 요소들, 즉 환경과의 지속적인 상호작용의 경험을 통해 후천적으로 습득되는 습관과, 습관에 새로운 자극을 부여함으로써 변화와 재편을 유도하는 선천적이고 생득적인 충동, 그리고 습관과 충동을 조정하고 안내하는 지성 등의 상호작용에 의해서 일어난다.

3. 듀이의 도덕적 상상에 관한 이론

1) '공감적 투사'와 '행위 가능성들을 마음속에 그리기'로서의 도덕적 상상

듀이의 실용주의 윤리학은 도덕적 상상을, 더 현명한 도덕적 판단을 가능하게 하는 것으로서 매우 중요한 문제로 다룬다. 실용주의의 창시자로 알려진 퍼스(Charles S. Peirce)는 상상을 '비버(해리)에게 댐 만들기'나 '새들에게 둥지 만들기'처럼 인간에게 타고난 것이며, 우리가 추론한다는 것과 우리를 지적인 존재로 만드는 모든 것은 상상 속에서 이루어진다고 주장하였고(S. Fesmire, 2003, 64 재인용), 듀이도 상상을 근육운동처럼 인간 활동의 정상적이고 필수적인 부분이라고 주장하고 있다(John Dewey, 1980, 245). 그가 말하는 도덕적 상상은 일반적인 생각과는 전혀 다른 의미를 지닌다. 도덕적 상상이라는 말은 일반적으로 두 가지 양립이 불가능하거나 모순적인 개념의 병렬, 즉 모순어법으로 간주된다(M. Johnson, 1993, 2). 이것은 도덕성 관념의 본질에 대한 전통적인 오해와 관련된다. 도덕성은 보편적인 도덕적 법칙들이나 규칙들의 체계 이상이 아니라는 것이다. 올바른 도덕적 추론은 도덕적 법칙을 일상적 삶에서 직면하는 구체적 상황에 적용하는 문제이다. 그러나 도덕적 상상은 어떤 규칙들에 의해 지배되거나 합리적으로 규정된 개념들에 의해 한정되지 않은 주체적이고 자유분방하고 창조적인 과정이다. 그래서 도덕적 상상은 합리적인 도덕적 심사숙고의 과정에 특이하고 불확실하고 감정이 실린 나래를 펼치는 것으로 간주된다.

상상은 도덕성의 적으로 간주되는 것이다. 도덕적 추론에 상상이 작용한다면 도덕법칙이 무용한 것이 되거나 도덕성의 합리적 보편적 성격이 파괴된다고 보는 것이다. 그런데 이성과 상상을 엄격하게 구분하고 상상이 주관적이고 비합리적이라는 생각은 잘못이기도 하고 위험한 일이기도 하다. 인간의 이성(내지 이해와 추론)은 상상적 차원을 가진다는 점을 진지하게 고려해야 한다. 듀이에 의하면, 인간의 이성은 선천적으로 주어지는 것이 아니다. 그것은 환경과의 상호작용을 재조정하려는 반복된 시도들을 통해 획득된 성향에 불과하다. 그것은 곧 '학습된 행위(learned behavior)'인 것이다.

듀이는 두 가지 의미의 상상들을 말한다(S. Fesmire, 2003, 65). 그 하나의 의미는 '공감적 투사(empathetic projection)'이다. 공감은 '상상을 통해 타자들의 상황들 속으로 들어가기'로 정의될 수 있다. 공감이 없다면 냉정하고 무관심하게 될 뿐만 아니라 심지어 심사숙고하려는 동기나 심사숙고할 자료도 가지기 힘들 것이다. 공감은 "생기를 불어넣는, 도덕적 판단의 거푸집"이다(John Dewey, 1932/1985, 270). 다른 사람에게 공감한다는 것은 그의 열정이나 관심 또는 염려를 자신의 것으로 받아들이는 것이며 우리에게 행동의 동기를 부여하는 것이다. 이것은 다른 사람의 입장이 다름을 인정하지 않고 우리 자신의 가치와 의도를 다른 사람에게 투사하는 일반적인 잘못된 습관과는 구별되어야 하는 것이다. 공감은 단순히 다른 사람의 복지에 대한 감정을 가지는 것 이상으로 서로 다른 상황들과 조건들에 놓인 스스로를 상상해보는 것이다. 도덕적인 성향은 부분적으로, 가능한 한 많은 참여자들로 하여금 심사숙고에 참여하도록 하고 가능한 한 많은 요소들을 공정하게 들어주는 성향이다. 나약한 도덕적 성향을 가진 사람들은 상상 속에서의 열린 논쟁을 제한하고 충동들이나 습관들의 제한된 영역에 따라서 선택하는 경향이 있다. 나쁜 정치인들처럼 그들은 그들이 듣고자 원하는 것만을 듣는다. 더욱이 그들은 타자들의 관점들, 그들의 조건들, 결과들을 고려하지 않는다. 사회적 관점을 택하지 못하고 타자들을 위한 광범위하고 장기적인 결과들의 큰 그림을 보지 못함은 공감의 결여가 의미하는 바이다. 다른 사람들의 관점들을 상상하고 그들의 행위방식들을 평가하는 능력으로서, 공감은 진정한 도덕적 사고와 행위의 전제조건이다.

또 다른 하나의 상상은 '하나의 상황이 가지는 여러 가능성들을 마음속에 그리기'이다. 이것은 듀이가 말하는 상상의 중심적 의미이다.

행위의 가능성들을 마음속에 그려보기로서의 상상은 가능성에 비추어서 구체적인 것을 지각하는 능력이다. 그것은 우리 자신과 다른 사람들의 인지적 도덕적 능력과 관점에 대한 지식이나 변함없는 동료 의식이나 다른 사람의 세계에 침투할 수 있는 능력을 넘어 더 이상의 어떤 것을 필요로 한다. 그 어떤 것은 바로 주어진 상황 속에서 행위를 위한 다양한 가능성들을 상상을 통해 확인하고, 하나의 주어진 행위로부터 초래되는 잠재적인 이익과 손실을 마음속에 그려볼 수 있는 능력이다. 배려, 관심, 착한 의도만으로 도덕성이 보장되는 것은 결코 아니다. 우리는 순수하게 의지(will)하는 것뿐만 아니라 우리 자신과 타인의 복지를 증진시키는 방식으로 행동할 필요가 있다. 칸트는, 선의지(good will)는 그것이 달성하거나 하지 못할 어떤 목적과 무관하게 그 자체로 도덕적으로 존중되어야 하는 것이라고 강조한다. 그러나 도덕적 행위는 즉각적이고(예를 들어 사고 희생자를 돕는 일), 장기적이며(예를 들어 젊은이들을 교육시키는 일), 좁은 범위나(보호시설을 찾는 사람을 돕는 일) 넓은 범위의(포괄적인 사회관계를 실현시키는 일) 목적을 실현시키기를 요구한다. 선의지를 가지는 것 자체는 내적 정신적 공간에 잠겨 우리의 행위들로부터 분리되어 존재하는 것이 아니다. 의지는 대부분의 경우에 다양한 목적들과 분리된 실체가 아니다. 그래서 우리의 의지는 삶의 지속적인 활동으로 확대되어야 한다. 유익하고, 의미 있는 행위의 가능성들을 마음속에 그려보는 것이 바로 도덕적 상상인 것이다. 적응하고 성장하기 위해서 우리는 현재의 유리한 점을 넘어서 볼 수 있고, 현재의 자기들을 넘어서 성장할 수 있어야 한다.

상상적 경험은 기준이나 규칙의 안내를 받는 걸음걸이가 아니라 도약하고 빛나가는 경험으로서, 제공되지 않은 기회들을 포착하고 새로운 이상들과 목적들을 만들어내기 위하여 인습의 유적을 넘어서서 모험하는 것이다. 상상은 인습의 중독성을 풀어 없애고 사고와 행동의 새로운 가능성들을 포착한다. 그것은 제멋대로의 상상적 나래를 펼치는 환상과는 다르다. 상상은 즉각적인 환경을 초월하여 지각을 증폭시킨다. 그것은 대응할 환경들을 확장시키는 것이다. 이것은 공감으로서의 상상과 가능성들을 마음속에 그리기로서의 상상 모두에 타당하다. 듀이의 관점에서 본다면 직접 가치를 지니는 공감은 심사숙고라는 실천적 성찰을 통해 보완되고 확장된다. 실천적 성찰은 행위를 위한 가능성들을 ─ 특히 의사소통과 대화를 통해서 ─ 마음속에 그리기와 그것들에 따르는 행위의 결과들을 예측하기를 요구한다(Ibid., 271).

상상의 두 의미들, 공감과 가능성들을 마음속에 그리기는 동시적으로 작동한다. 이것은 심사숙고를 구체적으로 현재적인 것에 초점을 두게 하지만 즉각적으로 경험된 것을 넘어서 주의를 확장시키기 때문에 습관들 속에 구현된 과거의 교훈들과 아직 구현되지 않은 잠재적인 것들이 우리에게 다가오게 하고 우리를 움직이게 하는 힘을 가진다(John Dewey, 1933/1986, 30). 알렉산더(T. Alexander)는 상상을 "가능한 것(있을 수 있는 것)에 비추어 실제적인 것을 바라보는 능력"으로 정의한다. 그는 설명한다. "그것은 가능한 활동들이, 우리 자신의 상황들과의 관련 속에서 마음속에 그려지게 되며, 그래서 현재적인 것의 의미를 확장시키고, 현재적 가치들이 그것으로부터 비판될 맥락을 만들어내고, 그래서 행동방식 자체를 해방시키는 활동의 한 단계이다. 상상은 시간적으로 복합적이다. 현재에서의 작동이며, 과거와의 지속성을 수립하고, 미래를 기대하며, 그래서 활동의 지속적 과정이 가능한 가장 의미 있고 가치가 풍부한 방식으로 전개될 것이다."(S. Fesmire, 2003, 67 재인용)

2) '행위의 예행연습'으로서의 도덕적 상상

도덕적 상상은 행위에 대한 지성적 예행연습(dramatic rehearsal)으로 기능한다. 그것은 중요한 결과들을 가진 가능한 행위들이 안전하게 검정되는 실험실의 역할을 수행하는 것이다. 새롭게 개발된 약이 실험실 속에서 상대적 안전성을 검증받듯이, 인간 행위도 공동체 속에 드러나기 전에 상상 속에서 검증되어야 한다. 도덕적 추론 내지 심사숙고는 가능한 다양한 행위방식들을 상상을 통해 미리 연습해보는 것이다. 그것은 가능한 다양한 행위방식들이 진실로 어떤 방식들인지를 알아내는 하나의 실험인 것이다. 이 사고 실험은 미리 앞서 달리고 결과들을 예상하고 그러므로 실제적으로 일어날 수 있는 실수와 손실을 피할 수 있다. 공공연하게 시도된 하나의 행위는 돌이킬 수 없는 것이며 그 결과는 완전히 지울 수 없다. 상상 속에서 시도된 행위는 종국적인 것이 아니고 치명적이지도 않다. 그것은 만회될 수 있는 것이다(John Dewey, 1922/1984, 132-133). 듀이의 관점에서는 상상 속에서 예행연습으로 이루어진 행위들은 도덕적인 의미를 가지지 않는다. 이는 도덕성을 어떤 이해관계나 결과들과는 무관한 전적으로 내적인 '순수한' 의지의 문제로 보는 칸트의 입장과 대조적이다. 듀이는 심지어 분명하게 무의미한 행위도 많은 예견되지 않은 의미 있는 결과들을 가질 수 있다고 생각한다. 하나의 행위가 가지는 도덕적 의미는 그것이 그 개인, 그의 동료들, 그가 속한 환경 등에 대한 긍정적, 부정적 결과들에 달려 있기 때문에 주의해야 한다. 주의한다는 것은 행동하기 전에 생각하고, 하나의 행위방식을 선택하고 추구하기 전에 결과를 고려하는 것을 의미한다. 도덕적 추론과 심사숙고는 외적 활동을 위한 내적 예행연습이다. 듀이의 표현으로 그것은 '전망하기'이다. 그것은 그 자체를 즐기거나 주관적 감정에 반동하는 것이 아니라 외적인 행위로 나타나는 하나의 자기관찰(내적 성찰, inwardness)이다. 그것은 최선의 가능한 행위방식을 다시 구성하고 계획하기 위하여 실제 상황에의 개입으로부터 일시적으로 철수하는 것이다.

예행연습은 심사숙고 과정의 한 단계 혹은 기능이다. 그것이 이 과정의 전체는 아니다. 그러나 '가능성들을 정화시키고 그것들을 직접적 가설들로 변형시키는' 기능은 너무 본질적이라서 전 과정에 그것의 이름을 부여한다. 그래서 듀이는 도덕적 심사숙고와 연극의 예행연습을 동의어로 다룬다. 그것은 하나의 상황을 조명하고, 개방하기 때문에, 새로운 방식으로 지각된다. 이것은 사적인 독백으로서의 심사숙고와는 다르다. 예를 들어, 특정한 집을 사기로 숙고하는 가정은 그 집에서 그리고 주변에서의 매일매일의 생활, 저당, 수선비용, 그밖의 다른 측면들을 상상한다. 그들은 이것들을 그들의 경력, 경제적 환경, 장기적 목표, 도덕적 · 사회적 · 정치적 우선성 등과 관련하여 고려해야 한다. 이것은 탁상공론의 사안 이상이다. 더욱이 그것은 자신의 마음속에서 하나의 상상된 시나리오에서 다른 것으로 자의적으로 도약하는 문제가 아니다. 그 과정은 무모하지도 않고 엄격하지도 않고 어느 정도 질서를 이룬다. 이것에 관한 효과적인 상상은 그 집의 방문, 탐색, 전문가들과의 상담, 가장 중요한 가족들과의 수많은 의사소통들을 요구한다. 우리는 심사숙고의 과정을 마치 그것이 냉정한 지적인 과정인 양 설명하는 경향이 있다. 그러나 사실 그것은 시험적인 행위의 과정이다. 우리는 여러 목적들 중의 어느 하나를 시험하는 것이다. 실제로 행동하지 않으면서 가장의 행동 속으로 가능한 한 멀리 다가가는 상상 속의 시험을 하고 있는 것이다. 일반적으로 사람들은 대화를 통하거나, 결과를 마음에 그려보거나, 스스로 하나의 일을 하고 있다고 상상하거나, 하나의 일이 행해진 것으로 상상하고 다른 어떤 사람이 그것을 비판할 것이라고 상상하기도 하면서 심사숙고를 진행한다. 이 다양한 방식의 심사숙고들에 공통적인 요소는 마음에서 행위를 예행연습한다는 점이다.

심사숙고에 대한 듀이의 관점은 공리주의의 그것과 비교된다. 최상의 원리나 절차를 인정하는 공리주의는 듀이의 실용주의적 다원주의와는 다른 입장이다. 듀이는 공리주의가 목적과 수단을 분리시키고 상상 대신에 냉정한 계산을 주장한다고 비판한다. 그는 공리주의의 사회적 결과들에 대한 존중을 호의적으로 평가는 하지만, 모든 도덕적 판단들을 쾌락이라는 미리 주어진 목적의 달성에 이익이 되는지 손실이 되는지의 계산으로 환원시키려는 시도를 비난한다. 공리주의에서는 도덕성은 계산적 이성의 문제로 축소된다. 도덕적 상상은 도덕성에 적실하지 못한 것으로 생각된다. 그것은 한 사람이 마지막 결정을 내린, 말하자면 산보하기를 결정내리고 다만 무슨 발걸음을 걸을 것인지를 심사숙고하는 경우와 유사하다. 그의 전망 속의 목적은 이미 존재한다. 그것은 의문시되지 않는다. 문제는 이 발걸음과 저 발걸음의 이득을 비교하는 것이다(Ibid., 149). 심사숙고를 계산으로 생각하는 것은 현재적인 것을 포기함으로써 상상을 저지시킨다. 먼 것의 측면에서 가까운 것을 바라보는 우리의 능력을 저해함으로써 도덕적 성찰을 왜곡시키는 것은 상상이 아니고 계산이다. 그 상황이 어떤 상황인지, 그것이 무엇을 예고하고 약속하는지를 발견도 하기 전에 도덕적 성찰은 행위방식에 잠겨버린다. 도덕적 삶에서 가장 문제가 되는 것은 양적으로 측정될 수 있는 쾌락이나 고통이 아니고 어떤 종류의 사람이 될 것인가와 어떤 종류의 세계를 발전시킬 것인가이다(Ibid., 150). 이 문제들은 상상 속에서 탐구될 수 있는 것이다.

심사숙고는 우리가 타자들에 대한 영향들을 고려해야 한다는 의미에서 뿐만 아니라 타자들과의 대화가 성찰의 수단을 제공한다는 의미에서 사회적이다. 더욱이 심사숙고는 타자들이 생각하고 필요로 하거나 느낄 것이라고 '생각되는 것'에 관한 틀어박힌 사변 이상이다. 그것은 상담적이어야 한다. 인간적 갈등들에 적응하고 그것들을 조정하고 목적을 실존으로 환영하는 최선의 방법은 심사숙고에 유아론적으로 접근하기보다는 타자들과 상담하는 것이다. 우리는 사회적 지성에 의존해야 한다. 이것은 인간 상호간의 도덕적 담론을 깔보는 칸트의 입장과 대조를 이룬다.

상상을 통한 행위의 예행연습은 우리의 선택들이 더 넓은 삶의 서사들의 맥락 속에서만 이해될 수 있는 것이기 때문에 '드라마'의 예행연습(dramatic rehearsal)과 같다(아래 내용 S. Fesmire, 2003, 78-79 참고). 심사숙고하는 것은 다른 사람들과의 공동체 속에서 환경들과 함께 드라마적인 이야기를 공동 저작하는 것이다. 드라마의 예행연습은 그 자체로서도 의미심장한 것인 동시에 도구적으로도 유익한 것이다. 특정한 사례들에 보편적인 규칙들을 적용시키는 것이나 이미 설정된 목적들에 이르는 수단들을 준수학적으로 계산하는 것도 드라마의 예행연습 '속에서는' 실질적인 역할을 수행할 것이다. 심사숙고를 드라마의 예행연습이라고 부르는 것은 그것이 이야기-구조화된다(story-structured)는 점과 그것의 상상적 단계는 규칙에 의해 안내를 받는 행위를 보완하는 데 한정되지 않는다는 점을 강조하는 것이다. 상상을 통해, 가능한 행위들의 넓은 영역이 드러날 수 있고, 갈등들은 성공적인 문제로 해결될 수 있다. 한 드라마 속에서 한 등장인물이 '등장인물 속에서' 행동하고 맥락으로부터 분리된다면 그러한 행위들이 어떤 의미를 가지지 못하듯이, 도덕적 행위는 하나의 삶-서사의 무대 속에서만 이해될 수 있는 것이다. 물론 그 삶-서사는 다른 삶-서사들과 상호작용할 것이다. 햄릿의 드라마가 어떤 맥락을 가지지 않은 한 행이나 한 단어에 한정된다면 무의미할 것처럼 가능한 행위

방식도 고립된다면 무의미할 것이다. 심사숙고의 경험은 단순한, 분리된 에피소드가 아니다. 그것은 한 개인의 발전적 역사와 연결되는 것이고, 그 개인적 발전적 역사는 역시 타자들의 발전적 역사들 속에 자리를 잡는다. 따라서 '나 자신이 무슨 이야기나 이야기들의 일부로 자리하는가?'라는 선행하는 질문에 답할 수 있을 경우에만 '나는 무엇을 할 수 있는가?'라는 질문에 답할 수 있을 것이다(A. MacIntyre, 1984, 216). 도덕적 상상은 준비된 드라마를 위해서 정식으로 의상을 입고 하는 무대연습(dress rehearsal)이 아니다. 듀이가 말하는 도덕적 무대는 변칙적인 것이다. 장면들은 타자들과 그리고 불안정한 환경과 능동적으로 '공동제작'된다. 연기는 즉흥적이고 퍼포먼스들은 열린 것이다. 이 드라마는 각본이 짜인 것이 아니고 실험적이다. 심사숙고가 드라마적이라거나 이야기-구조화된다고 말하는 것은 그것이 절정을 향해 변형되어 가는 경험의 형태를 따른다는 것을 의미한다. 그것은 여행이 출발점이 있고, 지나는 길들이 있고, 그리고 목적지에 도달하듯이, 시작과 중간과 결론을 가진다. 사건들이 완성으로 안내되듯이, 단계들은 질적으로 구별되지만 단절되는 것은 아니다. 하나의 이야기를 '따라간다'는 것은 그 이야기의 '결말'에서 충족될 기대의 '안내'를 받으면서 우연한 사건들과 국면의 급변의 와중에서 '앞으로 나아가는' 것이다. 그것은 그 이야기에 하나의 결말을 제시한다. 그 이야기를 이해한다는 것은 계기적인 에피소드들이 어떻게 그리고 왜 그런 결론을 '가져오는지'를 이해하는 것이다.

3) 은유적인 도덕적 이해와 도덕적 상상

도덕적 이해와 심사숙고의 수준은 도덕적 상상에 달려 있다. 도덕적 추론은 주로 보편적 도덕법칙들에 근거를 두는 것이 아니라 원칙적으로 두 가지 기본적인 수준들에서 은유적 개념들에 근거를 두는 구성적인 상상적 활동이다. 즉, (1) 가장 근본적인 도덕적 개념들은 전형적으로, 하나의 개념을 위한 다양한 은유적 지도 그리기에 의해 은유적으로 규정된다. (2) 특별한 상황을 개념화시키는 우리의 방식은, 우리 문화의 구성원들의 공동의 이해를 이루는 체계적 개념적 은유들의 사용에 의존할 것이다. 달리 말하면, 우리가 주어진 상황을 구조화시키고 범주화시키는 방식은 우리가 그것에 관해 어떻게 추론하는가를 결정할 것이며, 우리가 상황을 어떻게 구조화시키는가는 우리가 어떤 은유적 개념을 사용하는가에 의존할 것이다(M. Johnson, 1993, 2).

은유는 우리의 도덕적 심사숙고에 가득 차 있다. 그것은 우리의 추론으로부터 배제될 수 없다. 사실 그것에 의해 우리가 도덕적 갈등을 해결하기 위한 가능성들을 상상하고 우리의 가치들과 제도들을 비판하고, 우리 스스로와 우리의 상황들을 변형시킬 수 있는 주요한 수단이다. 간단히 말해, 은유는 우리의 상상적, 도덕적 합리성의 핵심에 놓여 있으며, 그것이 없다면 우리는 습관적 행위에 빠지고 말 것이다. 인간의 도덕적 이해는 근본적으로 상상적이다. 은유는 상상적 인지의 주요한 메커니즘들 중의 하나이다. 그러므로 우리는 우리의 공동의 도덕적 이해가 깊게 은유적이기를 기대해야 한다(Ibid., 32).

그러나 우리의 전통적인 도덕성 관념은 도덕적 추론이 은유에 토대를 두고 이루어진다는 점을 강하게 거부한다. 원리 윤리학은 상황의 객관적 특징을 규정하는 '문자 그대로(literal)'의 개념들을 통해 상황에 직접적으로 적용할 수 있는 도덕규칙들을 요구한다. 이 입장에서 본다면 은유들은 의미론적으로 미결정되고 불안전한 것이다. 근본적인 도덕적 개념들이 은유적인 것이라면, 그러한 개념들을 포함하는 도덕원리들을 구체적인 상황들에 분명하고 명백하게 적용시키는 것은 가능하지 않을 것이다. 그래서 원리 윤리학과 같은 전통적 관점은 일의적인(univocal) 의미들을 가진 문자 그대로의 개념들을 요구하고 그것은 은유 사용을 피하게 된 것이다. 도덕성에서 은유를 배제시키는 것이 필요하다고 생각하는 두 가지 종류의 이유들이 있다 (Ibid., 34). 첫째 이유는, 은유는 감정, 분위기, 태도를 표현하는 말하기의 시적이고 수사학적 특징이라는 가정에 근거한다. 은유는 어떤 합리적 구조나 개념적 내용을 가지지 않는 것으로 주장된다. 이 전략은 언어 기능을 인지적 기능과 정서적 기능으로 단순하게 잘못 나누어버린 논리실증주의의 전략이다. 이 관점에서 본다면, 도덕성에서의 은유는 어떤 행위나 성품의 상태를 시인하거나 부인하는 정서적인 표현에 지나지 못한다. 그 자체로 그것은 우리의 상황들의 개념화나 우리의 상황들에 관한 어떤 추론의 역할도 할 수 없다. 둘째 이유는 은유가 너무 인지적으로 미확정적이라는 것이다. 그것은 어떤 특정한 개념을 부여하지 않는, 의미들의 무제한적인 상상적 놀이를 펼치는 것으로 간주된다. 은유는 애매모호하고 다양하고 근본적으로 맥락의존적인 것으로 생각된다. 도덕성에 적용되면, 그것은 하나의 주어진 상황에 대한 하나의 올바른 대답이나 옳은 행위가 있을 수 없다는 것, 즉 도덕적 추론이 미확정적인 것임을 의미할 것이다. 은유에 관한 이런 관점들 중 어느 것을 주장하는 사람들을 놀라게 하는 것은, 그것들 둘 다 직접적으로 도덕적 상대주의를 낳는다는 것이다. 도덕적 추론은 정서적 설득으로서나 하나의 주어진 행위에 대한 무한정 많은 동등하게 타당한 평가들을 가지고 하는 상상적 놀이로서 간주되는 것이다. 두 경우 어느 것도 합리적 기준을 가진 비판이 아니다.

도덕적 이해의 주요한 상상적 차원은 은유이다. 은유들은 우리의 도덕성에 관한 이해의 내용들이다. 그것들은 우리의 추론, 평가, 그리고 도덕적 탐구의 양식들로 구성된다. 은유들은 진실로 "삶으로서의 은유들(metaphors we live by)"(G. Lakoff & M. Johnson, 1980)인 것이다. 사실상 모든 우리의 근본적인 도덕적 개념들은 은유적으로 규정되며 종종 둘 이상의 은유들에 의해서 규정된다. 그러므로 그것이 우리의 도덕적 심사숙고들에 다가갈 때 우리는 세상에서의 사태들에 문자 그대로의 일의적인 개념들을 적용시키지 않는다. 도덕적 추론들의 대부분은 은유에 근거한다. 은유는 단순히 알기 어려운 미소들이나 수사적 윤색에 한정되지 않는다. 그것은 하나의 영역에서 다른 영역으로 지식과 추론을 투사시키는 개념적 지도 그리기들이다. 전형적으로, 구체적인 '신체적인' 원천의 논리가 더 추상적이고 종종 '정신적인' 목표로 수송된다. 그래서 은유들은 우리의 두뇌와 몸과 우리가 살고 있는 세계의 본질의 결과이다(G. Lakoff & M. Johnson, 1999, 59).

은유들의 경험상의 토대는 원천과 목표 영역들이 하나로 합쳐지는 듀이 식의 일차적 경험들에 위치한다. 듀이는 "육체가 마음속에 있는 (the body is in the mind)" 현상을 지적한다. 즉, "모든 사고와 의도는 어떤 유기적 행위에 그 토대를 가진다. … 그것은 생물적 동작이라는 어떤 일정한 행위에 그 뿌리를 둔다. 알기(보기, seeing), 파악하기(손으로 붙잡기, grasping), 탐색하기(자세히 살펴보기, searching), 단언하기(단단하게 하기, affirming), 퇴짜 놓기(콧방귀를 꾸다, spurning), 이해하기(완전하게 잡다, comprehending), 애정(감명을 받음, affection), 정서(밖으로의 움직임, emotion) 등과 같이 정신적 행위들에 대한 육체적 명칭들은 단순한 '은유들'은 아니다. 즉, 그것들은 단순한 알기 어려운 미소들이 아니다."(John Dewey, 1925/1981, 221) 예를 들어, 시각(vision)을 통한 정보 획득이라는 일상적 경험은 당신이 나의 의도를 본다면 보기(seeing)의 측면에서의 추상적 앎이라는 관념을 만들어낸다. 이는 '나는 당신이 말하고 있는 것을 안다(본다)',

'그것은 나의 관점(보기, view)과 다른 것처럼 보인다', '내가 당신에게 어떤 것을 지적하게(가리키게, point) 하라' 등의 공동 표현의 동기가 된다(G. Lakoff & M. Johnson, 1980, 48). 이런 인습적 은유들은 자의적인 것이 아니라 우리가 가지고 있는 그런 종류의 몸들과 우리가 우리의 삶을 살아가는 환경들에 의해 동기가 부여되고 구조화된 것이다. 알기에 대한 시각적 은유들과 같은 일부 은유들은 인간 신체들과 두뇌들의 유사성 때문에 문화를 가로질러 공유된다. 그러나 서로 다른 환경적 조건들로 인해 대부분의 은유들은 보편적이지 않다. 예를 들어, 산업화된 문화들에서 시간은 가치 있는 상품이다. 영어에서 그것은 소비, 저축, 낭비, 투자, 배분될 수 있다. 우리는 빌려진 시간(borrowed time)을 살 수 있고(뜻밖에 오래 살 수 있고), 우리는 시간에 쫓기고 있으며(running out of time), 시간을 잃어버릴 (losing a lot of time) 수 있다(Ibid., 8). 가치 있는 상품으로서의 시간의 은유는 시간과 금전교환이 밀접하게 결합된 산업화된 문화들(시간제 임금을 가진 문화)의 구성원들 간에는 시간적 경험으로 구성된다. 서로 다른 경제체계들을 가진 문화들에 관한 연구들은 그것들이 이런 방식으로 시간을 이해하고 경험하지 않음을 볼 수 있다.

레이코프와 존슨은 은유 없이 주관적 경험과 판단을 생각하는 것은 거의 불가능하다고 주장한다. 우리가 비은유적 사고와 은유적 사고를 분리시키기 위해서 많은 노력을 한다면 약간의 비은유적 사유작용이 가능할 것이다. 그러나 그런 사람은 거의 없다고 보며, 그런 사고는 복합적인 은유적 사고의 완전한 추론을 결코 가지지 못할 것이다. 문자 그대로의(상상적이지 않은) 명제적인 사유작용은 거의 일어나지 않는다. 은유를 가지지 못하는 문자 그대로의 개념들은 살이 없고 뼈만 남는다. 즉, "사랑 개념은 사랑에 대한 은유와 무관한 것인가? 그 답은 분명 '아니오'이다. 사랑에 대한 은유들이 우리의 사랑

개념을 구성하고 있다. 육체적 힘이 없는 사랑, 즉 끄는 힘, 전기가
통하는 듯한 강력한 흥분, 자기력처럼 마음을 끌어당기는 힘이 없는
사랑, 그리고 성적 결합, 미침, 질병, 마법, 보살핌, 여행, 가까움, 열
또는 헌신이 없는 사랑의 개념을 생각하라. 사랑을 개념화하는 모든
이런 은유적 방식들을 버려라. 그러면 남는 것이 조금도 없을 것이다.
남는 것은 단순한 문자 그대로의 뼈일 것이다. 만약 모든 사람들이
사랑에 대해 문자 그대로의 소수의 것만을 사용하여 사랑을 말하고
생각하도록 강요받는다면 오랜 세월 동안 사랑에 관해 생각되고 언
급된 대부분의 것들은 존재하지 않을 것이다. 그런 인습적 은유가 없
다면 사랑에 관해 사고하고 말하는 것은 것의 불가능할 것이다. 우리
의 전통 속에서 사랑을 다룬 대부분의 시들은 단지 그런 개념적 은유
들을 다듬은 것에 지나지 않을 것이다."(G. Lakoff & M. Johnson,
1999, 71-72) 이는 이성을 실용주의적으로 재구성한 듀이의 관점과
일치하는 몸으로 구현된 실재론(embodied realism)이다. 데카르트에
의해 주어졌고 칸트가 분명히 했던 마음/세계, 주체/객체, 개념/지각
사이의 간격을 전제하는 상징체계 실재론 내지 대응설(correspon-
dence theory)과는 대조적으로 몸으로 구현된 실재론은 몸으로의 구
현을 통해 비록 절대적이지는 않지만 우리가 생존하고 번영하기에
충분한 지식을 어떻게 가질 수 있는가를 설명한다. 레이코프와 존슨
이 언급하듯이, 몸으로 구현되지 않는 추상적인 진리라는 관념은 "지
식을 가능한 것으로 만드는 것은 몸으로의 구현이지 몸에서의 초월
이 아니며, 그리고 우리의 상상이지 상상의 회피가 아니기 때문에 터
무니없고 비현실적인 것에 불과하다."(Ibid., 95) 레이코프와 존슨은
도덕적 이해(도덕적 추론과 심사숙고)도 은유를 통해 가능한 것이라
고 강조하면서, 순수 도덕 이성은 없으며, 그 자체로서 이해되거나
다른 순수 도덕 개념과의 관계 속에서만 이해되는 순수 도덕 개념은

존재하지 않는다는 점을 주장한다. 우리의 도덕적 이해가 은유적인 것이라서 가치와 선, 목적, 의도를 포함하는 방대한 체험적 영역들로부터 구조와 추론의 양식들을 끌어낸다. 그래서 도덕 개념 체계는 단층적인 것이 아니며, 완전히 일관적인 것도 아니고, 고정되어 있거나 완성된 것도 아니며, 또한 자율적인 것도 아닌 것이다.

4) 도덕의 예술성과 도덕적 상상

미적 능력으로 간주되는 상상은 도덕적 판단과는 무관하다는 관점은 계몽주의의 한 유산이다. 이 관점에 따르면, 도덕적 판단은 공유된 도덕적 개념들을 근거로 도덕법칙을 구체적인 사례들에 적용시키는 문제이다. 미적 판단은 개념들과는 무관한 것으로 생각될 뿐만 아니라 이성의 산물도 아니었다. 그것은 지각할 수 있는 형태의 자연적이거나 인공적인 대상들에 대한 감정적 대응이었다. 그래서 도덕적 판단과 미적 판단을 혼동하지 않는 것이 중요한 문제가 되었다. 미적 판단들과 예술적 창조 행위들은 규칙에 따라서 수행될 수 없다. 왜냐하면, 만약 대상 X가 속성 A, B, C를 가진다면 그것은 아름다울 것이라는 형식의 규칙들을 부여할 수 있는 개념들은 없을 것이기 때문이다. 반면, 도덕적 판단은 명확한 도덕적 개념들로부터 행위를 위한 명확한 규칙을 도출할 수 있을 것으로 생각된다. 미적 판단과 도덕적 판단이 근본적으로 서로 다른 것으로 간주된다면, 상상이 도덕적 판단에 중심적이라는 생각은 잘못 판단한 것으로 간주될 것이다. 이미지들이나 표상들의 무제한적이고 주관적인 놀이라고 생각되는 상상을 도덕적 판단의 핵심에 위치시키는 것은 명확한 도덕법칙들의 가능성을 손상시키는 것으로 보일 것이다. 결국, 미적 판단은 아름다움이나 예술 활동의 대상에만 관련되며, 그래서 도덕성의 부분이 아니며, 도덕성은 합리적으로 도출된 도덕법칙들에 의해 우리의 행위를 안내하는 우리의 삶의 차원에만 관련된다는 것이다.

그러나 중요한 것은 미적인 것이 우리의 삶의 모든 측면들에 침투하고 있다는 점을 인식하는 문제이다. 모든 경험들에 미적 차원이 있음을 가장 분명하게 보았던 사람이 듀이였다. 미적인 것은 상대적으로 통일되고 일관성을 가지고 완성되는 경험들을 가질 수 있도록 만드는 것이다. 그러므로 미적인 것은 과학적인 것, 이론적인 것, 도덕적인 것과 혼합되어 존재하는 것이다. 경험이 가지는 기술적, 설명적, 확인-지향적 차원을 '이론적인' 것으로, 실천적, 규범적, 행위-지향적 차원을 '도덕적인' 것으로 부른다. 도덕성을 미적인 것과 예술과 분리된 것으로 간주하는 것은 잘못된 것이다. 도덕성은 우리의 삶을 안내하는 도덕법칙의 탐색이라기보다는 삶의 질의 고양을 위한 행위와 삶의 가능한 방식들에 대한 지속적인 상상적 탐구이다. 도덕성을 근본적으로 도덕적 상상의 문제로 그리고 미적 발달을 포함하는 것으로 간주하는 것은 당연하고 필요한 것이다. 상상, 정서, 개념을 포함하는 경험의 미적 차원들은 경험과 삶의 의미와 질을 고양시키는 것이다. 상상은 더 이상 주관적이라고 주장되는 미적 경험의 영역에 속하는 것이 아니다. 그것은 정확하게 현재의 상황들을 의미 있는 것으로 경험하고, 행복을 추구한다는 측면에서 그 경험들을 바꿀 수 있는 능력이다. 상상은 우리 자신들을 초월하여, 우리가 무엇이 될 것인가, 우리가 타인들과 어떤 관계를 맺을 것인가, 그리고 우리가 문제 있는 상황들을 어떻게 다룰 것인가 등에 관한 상상된 이상들에로 움직여 나가는 수단이다. 상상은 상상하기의 환상의 능력도 아니고 추상적인 도식적 힘도 아니다. 그것은 절정을 이루는 통합의 일시적 가능성들을 드러내는 지평과 초점을 전개하도록 지속적으로 상황적 사건을 조직하고 재구성함으로써 경험의 흐름을 의미 있는 지속성으로 짜나

가는 활동이다. 상상은 경험을 "활동을 통한 의미의 성장(growth of meaning through action)"으로서 파악한다(M. Johnson, 1993, 209 재인용).

그리고 미적인 것 내지 예술의 도덕적 힘은 잘 알려져 있다. 예술은 인습에 도전하고, 정서들을 교육하고, 마비로부터 지각을 구출한다. 예술은 직접적으로 그리고 글자 그대로 도덕적 상상과 인격에 기여한다. 예술이 도덕적 상상에 영향을 미치는 것은 모두 잘 아는 문제이지만 하나의 은유 혹은 도덕적 경험의 모델로서 예술 창작과 감상은 간과되어 온 것이 사실이다. 이것은 작은 실수가 아닌데, 그것은 상상을 그런 의미를 지닌 것으로 보는 것은 일상적 삶 속에서 상상으로 만들어질 수 있는 것을 보는 새로운 눈을 제공하기 때문이다(S. Fesmire, 2003, 107). 사실, 예술적 창조는 도덕적 심사숙고에 본질적인 그런 종류의 사회적 상상을 이해하는 풍부한 모델을 제공한다(Ibid., 108).

그러나 '예술로서의 도덕성'이라는 은유가 절대적인 진리성을 가진 것은 아니다. 도덕적 추론과 무관한 전형적인 예술 활동의 측면들도 있을 수 있고, 반대로 예술 활동과 전혀 무관한 도덕성의 측면도 있을 것이기 때문이다. 문제는 미적인 안목과 예술적 창조의 측면에서 도덕성을 검토하는 것이 도덕성과 도덕교육에 훨씬 더 유익할 것이라는 점이다. 이제 도덕적 심사숙고와 관련되는 예술 활동의 특징들을 살펴보자(아래 내용은 M. Johnson, 1993, 210-213 참고).

(1) '식별(discernment)' 내지 '지각(perception)'이 그 특징이다. 특별한 일련의 상황들 속에서 어떻게 행동해야 하는가를 결정하는 것은 우리가 그 상황을 어떻게 구상하는가에 달려 있게 될 것이다. 이것은 그 상황에서 중요한 것에 대한 섬세한 확인과 식별의 문제이다. 그것은 상황을 읽고 성격과 의도를 파악하는 문제이다. 이런 섬세하

게 짜인 지각이 없다면 도덕법칙이나 규칙은 쓸모없고 텅 빈 것이 될 것이다. 누스바움(Martha C. Nussbaum)은 이 점을 다음과 같이 말한다. "도덕적 지식은 … 단순히 명제들에 관한 지적 파악이 아니다. 심지어 그것은 특정 사실들에 관한 지적 파악도 아니다. 그것은 지각이다. 그것은 복합적이고 구체적인 현실을 아주 밝고 충분히 민감하게 바라보는 것이다. 그것은 상상과 감정을 가지고 거기 있는 것을 이해하는 것이다."(M. C. Nussbaum, 1990, 152) 도덕성의 작업은 도덕법칙들이나 원리들의 파악에서가 아니라 우리가 직면하고 있는 상황에서 무슨 일이 일어나고 있는지 식별하는 가운데에서 행해진다. 예술가는 현재를 먼 결과에 복종시키지 않는다. 듀이는 수단과 결과, 과정과 산물, 도구적인 것과 절정(목적)적인 것의 관계의 측면에서 예술을 정의한다. 대안이나 대체라기보다는 동시에 모두인 어떤 활동이 예술이다(S. Fesmire, 2003, 116). 도덕적 민감성에 절대적으로 필수적인 섬세한 식별의 능력은 예술가들이 칭찬을 받게 되는 것들 중 하나이다. 우리가 보지 못하는 것을 보는 능력, 상상하지 않은 가능성들을 상상할 수 있는 능력, 지금 우리가 느끼지 못하는 것을 느끼는 능력을 예술가들은 가진다. 그런 능력들은 세계의 새로운 차원들을 열어주는 능력이다. 미적 지각에서처럼 도덕적 식별에서도 우리는 사물들을 상상을 통해 바라보아야 한다. 누스바움에 의하면, "만약 지각을 창조된 예술 활동으로 생각한다면 예술가들은 그들이 좋아하는 것을 창조하는 데 자유롭지 않다는 점을 기억해야 한다. 그들의 책무는 정확하게 그리고 성실하게 현실을 나타내는 것이다. 이 과제에서 그들은 일반원리나 그것들의 내면화인 습관과 애착에 의해서 아주 많은 도움을 받는다."(M. C. Nussbaum, 1990, 155) 도덕적 지각과 예술적 지각은 이렇게 유사하다. 즉, 그것들은 미리 결정된 방법이나 절차가 없는, 상상과 감정의 행위들이다. 그러나 그것들은 일반적 원리들의 도움을 받고, 육체적, 인간 상호간, 문화적 상호작용들의 본질에 의해 제한을 받는다. 미적 식별의 결여가 예술적 결점이듯이, 도덕적 지각의 결여는 도덕적 결점이다. 누스바움은 결론적으로 말한다. "둔감은 도덕적 실패이다. 그것의 반대(민감)는 함양될 수 있다. 고정된 조건들(일반적 원리들과 규칙들)이 그 자체로 신뢰된다면 둔감의 비결이 된다. '옳은 때에, 옳은 대상에 관하여, 옳은 사람에게, 옳은 목표를 가지고, 옳은 방식으로, 대응하는 것은 적절하고 최선의 것이며, 이것이 탁월성의 특징이다.'(Aristotle, EN 1106b21-23)" (Ibid., 156)

(2) '표현(expression)'이다. 예술 활동은 예술가의 표현 행위와 동일하다. 표현적 활동에서 그 예술가는 정서들, 이미지들, 욕망들에 정의, 개인성, 명료성을 부여한다. 예술에서처럼, 도덕적 심사숙고들과 행위들에서 우리는 우리의 성격과 자기 정체성을 표현한다. 더욱 중요한 것은 우리는 우리의 도덕적 추론 속에서 그리고 그것을 통해 지속적으로 우리 스스로를 형성하고 다시 새롭게 형성한다. 우리는 우리의 시고와 행위를 통해 우리 스스로를 발견하고 우리 스스로를 변형시킨다. 우리는 도덕성을 자기표현에 관련된 것으로 생각하는 경향이 있다. 우리는 우리의 사고들과 행위들에 그리고 그것들을 통해 현재의 우리가 되기 때문에 도덕성은 우리의 자기표현과 자기정의(self-definition)의 일차적 형태들의 하나이다. 그것은 우리가 스스로를 투사하고 우리가 되기를 바라는 것에 관한 우리의 감각을 추구하는 주된 투쟁장이다.

(3) '탐구'이다. 예술은 항상 사물들의 본질을 탐구하는 것으로 평가되어 왔다. '모방' 혹은 창조적 모방 그리고 지식의 한 형태로서 예술은 서구 전통에서 생긴 최초의 예술론이었고 지금도 선호되고 있지만, 우리는 예술을 형태들의 가능성들, 물질들, 제도들, 관계들 등

에 대한 탐구로 본다. 그리고 도덕적 심사숙고를 도덕적 탐구의 한 형태로 생각한다. 우리가 할 수 있는 최선의 방식으로 행위하기 위해서 우리는 다양한 상황들을 구성하고, 다른 사람들의 동기들과 의도들을 탐색하고, 상황 내에 숨어 있는 구성적 상호작용을 위한 가능성들을 탐구해야 한다. 도덕적 법칙들을 발견하는 것은 그러한 탐구의 아주 작은 부분일 뿐이다. 우리가 해야만 하는 것의 대부분은 상황들에 관한 이해, 우리의 관계들 그리고 다양한 기획된 행위방식들의 함의들의 파악과 실험과 시험에의 참여의 한 형태이다.

(4) '창조성'이다. 예술에서 우리는 사물들을 만든다. 마찬가지로 매우 직접적인 방식으로 우리는 상황들을 '묘사'하고 성격을 '기술'하고 문제들을 '공식화'시키고 사건들을 '만든다.' 우리가 행위할 때, 우리는 다양한 형태의 창조적 제작에 참여한다. 즉, 우리는 상황들을 '구성하고' 관계들을 '건설하고' 다양한 이해관계들을 '조화시키고' 경쟁하는 가치들과 선들을 '균형 잡게 하고' 제도적 관행들을 '디자인하고' 인간 상호간의 관계들을 '조정한다.' 상상은 그것에 의해 새로운 것들이 나타나게 되고 낡은 것들이 새로운 형태로 고쳐지고 보고, 듣고, 느끼고, 생각하는 우리의 방식들이 변형되는, 예술적 행위들에서의 관건이라는 것이 인정된다. 그리고 상상은 역시 그것에 의해 낡은 관념들과 가치들이 다시 구성되고, 우리의 상황들과 사람들에 지각하고 대응하는 방식들이 변형되고, 새로운 현실들이 나타나는, 도덕적 행위에서 관건이다. 인간 경험의 역사적이고 진화적인 성격은 시간이 지나면 새로운 종류의 문제들과 상황들이 생긴다는 것이며, 그래서 우리는 지속적으로 실험을 요구한다. 우리의 실험적 활동의 많은 것은 우리의 예술적 실험들이 종종 그렇듯이, 비적절하고 잘못 이끌어지고 혹은 심지어 역효과를 내는 것일 것이다. 그러나 경우에 따라서는 우리는 우리의 개인적 삶들의 적절한 수준에서와 공

동체와 전체적 문화라는 더 큰 규모에서, 개인적 그리고 제도적인 관계들의 상상적인 새로운 형태들을 제안하기도 한다. 도덕적 행위는 신기한 가능성들을 가지고 하는 지속적인 실험이다. 우리는 회계 은유에서는 생각할 수 없는, 예술에 일반적인 놀이하는 식으로 도덕적 규범들을 넘어서서 모험한다.

(5) '기술'이다. 예술에는 훈련을 요구하는 기술들이 있다. 그것들은 실천을 통해 학습될 수 있다. 그러나 기술들은 단순히 어떤 미리 주어진 명확한 목적에 대한 효과적인 수단에 관한 지식으로 간주되어서는 안 된다. 예술가는 그가 생산하기를 소원하는 것에 관한 정확한 관념을 구성하고 그 목적을 실현시키기 위해 기술을 적용시킴에 의해 시작하지 않는다. 오히려 기술은 그곳에서 명확한 어떤 것이 그 예술의 자료들을 가지고 작업하는 과정을 통해 형성되기 시작하는, 한 형태의 재료들과 형태들과 관념들과의 상호작용에 있다. 예술에서처럼 도덕성에서도 기술의 차원이 있다. 도덕성은 다른 사람과의 그리고 삶의 우연들과의 기술적 대처를 요구하기 때문이다. 실천과 훈련에 적절한 도덕성의 측면들이 있다. 그러한 실천은 상황들에 직면할 때 전개되는 상황들을 통해 어떤 사람들이 그들의 방법을 창조적으로 구성적으로 작업할 수 있게 하는 그런 종류의 이해이다. 그런데 이런 종류의 기술은 상황들에 기계적으로 적용되는 고정된 결과만은 결코 아니다. 대신에 그것은 우연들과 예견되지 않은 환경들의 와중에서 복지를 실현시키기 위해 어떻게 계속해야 하는지에 관한 정의하기 어려운 종류의 지식이다. 관계들을 '조정'하거나 상황들을 '구성'한다는 것이 이런 형태의 창조적 제작들이다.

듀이에 의하면, 예술은 경험과 동떨어진 작품과 동일시될 수 없다. 실제적 예술 활동은 그 생산물이 경험과 함께 그리고 경험 속에 있는 것이다(John Dewey, 1934/1987, 9). 예술 '생산'은 하나의 예술 '활동'인 것이다. 예술 활동은 감각적 물질에 상상적 가치들을 심어주는 것이다(Ibid., 297). 그것은 단순히 목가적 즐거움들을 생산하는 '문명의 미장원'(Ibid., 346)이 아니고 감정의 소음도 아니다. 예술이 아주 우아한 것이라는 관점은 도덕철학자들이 그것을 무시하게 하는 데 도움이 되었다. 왜냐하면 이 관점에서는 예술적 완성이 일상적 삶과는 단절되기 때문이다. 그러나 우리는 예술적 생산들과 감상들과 유사한 도덕성의 측면을 무시한다. 예술은 도덕성들보다 더 도덕적이다(Ibid., 350). 이것은 현상 유지의 굳어진 습관들을 상상적으로 뛰어넘는 우리의 능력을 강조하는 말이다. 도덕적 성찰을 예술로 이해하기는 가장 현명한 일상적 결정들에 의해 지지된다. 그것은 사회적 관계와 결과에 감수성을 가지게 하는, 경험에 깊고 넓게 개입하고 하나의 통합된 경험에 다양한 요소들을 결합시키는, 상상의 역할을 강조하는 것이다.

예술로서의 도덕성은 도덕적 회계 은유에 의해 무시된 도덕적으로 중요한 행위의 미적 차원을 강조한다. 차가운 계산이나 비용-이익 계산의 습관은 없어지기 힘들다. 예술의 생산, 경험, 그리고 평가는 도덕적 성찰의 상상적 차원들을 드러낸다. 도덕적 행위를 예술로 간주하는 것은 우리가 미적으로 축적된 현재에 살 때 가장 효과적으로 상상한다는 점을 강조한다. 오늘날 가치 언명은 단지 당신의 의견에 반하는 나의 의견으로 간주되는 경향이 있다. 이 점에 대응하면서 대부분의 도덕철학자들은 도덕적 지능을 강화시킬 필요성을 절감한다. 그러나 그들이 조심스럽게 주장하는 진단들과 처방들은 전형적으로 상상을 무시한다. 이것이 둔감에로 나아가는 확실한 길이다. 도덕에 관한 상상적 탐구에 초점을 두는 것만이 도덕성의 부활을 기대할 수 있을 것이다.

4. 결론: 도덕적 상상을 기르는 도덕교육

오늘날 도덕교육이 직면한 가장 시급한 문제는 기존의 윤리(학)의 타당성이 거의 상실되었고 다원주의 사회에 적용될 수 있는 새로운 윤리 내지 윤리학이 수립되어야 한다는 것을 인식하는 문제이다. 지금까지 그 새로운 윤리학으로 제시한 것이 듀이의 실용주의 윤리(학)이다. 그리고 실용주의 윤리(학)에서는 도덕적 이해의 관건이 도덕적 상상이라는 점을 밝혔다. 도덕적 상상을 기르는 도덕교육을 위해서 무엇보다 중요한 점은 '도덕적 상상'이라는 관념과 그것의 도덕성과의 연관을 철저하게 파악하는 일이라고 생각한다. 이 점들은 미흡한 수준이지만 이미 다루었다고 생각한다. 남은 중요한 문제는 도덕적 상상력을 기르는 도덕교육의 문제이다. 이 문제를 두 가지로 나누어 살펴보고자 한다. 우선 삶을 살아가는 방식들에 관한 안내라고 볼 수 있는 도덕교육에 도덕적 상상이 적실하고 유용한 것인지를 살펴볼 것이다. 그리고 도덕적 상상력을 기르는 전략적 차원의 방법들을 탐구할 것이다.

도덕교육은 도덕이론 교육이 아님은 분명한 사실이다. 도덕교육이 도덕이론을 교육하는 것이라면 도덕적 상상은 적실하지 않을 것이다. 여기서 말하는 도덕이론은 '해야 할 옳은 일'을 제시하고자 하는 이론이다. 그러나 그 어떤 도덕이론도 오늘날의 다원주의 사회에서의 서로 다른 상황들에 적용할 '해야 할 옳은 일'을 제시하지 않으며, 제시할 수도 없다. 도덕교육이 이론교육이 되어서는 안 되는 이유가 바로 이 점에 있을 것이다. 정답을 제시하는 이론이 있다면 이론교육을 하는 도덕교육이 정당할 것이다. 도덕이론은 오히려 도덕적 문제들, 도덕적 추론, 도덕적 이해 등의 본질에 관한 이론이어야 할 것이다. 그것은 우리의 도덕적 전통들이 어떻게 생겨났으며, 그것들의 정당화의 기준들은 무엇이며, 그것들의 한계는 무엇인가를 알아내기 위해 그것들을 탐구하는 것을 돕는 이론이어야 한다. 그것들은 우리에게 세계에서 역사를 통해 도덕적 전통들에서 무엇이 공통적이고 무엇이 다른지에 관해서 알려준다. 그것들은 우리에게 우리의 도덕적 개념들과 우리가 그것들을 가지고 하게 될 추론의 상상적 구조에 관한 지식을 부여한다. 도덕이론은 도덕적 이해에 관한 이론이어야 한다는 것이다. 도덕적 이해의 증대를 안내하는 도덕교육은 '삶의 방식들을 안내하는 도덕교육'이라고 부를 수 있을 것이다. 도덕적 상상은 안내로서의 도덕교육에 적실할 뿐만 아니라 크게 유용할 것이다.

부버(Martin Buber)가 윤리를 가르치면서 저지른 실수들을 솔직하게 논의한 것이 도덕적 상상을 일깨우고 기르게 하는 교육의 어려움을 이해하게 한다. 그의 실수들은 특별한 것이 아니라 오늘날에도 특히 인간 행위에서 차지하는 이성의 역할이 과도하게 평가되고, 의지와 상상의 역할이 과소하게 평가될 때 종종 범해지는 것들이다. 우리가 도덕성을 어린이들에게 효과적으로 전달하지 못하고 있다는 명백한 증거가 있음에도 불구하고, 우리는 그것이 성공적인 삶을 위한 입문서로부터 나오는 것처럼 윤리를 가르치기를 고집한다. 도덕을 가르치는 교사들은 판에 박힌 듯이 학생들에게 도덕원리들과 심지어 덕들 자체를 마치 그것들이 성공하기 위한 실천도구인 양 소개한다. 우리가 어린이들에게 사회적 유용성과 물질적 성공의 기준들이 도덕원리와 덕의 가치의 측도라고 말하는 순간 우리의 가르침이 젊은이들의 정신을 변화시키거나 마음을 개조시키는 것이 되지 못할 것이다. 도덕적 상상은 경험을 통해 주어진 이미지들로부터 은유들을 만들고, 그 은유들을 이용하여 경험 속에서의 도덕적 대응을 발견하는 과정으로서, 하나의 '사물(thing)'도 아니고 심지어 하나의 능력도 아니다. 도덕적 상상은 우리의 삶들의 모든 순간에 활동하는 것이다. 그러나 그것은 양육과 적절한 훈련을 필요로 한다. 그렇지 않으면 그것은 사용되지 않는 근육처럼 퇴화할 것이다. 도덕적 상상의 풍부성이나 빈곤성은 경험의 풍부성이나 빈곤성에 의존한다(V. Guroian, 1998, 23-24).

도덕적 상상을 기르는 전략적 방법들은 매우 다양하다. 여기서는 듀이의 도덕적 상상이론과의 연관 속에서 그 일부를 제시하고자 한다. 첫째, 공감의 경험할 수 있는 기회들을 많이 부여해야 할 것이다. 공감의 기회는 두 가지 차원에서 주어진다. 하나는, 다른 사람의 입장에서 상황을 이해하고 다른 사람의 느낌을 느끼는 것이다. 다른 사람의 입장과 감정을 간접적으로 경험하는 기회가 많아질수록 도덕적 민감성은 더욱 확대되고 심화될 수 있을 것이다. 다른 하나는, 단순히 다른 사람의 입장에 서보는 차원을 넘어서 다른 사람의 입장에서 자신을 성찰해보는 경험이다. 다른 사람의 입장에 서 있다면 어떤 생각과 느낌을 가지고 어떤 행동을 하게 될 것인지를 상상하고, 나아가 평소의 나의 생각과 느낌과 행동은 과연 어떤 것들이었는지를 반성해보는 경험이다. 레디포드(G. Reddiford)는 도덕적 상상은 상황에 대한 자신의 관점을 유보시키고 다른 사람의 관점에서 그 상황을 이해하는 것이라고 규정하면서, 학생들에게 두 가지 방향의 상상이 필요하다고 주장한다. 즉, 도덕적 판단에 따른 행동이 다른 사람에게 미치는 영향과 다른 사람이 그렇게 행동했을 때 생길 수 있는 결과를 고려하는 것이다. 이런 이해를 통해서 다른 사람의 고통과 불행에 대해 도덕적으로 배려하고 동정할 수 있는 것이다(G. Reddiford, 1981, 78-79). 공감적 자기투사와 자기성찰은 상상을 통해서 가능해지기 때문에 공감을 경험하는 기회와 도덕적 상상을 경험하는 기회는 함께 일어날 것이다. 베넷(Milton Bennett)은 "타인의 경험에 상상을 통해 지적 그리고 정서적으로 참여하는 것"을 공감으로 정의하면서, 공감의 발달을 위한 여섯 단계들의 절차를 제시한다(M. Bennett, 1998, 207-213). (1) 차이를 가정한다. 이것은 공감이 생기기 위한 바탕으로서 자신과 다른 사람이 다르다는 점을 인정하는 것이다. (2) 자신을 안다. 자신의 가치나 믿음을 스스로 깨닫는 자기의 존재 인식은 공감을 하더라도 자기 자신을 잃지 않게 한다. (3) 자기를 정지시킨다. 이것은 자기 자신과, 다른 사람을 포함한 환경과의 경계를 중지시키는 것이다. 2단계에서 명료화된 자기 정체성은 일시적으로 무시된다. 세계나 환경을 통해서 더 나은 자기 정체성을 가지고 자기의 경계를 넓히기 위해서 일시적으로 자기 정체성을 중지시키고 보류시키는 것이다. (4) 안내된 상상을 하게 한다. 다른 사람의 경험에 상상을 통해 참여한다. 상상을 통해 참여하는 다양한 방식들이 있지만 기본적으로 다른 사람의 경험에 대해서 이미지를 형성시키고 방법적 상상을 통해 다른 사람의 경험에 적극적으로 참여하게 한다. (5) 공감적 경험을 하게 한다. 여기서 우리는 다른 사람이 자기 자신인 것처럼 그 사람을 경험한다. 공감적 경험에서는 내가 다른 사람의 입장에 선다면 무엇을 느끼고 어떤 생각을 하게 될 것인가에 초점을 두기보다는 마치 내가 다른 사람인 것처럼 그의 경험, 그의 생각, 그의 배경에 근거하여 다른 사람의 현재 입장을 이해해야 한다는 점을 고려해야 한다. (6) 자기를 재확립시킨다. 이것은 다른 사람을 경험하고 다시 자기로 되돌아오는 것이다. 이때의 자기는 기존의 자기가 아니라 다른 사람의 경험을 바탕으로 재확립된 자기이다.

둘째, 행위 혹은 삶의 가능성들을 제시하고 그 결과들을 예상하게 한다. 학생들에게 도덕적 지식을 정답으로 제시함으로써 옳은 것이 무엇인지를 단순히 알게 하는 것보다는 스스로 사고하고 탐구하는 과정을 통해 도덕적으로 옳은 것을 스스로 판단할 수 있고 나아가 삶을 풍요로운 것으로 만들어갈 수 있는 능력을 기르게 하는 것이 도덕교육의 참모습일 것이다. 올바른 판단과 삶의 풍요로움을 위해 가능한 한 다양하고 많은 행위의 가능성들을 제시할 필요가 있다. 분명히 가능성들은 일종의 삶의 양식이지만 다원주의 사회에서 그것들은 엄격하지도 않고 강요되는 것도 아니다. 그것들은 실제적으로나 상상을 통해 등장했던 사람들이 행동했거나 살았던 선한 행위 혹은 선한 삶에 의해서 만들어진 행동양식이자 삶의 양식인 것이다. 그것들은 사람들이 스스로 선하게 행동하거나 선한 삶을 살게 만드는 가능한 방식들인 것이다. 그러한 행위 혹은 삶의 가능성들은 거기로부터 벗어나야 할 인습이 아니라 오히려 즐길 수 있는 풍요로움이다. 그것들은 엄격하게 따라야 할 청사진 같은 것이 아니다. 오히려 그것들은 창조성, 모험성, 사랑하는 관심 등을 개발하는 것과 관련된다. 이 풍요로운 행동이나 삶의 가능성들의 매력을 밝히는 것이 도덕적 상상의 역할일 것이다. 학생들로 하여금 그 삶의 풍요로움을 간접적으로 경험할 수 있는 기회를 제공하기 위해서, 다양한 삶의 이야기이자 기록들인 고전적인 문학작품들, 자서전들, 전기들을 읽게 하거나, 역사적 사건이나 인물을 탐방하게 하거나, 기아나 장애를 체험하게 하거나, 역할 연기 등의 직접적인 경험도 안내할 수 있을 것이다.

셋째, 은유적 표현을 사용하게 한다. 도덕적 책임의 이해를 기초적인 은유적 투사에 의해서 분명히 할 수 있다. 도덕의 영역은 물리적 강제를 수반하지 않으며, 자극에 대한 단순한 물리적 반응을 수반하지도 않는다. 도덕의 영역에서 작용하는 힘은 물리적인 것이 아니다. 그러나 우리는 물리적 힘과 상호작용의 감각으로부터, 더욱 추상적이고도 심리적인 도덕적 상호작용의 영역을 향해서, 은유적 투사를 행한다. 우리에게 도덕적 책임이 있다는 것은, 우리가 태도 결정을 하고, 물리적으로 강제되지 않는 행동을 수행한다(혹은 제지한다)라는 것이다. 따라서 도덕적 책임은 더욱 신체적인 반응의 경험을 기초로 하는 은유로서 이해된다(M. Johnson/이기우, 1992, 67-68).

그리고 만일 '정의'라는 추상적 개념을 생각한다면 그 마음에는 구체적인 정신적 그림이 있다. 추상 자체의 정신적 이미지를 가질 수 없다. 단지 사례를 상상할 뿐이다. 거기서 추상은 구체화된다. 이러한 구체성은 상상의 이해에 중심이다. 만약 정신적 그림이 항상 구체적이라면 거기서 도덕적 상상이 도출될 것이다. 예를 들어, 푸른 것과 분리된 푸름을 생각할 수 없고, 달리는 대상과 분리된 뛰기를 상상할 수 없다. 이것은 '정의'와 같은 도덕적인 용어에도 해당된다(M. B. Wilkinson, 2000, 93). 주체가 가지고 있는 내면화된 심상을 통해서 도덕적인 문제의 심상을 형성했다면 이 심상은 추상적 규범의 이해로 이어져야 한다. 추상적 규범의 이해는 경험의 은유적 투사를 통해서 이루어진다. 그러므로 자신의 심상을 은유적으로 표현하는 것은 도덕적 상상을 통해서 이루어질 수 있다. 이러한 은유적 표현하기는 심상에 대한 정의 내리기나 이름 붙이기의 형식으로 이루어질 수 있을 것이다.

마지막으로, 이야기 형식으로 표현하게 한다. 불규칙하게 발생하는 단절된 일시적 사건을 의미 있는 행위로 만드는 것은 통합적 일관성이다. 통합적 일관성은 단순한 일련의 개별적인 사건을 도덕적 의미를 지닌 중요한 행위로 연결시킨다. 그래서 다양한 경험을 통합시키는 상상적 구조의 맥락에서 인격, 의도, 행위를 이해하고 평가하게 된다. 문화적이거나 개인적인 이야기는 삶을 의미 있게 하는 가장 포괄적인 통합적 구조이다(Ibid., 166). 글로 쓴 이야기와 말로 한 이야기를 통해서 우리가 살고 있는 세상보다 더 넓은 세상을 상상할 때, 우리는 다른 사람들에 대해서 깊이 느낄 수 있다. 그러한 공감과 상상의 도약은 우리를 더 깊고 넓은 관계로 묶을 수 있고, 문화들을 연결시켜주며, 우리에게 '지혜의 마음'을 보도록 해줄 수 있다. 훌륭한 이야기는 도덕적 상상, 인간의 사고와 감정에 대한 예증의 가능성, 상이한 장소, 문화, 신념을 연결시켜주는 방식으로의 행위로 이끌고 확장시킨다(C. S. Witherell, 1995, 40). 즉, 이야기는 그 자체가 하나의 통합적 상상의 형식으로 구성된다. 이야기를 통해서 상상할 수 있다는 것은 이야기 형식의 표현은 상상을 통해서 이루어질 수 있다는 의미도 된다. 이야기는 다른 사람의 삶과 존재에 대해 공감적이 되도록 하며, 다른 사람의 경험을 상상하고 느끼도록 한다. 그래서 학생들에게 인간 행동과 감정의 새로운 가능성, 지식과 이해의 새로운 경계를 마음속에 그리게 할 수 있다. 이처럼 이야기는 도덕적 자아와 행위를 파악하기 위한 포괄적인 구조를 제공한다. 그리고 이러한 이야기적 표현은 도덕적 상상을 통해 이루어질 수 있다.

학생들에게 자신이 실제 경험한 이야기를 말하거나 쓰도록 함으로써 도덕적 상상을 기르도록 해야 한다. 실제 삶의 이야기를 나누는 것 자체가 상상에 의해 가능해진다. 우리가 실제 삶의 이야기를 나눈다고 할지라도 모든 것을 있는 그대로를 말하는 것이 아닐 뿐만 아니라 우리는 모든 사실을 기억하지 못한다. 즉, 우리는 실제 삶의 이야기를 종합하고 결합하고 통일시키게 된다. 즉, 사건, 상황 등을 상상적으로 재구성하게 된다는 것이다. 또한 우리의 과거 이야기, 현재의 이야기는 우리의 미래의 이야기와 연결되어 있다. 자신의 삶의 이야기를 말하고 또다시 말함으로써 우리는 자신에 대해 반성하게 되고, 이것은 앞으로의 삶에도 영향을 미치게 된다. 미래의 이야기는 아직 완결되지 않은 이야기이다. 그런 점에서 가능성의 영역이기도 하다. 과거와 현재의 이야기도 우리의 상상에 근거하지만, 미래의 삶의 이야기는 아직 살아보지 않았기 때문에 상상에 크게 의존한다. 우리가 상상에 의해 만든 미래의 이야기가 현실이 되는 것이다. 미래의 삶의 이야기가 단지 공상이 아닌 도덕적 상상에 근거하게 될 때, 우리는 더 나은 자기가 될 수 있고, 더 나은 삶을 살 수 있게 될 것이다. 우리의 삶은 서사적 구조를 가진다. 그러므로 우리가 삶의 현실에 그것이 실제 체험되는 것처럼 관찰하고 참여하는 데 가장 가까이 다가가는 것은 지속적 서사 속에서이다(M. Johnson, 1993, 196). 우리의 삶과 다른 사람들의 삶을 확대된 서사들로 바라봄으로써 우리는 시간을 가로질러 우리의 도덕적 사고에 대한 이해에 다가간다. 우리는 우리의 삶이 택했던 삶의 항로에 영향을 주었던 특별한 상황들을 검토할 수 있다. 왜 우리의 인격이 그 길을 형성했는지를 성찰할 수 있다. 도덕적 상상의 이 요소는 우리의 삶의 이야기를 검토하는 방법을 제공한다. 우리의 삶이 서사적 요소를 가지고 있음을 이해하는 것은 우리 스스로를 이야기 속의 등장인물로 생각하는 것을 어느 정도 의미한다. 우리의 삶은 시작, 중간, 종말을 가진다. 주연과 조연이 있다. 우리는 특별한 맥락의 시간, 장소, 문화 속에서 살아간다. 우리의 삶을 서사로서 성찰함으로써 우리는 삶의 양식들을 주목하고, 무엇이 우리로 하여금 특별한 상황에서 어떤 방식으로 행위하게 하는지를 물을 수 있다. 그리고 우리는 우리의 삶에서 우리가 내렸던 주요한 결정들과 그런 결정들이 우리에게 어떤 영향을 미쳤는지를 이해할 수 있다. 로티(R. Rorty)는 그들의 도덕적 발달에 관심을 가진 사람들은 도덕이론에 관한 철학적 텍스트들이 아니라, 장편소설, 단편소설, 희곡 등에 의지한다고 말했다. 그 이유는 무엇인가? 우리의 삶은 궁극적으로 서사적 구조를 가지기 때문이다. 우리가 그것이 실제로 경험되고 살아지는 것처럼 삶의 현실을 관찰하고 참여하는 것에 가장 가까이 다가가는 것은 지속적인 서사를 통해서인 것이다.

[참고문헌]

박재주(2003), 『서양의 도덕교육사상』, 성남: 청계.

Alexander, Thomas(1987), *John Dewey's Theory of Art, Experience, and Nature*, Albany: State University of New York Press.

____(1993), "John Dewey and the Moral Imagination: Beyond Putnam and Rorty toward a Postmodern Ethics", *Transactions of the Charles S. Peirce Society* 29, no. 3.

Bennett, Milton(1998), "Overcoming the Golden Rule", M. Bennett, ed., *Basic Concepts of Intercultural Communication*, Yarmouth: Intercultural Press Inc.

Berlin, I.(1969), *Four Essays on Liberty*, Oxford: Oxford University Press.

Colapietro, Vincent(1989), *Peirce's Approach to the Self*, Albany: SUNY Press.

Dewey, John(1922/1988), *Human Nature and Conduct*, Carbondale, Illinois: Southern Illinois University Press.

____(1916/1980), *Democracy and Education*, Jo Ann Boydston, ed., The Middle Works(MW) 9, Southern Illinois University Press.

____(1932/1985), *Ethics*, Jo Ann Boydston, ed., The Later Works(LW) 7, Southern Illinois University Press.

____(1933/1986), *A Common Faith*, LW 9.

____(1922/1984), *Human Nature and Conduct*, MW 14.

____(1925/1981), *Experience and Nature*, LW 1.

____(1934/1987), *Art as Experience*, LW 10.

Fesmire, Steven(2003), *John Dewey and Moral Imagination: Pragmatism in Ethics*, Bloomington and Indianapolis: Indiana University Press.

Gill, David W.(2000), *Becoming Good: Building Moral Character*, Downers Grove, Illinois: InterVarsity Press.

Guroian, Vigen(1998), *Tending the Heart of Virtue: How Classic*

Stories Awaken a Child's Moral Imagination, New York: Oxford University Press.

Johnson, Mark, 이기우 옮김(1992), 『마음속의 몸: 의미·상상력·이성의 신체적 기초』, 서울: 한국문화사.

Johnson, Mark(1993), *Moral Imagination: Implication of Cognitive Science for Ethics*, Chicago and London: The University of Chicago Press.

Kekes, John(1993), *The Morality of Pluralism*, Princeton, New Jersey: Princeton University Press.

____(1999), "Pluralism, Moral Imagination and Moral Education", J. M. Halstead & T. H. McLaughlin, eds., *Education in Morality*, London and New York.

Lakoff, George & Johnson, Mark(1980), *Metaphors We Live By*, Chicago and London: The University of Chicago Press.

____(1999), *Philosophy in the Flesh: How the Embodied Mind Challenges Western Conceptions of Reason*, New York: Basic Books.

MacIntyre, Alasdair(1984), *After Virtue*, 2nd ed., Notre Dame, Indiana: University of Notre Dame Press.

Mackie, John L.(1990), *Ethics: Inventing Right and Wrong*, London: Penguin Books.

McNaughton, David(1988), *Moral Vision: An Introduction to Ethics*, Oxford and Cambridge: Blackwell.

Nussbaum, Martha C.(1990), "Finely Aware and Richly Responsible: Literature and the Moral Imagination", M. C. Nussbaum, *Love's Knowledge: Essays on Philosophy and Literature*, Oxford: Oxford University Press.

Oakeshott, M.(1991), *Rationalism in Politics and Other Essays*, Indianapolis: Liberty Press.

Reddiford, G.(1981), "Moral Imagining and Children", *Journal of Moral Education*, vol. 10, no. 2.

Talbot, Marianne(1999), "Against Relativism", J. M. Halstead & T. H. McLaughlin, eds., *Education in Morality*, London and New York.

Tierney, Nathan L.(1994), *Imagination and Ethical Ideals: prospects for a unified philosophical and psychological understanding*, Albany: State University of New York Press.

Wilkinson, M. B.(2000), "Moral Imagination and the Case for Others", Mal Leicester, Celia Modgi & Sohan Modgil, eds., *Moral Education and Pluralism*, vol. IV, London: Farmer Press.

Witherell, C. S.(1995), "Narrative Landscapes and the Moral Imagination: Taking the Story to Heart", H. McEwan & K. Egan, eds., *Narrative In Teaching, Learning, and Research*, Teachers Press.

제 5 장

도덕적 상상과 도덕적 판단의 연관성

1. 서론

기존 도덕철학의 입장에서는 '도덕적 상상'이라는 개념 자체가 성립될 수 없을 것이다. 도덕은 이성적인 것이며, 상상은 이성과는 결코 양립될 수 없다는 관점 때문이다. 도덕은 이성적이라는 관점도, 이성은 상상과 양립될 수 없다는 관점도 잘못이다. 그런 잘못된 관점에 근거한 도덕교육도 그것의 진정한 모습일 수 없었다. "인간은 근본적으로 '상상적인(imaginative)' 도덕적 동물이다."(M. Johnson, 1993, 1)라는 말이 그 잘못을 잘 표현한다. 이 말 속에 담긴 중요한 의미는 상상과 도덕성이 양립할 수 있다는 것이며, 도덕성은 상상을 통해 함양될 수 있다는 것이다. 현대 다원주의 사회에서 진정한 도덕교육을 위해서는 이런 입장을 반드시 수용해야 하며, 그것의 수용은 기존의 도덕성 관념과 기존의 도덕교육의 내용과 방법에 근본적인 개혁을 요구할 것이다.

도덕성은 합리성과 양립되는 것이며, 합리성과 상상은 '적'으로 불릴 정도로 양립이 불가능하다는 것이 기존 도덕철학의 입장이었다. 기존 도덕철학의 입장을 넘어서서 인지과학의 이런 새로운 관점에서 도덕성과 도덕교육을 연구하기 위해서는 이성과 상상이 양립할 수 있다는 점을 연구하는 것이 근본적이다. 즉, 인간 이성 자체가 상상과 연관되는 것이며, 따라서 도덕적 이해, 추론, 판단은 근본적으로 상상과 분리시킬 수 없는 것임을 밝히는 것이 무엇보다 중요할 것이다. 인지과학이 발견하는 많은 경험적 사실들을 통해 상상적인 인간 이성과 도덕성은 입증될 수 있다고 생각한다. 그런 경험적 사실들의 발견들은 "지금까지 도덕성의 토대를 이루고 있었던 도덕법칙(moral law) 관점의 대부분을 포기할 것을 요구하고 있으며, 도덕적 추론은 철두철미하게 상상적인 것이라는 아주 다른 관점을 가지기를 요구한다."(Ibid., 11)

우리의 도덕적 상황들이 단순하다면, 우리가 해야 할 것은 명백할 수 있을 것이며, 우리가 살고자 하는 좋은 삶의 의미 또한 분명할 것이다. 그런 삶을 살아가려는 우리의 노력에 대한 장애물도 쉽게 관리할 수 있을 것이다. 도덕교육도 필요성이 없거나 적을 것이다. 그러나 우리의, 특히 다원주의 사회인 현대를 살아가는 우리의 도덕적 상황들은 대단히 복잡하다. 그 상황들이 복잡하고 모호하여 해야 할 것을 판단하기 곤란하고, 좋은 삶의 관념도 불분명하다. 좋은 삶을 살고자 하는 노력에 대한 장애물도 넘어서기 어려운 것들이다. 그러나 우리는 항상 그런 상황에서도 옳은 것이 무엇인지를 판단해야 한다. 관습적으로 결정된 옳은 것을 따르는 사람이 오늘날의 도덕적인 사람이 아니다. 도덕적 상황을 고려하면서 스스로 옳은 것을 판단하고 실천하는 사람이 진정한 도덕적인 사람이다. 상황을 고려하면서 판단한다는 것은 순수한 이성의 역할로서는 이루어질 수 없다. 그것은 상상과 함께하는 이성을 통해서만이 가능할 것이다.

사실, 다원주의 사회를 살아가는 우리는 도덕적인 사람이나 상상적인 사람 어느 한쪽이 되기를 원하기보다는 도덕적인 동시에 상상적인 사람이기를 원한다. '도덕적(moral)'이라는 말은 단순히 관습(mores)과 전통을 엄격하게 따른다는 것 이상을 의미한다. 도덕적인 사람은 정해진 어떤 것을 무조건 따르기만 하는 기계적인 사람이기보다는 어떤 조건에서 어떤 것을 지킬 것인지를 성찰하고 추론하고 스스로 판단하는 사람이다. 엄격한 도덕적인 사람이 이제 도덕적인 사람의 전적인 모습이 아니다. '도덕적'이라는 말의 의미가 확장됨에 따라, 도덕성과 상상은 양립이 더욱 가능해진다. 도덕적인 사람은 엄격한 사람이고 상상적인 사람은 현란하고 무책임한 사람이라는 이분법적 구분은 더 이상 통할 수 없다. 현대 다원주의 사회에서 진정으로 도덕적인 사람은 양극의 중간에 위치한 사람이다. 그들은 스스로 도덕적인 삶 내지 좋은 삶을 살려고 노력하는 사람들이다. 그들의 일상적인 도덕적 경험은 서로 갈등하는 다양한 가치들을 포함한다. 그들에게 그런 가치들은 삶의 가능성들과 연결된다. 심사숙고를 통하여 그런 가능성들 중 일부를 자신의 것으로 채택할 경우 그것들이 좋은 삶의 관념을 구성한다. 적용 가능한 다양한 가능성들에 따라서 사는 삶이 어떤 삶일까를 알려고 노력하는 것은 풍부한 상상을 통해서 가능하다. 그래서 좋은 삶의 관념을 형성하는 과정에서 본질적인 것은 바로 상상이다. 그러므로 스스로 좋은 삶을 살려고 노력하는 우리가 되기를 원하는 사람은 현명하게 성찰하고 상상력이 풍부한 사람이다. 그런 사람을 기르고자 하는 오늘날의 도덕교육은 현명하면서도 상상적인 인간상을 목표로 삼아야 한다. 그는 기계적인 암기학습을 통해서 지식을 가지고 그 지식을 바탕으로 도덕적 판단을 내리는 것이 아니라 현실에 대한 세심하고 유연한 정신력, 즉 다양하고 풍부한 상상을 통해서 도덕적 판단을 내리는 사람이다.

지금까지의 도덕교육은 주로 합리적 도덕성 함양에 초점을 두었지만, 앞으로의 도덕교육은 상상적이고 합리적인 도덕성 함양을 중심으로 이루어져야 한다. 통찰력이 있고, 비판적이며, 탐구적인 동시에 변형적인 '상상적 합리성(imaginative rationality)'을 통한 도덕성 함양에 목표를 두어야 한다는 것이다. 이 글은 그런 도덕교육의 구체적인 전략들에 관한 연구의 전 단계로서, 도덕적 상상 개념의 의미들, 도덕적 상상의 기능들, 도덕적 상상과 도덕적 판단의 연계성 등을 다루고자 한다.

2. (도덕적) 상상의 의미

1) 상상과 공감

아담 스미스(Adam Smith)는 상상과 공감(sympathy)을 양립적인 것으로 설명한다. 그가 말하는 공감은 다른 사람들에 대한 일방적 배려의 감정이 아니다. 다른 사람의 마음을 헤아리거나 그의 감정에 동정하는 수준을 넘어 다른 사람의 감정과 마음을 이해하고 그것을 바탕으로 자신의 감정과 마음도 헤아리는 것이 그가 말하는 공감이다. 여기서 중요한 점은 공감이 단순한 정감이 아니라 인지와 이해를 함께한다는 점이다. 다른 사람의 정감을 '이해'하는 것이 공감이며, 그것을 할 수 있는 인간의 능력이 (도덕적) 상상력이라는 것이다. 모든 사람이 선천적으로 도덕성을 가지고 태어난다고 하기보다는 상상을 통해 다른 사람의 입장에 서보면서 다른 사람의 정서에 공감하는 것이 도덕성의 본질이다. 그것이 바로 도덕적 상상이자 상상적 도덕성이다.

스미스에 따르면, 다른 사람의 운명에 관심을 가지는 것이 인간본성이며, 그런 관심이 그가 말하는 공감이자 도덕적 상상이다. 즉, "인간이 아무리 이기적이라고 상정하더라도 인간의 본성에는 분명 이와 상반되는 몇 가지 원리들이 존재한다. 이 원리들로 인해 인간은 타인의 운명에 관심을 가지게 되며, 단지 그것을 지켜보는 즐거움밖에는 아무것도 얻을 수 없다고 하더라도, 타인의 행복을 필요로 한다. 연민과 동정이 이런 종류의 원리들이다."(Adam Smith, 1759, 9) 그런데 그 연민과 동정은 단순한 정감의 수준이 아니고 다른 사람에 대한 관념의 형성, 즉 이성과 연결된다. 그의 주장에 따르면, "우리가 다른 사람의 느낌을 직접 경험하지 못할 때, 우리는 그들이 어떤 영향을 받고 있는지에 관한 어떤 관념도 형성할 수 없지만, 우리 스스로가 유사한 상황에서 느낄 것을 생각함으로써 그것을 형성할 수 있다." (Ibid., 2) 그는 어떤 사람도 다른 사람들이 느끼는 것을 직접 경험할 수 없고 다만 생각 내지 상상을 통해 이해할 수밖에 없다고 주장하는 것이다. 그는 자신의 감정은 감정이지만 다른 사람들에 대한 감정은 이미지라고 표현한다. 즉, "자신의 기쁨과 고통은 본원적인 감정들인 반면에 다른 사람들의 그것은 자신에 대한 원초적인 감정의 반영 또는 그것과의 동감에서 우러나오는 이미지이다. 자신에 대한 느낌은 실체이고, 타인에 대한 느낌은 그림자이다."(Ibid., 219) 자신에 대한 감정은 실체적인 감정이지만, 다른 사람들에 대한 감정은 그림자와 같다는 것이다. 결국 사람은 상상을 통해서만이 그림자인 다른 사람의 감정에 대한 관념을 형성할 수 있다는 것이다. 이것이 바로 스미스가 말하는 공감이다. 그것은 "감정이입(empathy)도 아니고 어떤 다른 정감이나 열정(passion)이 아니며, 다른 사람의 정감들에 대한 동의나 그것에 대한 이해를 가리킨다."(Ibid., 5) 어떤 상황이 나에게 어떤 영향을 미칠 것이기 때문에 다른 사람이 느끼는 감정을 나도 느끼는 것이 아니다. 내가 다른 사람의 입장에 서서 그 사람의 감정에 대해 이해하는 것이 공감의 근본인 것이다. 그 상황을 나 자신에게 연관시키기보다는 다른 사람의 사정을 이해하기 위하여 그 사람의 경험 속에 나를 투사시키는 것이 공감이다. 그것은 다른 사람의 감정에 대한 인식과 이해이다. 다른 사람과 같은 감정을 느끼기보다는 그의 정서를 인지적으로 이해하는 것이 공감의 근본인 것이다. 그것을 위해서는 다른 사람의 정서를 자신의 정신 속에서 재창조하는 것이 필수적이다. 그 재창조의 활동이 바로 능동적인 상상인 것이다. 그래서 공감은 상상을 통해 이루어질 수 있는 것이다.

그런데 공감은 상대방의 감정을 이입하고 그것을 이해하는 것을 넘어선다. 그것은 자기평가를 포함한다. 즉, 다른 사람의 정서나 관점에서 나 자신을 바라보는 것이 공감이다. 내가 다른 사람의 슬픔에 대해 슬픔을 느낀다는 것은 그 사람이 어떤 슬픔을 느끼고 있는가에 대한 나의 생각이 아니라 그 사람이 처한 상황에 서 있는 나 자신을 상상함에 의해 슬픔을 느끼는 것이다. 공감은 상대방의 정감에 대한 이해인 동시에 그 과정에서 자신의 정감에 대한 이해와 평가이다. 상상은 다른 사람에 대한 공감과 자기평가의 원천이 된다. "우리의 상상이 묘사하는 것은 다른 사람이 가지고 있는 감각에 대한 인상이 아니라 바로 우리 자신의 감각에 대한 인상일 따름이다. 다른 사람이 처한 상황에 우리 자신을 세우는 상상 작동을 통해 우리는 다른 사람과 완전히 동일한 고통을 겪는다고 느끼려 한다."(Ibid., 9) 스미스의 관점에 따르면, 다른 사람의 정감과 행동에 대한 자신의 평가에 근거하여, 자신의 정감과 행동을 평가한다. 다른 사람들이 처한 상황에 자신을 세워보고 그들의 눈을 통해 자신의 행동을 바라봄으로써 공감을 하게 된다. 그런 공감을 통해 도덕적 판단이 이루어지며, 공감을 가능하게 하는 것이 능동적인 상상인 것이다.

스미스에 의하면, 공감과 상상은 도덕적 판단에 필수적이다. 그런데 도덕적 판단은 순수하게 주관적 판단이 아니고 사회성을 띤 판단이다. 공감과 상상을 도덕적 판단의 필수적인 요소로 주장하는 스미스는 '공정한 관찰자(impartial spectator)' 이론을 통해 그 점을 설명한다. '공정한 관찰자'는 도덕적인 사람이 다른 사람들과 자기 자신에 대하여 판단을 내리는 메커니즘이다. 공감은 어떤 상황이나 사람에 대하여 공평무사한 판단을 내리게 한다. 그는 '공정한 관찰자'의 기능을 다음과 같이 설명한다.

"우리가 우리 자신의 자연적 위치에서 떠나 일정한 거리를 두고 자신의 여러 가지 감정과 동기를 바라보려고 노력하지 않는다면, 우리는 결코 그것들을 제대로 관찰하거나 그것들에 대한 올바른 판단을 할 수 없다. 그러나 우리는 다른 사람들의 눈으로 보려고 노력하거나 혹은 다른 사람들이 바라보듯이 보려고 노력하는 방법 이외에 다른 방법은 없다. 따라서 우리가 다양한 감정과 동기에 대하여 어떠한 판단을 형성하더라도 그 판단은 항상 암암리에 타인의 판단은 어떠하며, 특정한 상황에서는 어떠할 것이고, 우리가 생각하건대 당위적으로 어떠해야만 할 것인가 하는 문제와 어느 정도 관련되어 있다. 우리는 자신의 행동을 공정한 관찰자가 관찰하는 것처럼 관찰하도록 노력한다."(Ibid., 110)

스미스가 말하는 '공정한 관찰자'는 가슴속에 형상화된 사람이며, 행위의 위대한 심판관 내지 조정자이다. 관찰자는 특정 상황들로부터 물러서서 사회적으로 시인되는 도덕규범을 기준으로 평가하는 인간 내부의 판단자이다. 그러나 그가 말하는 도덕규범은 미리 결정된 원리들이 아니고, 특별한 상황들에 관한 특별한 판단들을 통하여 변경되고 개선되는 것이다. '공정한 관찰자' 또한 자기시인과 자기비판을 위해 자기 자신으로부터 분리될 수 있는 자기 부분이다. '공정한 관찰자'는 자기 자신을 다른 사람의 행동을 관찰하는 사람으로 상상하면서 자신의 행동을 관찰하는 사람으로 상상한다. 도덕적인 사람은 '공정한 관찰자'의 눈을 가지고 그 자신의 그리고 다른 사람의 행위와 동기를 관찰하고, 상상을 통해 공정한 판단을 내린다.

'공정한 관찰자'는 도덕적 상상을 통해 정감과 도덕규범 그리고 도덕적 판단을 연관시킨다. 관찰자는 특정한 상황들과 맥락들 사이를 오고가면서, 자신의 도덕적 정감들과 다른 사람들의 그것들 사이를 오고가면서, 도덕적 규범들을 적용하면서 그 상황들과 정감들과 행동들을 평가한다. 공감과 도덕적 상상은 '공정한 관찰자'로서 우리가 사회적인 입장에서 도덕적 판단을 내릴 수 있게 하는 원동력이다. 스미스는 도덕적 판단이 일반적인 도덕규범이나 원리가 적용된 결과라고 주장하지 않는다. 그는 도덕적 판단은 사람들, 상황들, 그리고 일반적으로 교정할 수 있는 규범들 사이의 상호작용들로부터 초래된다고 믿는다.

2) 상상과 인식

칸트(I. Kant)는 모든 경험과 인식을 가능하게 하는 조건으로 감관, 상상, 통각을 제시한다. 그것들은 인식에서 서로 다른 역할을 수행한다. 즉, 감관은 직관하는 능력이며, 상상은 종합하는 능력이고, 통각은 통일하는 능력이다. 두 가지 인식능력들인 감성과 오성을 매개하는 것이 상상이다. 그는 "오성은 어떤 것을 직관할 수 없고, 감관은 어떤 것을 사고할 수 없다."고 말하면서도 "오로지 그 둘의 결합을 통해서만 인식은 가능하다."고 말한다(I. Kant, 1998, A 51). 감성과 오성과 상상은 모두 인식의 필연적 요소이며, 주관의 인식기능이다. 인간의 인식은 감성만으로도 혹은 오성만으로도 성립될 수 없다. 인식을 위해서는 감성적 직관이 오성에 의해 사고되어야 하고, 오성적 사고는 감성적 사고 내용을 가져야 한다. 그런데 순수직관의 능력인 감성과 순수사고의 능력인 오성 둘을 서로 종합하고 매개하는 능력이 바로 상상이다. 이에 대한 칸트의 설명은 다음과 같다.

"상상(상상력을 상상으로 표현)은 대상의 현전 없이도 그것을 직관에 표상하는 능력이다. 그런데 우리의 모든 직관은 감성적이므로, 상상은, 그 아래에서만 지성 개념들에 상응하는 직관을 제공할 수 있는 주관적 조건이라는 점에서, 감성에 속한다. 그러나 상상의 종합이 자발성의 실행인 한, 그러니까 규정적이고, 즉 감관처럼 한낱 규정되는 것이 아니라 통각의 통일에 맞춰 형식의 면에서 감관을 선험적으로 규정할 수 있다는 점에서, 상상은 감성을 선험적으로 규정하는 능력이고, 그것이 범주들에 따라서 직관을 종합하는 것은 상상의 초월적 종합임에 틀림없다."(Ibid., B 151-152)

상상은 오성의 능력으로서, 지금 직관 속에 존재하지 않는 것을 표시하는 능력이다. 그것은 질료를 받아들이는 능력이 아니고 오성에 전달해주는 능력이며, 오성의 자발성의 능력이다. 상상을 매개로 하여 감성과 오성은 필연적으로 결합하게 된다. "상상을 통하여 직관의 잡다와 순수통각의 필연적 통일의 조건을 결합한다. 두 끝인 감성과 지성은 상상의 이 초월적 기능을 매개로 해서 반드시 결합해야 한다. 그렇지 않으면, 감성이 현상을 제공하겠지만, 경험적 인식의 어떠한 대상도, 따라서 어떠한 경험도 제공하지 못할 것이다."(Ibid., A 124)

그런데 마크 존슨(Mark Johnson)은 상상에 관한 칸트의 관점을 재생적 상상, 생산적 상상, 도식화 상상, 창조적 상상 등 네 가지 측면들에서 설명한다. 재생적(reproductive) 상상은 감각적 인식 내지 지각에서 기능하는 상상이다. 즉, "칸트에게 있어, 정신적 표상들의 종합을 이루는 바로 그 능력이 상상이며, 그것은 서로 다른 표상들을 함께 모으고, 한 번의 인식 행위에서 그 표상들 속의 다양한 점을 파악하는 행위로 규정된다. 상상이 종합하거나 통합하는 활동의 본질을 이해하는 것이 상상을 이해하는 것이다."(M. Johnson, 1987, 148) 상상의 재생적 기능은 지각과 기억을 가능하게 하기 위해 단독적으로 생기는 감각들을 종합하고 통합하여 표상을 생성시키는 기능이다. 그런 상상의 기능이 없다면 우리는 단절되어 생기는 감각을 단순히 느낄 수 있을 것이다. 그런 재생적 상상은 적어도 세 가지 방식들로 작동한다. 즉, "(1) 그것은 감각들의 집합들로부터 이미지들이나 표상들을 형성한다. (2) 그것은 기억 속의 그런 이미지들을 재생산하기 위해 이런 표상들을 연계시킨다. 그리고 (3) 그것은 이미지들을 다른 유사한 이미지들과 연계시키고, 따라서 인식을 가능하게 만든다."(P. H. Werhane, 1984, 192-194) 결국 재생적 상상은 이미지들을 통합하고 기억을 통해 과거의 이미지들을 상기하여 통합적이고 일관적인 경험을 구성하는 능력이다. 칸트가 주장하는 재생적 상상은 경험론이 주장하였던 연상 작용으로서의 상상과 같은 것이다.

그런데 재생적 상상이 상상의 전부라면 우리는 주관적인 경험에 갇힐 것이다. 우리 각자의 경험들은 다만 계기적으로 발생하는 일련의 의식 상태에 지나지 못할 것이다. 그러나 실제 우리의 경험은 공유되는 것이다. 그것을 가능하게 하는 것이 생산적(productive) 상상이다. 우리는 일련의 계기적인 의식 상태들을 경험하는 것이 아니라 계기적인 상태들이 우리에게 속하는 것으로서 우리의 의식을 경험한다. 그런데 우리 의식에 객관적인 구조가 있기 때문에, 우리는 객관적이고, 공적이고, 공유된 경험들을 가질 수 있다.

"객관적 경험의 일반적 구조를 부여하는 것이 종합하는 활동이기 때문에, 칸트는 의식의 이런 통합적인 구조를 상상의 작동으로 묘사한다.

그리고 우리가 일련의 표상들을 우리의 공유된 세계의 대상들로 경험할 수 있으려면 그 표상들이 어울리는 모양이나 구조를 만들거나 생산하는 것이 초월적인 종합 활동이기 때문에, 칸트는 그것을 '생산적' 혹은 '조형적'이라고 부른다. ··· 상상의 생산적 기능은 우리 모두가 공동의 세계에서 공유하는 공적 대상들을 우리가 경험할 수 있게 만든다. 이 생산적 상상은 우리가 무슨 대상이든 그것을 경험할 수 있는 궁극적인 조건들을 구성하는 우리 의식의 통합하는 구조들에 다름 아니다. ··· 생산적 기능에서나 재생적 기능에서나 상상이 없다면 의미 있는 경험은 있을 수 없다."(M. Johnson, 1987, 151)

칸트가 말하는 상상의 도식화 기능은 오성의 범주를 경험적인 감각적 직관에 적용하는 것을 말한다. "상상은 '선험적 도식(transcendental schema)'을 통하여 오성 개념의 적용을 위한 매개적 표상을 제공한다."(I. Kant, 1998, A 138-139) 이에 대해 마크 존슨은 다음과 같이 설명한다.

"상상은 표상들을 시간 속에 정돈하는 도식화의 활동이다. 상상의 도식화 작용은 선험적인 결정으로 보일 수 있고(범주들을 감각 일반에 연계시킬 때처럼) 경험적인 결정으로 보일 수도 있다. 무엇보다도 요점은 우리의 경험에 질서를 세우기 위한 주된 수단으로서의 상상의 시간적 성격이다. 칸트는 도식(schema)을 개념(concept)과 또한 특정 이미지와 구별함으로써 상상의 도식적 활동의 특징을 명백하게 한다. 이미지는 감각 경험으로 원인을 돌릴 수 있는 정신적 그림이며, ··· 개념은 하나의 사물이 그 개념에 해당해야 하는 그런 특정들을 상술하는 추상적인 규정이다. ··· 도식은 이미지들을 생성하고 표상들을 정돈하는 상상의 절차이다. 따라서 도식은 부분적으로 추상적이고 지성적인 동시에 감각의 구조이다. 그래서 한편에서는 개념들 사이에, 다른 한편에서는 이미지들과 지각들 사이에 필요한 징검다리를 제공한다. '개'의 도식은 모종의 네 다리 동물의 모양을 일반적인 방식으로 묘사하는 절차일 것이다. 그것은 특정한 개에 대한 하나의 이미지도 아닐 것이며, 단순한 추상적인 '개' 개념도 아닐 것이다."(M. Johnson, 1987, 153-155)

그런데 상상의 도식화 활동은 이미지들이나 감각의 대상들과 추상적인 개념들 사이를 매개시킨다. 그 활동은 공간적, 시간적 표상들에서 모양이나 구조를 생성하는, 규칙을 따르거나 규칙과 같은 활동일 수 있기 때문에, 매개할 수 있다.

『판단력 비판』에서 칸트는 창조적 상상을 다음과 같이 제시한다. "상상은 그 활동을 통해 우리의 경험에서 새로운 구조를 얻고, 새로운 의미를 생성하기 위해 실존양식을 개조할 수 있는, 자유롭고 규칙의 지배를 받지 않는 활동이다. 이런 창조적 구조화는 상징적 표현으로서 그리고 은유적 투사로서 일어난다."(Ibid., 165-166) 창조적 상상은 경험이나 오성의 제약을 받지 않고 스스로 독창적인 활동을 한다. 그러나 그것 역시 보편성의 원리를 따른다.

3. 도덕적 상상의 기능

1) 탐구 기능

도덕적인 삶이란 우리 자신의 행위에 대한 이해와 반성 그리고 삶의 재구성을 통해 이루어질 수 있다. 자신의 행위에 관한 이해는 다른 사람들의 행위에 관한 이해를 바탕으로 이루어진다. 행위들을 이해한다는 것은 그것들이 일어난 맥락들과 이유들 그리고 그것들의 의미를 이해한다는 것이다. 그것은 그 상황에서 그 사람이 행동할 수 있었던 많은 가능성들(possibilities) 가운데 하나를 실현하게 된 까닭을 이해하는 것이다. 도덕적 상상은 그런 이해의 본질적인 요소이다.

그 행위에 관한 이해를 위해 행위자들의 행위 가능성들을 재창조하는 것이 상상의 활동이기 때문이다.

우리의 상상의 활동은 아주 다양하다. 그것은 다음과 같은 네 가지 종류로 구분할 수 있다. 즉, "부재한 친구의 얼굴과 같은 이미지들의 형성, 곡선적인 생각하기와 같은 여러 방식들로 문제를 해결하기, 사실들이 실제 모습과는 다르다고 우리가 공상할 때처럼 현실의 어떤 측면을 변조하기, 큰 부자가 된 것과 같은 특별한 가능성들을 실현하는 것이 어떤 것인가를 정신적으로 탐구하기 등이다."(John Kekes, 1995, 101) 도덕적 상상은 네 번째 종류의 상상의 활동이다. 상상을 통해 행위의 가능성들을 재창조하고, 좋은 삶(a good life) 관념에 비추어 그것들을 평가하는 활동이기 때문에 도덕적인 상상인 것이다.

도덕적 상상은 특별한 행위의 의미를 이해하고 평가하기 위하여 세 가지 종류의 가능성들을 재창조해야 한다.

"행위자들의 맥락에 일반적으로 적용이 가능했던 가능성들, 행위자들 스스로 가진다고 믿는 것이 당연하게 생각될 수 있었던 가능성들, 그리고 행위자들이 스스로 가진다고 실제로 믿었던 가능성들 등이다. 상상을 통한 이 세 종류의 가능성들의 재창조는 이런저런 가능성들에 있었다는 것을 단순히 아는 것 이상이다. 그것을 아는 것은 상상을 필요로 하지 않는다. 특별한 행위들의 의미를 이해하기 위해서는 그 가능성들과 관련된 매력들, 위험들, 새로움, 일반적 호감, 정서적 함의들, 명성 등등이 평가되어야 하며, 그것들이 그 행위자들에 나타나고 있는 것으로 평가되어야 한다. 그러므로 의미에 관한 이해는 단지 인지적일 수만은 없고, 유관한 가능성들이 그 행위자에게 가졌던 매력을 담을 수 있는 넓은 정서적 구성요소를 지녀야 한다, 우리는 그것의 의미를 이해하기를 원하는 그런 가능성들의 풍요로움을 재창조하기 위하여 인지적으로 그리고 정서적으로 형성된 상상을 필요로 한다. 다만 이 배경에서라도 행위자들이 그들의 가능성들 가운데 특별한 하나를 실현하는 이유

가 이해되기 시작한다."(John Kekes, 1993, 102)

　가능성들의 재창조 활동은 도덕적 평가와 판단에 본질적이다. 도덕적 평가와 판단은 일반적이고 추상적인 것이 아니라 개인적이고 구체적인 것이어야 한다. 행위자가 살고 있는 특정 상황과 그 행위자의 행위 가능성들과 관련하여 도덕적 평가와 판단이 이루어져야 하는 것이다. 그것은 두 가지 방식으로 이루어진다. 행위자들은 그들 스스로에 관해서, 그들 자신의 가능성들에 관해서, 혹은 다른 사람들에 관해서, 다른 사람들의 가능성들에 관해서 평가와 판단을 한다는 것이다. 그런데 그 두 가지 방식들은 밀접하게 연관된다. 즉, "우리는 다른 사람들이 그들의 가능성들을 실현하고 있을 때 그들을 모방함으로써 우리의 가능성들에 관하여 자주 배우기 시작한다. 그러나 다른 사람들의 가능성들을 이해하기 위해서는 적어도 우리가 그 이해하기를 배우는 때라도 마치 그들의 가능성들이 우리의 것들인 것처럼 마음속에 그리기를 포함하는 상상의 노력이 필요하다."(Ibid., 105) 그런데 어떤 가능성에 따라서 행동하고 사는 것이 도덕적인 것인지를 물으면서 자신의 가능성들을 마음속에 그리면서 평가와 판단을 하는 도덕적 상상은 어떤 것일까?

　도덕적 상상의 탐구(exploratory) 기능은 우선 인습적 가능성들을 숙지하게 한다. 우리는 전통 속에서 태어나고, 전통이 부여하는 인습적 가능성들에 따라서 다소간 의식적으로 다소간의 한계를 가지면서 좋은 삶을 살려고 노력한다. 전통 속에 입문한다는 것은 적용 가능한 인습적 가능성들을 통해서 우리 스스로와 우리의 주변들을 바라보는 법을 배움으로써 그것들에 관해 정확하게 표현할 수 있게 하는 것이다. 바람직하다고 생각하는 삶을 우리가 실제로 살 수 있는 삶으로 연결시키는 것이 전통 속에의 입문이다. 인습적으로 주어진 우리의 가능성들 중에서 가치 있는 것으로 우리가 간주하는 것을 실제 삶으로 실현시킬 수 있다는 것이다. 우리는 전통을 넘어설 수 있다. 도덕적 상상은 전통의 한계를 넘어 우리의 가능성들을 탐구할 수 있게 만들기 때문이다. 그래서 도덕적 상상의 탐구 기능은 인습적 가능성들이 아닌 다른 가능성들을 숙지하게 함으로써 가능성들의 숙지의 폭(breadth)을 확대시킨다. 삶의 가능성들의 자리를 모두 우리에게 적용할 수 있는 인습적 가능성들이 차지하는 것은 아니다. 인습적 가능성들이 아닌 새로운 가능성들에 관한 상상적 숙지를 통해 우리의 이해의 폭은 넓어진다. 그 폭의 성장은 두 가지 방식으로 우리 자신의 가능성들에 관한 이해에 도움을 준다. 하나는 역사와 문학 등을 통해 우리의 상황들에 적용할 수 있고, 우리의 가능성들을 풍부하게 할 수 있는 삶과 행위의 방식들을 제시한다. 그러나 새로운 가능성들은 우리의 상황과는 멀리 동떨어진 것이고 실천할 수 없는 것일 수 있다. 그래서 또 다른 방식이 적용된다. 그것은 우리의 가능성들을 더 잘 평가할 수 있는 시각을 제공하는 것이다. 폭은 우리가 전통에 자신을 맡기지 않고 그것으로부터 벗어나게 하고, 가능성들 사이에 대조하고 비교할 수 있는 토대를 제공한다. 그래서 우리는 가능성들이 가져올 수 있는 위험과 함정과 손실을 더 잘 바라볼 수 있으며, 따라서 그런 것들이 더 적은 더 나은 가능성을 선택할 수 있게 된다.

2) 수정 기능

도덕적 상상의 탐구 기능은 우리가 장래에 실현할 수 있는 가능성들을 '앞으로 바라보기'이다. 그러나 그것들을 '뒤로 바라보기'는 도덕적 상상의 수정(corrective) 기능이다. 그것은 자신의 가능성들에 관한 평가가 합당한 것이었는지를 검토하는 기능이다. 지금 가능성들이 어떤 것들인지에 관한 우리의 관점은 과거에 형성되었던 것이며, 그것에 대한 검토는 또한 과거로 돌아가서 이루어져야 할 것이다. "우리의 가능성들을 탐구하기 위한 (상상의) 바람직한 특징은 폭이다. 그러나 적용이 가능한 가능성들에 관한 우리의 평가를 수정하기 위해 필요한 또 다른 바람직한 특징이 있다. 그것은 깊이(depth)이다. 적용이 가능한 가능성들을 평가함에 있어 우리는 실수들을 하는 경향이 있기 때문에 깊이가 필요하다."(Ibid., 107) 도덕적 상상의 수정 기능은 만약 철두철미 합당한 행위자라면 스스로 가지고 있다고 믿을 가능성들과 스스로 가지고 있다고 실제로 믿고 있는 가능성들 사이의 간격을 극복하는 기능이다.

우리의 가능성들을 평가하는 경우 자연적으로 실수가 발생하는 경향이 있기 때문에 수정 기능은 필수적인 것이다. 어떤 실수들일까? 많은 실수들이 있겠지만 좁은 마음, 환상, 자기기만 등이 원인인 실수들이 대표적인 것들이다. 우리는 좁은 마음(narrow-mindedness)을 가지고 살아가는 경향이 있다. 우리는 삶을 더 나은 것으로 만드는 가능성들에 대한 검토를 거부한다. 그리고 실제로 스스로 행동하는 방식을 관찰하면서 가능성들에 주목하지 않는다. 모험적인 정신을 가지고 가능성들을 탐험하는 것이 바람직한 삶의 자세이다. 그러나 우리의 실제적인 삶은 모험적이지 않고 일상적이며, 더 나은 삶을 살기 위해 인습적인 가능성들에 순응한다. 삶에 대한 불만이 있더라도 그것을 억제하는 것이 성숙한 삶의 자세라고 생각한다. 우리는 스스로 삶을 개선할 수 있는 기회를 박탈하는 것이다. 이것은 '영혼의 게으름'으로 부를 수 있을 것이다. 자신의 삶의 지평들을 좁히고, 합당하다면 가질 수 있는 많은 것들을 포기하고, 익숙한 것들에 자신을 맡기는 것 등이 우리의 실수의 근원이다. 또 다른 실수는 가능성들에 관한 잘못된 믿음인 공상 때문에 생긴다. 그것은 가능성들에 관한 환상하기(fantasizing)와, 상상을 통하여 가능성들을 탐구하기를 혼동하기 때문에 생기는 실수이다. 환상도 상상도 모두 현재 실현되지 않고 있는 가능성들에 관한 것이기에 혼동할 수 있을 것이다. 더욱이 마음속에서 그려지는 가능성들은 희망과 공포에 의해 채색되기 때문에 그 둘은 모두 정서적인 것이다. 마음속에 가능성들을 그릴 때 지나치게 강하게 감정들이 채색된다면 상상은 환상으로 변한다. 그런 감정들은 특정 사실들을 두드러지게 만들고 다른 사실들은 모호하게 만들어버린다. 우리는 그 두드러진 사실들에만 주목하고 모호해진 사실들은 무시하고 망각한다. 결국 삶의 가능성들에 관한 평가와 판단은 잘못 이루어질 것이다. "환상의 효과는 우리가 부적절한 가능성들을 탐구하도록 하거나 적절한 가능성들을 탐구하려는 우리의 동기를 손상시키게 하는 것이다. … 환상은 사실들에 대한 불균형적인 감정들로부터 힘을 받아서 생긴다. 만약 마음속에 그려진 가능성들과 연결되는 감정들이 그들의 대상들에 적절한 대응들이라면 상상적 탐구는 그런 잘못을 저지르지 않을 것이다."(Ibid., 109) 또 다른 실수는 자기기만(self-deception) 때문에 발생한다. 우리는 자신의 삶을 개선하는 데 도움이 될 것이라고 믿는 가치들을 실현하고자 하는 동기에서 우리의 가능성들을 탐구한다. 일부 가능성들을 탐구하게 동기를 부여하는 일차적인 가치들이 있으며, 그런 가치들을 규제하는 이차적인 가치들이 있다. 그 가치들은 서로 갈등한다. 이차적 가치들이 일차적 가치들의 많은 것을 좌절시키기 때문이다.

"자기기만은 이차적인 가치들과 갈등하는 일차적인 가치들의 일부를 실현하는 것을 반대하는 이유들을 스스로 감추는 방책이다. 그것은 어떤 기준에 어울릴 수 없는 일차적인 가치들을 실현하는 것이 손해가 되지 않는다는 점을 확신하면서 이차적인 가치들과 어울린 그 기준을 어기는 것이 의미 있음을 신중히 검토하는 것이다. 원칙에 대해 한 번 양보한다고 해서 우리가 신의 없는 사람이 되지 않으며, 약간의 지출이 금고를 깨지 않을 것이며, 약속을 한 번 어긴다고 해서 우리가 도덕적 문둥이로 변하지 않을 것이라고 우리는 말한다. 관심의 중심은 이차적인 가치들에 의해 유도되면 생길 가능성의 실현이 아니고, 정도를 벗어난 일차적인 가치에 따르는 행동으로부터 생겨나는 만족이기 때문에 우리가 하는 말을 우리는 믿는다. 우리는 실현하기를 목표로 삼아야 하는 가능성들이라고 스스로가 믿는 것에 거스르기를 궁리한다."(Ibid., 110)

지금까지 논의된 좁은 마음, 환상, 자기기만은 모두 가능성들의 평가를 둘러싼 사실들의 변조에 관련된다. 도덕적 상상의 수정 기능은 그런 변조를 피함으로써 더 나은 삶을 살기 위해 평가에의 장애들을 극복하는 기능이다. 그것은 우리의 과거 상황들과 그 당시 우리가 가질 수 있었던 가능성들을 상상을 통해 재창조하는 것을 통해서 가능해진다. 상상을 통한 회상에서는 그 상황과 가능성들이 실제 삶에 주어질 때 다가올 수 있는 많은 장애들을 제거시킬 수 있다. 따라서 일부 가능성들에 더 나은 가치를 부여한 이유를 더 잘 이해할 수 있게 된다. 그리고 우리의 과거 평가들이 철두철미 정당한 것이 아니었던 이유도 이해할 수 있게 된다. 상상의 수정 기능은 결국 자기지식(self-knowledge)으로 이어진다. 그런 지식을 가진다면 우리는 우리의 삶을 더 나은 것으로 만들 수 있는 가능성들에 관한 더 정당한 믿음을 가지게 되고 우리가 범할 수 있는 실수들을 더 잘 이해할 수 있게 된다. 결국 우리는 좋은 삶에 관한 더욱 정당한 관념을 형성하게 된다. 그런 관념을 소유한 사람은 깊이를 가진 사람이며, 그 깊이는 도덕적 상상의 수정 기능을 통해 형성될 것이다. 그래서 도덕적 상상은 좋은 삶을 살아가는 데 필수적인 것으로 인식되어야 한다.

4. 도덕적 상상과 도덕적 판단의 관계

1) 상상과 사고

아리스토텔레스는 지각과 사고 그리고 상상을 다음과 같이 구별한
다.

> "지각하기와 실제적인(practical) 생각하기는 같지 않음이 분명하다.
> 전자는 동물 세계에 보편적인 것이고, 후자는 적은 분야의 동물에게서
> 만 발견되는 것이다. 더욱이 명상적인 생각하기는 또한 지각하기와는
> 다른 것이다. … 특정한 감각 대상들에 대한 지각은 항상 실수로부터
> 자유로운 것이고, 모든 동물들에게서 발견되는 것이다. 반면 진실한 생
> 각뿐만 아니라 가짜 생각도 가능하며, 사고는 감각능력뿐만 아니라 이
> 성의 담론이 있는 곳에서만 발견된다. 비록 상상은 감각 없이는 생길
> 수 없고, 판단은 상상이 없이는 생길 수 없지만. 상상은 지각하기와 추
> 론적인(discursive) 생각하기와는 다른 것이다."(Aristotle, *On the Soul*,
> 427b7-14)

지각과 사고는 상상과는 다른 것이지만, 지각이 있어야 상상이 이
루어질 수 있고, 상상이 있어야 판단이 이루어질 수 있다는 것이다.
상상과 판단은 사고 속에 포함될 수 있다. 그런데 사고는 지각과는
다른 것이다. "생각하기는 부분적으로는 상상으로 부분적으로는 판단
으로 간주된다."(Ibid., 427b27-8)는 아리스토텔레스의 말은 상상과
판단이 두 종류의 사고라고 말하는 것은 아니다. 그것들은 사고의 구
조적 특성들이나 구성요소들이다.

상상이 사고의 구성요소라는 것은, 사고는 이미지들을 통해 이루어
질 수 있다는 뜻이다. "이미지들은 생각하는 정신에 마치 지각의 내

용들인 것처럼 기여한다. (정신이 그 지각의 내용들을 좋다고 인정하거나 나쁘다고 거절할 때, 그것들을 피하거나 추구한다.) 이것이 정신은 이미지가 없다면 결코 생각할 수 없다는 이유이다."(Ibid., 431a14-17) "생각하기의 능력은 그 이미지들에서 형상들을 생각한다."(Ibid., 431b2) 이미지들은 지각된 사물들의 이미지들이다. "따라서 정신은 손에 비유될 수 있다. 왜냐하면 손이 도구들의 도구인 것처럼 정신은 형상들의 형상이며, 감각할 수 있는 사물들의 형상을 감각한다. 감각될 수 있는 공간적인 사물들 외부에 따로 실존하는 것은 아무것도 없기 때문에, 사고의 대상들은 감각될 수 있는 형상들이다. 즉, 추상적인 대상들과, 감각될 수 있는 사물들의 모든 상태들과 성질들이다. 이 때문에 어느 누구도 감각 내지 지각이 부재한 상태에서 어떤 것을 알거나 이해할 수 없다. 정신이 능동적으로 어떤 것을 알게 될 때, 그것은 이미지와 함께 아는 것이다."(Ibid., 432a1-9) 누구나 생각하는 순간에는 어떤 이미지를 가지고 생각한다는 것이다. 하나의 이미지는 사고와 동일한 것이 아니면서 사고를 위한 하나의 수단이라는 것이다. 그것은 그 주체가 사고의 대상들을 제시하고 묘사하는 수단인 것이다. 그 수단들이 바로 이미지들이다.

그러나 사고내용들인 개념들(concepts)과 이미지들은 구별되는 것이다. 개념들이 반드시 이미지들을 수반하지만 어떤 개념들도 이미지들은 아니다. 하나의 사고는 하나의 이미지의 형상(form)이며, 그것의 질료(matter)가 없다면 하나의 이미지이다. 사고와 이미지 사이에는 본질적인 차이가 있다. 그것은 정도의 차이가 결코 아니다. 이미지들은 한 주체가 할 수 있는 인지적 활동의 모든 분야에서 사고내용을 제시하고 묘사하는 수단들로서의 역할과 관계된다. 하나의 대상에 관하여 기억하고 생각하고 바라고 꿈꾸는 것은 그것을 제시하고 묘사하는 능력을 필요로 하고, 그 능력이 우리로 하여금 그렇게 할 수 있게 만든다. 그러나 사고의 대상들은 일반적인 것이며, 이미지들은 개별적인 것이다. 하나의 사물에 관해 하나의 이미지를 가질 수 있는지도 분명하지 않다. 지각 대상에 관해 하나의 이미지를 가지더라도, 이미지들은 사고를 위해 요구된 수단들이지, 사고의 대상들이 아니다. 결국 이미지를 형성하는 상상과 사고가 동일한 것은 아니지만, 사고는 상상을 통해 이루어질 수 있다는 점이 요점이다. 도덕적으로 생각하기를 통해 도덕적으로 판단할 수 있다면, 도덕적 판단에는 반드시 상상의 역할이 요구될 것이다.

2) 도덕적 판단과 도덕적 상상

복잡하고 다원적인 상황들에서 어떤 행동이 선하고 옳은 것인지를 숙고하고 결정을 내리는 것은 도덕적인 삶의 본질이다. 다원주의 사회에서는 원리원칙을 일방적으로 적용하는 고전적인 도덕적 판단은 그 의미가 상실될 수밖에 없을 것이다. 새로운 도덕적 판단은 상황에 대한 고려가 그것의 핵심을 이루는 것이어야 한다. 상황을 고려한다는 것은 상상을 통해 다양한 가능성들을 고려한다는 의미이다. 판단을 내린다는 것은 수영경기 중 다이빙 경기의 심판에 비유될 수 있다. 그것은 하나의 규칙을 적용하거나 단순한 선호를 보여주는 것이 아니다. 50미터 자유형 경기에서는 객관적인 기준이 적용된다. 승자의 결정은 시계가 결정한다. 그러나 하이 다이빙의 경기에 대한 심판은 한 팀을 구성하는 심판들이 난이도, 침수 동작 등 여러 측면들을 고려하여 승자를 판단하는 것이다. 판단이란 "단순하게 규칙들을 적용시키는 것이 아니고 자의적인 선택보다는 더욱 정교한 선택임을 볼 수 있다."(M. J. Pardales, 2002, 424) 우리에게는 수많은 가치들과 '좋은 삶'에 관한 수많은 관념들이 존재한다. 그것들은 서로 양립될 수 없다. 하나는 옳고 하나는 그르기 때문에 양립되거나 비교될 수 없다는 것이 아니다. 상황에 따라 사람에 따라 둘 다 옳은 것일 수 있기 때문이다. 하나의 옳은 것을 선택하여 일방적으로 적용하는 것보다, 수많은 옳은 것들 가운데에서 하나를 선택한다는 것은 이해와 판단에 고차적인 능력을 필요로 할 것이다. 그 능력은 상상을 통한 도덕적 판단의 능력일 것이다.

네이글(Thomas Nagel)은 도덕적으로 복잡한 상황들에서 우리를 도울 수 있는 판단능력을 다음과 같이 설명한다. 도덕적 판단능력은 "일반적인 원리들의 선언에서라기보다는 개인적인 결정들에서 시간을 두고 나타난다. 그것이 항상 하나의 해결책을 제시하지 않을 것이다. 즉, 어떤 해결책도 가지지 않는 실제적인 실천적 딜레마들이 있으며, 또한 너무 복잡해서 판단이 자신만만하게 작동할 수 없는 갈등들이 있다."(T. Nagel, 1979, 135) 새로운 판단들 중 하나가 도덕적 상상을 통한 도덕적 판단이다.

그런데 도덕적 원리원칙을 객관적으로 적용하는 고전적인 도덕적 판단은 범주의 적용에 해당한다. 그것은 범주로서의 도덕법칙을 개별 상황에 적용한다. 범주이론을 간략하게 정리하면 다음과 같다. "어떤 범주에 속하면서 속하지 않을 수는 없다. 어떤 속성은 어떤 범주의 규정에 연관되거나 무관하거나 둘 중 하나이다. 그리고 어떤 범주든 일단 결정이 되면, 그것에 속하는 것과 그것에 속하지 않는 것, 두 가지 개체들로 나누어진다. 어떤 측면에서 어느 정도까지는 그 범주에 속하고, 다른 측면에서 어느 정도까지는 그 범주에 속하지 않는 개체는 있을 수 없다."(J. R. Taylor/조명원 외, 1999, 26-28 참고) 범주이론을 따르는 도덕적 판단은 판단의 주체와 상황이 배제된다.

도덕적 상상을 통한 도덕적 판단은 원형이론에 의존한다. 원형(prototypes) 관념은 인지과학에 의해 형성된 것이다. 범주와 대조되는 원형이 무엇인가? 원형은 전형이나 고정관념과 구별된다. 전형은 우리가 만나는 구체적인 실례들이다. 고정관념은 사회적으로 구성된 이미지들이다. 원형은, 구체적으로 만났던 특정한 전형들로부터 통계를 도출하는 과정에서 우리가 상상하는 결과들이다. 여기서 말하는 통계는 어떤 특징들이 어떤 부류의 전형들에 가장 일반적인지에 관한 정보이다. 예를 들면 '모피'는 '애완동물'의 통계적 한 특징이다. "하나의 원형의 아이디어는 하나의 체계가 접해왔던 전형들이 가진 가장 통계적으로 일반적인 특징들로서 통합된 한 무리의 특징들에 관한 아이디어이다."(M. M. Friedman & A. Clark, 1996, 5-6) 원형 모델을 통해 도덕적 상상을 통한 도덕적 판단을 설명하는 것은 일련의 전형들로부터 중심적인 경향 정보를 우리가 도출한다는 점에서 중요하다.

"도덕적 영역에 적용된다면, 우리는 우리의 삶의 도처에서 경험했던 전형들에 토대를 두고, 사랑, 정의 그리고 손해의 원형들을 형성할 것이다. 예를 들어, 어린이로서 우리는, 공정성의 원형을 형성하기 시작한다. 게임을 하고, 사람들이 규칙에 따라 놀이하거나 규칙을 깨는 것을 바라봄으로써 우리는 이런 전형들로부터 통계적인 경향들을 도출하기 시작한다. 우리의 공정성의 원형은 모든 이런 전형들의 통계적 평균이다. 사람들이 특정한 한 행위가 공정하거나 불공정하다고 말하는 것을 우리가 들을 때, 혹은 속이고 그것이 정당하지 않기 때문에 비난을 받는 사람들에 관한 이야기들을 읽을 때, 우리는 이런 전형들을 우리의 원형으로 집어넣는다. 우리가 우리의 삶 속에서 경험하는 공정성의 모든 전형들은, 우리의 공정성 원형의 한 부분이 된다."(M. J. Pardales, 2002, 427-428)

그리고 존슨은 원형들 또한 정서적 차원들을 지닌다고 다음과 같이 설명한다. "기본적 원형들은 그것들이 일어나는 구체적인 상황들의 정서적인 차원들을 수반한다. 그래서 그것들은 정서들, 분위기, 에로틱한 욕망, 공감, 그리고 우리의 행위들을 동기 부여하는 많은 전형적인 정서 상태들을 불러일으킨다. 이런 방식으로 우리의 기본적인 도덕적 개념들은 순수한 추상들이 아니고, 항상 우리를 행위로 이동시키는 열정과 정서로 침투된다."(M. Johnson, 1993, 191) 그런데 원형들은 항상 개선된다. 우리는 항상 새로운 경험들을 하면서 원형들을 검토하기 때문이다. 도덕적 개념들의 원형들은 어떤 것일까? 도덕적 판단이란 다양한 요소들을 고려하면서 어떤 특정한 상황 속에서 행위를 선택하는 과정이다. 다양한 도덕적 개념들 원형은 그 과정에 작동하는 요소들 중 하나이다. "어떤 주어진 순간에, 어떤 도덕적 개념 원형은, 그 개념이 적용되었던 상황들에 대한 우리의 경험들 모두가 고려된 결과이다. 우리가 항상 새로운 경험들을 가지고 있기 때문에. 우리의 도덕적 개념들이 원형적 구조를 가짐을 인정한다. 그래서 우리는 어떤 사건들이 우리의 원형에 적용될 수 있는지 고려할 수 있다. 우리는 우리의 도덕적 원형들을 실행해야 했던 과거의 사례들에서 어떻게 행위했는지를 고려하고, 우리의 결정들이 무슨 결과를 가졌는지를 볼 수 있다."(M. J. Pardales, 2002, 428) 이 모든 과정은 삶과 행위의 가능성들을 평가하고 판단하는 도덕적 상상의 기능을 통해서 이루어질 수 있을 것이다. 도덕적 상상은 가능성들 내지 원형들을 평가하고 판단하는 능력일 것이다.

5. 결론

도덕적 상상과 도덕적 판단의 연관성은 다음과 같은 말을 통해 간략하게 표현될 수 있다. "누가 존경을 받는 사람인가? 다른 사람을 존경하는 사람이다."(P. H. Werhane, 1999, 126) 남을 존경하는 사람은 존경 범주에 속하는 사람이 아니라 존경하는 사람의 원형에 해당한다. 남을 존경하는 사람인지는 그 사람에 관한 통계적인 경향 정보를 통해 결정된다. 이 문제는 도덕적 상상을 통해 판단될 수 있는 것이다. 결국 어떤 사람이 도덕적인가를 평가하고 판단하는 것은 범주적 규정에 따라서 결정되기보다는, 원형에 따라서 도덕적 상상을 통해 판단된다는 뜻이다. "도덕적 판단의 과정은 전통의 전제들에 도전하고 맥락을 배경으로 자신의 공정성을 검토하고, 계속 자신의 결정들을 내리면서 자신의 도덕기준들을 개선하는 역동적인 과정이다. 도덕적 판단은 맥락, 평가, 도덕기준의 투사 등과 상상의 작동과 미작동 등의 정교한 저울질의 결과이다. 그런 도덕적 판단의 과정은 좀체 완벽할 수 없고, 순수한 객관성은 불가능하지만, 오류가 없는 판단이 그 목표가 아니다. 사실 도덕적 판단은 기껏해야 부분적인 해결책이다."(Ibid.)

도덕적 판단을 교육하는 것은 산술을 가르치는 것과는 근본적으로 다르다. 산술교육은 구구단을 외우고 그것을 산술에 적용하는 교육으로 발명의 교육일 수 없지만, 도덕교육은 도덕성을 발명하는 교육이다. 좁게는 특정한 상황에서 자신이 어떻게 행동할 것인가, 넓게는 자신이 어떤 삶을 살아야 좋은 삶을 살게 되는 것일까, 그 판단을 스스로 내리는, 일종의 도덕성 발명의 교육이다. 그런 교육은 다양한 삶의 가능성들을 평가하는 도덕적 상상을 통해서 이루어질 수 있을 것이다. 도덕적 상상을 통한 도덕교육은 문학(특히 소설)을 통해 이루어지는 것이 가장 바람직할 것이다. 좀 더 큰 원형들의 창고가 소설들이기 때문이다. 삶의 가능성들, 즉 도덕적 삶의 원형들은 소설 속에 가장 잘 그리고 가장 다양하게 표현되고 있다. "소설들은 … '설익은' 삶의 파편들로 기능하지 않는다. 그것들은 정밀하고 용의주도하게 해석하는 묘사이다. 모든 삶은 해석할 수 있는 것이다. 모든 행위는 세계를 어떤 것으로 보기를 요구한다. 그래서 이런 의미에서, 어떤 삶도 '설익은' 게 아니다."(M. C. Nussbaum, 1990, 47) 소설들은 우리가 가지기 힘들거나 도저히 가질 수 없는 다양한 경험을 가질 수 있게 하고, 우리의 삶의 가능성들을 다양하게 상상하고 평가할 수 있게 한다. 그것이 바로 도덕적 상상의 작동인 것이다.

[참고문헌]

Aristotle, *On the Soul, Great Books of the Western World 8, Aristotle: I*(1952), Chicago: Encyclopedia Britannica, Inc.

Johnson, Mark(1987), *The Body in the Mind: The Bodily Basis of Meaning, Imagination, and Reason*, Chicago and London: The University of Chicago Press.

_____(1993), *Moral Imagination: Implications of Cognitive Science for Ethics*, Chicago and London: The University of Chicago Press.

Kant, Immanuel, 이석윤 옮김(1974), 『판단력 비판』, 서울: 박영사.

Kant, Immanuel, *Critique of Pure Reason*, Paul Guyer & Allen Wood, trans.(1998), Cambridge: Cambridge University Press.

Kearney, Richard(1998), *The Wake of Imagination*, Minneapolis: University of Minnesota Press.

Kekes, John(1993), *The Morality of Pluralism*, Princeton, New Jersey: Princeton University Press.

_____(1995), *Moral Wisdom and Good Lives*, Ithaca and London: Cornell University Press.

Nagel, Thomas(1979), *Moral Questions*, Cambridge: Cambridge University Press.

Nussbaum, Martha C.(1990), *Love's Knowledge: Essays on Philosophy and Literature*, Oxford: Oxford University Press.

May, L., Friedman, M. & Clark, A., eds.(1996), *Minds and Morals*, Cambridge: MIT Press.

Pardales, Michael J.(2002), " 'So, How Did You Arrive at that Decision?' Connecting Moral Imagination and Moral Judgement", *Journal of Moral Education*, vol. 31, no. 4.

Smith, Adam(1759), *The Theory of Moral Sentiments*, A. L. Macfie & D. D. Raphael, ed., Oxford: Oxford University Press.

Taylor, John R., 조명원 외 옮김(1999), 『인지언어학이란 무엇인가?: 언어학과 원형이론』, 한국문화사.

Werhane, Patricia H.(1984), *Philosophical Issues in Art*, Englewood Cliffs, NJ: Prentice-Hall.

____(1999), *Moral Imagination and Management Decision-Making*, New York: Oxford University Press.

제 6 장

'대화적 자아' 형성을 위한 대화의 원리 그리고
대화 속 도덕교육을 위한 대화의 모습들

1. 서론

대화를 한다는 것이 가치 있는 일임은 항상 인정한다. 그러나 진정한 대화는 어떤 것이며, 어떤 가치를 지니는지는 거의 성찰하지 않는다. 그래서인지 오늘날 우리 사회에서나 학교에서 진정한 대화는 거의 이루어지지 않는다. 우리들의 대화들은 거의 대부분 그저 의사나 소통하고 정보나 교환하거나 즐거운 시간이나 보내는 수준의 사이비 대화, 그저 말을 주고받는 행위에 불과하다.

단순한 말 주고받음 이상의 진정한 대화가 어떤 것인지는 '대화'의 어원을 통해 짐작할 수 있다. 'dialogue'의 어원은 그리스어 'dialogos' 이다. 'logos'는 '말'을 의미하고, 'dia'는 '둘'이 아니라 'through'를 의미한다. 하나의 대화는 단지 둘만이 아니라 다수의 사람들 사이에서 있을 수 있다. 만약 대화를 하고자 하는 마음이 있다면 심지어 한 개인도 자신 속에서 자신과 대화를 가질 수 있다. 이 어원이 우리에게 알려주는 진정한 대화의 모습은 "우리 가운데 그리고 우리를 통하여(among and through) 그리고 우리 사이에(between) 일어나는 의미의 흐름(a stream of meaning)이다."(D. Bohm, 1998, 2) 그 의미는 새롭게 창조된 것이며, 공유된 것이다. 그것은 '아교'처럼 우리를 결합시킨다. 그래서 진정한 대화(dialogue)는 토론(discussion)과는 다르다. 토론은 무언가를 '부수다'는 어근을 가진다. 그래서 그것은 분석을 강조한다. 그것은 탁구 게임과 거의 같다. 거기서는 생각들을 앞으로 뒤로 치면서 이기거나 점수를 얻고자 한다. 거기서는 자신의 생각을 지지하기 위해 다른 사람의 생각을 비난한다. 그러나 진정한 대화에서는 누구도 이기려고 하지 않는다. 어떤 사람이 이긴다면 모든 사람이 이긴다. 토론은 이기고 지는(win-lose) 게임이지만, 대화는 서로 이기는(win-win) 게임이다. 대화에서는 점수를 얻고자 하거나 자신의 관점을 우세하게 만들고자 하는 시도는 없다. 오히려 어떤 사람의 어떤 관점에 잘못이 발견되면 모든 사람이 득을 본다. 그래서 대화는 공동 참여 이상의 어떤 것이다. 거기서 우리는 서로를 상대로 게임하지 않고 서로와 '함께' 게임한다. 그래서 진정한 대화에서는 모든 사람이 이긴다. 이김과 짐, 옳음과 그름의 문제라면 모두가 이길 수 없을 것이다. 모두가 이길 수 있는 문제는 대화의 대상이 될 수 없는 문제일 것이다. 진정한 대화에서 모두가 이긴다는 것은 그것의 본질은 그 이상의 다른 점에 있음을 말한다.

진정한 대화는 관점들을 교환하고 논쟁하는 것이 목적이 아니고, 오히려 관점들을 유보하면서 관찰하는 것이다. 모든 대화 참여자들의 관점들에 귀를 기울이고 그것들을 유보한 다음 그 의미들을 알아보는 것이다. 섣부른 판단들일 수 있는 관점들에는 동의하지 않더라도 모든 관점들이 지닌 의미들을 알고 이해하게 되면 진실은 예고 없이 나타날 수 있는 것이다. 그 과정을 통해 진리에 도달하고 인격을 형성하는 것이 진정한 대화의 목적이다. 그래서 "대화에서는 납득과 설득이 필요하지 않다. '납득시킨다(convince)'는 이긴다는 의미이며, '설득하다(persuade)'도 비슷하다. 'persuade'는 'suave(입에 맞다, 상냥하다)', 'sweet(달콤하다)'와 같은 어원을 갖고 있다. 사람들은 때로는 달콤한 말로 설득하려 하고, 때로는 강경한 말로 납득시키려 한다. 어느 쪽이든 결과는 있지만 실제로 가치가 있다고 말할 만한 그런 결과는 아니다."(D. Bohm/강혜정, 1996, 113) 공동의 의미를 가지기 위해 공동 참여함이 중요하다. 그래서 담화(conversation)와 진정한 대화는 구분된다. 담화는 일상생활에서 이루어지는 것으로, 의견들과 경험들의 상호교환 이상은 아니다. "먼저 한 사람이 상승을 가지며, 그 다음에 다른 사람이 가진다. 이것은 상호성인데, 그러나 아무것도 움직일 수 없다는 것을 이해하면서. 담화는 주인공들 사이에 아래위로 움직이지만(seesaw), 담화 그 자체는 움직이지 않는다. 반대로, 대화에는 전진(step forward)은 또 다른 전진을 가능하게 만든다. 대화에서는 하나의 주장은 다른 주장을 넘어서고, 다른 주장이 그 자체를 넘어서도록 한 짝의 주장이 된다."(M. Lipman, 1991, 232) 진정한 대화에서는 참여자들이 자신의 생각을 끊임없이 비판하고 평가하면서 중요한 경험을 재구성한다. 그것은 자기수정과 인격적 자아 정체성의 형성 과정인 것이다.

진정한 대화의 본질은 그 속에서 완성되어 가는 인간다움 내지 인격이다. 인간의 가능성으로 태어난 인간은 대화 속에서 인간으로 성장한다는 것이다. '대화에서의 인격 형성'은 드물지만 '대화적 자아(dialogical self)'라는 개념으로 대변된다. 예를 들면, 『대화적 자아』(H. J. M. Hermans & H. J. G. Kempen, 1993)와 『대화적 자아 이론』(H. J. M. Hermans, 2010)이라는 저서들이 있다. '대화적 자아'에서 '자아(self)'라는 개념은 데카르트의 선험적 주체로서의 자아(ego)와는 대조적으로 자기 정체성(self-identity) 내지 '인격적 자아(personal self)'라는 의미를 지닌다. 대화 속에서의 인격적 자아 형성을 대변하는 개념이 '대화적 자아'인 것이다.

인격교육 내지 도덕적 자아 형성의 도덕교육은 반드시 '대화 속의 도덕교육(moral education in dialogue)'이어야 한다. 이 글은 '대화 속 도덕교육'을 위한 진정한 대화의 모습을 이론적으로 검토하고자 한다. 그래서 먼저 대화가 인격 형성에 어떤 연관성을 가지는지를 살펴보기 위해, 미드(G. H. Mead)가 주장한 대화를 통한 인격 형성, 즉 '대화적 자아(dialogical self)' 형성의 과정을 검토할 것이다. 다음에는 인격 형성을 위한 진정한 대화의 모습을 살펴보기 위해, 부버(M. Buber)가 주장한 인격 형성을 위한 진정한 대화의 원리를 살펴볼 것이다. 그리고 인격교육으로서의 도덕교육을 위한 진정한 대화의 모습들을 검토할 것이다.

2. 미드의 '대화적 자아' 형성의 과정

1) 주아(I)와 객아(me)의 구분

미드는 자아는 고정불변한 실체가 아니라 대화 중심의 상호작용을 통해 스스로 구성되는 것이라고 주장한다. 그는 제임스의 주아(주체적인 자아, 'I')와 객아(객체적 자아, 'me')의 구분을 받아들인다. 미드에 의하면, 사회가 자아를, 자아가 사회를 계속 구성한다는 것이다. "그런 사회적 상호작용의 과정에서 타자들의 태도들이 객아를 구성하고, 그것에 대해 주아로서 대응하는 것이다."(G. H. Mead, 1934, 175) 여기서 말하는 주아는 주관적인 능동적 주체로서 자신의 관점에서 문제를 해결하고 경험을 구성한다. "그것은 사회화되지 않은 자아로서, 사적인 욕망과 욕구와 성향의 모음들이다. 주아의 이런 더 자발적인 바람과 소망은 자아를 타인으로부터 구별하는 데 봉사하고, 뭔가 새롭고 창조적이고 혁신적인 것을 사회과정 속으로 불어넣는다고 이야기할 수 있다."(A. Elliott/김정훈, 2007, 50) 반면, 객아는 객관적이며 경험적이고 다소간 의존적이다. 그것은 사회화된 자아로서 타인들의 태도를 경험하고 내면화한 것으로 구성된다. "주아는 사실상 생각하고 또 행동하는 과정이다. 객아는 반성적 과정이다. 우리는 타자의 태도를 취함으로써 객아를 도입하게 되는 것이고, 그 객아에 대해 주아로서 반응하는 것이다. 우리는 주아로서의 우리들 자신을 결코 포착할 수 없다. 주아는 오직 기억 속에 나타나며, 그때의 그것은 이미 객아로 되어 있는 것이다."(조태훈, 1987, 55) 미드에게 있어 자아는 주아와 객아의 통합이다. 그래서 "자아란 주아로서 의식에 나타날 수 없고, 그것은 언제나 대상, 즉 객아로서 나타나며, 객아는 주아가 없이는 인식될 수 없다."(G. H. Mead, 1964, 142) 그리고 "개인은 그 자체, 즉 주체로서가 아니라 하나의 대상으로서만 자기 자신의 경험 안으로 들어간다. 그리고 개인은 오로지 사회적 관계와 상호작용을 바탕으로 하여, 오로지 조직된 사회적 환경 안에서 다른 개인과 더불어 경험적 거래를 함으로써만 하나의 대상으로서 자기 자신의 경험 안으로 들어갈 수가 있다."(G. H. Mead, 1934, 225) 미드는 자아의 주체적 기능을 강조하기 위해 주아를 주장한다. 자아는 남김없이 모두 사회적으로 구성되는 것이 아니라는 것이다. 자아는 단순한 사회 내지 일반화된 타자의 반영물이 아니라, 세계를 변화시키는 국면, 즉 주아를 가지고 있다는 것이다. 여기서 미드가 강조하는 점은 개인이 일방적으로 사회화되는 것만은 아니라는 것이다. 사회가 개인을 억제하는 반면, 개인의 창조적이고 새롭고 저항적인 개인을 수용해야 한다. 이런 점에서 사회의 통제는 절대적일 수 없다. 그는 자아의 개인성과 사회성을 동시에 강조하기 위해 주아와 객아를 구분하면서 그 통합을 강조하는 것이다. 개인의 행동방식은 사회나 집단에서의 타자들의 행동방식에 따라서 결정되는 것이다. 사회의 구성원으로서의 개인은 타자들의 태도와 행동방식을 자신 속에 수용한다는 것이다. 사회는 개인의 생각과 활동을 규제하는 것이다.

2) 놀이(play)와 경기(game)를 통한 자아 형성

미드는 자아를 형성과 발달의 산물로 간주하면서 자아의 발생에 매우 큰 관심을 보인다. 즉, "자아는 처음부터 거기에, 출생 때 있지 않고 사회적 경험과 활동의 과정에서 생긴다. 즉, 주어진 개인에서 전체로서의 과정에 대한 그리고 그 과정 내부의 다른 개인들에 대한 그의 관계의 한 결과로서 발달한다."(Ibid., 135) 그가 말하는 상호작용은 '암탉이 병아리들에게 꼬꼬거리는 소리'와 같은 의미에서 의사소통을 의미하지 않고, 타자들에게 뿐만 아니라 개인 자신에게로 지향되는 의미 있는 상징들(몸짓들과 언어)의 의미에서의 의사소통을 의미한다. 그런 상징적 상호작용이 자아 형성의 과정인 것이다.

자아의 발생과 성장은 상징적 상호작용, 즉 대화를 중심으로 이루어지는 역할놀이 단계들을 통해 진행된다. 미드는 그것들을 놀이(play) 단계와 경기(game) 단계 둘로 구분한다. '놀이 단계'에서, 어린이들은 스스로에 대한 타자들의 태도를 받아들이기를 배운다. 부모, 교사 등의 역할을 놀이하는 어린이들은 한 부모로서 혹은 한 교사로서 스스로에게 말을 건다. 이것은 어린이들은 그들 스스로에서 이런 자극들이 타인들에게 불러내는 대응들을 불러내는 일련의 자극들을 가짐을 의미한다. 따라서 놀이는 자기에게 다른 사람이 되는 가장 간단한 형태를 대면한다. 즉, "어린이는 (놀이를 하면서) 하나의 등장인물(예를 들면, 부모)로서 어떤 것을 말하고, 곧이어 다른 등장인물(예를 들면, 교사)로서 그 말에 대응한다. 그 대응은 먼저 등장인물로서의 자신에 대한 자극이 된다. 그런 식으로 대화는 지속된다."(Ibid., 151) 이 단계는 스스로에게 중요한 다른 사람들의 태도를 받아들이는, 어린이들의 발달에서 중요한 한 단계이다. 그러나 그들은 이 단계에서는 스스로에 대한 더욱 일반화되고 조직화된 의미를 결여한다. 따라서 '경기 단계'는 완전한 의미에서의 자아의 발달이 요구된다.

놀이 단계에서는 어린이들이 분리된 타자들의 역할을 수행하는 반면, 경기 단계에서는 동일한 경기에서의 연관되는 다른 '모든 사람'의 역할을 수행하기가 요구된다. 미드는 경기 단계를 야구경기의 예를 통해 제시한다. 즉, "많은 개인들이 연관되는 경기에서 한 역할을 수행하는 어린이는 다른 모든 사람의 역할을 수행할 준비가 되어 있어야 한다. 만약 그가 야구경기에 참여한다면 그의 포지션과 연관된 다른 포지션의 대응들을 가져야 한다. 그는 다른 모든 사람들이 그 자신의 역할을 수행하기 위해 다른 모든 사람들이 무엇을 할 수 있어야 하는지를 알아야 한다. 그는 이런 모든 역할들을 수행해야 한다. 그들은 동시에 의식 속에 현전할 필요는 없을 테지만 어느 순간 그는 공을 던지려는 사람, 공을 잡으려는 사람 등등과 같은 3-4명의 개인들이 자신의 태도 속에 드러나게 해야 한다. … 경기에서는 너무 조직화되어서 한 사람의 태도가 타자의 적절한 태도를 불러내는 그런 타자들의 일련의 대응들이 있다."(Ibid., 151)

놀이 단계에서는 부재하는 경기의 규칙들을 통해 어린이들의 대응들이 조직된다. 놀이 단계에서 어린이들은 그들에게 다가오는 즉각적인 자극에 단순히 반응하는 반면, 경기 단계에서는 이런 대응들이 서로 다른 역할들이 양식화된 전체의 부분들인 식으로 조직된다. 오로지 경기 단계에서만 어린이는 '전체적 자아'를 발달시키기를 배울 수 있다. 거기서 미드가 말하는 '일반화된 타자'가 생길 수 있다. 그것은 통합된 자아를 부여하는 사회를 가리킨다. 일반화된 타자의 태도는 전체 공동체의 태도이다. 야구경기의 예에서, 그것은 전체 팀의 태도였다. 이런 식으로 그 공동체의 사회적 과정은 개인의 사고 속에 들어간다. "자신에 대한 일반화된 타자의 태도를 받아들이는 경우에만 사고 내지 사고를 구성하는 몸짓들의 내면화된 대화가 생긴다."(Ibid., 156) 완전하게 발달된 자아를 가지기 위해서, 한 공동체의 구성원이 되어야 하고 그 공동체에 '공동의' 태도들에 의해 이끌어져야 한다. 놀이는 단순히 자기들의 조각들을 필요로 하지만 경기는 일관적인 자아를 요구한다.

3. 부버의 진정한 대화의 원리

1) 인격적 만남으로서의 '나-너'

부버는 개인적 삶의 태도와 인격적 삶의 태도를 '나-너(Ich-Du)', '나-그것(Ich-Es)'이라는 두 가지 근원어로 표현한다. 여기서의 '나'는 서로 다른 나보다는 나의 서로 다른 삶의 태도를 나타낸다. '나-그것'은 '그저 곁에 있는 사람(Nebenmensch)'의 태도이다. '나-너'는 '함께 하는 사람(Mitmensch)'의 태도이다. 부버는 '나-그것'의 '나'를 '개적 존재(개인, Individuum)'로 부르면서, '나'와 '그것' 사이에는 '원간격(Urdistanz)'이 두어진다고 말한다. '나-너'의 '나'를 인격(Person)으로 부르면서, '나'와 '너'는 서로 관계(Beziehung)를 맺는다고 말한다. 개인은 대상을 특정한 목적을 사이에 두고 관계한다. 주체인 나는 객체인 그것을 어떤 목적 없이 직접적으로 만날 수 없다. 목적이 사라지면 관계도 사라진다. '나'는 '그것'을 그 목적을 이루기 위한 도구나 수단으로 이용한다. "사람은 '그것' 없이는 살지 못한다. 그러나 '그것'만 가지고 사는 사람은 사람이 아니다."(M. Buber/표재명, 1995, 56) '나-너'는 동등한 인격적인 관계이고 '나-그것'은 목적적이며 대상적인 사물과의 관계이다. 사람은 사물에 대해서 '나-그것'의 관계를 가진다. 그러나 사람에 대해서도 그 관계가 있을 수 있다. 모든 행위는 한 사람에게서만 일어나고 상대방은 그저 대상으로서만 존재한다면 '나-그것'의 관계인 것이다. '나-그것'에서의 '나'는 상대방을 하나의 대상으로 주목하거나 관찰하거나 다른 사람과 비교하면서 구별한다. 여기서의 '나'는 다른 사람을 사물처럼 하나의 대상으로 일정한 거리를 두고 마주 선다. 그리고 '나'는 '그것'을 경험한다. 경험이 '그것'에 대한 '나'의 인식의 도구인 것이다. 그러나 세계를 경험한다는 것은 실증적인 것을 토대로 그것의 현상을 인식하는 것에 지나지 못한다. "사람은 사물의 표면을 돌아다니면서 그것을 경험한다. 그는 그 사물들로부터 그것들의 성질에 관한 지식, 곧 경험을 가져온다. 그는 사물에 붙어 있는 것을 경험하는 것이다. 그러나 경험만으로는 세계를 사람에게 가져다줄 수 없다. … 경험하는 사람은 세계와 아무 상관이 없다. 경험은 실로 '그 사람 안'에 있으며 그와 세계 사이에 있는 것이 아니다. 세계는 경험과 아무 상관이 없다. 세계는 스스로를 사람들의 경험에 내맡기지만, 그러나 경험과는 아무 상관도 없다. 왜냐하면 세계는 경험을 위해 아무 일도 하지 않으며, 경험은 세계에 아무 영향도 줄 수 없기 때문이다. 경험으로서의 세계는 근원어 '나-그것'에 속한다."(Ibid., 10-12) 인간은 경험을 통해 세계를 본질적으로나 총체적으로 파악할 수 없다. 그저 겉으로만 인식할 수 있을 따름이다. 인식하는 사람은 자신이 현존하는 것으로 바라보는 존재를 대상으로 파악하고, 다른 대상들과 비교하고, 다른 대상들의 계열 속에 분류하고, 분석한다. "인식은 그러므로 이 사물의 상태는 이러하며 이와 같이 일컬어지고 이와 같이 되어 있으며 여기에 속해 있다는

것을 확인하는 데 사용되거나, '그것'으로 되어 버린 것을 '그것'으로
그대로 두고, '그것'을 '그것'으로서 경험하고 이용하며, 이 세상일에
'정통'하고 그리하여 세상을 정복하려는 계획에 사용되기도 하는 것
이다."(Ibid., 62)

그러나 인간 존재의 삶은 '어떤 것'을 대상으로 삼고 경험하는 활
동만으로 이루어지지 않는다. 나는 무엇을 '지각하고' '감각하고' '의
욕하고' '생각하는' 그런 일들로만 살고 있는 것이 아니다. 그런 일들
로 '그것'의 나라가 생기지만 '너'의 나라는 다른 바탕으로 이루어진
다. 사람은 인격으로서의 삶의 태도를 가져야 한다. 그것이 바로 '나-
너'의 근원어로 표현된다. "내가 어떤 사람을 나의 '너'로서 마주 대
하고 그에게 근원어 '나-너'를 말할 때, 그는 사물 가운데 하나가 아
니며 여러 가지 사물들로 이루어진 것도 아니다."(Ibid., 16) 사물이
아닌 '너'는 경험될 수 없고 대상일 수 없다. 진정한 관계는 상호작용
의 관계, '나-너'의 관계이다. '나'는 '너'를 경험하지 못한다. 그 관계
를 벗어날 때 다시 '나'는 '너'를 '그것'으로 경험한다. 그래서 "경험
이란 '너와의 떨어짐(Du-Ferne)'이다. 관계는 내가 '너'라고 부르는
그 사람이 자기의 경험 속에서 그 부르는 소리를 듣지 못하더라도 성
립될 수 있다. 왜냐하면 '너'는 '그것'이 알고 있는 것 이상의 것이기
때문이다. '너'는 '그것'이 알고 있는 것 이상의 일을 하며, '그것'이
알고 있는 것 이상의 일에 부닥친다. 여기까지는 어떠한 속임수도 미
치지 못한다. 여기에 '참된 삶'의 요람이 있다."(Ibid., 18) '나'와 '너'
는 상호관계하면서 만난다. 모든 참된 삶은 '그것'을 경험하는 삶이
아니라 '너'와 만남의 삶이다. " '너'에 대한 관계는 직접적이다. '너'
와 '나' 사이에는 어떠한 개념 형태도, 어떠한 예비지식도. 어떠한 환
상도 없다. 그리고 기억조차도 개별적인 것에서 전체적인 것으로 넘
어갈 때에는 변하고 만다. '나'와 '너' 사이에는 어떠한 목적도, 갈망

도, 어떠한 예상도 없다. 그리고 그리움조차도 꿈에서 현실로 넘어갈 때에는 변하고 만다. 모든 매개물은 장애물이다. 모든 매개물이 무너 져버린 곳에서만 만남이 일어난다."(Ibid., 21-22) 상호관계, 즉 만남 에서 모든 간접적인 것들은 소용이 없게 된다. 다양한 '내용'으로 둘 러싸인 '나-그것'의 '나'는 경험하고 사용하는 사물에 만족하면서 과 거에 살고 있다. 그의 순간은 현재가 없다. 대상 이외에 가진 것이 없 다. 대상은 단절이며 중지이고 고립이며 현재의 결여이자 관계의 결 여이다. '너'를 몸으로 만나는 '나'만이 현재 속에 살고 있는 본질적 인 인격인 것이다.

개인의 사물에 대한 경험인 '나-그것'과는 다르게 만남인 '나'와 '너'는 인격들의 만남이다. 부버는 개인을 개적 존재(Eigenwesen)로 표현한다. '나-그것'의 '나'는 개적 존재(개인)이자 상대방을 경험하고 이용하는 주체(Subjekt)인 것이다. '나-너'의 '나'는 인격(Person)이자 서로를 만나는 주체성(Subjektivität)으로 표현한다. "개적 존재는 다 른 여러 개적 존재에 대하여 자기를 분리시킴으로써 나타난다. 인격 은 다른 여러 인격과의 관계에 들어섬으로써 나타난다. … 자기 분리 의 목적은 경험과 이용이며, 경험과 이용의 목적은 '삶', 곧 인생의 전 기간에 걸친 죽음인 것이다. 관계의 목적은 관계 자체, 곧 '너'와 의 접촉이다. 왜냐하면 모든 '너'와의 접촉에 의하여 '너'의 숨결, 곧 영원한 삶의 입김이 우리를 스치기 때문이다."(Ibid., 93-94) '나'는 '그것'을 경험하고 구성하지만 '나'는 '너'를 몸으로 만나고 체험하면 서 '너'의 삶에 참여한다. 세계는 구성의 대상이 아니다, 인간은 의식 을 통해 세계를 구성하고 인식하는 것이 아니라 세계에 참여하고 대 화하는 장으로 이해하면서 온몸으로 만나고 있는 그대로 그 세계를 받아들인다. 부버는 농부와 씨앗의 관계를 통해 인격과 세계의 관계 를 예시한다. 즉, "경험은 대상을 구성하고, 체험은 대상에게 향한다.

상대방과 만나고 상대방을 향하면서 상대방을 이해할 수 있다. '예를 들면, 농부는 씨앗을 구성의 대상으로 대하지 않고 씨앗이 열매를 맺을 수 있도록 도움을 준다. 농부인 주체의 관점에서 씨앗을 다루는 것이 아니라, 씨앗의 삶에 참여하여 씨앗이 자기의 존재의미를 실현하도록 한다.' 상대방 존재에의 참여는 그것이 '작용하도록 하는 것'이다."(M. Buber, 1984, 65-66) 인격은 하나의 존재자로서 상대방과 공존한다고 의식하지만, 개적 존재는 자신을 이런저런 식으로 존재하는 것으로 의식한다. 즉, "인격은 자기를 존재에 관여하고 있는 것으로서, 하나의 공존자로서, 그리고 그러한 하나의 존재자로서 의식한다. 개적 존재는 자기 자신을 다르지 않고 그렇게 존재하는 것(ein so-und-nicht-andersseiendes)으로 의식한다. 인격은 말한다. '나는 존재한다.' 개적 존재는 말한다. '이렇게 나는 존재한다.' "(M. Buber/표재명, 1995, 95) 개적 존재는 '내 것(Men)'에만 관심을 가진다. 그는 현실에 관여하지 않고 어떤 현실도 얻지 못한다. 타자들을 경험하고 이용하면서 가능한 한 많은 것들을 '내 것'으로 만들고자 한다. 자기 분리와 소유가 개적 존재의 역할인 것이다. 그는 항상 경험과 이용의 주체로만 남는다. 인격은 항상 자기 자신을 바라본다. 그러나 개별 존재와 인격은 서로 다른 두 사람이 아니라 인간성의 두 극들이다. 어떤 사람도 순수한 개적 존재이거나 순수한 인격일 수 없으며, 완전히 비현실적인 사람도 완전히 현실적인 사람도 있지 않다. 모든 사람은 이중의 '나' 속에 살고 있다. "사람은 그의 '나'가 가지고 있는 인간적 이중성 안에서 근원어 '나-너'의 '나'가 강하면 강할수록 그만큼 더 인격적이다."(Ibid., 97) 진정한 관계에 들어가는 만남은 인격으로서의 '나'에서 출발한다. 자기 자신을 바라본 인격의 대표적인 사례가 소크라테스의 생기 있고 힘찬 '나'이다. 그것은 무한한 대화 속에서 사람들과의 관계 속에 살아가는 '나'이다. 그의 '나'는 다른 사람들과 더불어 현실 가운데 서 있었으며, 현실은 그의 '나'를 버리지 않았다. 사람들이 그에게 침묵할 때 그의 '나'는 다이모니온이 말하는 '너'를 들었다.

인간 삶의 기본적인 자세는 '간격'과 '관계' 개념으로 설명될 수 있다는 것이 부버의 주장이다. '나-그것'은 '나'와 '그것' 사이를 '원간격(Urdistanz)'으로 표현하고, '나-너'는 '나'와 '너' 사이를 '관계(Beziehung)'로 표현한다. 간격과 관계는 서로 반대되는 것인 동시에 서로를 전제하는 것이다. " '원간격'은 개인의 '자존(Selbstsein)'을 의미한다. 그것은 개인의 독립성을 말한다. 자존은 남에게 의지하지 않고 스스로 홀로 서는 자립(自立)과 스스로의 삶의 주인이 되는 자주(自主)하는 존재로 타자와 자연과 사물들을 마주보고 일정한 간격을 두고 서는 것을 말한다. 자립하고 자주하는 개인은 독립된 존재로서 타자와 간격을 가질 수 있고, 간격을 가질 수 있는 자만이 타자와 진정한 관계를 맺을 수 있다. 자존하는 개인은 타자와의 관계를 통해 자신의 자존으로부터 벗어나 타자와 공존하는 인격으로 이른바 '자기됨(Selbstwerden)'을 이룬다."(최성식, 2007, 77 참고) '원간격'의 '나-그것'에서 '나'는 자신의 필요성에 따라 '그것'의 존재 가치를 일방적으로 결정한다. '그것'은 파트너로 존재할 수 없기 때문에 '그것'과는 대화는 불가능하고 오직 독백만이 가능하다. '그것'은 '나' 개인에 의해 경험되고 이용되며, 소유되고 지배된다. '나-그것'에서의 '나'는 자신의 존재 영역을 가지고 있지만, 대상으로서의 '그것'은 스스로의 존재 영역을 가지고 있지 못한다. '나-너'에서의 '나'와 '너'는 개인이 아닌 인격으로서의 자아이다. '나'와 '너'는 서로 관계를 가지면서 서로의 존재에 참여한다. 인격으로서 '나'와 인격으로서 '너'가 평등한 입장에서 서로의 차이를 인정하고 수용함으로써 진정한 상호관계를 맺는다.

2) '누구를 향한 말'로서의 진정한 대화

개인이 인격적 자아로 성장하는 것은 '나-너'의 만남을 통해 이루어진다. 그런데 그 만남이 진정한 대화이다. 대화를 통해 인격적 자아가 형성된다는 의미에서 '대화적 자아(dialogical self)'라는 개념이 등장한 것이다. '나'는 '너' 곁에서 비로소 '나' 자신이 된다. 내가 '너'에게 향하고 너에게 말을 건넬 때 나는 '나'일 수 있는 것이다. '너'는 '나'를 예속시키거나 '너'의 존재방식으로 '나'를 이끌지 않고 '나'를 나 자신이 되게 돕는다. 나의 실존은 너와의 대화를 통해 실현되고, 너의 실존 역시 나의 존재를 필요로 한다. 인간은 결코 홀로 실존할 수 없다. '너' 역시 '나' 없이는 삶의 의미를 상실한다. 대화는 나와 너의 삶의 터전이다. "인간 존재는 '되어 가는' 존재자이다. 인간은 홀로 존재할 수도 없고 혼자서는 존재의미도 없다. 오직 쌍으로 존재할 때에만 그 존재의미가 부여된다는 것이다. 인간이 쌍으로 존재할 수 있게 하는 동인이 바로 대화인 것이다. 부버에 의하면 대화야말로 인간을 인간이게끔 하는 원리인 것이다. 대화에 의해 나뿐만 아니라 너도 자기 자신으로 '되어 간다.' 이것이 인간의 존재방식이자 인간 삶이다. 인간의 삶은 대화를 토대로 한다."(윤석빈, 2006, 277-278)

대화는 언어를 통해 '나'와 '너'가 만나는 행위이다. 인격으로서의 '나'는 인격으로서의 '너'에게 나를 전달하고 '너' 또한 '나'에게 너를 전달한다. 대화는 의사나 전달하는 수단의 역할만을 하지 않는다. 부버에 의하면, 인간은 대화를 통해 자신의 존재를 만들어간다. 인간 존재는 홀로 형성되는 것이 결코 아니다. 주체로서의 '나'가 혼자 인식세계를 구성하면서 '너'의 존재를 결정하는 것이 결코 아니다. '나'는 '너'와 세계를 공유하고 함께 존재한다. '나'의 존재방식은 '너'와의 만남, 즉 대화를 통해 이루어지며, '너'의 존재방식 또한 '나'와의 대화 속에서 이루어진다. "부버에게 인간은 대화를 통해 함께 되어 가는 존재이다. 인간은 완성된 존재자가 아니라 되어 가는 존재자이다. 그러나 홀로 자기실현을 이루어나가는 것이 아니라 너와 함께 되어 가는 존재자이다. 함께 되어 가는 토대가 바로 대화이다. 이것이 부버가 주장하는 인간의 존재방식이고 대화의 본질이다. 부버에게 있어 언어 특히 대화는 인식의 수단이라기보다는 실존의 방식이다. 그들에게 인간은 대화의 상대 특히 '너'의 존재를 '나'보다 더 중요한 축으로 보고, 이를 위해 '나-너' 관계를 주장한다."(Ibid., 275)

진정한 대화는 '나-너'의 만남이다. '너'라고 하는 것은 말로써 표현된다. 말과 대화가 없이는 '나-너' 관계가 생기지 않는다. 반드시 말을 하지 않더라도 눈빛과 감정만으로도 '나-너'의 만남은 이루어질 수 있다. 대화는 언어를 통해 이루어진다. 언어는 단순한 의사 전달의 수단이 아니라 정신의 전달자이자 삶의 전달자이다. 그래서 언어가 인간의 정신이자 삶이라고 할 수 있다. " '내'가 존재한다는 것(Ich sein)과 '내'가 말한다는 것(Ich sprechen)은 똑같은 것이다. '나'라고 말하는 것과 두 근원어 가운데 하나를 말하는 것은 똑같은 것이다. 근원어를 말하는 사람은 그 말 속에 들어가 거기에 선다."(M. Buber/표재명, 1995, 9) 언어능력을 가진 인격들 사이의 의사소통이 진정한 인식을 가능하게 한다. 인식은 단순한 의식의 소산이 아니다. 인간의 정신은 항상 말하고, 대답을 기다리고 있다. 정신은 '나'에 대한, 그리고 '너'에 대한 지속적인 대답이다. 말 걸어오는 것에 대한 대답이 바로 대화이다. "인간적인 것으로 나타나는 정신은 '너'에 대한 사람의 응답이다. 사람은 허다한 혀로 말한다. 즉, 언어의 혀, 예술의 혀, 행동의 혀가 있다. 그러나 정신은 하나이다. 정신은 신비로부터 나타나서 신비로부터 말을 걸어오는 '너'에 대한 응답이다. 정신이란 말이다. … 말이 사람 안에 깃들어 있는 것이 아니라 사람이 말 가운데 서 있으며 그 말로부터 말을 하는 것이다. … 정신은 ‘나’의 안에 있는 것이 아니며 ‘나’와 ‘너’ 사이에 있는 것이다. 정신은 그대의 몸속을 돌고 있는 피와 같은 것이 아니라, 그대가 그 속에서 숨쉬고 있는 공기와 같은 것이다. 사람은 ‘너’에게 응답할 수 있을 때, 정신 안에서 살고 있다. 사람은 그의 존재 전체를 기울여 관계에 들어설 때 ‘너’에게 응답할 수 있다. 사람은 그의 관계 능력에 의하여서만 정신 안에서 살 수 있는 것이다.”(Ibid., 60)

부버는 진정한 대화의 상대인 ‘너’를 ‘나’보다 더 중요하게 생각한다. 그의 대화철학의 토대는 바로 ‘너’이다. ‘너’는 내가 구성한 ‘너’가 아니라 ‘나’와 마주 서 있는 인격으로서의 ‘너’이다. 세계의 중심에는 ‘너’가 서 있고, ‘나’는 ‘너’의 주위를 돌고 있다. 나를 ‘나’로 자각하는 것은 바로 ‘너’와의 만남, 즉 ‘나-너’의 대화를 통해서 이루어진다. ‘나’는 ‘너’를 만나고 대화하면서 ‘너’를 통해 ‘나’는 나에 대한 반성을 하면서 나를 자각하고 나를 ‘나’라고 부른다. 나를 인격적인 존재인 ‘나’로 만들어주는 존재가 바로 ‘너’이다. ‘너’는 나의 관념 속의 존재가 아니다. ‘너’는 ‘나’와 마주하는 실존적인 존재이다. ‘너’는 ‘나’에게 대화를 건네고, 그 대화를 통해 나는 ‘나’가 되는 것이다.

‘나-그것’의 삶의 자세에서 이루어지는 대화는 항상 대화를 위장한 독백(monologue)에 불과하다. ‘나-너’의 삶의 자세로 ‘너’를 만나는 사람은 진정한 대화를 하고 있는 인격이다. 그 진정한 대화는 말을 할 수도 있고 침묵할 수도 있다. “그것의 본질은 ‘참여자들 각각은 그들의 현전에서 그리고 특별한 존재로 타자나 타자들을 실질적으로 나의 정신 속에 두면서, 그 자신과 그들 사이의 살아가는 상호관계를 수립하려는 의도를 가지고 그들에게 의지한다’는 사실에 있다. 그러므로 진정한 대화의 본질적인 요소는 ‘타자를 보는 것’ 혹은 ‘타자 곁을 경험하는 것'이다. 타자를 만나기 위해서는 한 사람과는 진정으로 다른 누군가로서 그에게 관심을 가져야 하지만, 동시에 그와 관계 속으로 들어갈 수 있는 누군가로서 그에게 관심을 가져야 한다. 어떤 사람은 타자의 본성을 자기 자신의 생각하기 속으로 받아들여야 하며, 그것과 관련하여 생각해야 한다. 단지 우리는 진실로, 다른 방식으로 생각하는 타자를 가지기 때문에 우리는 '나'를 마주하는 '너'를 가진다."(M. S. Friedman, 1956, 95)

그런데 대화로 위장된 독백의 경우들이 많다. 두 사람 이상 여러 사람들이 한 방에서 서로 돌아가며 모두가 모두에게 이야기하고 떠들면서 서로를 향해 무슨 말을 하고 있다고 생각하는 경우의 대화들이다. 상대방을 인격으로 대하지 않고 단순히 어떤 의도를 가지고 말만 주고받거나, 자기과시나 자기만족을 위해서 하는 말들은 아무리 많은 말들이라도 독백일 따름이다. 독백을 하는 사람은 자신의 말을 일방적으로 전달할 뿐 상대방의 말을 듣고 대응할 필요성을 느끼지 않는다. 그는 자만과 자기 관점에 몰두하기 때문에 상대방의 관점을 받아들이고 대응하고, 더 나아가 그를 인격으로 수용하면서 자기 자신을 반성하고 자신의 인격을 형성할 의도를 갖지 못한다.

진정한 대화는 말로 하든지 침묵으로 하든지 참여자가 상대방을 있는 그대로의 현존(Dasein)과 본질(Sosein)에서 인정하며, 그들의 의도에 귀를 기울이며, 양자의 사이에 생동하는 상호성이 생기는 대화를 말한다. "진정한 대화는 '너'를 진정으로 들으려고 하는 '나-너'의 관계에서만 이루어진다. 여기서는 서로가 상대방인 '너'를 진정으로 듣고자 한다. 진정으로 듣고자 하는 사람은 순수하게 현재에 사는 자들이라고 한다. 가짜로 듣는 자는 무엇을 들으면서도 자기가 듣는 사람에 대해서 가진 과거의 지식에 의해서 판단하고 결정하는 자이다. 진짜로 듣는 사람은 자기가 무엇을 들을지 미리 알고 있지 못하다.

타자의 말을 자기의 선입견으로 걸러내지 않고 현재의 독특한 상태대로 충실하게 듣는 자이다. 그래서 '나 그 사람 무슨 얘기할지 알아!' 하는 사람은 이미 진짜로 듣는 자가 아니며, 따라서 진정한 대화를 하는 자가 아니다."(이삼열, 1991, 237 참고)

대화를 하는 자는 상호성을 철저히 신뢰하며 받아들이는 자이다. "'진정한 대화에서는 상대방을 향해서 있어야 한다.' 이 말은 대화의 상대자를 우선 지각해야 하며, 상대방으로 받아들이고 인정해야 한다는 말이다. 이것은 상대방을 그대로 수용한다는 말은 물론 아니다. 상대방을 인격으로 긍정한다는 말이다."(Ibid., 238) 대화는 일방적으로 내용이 결정되거나 그 진행이 주도되어서는 안 된다. 상호성의 원칙이 반드시 지켜져야 한다. 말이 없고 내용이 없더라도 서로가 상대에게 내적으로 작용하는 것이 진정한 대화의 본질이다. 진정한 대화는 '나'와 '너' 사이에서 이루어진다. '나'와 '너'는 서로 다른 존재자들이다. 그 다름을 서로 엮어주는 것이 대화인 것이다. 그 다름은 부버가 '원간격'이라고 표현한 것이다. 간격이 없는, 그래서 같은 사람들 사이에서는 진정한 대화가 일어날 수 없다.

진정한 대화에서 주고받는 말은 음성언어, 즉 입말이다. 그 입말은 '무엇에 관한 말(bereden)'이 아니라 '누구를 향한 말(anreden)'이다. 내가 너에게로 향한다는 말은 서로 마주 대하고 있으면서 너에게 말을 한다는 의미이다. '나-너'에서 '나'가 '너'에게 하는 말이 '누구에게 향한 말'이며, '나-그것'에서 '나'는 '무엇에 관한 말'을 한다. '나'와 '너' 사이에서 인격적으로 이루어지는 대화가 '향한 말'인 것이다. "'너'는 내가 말하는 대상이나 내용이 아니라, 나의 말을 듣고 수용하고 대꾸하는 존재자이다. 즉, 언어의 수용자가 바로 '너'이다. 나의 말을 받아줄 '너'가 존재하지 않는다면 나의 대화는 무의미하고 따라서 내 현존재의 의미도 상실된다. 나와 너 사이에는 언어의 오고감이 발생하고, 오직 너만이 나의 향한 말에 대꾸를 할 수 있다. 즉, '나'와 '너' 사이에는 '물음과 대답'이 발생한다. 오직 '대답'은 '나-너' 사이에서만 나온다. 부버에게서 물음과 대답은 단순히 의사소통만을 나타내는 것이 아니다. 그것은 존재론적 의미를 지닌다. 나의 대답(Antwort)은 나의 실존을 나타내는 것이고, 더불어 '책임(Verantwort)'까지 내재해 있다. 따라서 '나-너' 사이의 대화는 서로가 서로의 존재방식을 받아들임을 의미한다."(윤석빈, 2006, 282 참고) '나'와 '너'가 물음과 대답을 통하여 서로의 존재방식을 이해하고 수용하면서 서로에게 책임을 지는 진정한 대화가 '나-너'의 만남인 것이다.

4. 대화 속 도덕교육을 위한 진정한 대화의 모습들

첫째, 진정한 대화에서는 단순한 '우리'보다는 '나'와 '너'의 상호주체성이 존중된다. 여기서 상호주체성이란 서로를 인격적인 주체로 대한다는 의미이다. 대화에서는 타자성(alterity)이 존중되는 것이 필수적이다. 거기서 타자는 해독될 하나의 대상이 아니라 그 대화에 참여하는 하나의 상대방이다. 나와 대화 상대자는 서로 자신의 방향을 지니거나 상대방의 방향을 일방적으로 따르지 않고, 대화 속에 공동-현전한다. 교사가 학생에게 던진 질문이 그들 사이에 진정한 대화를 시작하게 한다면, 그 교사와 그 학생은 그 문제를 만남에 있어 서로에게 공동-현전한다. 공동-현전하는 타자의 타자성을 인정하는 것이 중요하다. 타자성은 일반적인 그리고 실질적인 타자뿐만 아니라 '그의 상호성에서의 타자'를 가리킨다. 타자는 시간적 다양성을 지니고 현전한다. 하나의 순간에 하나의 입장을 다른 순간에 다른 입장을 표현하는 모습을 지닌다는 것이다. 그런데 실질적인 타자와 '자아-속의-타자(other-in-the-self)'는 일치하기 힘들다. 실질적인 타자는 다른 개인이 가지는 자신에 대한 관념과는 완전히 같을 수 없는 자신의 시각을 가지기 때문이다. 그러나 상상된 타자와 실질적인 타자를 동일하다고 생각하는 것이 일반적이다. 우리는 자신의 의견과 자신을 동일시하면서 옳은가 여부에 상관없이 그것을 고수하는 경향이 있다. 자신의 의견에 대한 도전을 받으면 자신이 공격을 받는 것으로 착각한다. 의견은 자신의 가정이자 경험에 불과한 것임에도 진리로 생각하는 경향인 것이다. 우리는 항상 자신의 의견과 자신을 동일시하고 자신의 의견을 자신처럼 방어하려고 한다. 이런 식의 자기 의견 고집은 진정한 대화를 불가능하게 한다.

진정한 대화는 다른 입장을 위한 '공간'을 여는 경우에만 가능하다. '자아-속의-타자'와 실질적인 타자의 차이를 인정하여야 대화는 가능한 것이다. 그 차이를 인정하지 않고 단지 '자아-속의-타자'를 유일한 타자로 인정한다면 그의 타자성을 인정하지 않는 것이다. 자신이 의식하는 타자가 실질적인 타자일 수는 없을 것이다. 그래서 대화 상대인 타자의 입장 이동을 제한할 것이며, 그 대화의 필요성은 사라질 것이다. "타자의 다양성을 위한 공간 확대의 중요성을 강조하는 것이 필수적이다. 그 까닭은 편견이나 고정관념을 가지기, 낙인을 찍기, 판단하기 등의 결과로서 지각된 타자가 하나의 입장으로만 자주 돌아가기 때문이다. 어떤 사람은 자신의 자아의 다양성을 인정하고자 하는 반면, 실질적인 타자와 동등화된 '자아-속의-타자'를 하나의 혹은 소수의 입장들만으로 돌려버리는 자아의 자아중심성이라는 기본적 문제가 있다."(H. Hermans, 2010, 183) 타자의 타자성은 서로 다른 방식으로 드러난다. 실질적인 타자는 자아와는 서로 다른 입장을 가진다. 그리고 타자의 입장도 시간에 따라 서로 다를 수 있다. 시간이 지나면서 타자의 입장에 중요한 변화가 있더라도 항상 타자의 입장은 불변하는 것으로 지각된다. 타자의 타자성은 동일성과 지속성 요구에 순종될 수 있다. 타자는 심지어 바흐친의 용어로 말 여는 자(ventrilocutor)로 이용될 수 있다. 그는 단순히 의견들과 관점들을 표현하고, 심지어 자아의 내적인 영역에서 지배적인 입장으로부터 기원하는 경험들을 표현한다. 타자의 타자성은 지속적으로 하나의 안정된 자기 정체성에 도전한다. 그래서 진정한 대화에서는 명백하고 충분히 안정된 정체성의 필요성과 생산적인 대화적 관계들의 부분으로서 타자의 인정의 필요성 사이의 균형이 강하게 요구된다.

그래서 진정한 대화에서는 계속 발의와 수용 사이의 날카로운 차이가 형성되지 않은 채 그 발의의 주도가 하나의 대화 상대자에서 다른 대화 상대자로 이동한다. 학생이 그의 이해와 관심의 수준에서 그것을 수용할 수 있는 방식으로 교사는 하나의 질문을 형성한다. 그 질문을 제기하는 동안, 그 교사는 동시에 특정한 개인이나 집단으로부터 제시되는 하나의 대답을 받아들이기를 준비하고 있는 것이다. 그 질문이 한 개인이나 집단에 적절하게 제기될 때, 그 질문의 수용은 가능한 대답들을 동반한다. 이런 의미에서, 말 걸기와 말 듣기, 발의하기와 받아들이기는 하나의 과정인 것이다. 따라서 대화는 자의적으로 선택된 시간에 새로이 생기는 것이 아니며, 자의적으로 선택된 상대방과는 의미 있는 대화를 만들 수 없다. "대화는 그것의 참여자들의 일대기들일 뿐만 아니라 그것 자체의 역사에서 받아들여진다. 더욱이 대화는 시간에 열린다. 어떤 주어진 만남은 단순히 지속적인 대화의 한 단계일 따름이다. 서로와 함께 말하면서, 우리는 우리의 이전의 토론을 계속하고, 가능한 미래 대화를 기대한다. 이런 시간에서의 일관성은 과거와 미래의 사태들을 화자들의 활동들에 연결시키는 한 영역의 의미 있는 상호연계들을 구성한다. 이 과정은 그것의 열린 그러나 무한한 것은 아닌 지평들과의 공동의 시간적 영역으로 확대된다."(J. R. Scudder, 1985, 37)

둘째, 진정한 대화는 공동의 의미 부여 과정이다. 이해가 가능한 의미(sense)는 대화에서의 의사소통에 근본적인 것이다. 대화 주제에 관해 대화 상대자들이 서로 다른 의미들을 가진다면 대화는 불가능할 것이다. 우리는 하나의 구체적인 대상을 서로 다르게 경험할 수 있지만, 그 대상의 의미를 공유하는 경우에만 의사소통은 가능한 것이다. 대화를 통한 의사소통은 공동의 의미를 요구한다. 그러나 그 중대성이 곧 파악되기 어려운 특별한 의미(signification)를 부여하는 과정이 대화인 것이다. 그 과정은 어떤 대상에 명시된 의미(sense)와는 다른 특별한 의미를 부여하는 과정인 것이다. "의미 부여에서의 의미는 주어진 대상의 의미를 상술하고 동시에 그 주어진 대상과 동일하지 않다. 동일한 것이 다르게 표시되고, 서로 다른 것들이 하나의 동일한 의미에 의해 표시된다. 그러나 그 의미는 대화의 영역을 구성하고 전염성을 허용하는 것이다."(J. R. Scudder, 1985, 61-62) 그래서 대화와 진리 개념을 주목해야 한다. 즉, "대화가 진리와 직접적으로 관계가 없을 수도 있다. 대화를 통해 진리에 도달할 수도 있지만, 대화에서 가장 중요한 것은 의미이다. 의미가 일관성이 없으면 결코 진리에 도달할 수 없다. '내 의미는 일관성이 있는데 상대의 것이 그렇지 못하다'고 볼멘소리를 할 수도 있다. 하지만 그런 상황에서는 결코 의미를 공유할 수 없다."(D. Bohm/강혜정, 1996, 135-136)

대화는 공동의 의미 부여를 전제한다. 대화 과정에서 다양한 의미들이 수용되고 거부되고 수정된다. 그것은 자신에 의해서가 아니고 대화 상대자에 의해 이루어진다. 자신은 대화 상대자에 의해 자신의 지식과 경험양식으로부터 벗어날 수 있다. 진정한 대화가 없다면 우리는 자신의 개인적인 좁은 시각과 생각에 잠기고 말 것이다. 우리는 대화를 통해 우리의 시각과 생각을 드러낼 때 비로소 그 한계를 깨닫고, 자아중심에서 벗어날 수 있을 것이다. 그래서 진정한 대화에서는 의미 혹은 의미 부재를 민감하게 감지해야 한다. 이것이 바로 의미 인식 내지 의미 부여일 것이다. 일반적인 의미를 인식하는 것이 아니라 특정한 의미를 자신에게 부여하고 감지하는 것이다. "의미는 전체 현상을 하나로 연결하고 통합하는 역할을 한다. … 의미는 '시멘트'이다. 그런데 의미가 시멘트처럼 굳어서 움직이지 않는다고 생각하면 곤란하다. 대화에서 의미는 끊임없이 흐르고 있다."(Ibid., 142) 진정한 대화는 일방이 상대방에게 일반적인 의미를 설명하고 상대방은 그 의미를 듣고 수용하거나 거부하는 과정이 아니고, 쉽게 이해할 수 없는 특별한 의미를 서로 주고받으면서 수용하고 거부하는 지속적인 과정이다. 대화 상대자들은 의미 부여에 공동-현전하면서 공동-참여하고, 새로운 의미들을 공유한다.

셋째, 진정한 대화는 공개적이고 혁신적이어야 한다. 열린 대화라는 말은 참여자들의 의견을 전체와의 관계 속에 둔다는 뜻이며, 가다머(Hans-Georg Gadamer)가 '지평들의 융합(fusion of horizons)'이라고 부른 것이다. 섣불리 내린 판단들과 의견들을 대화 상대자가 듣도록 하고 자신도 대화 상대자의 그것들을 들음으로써 자기수정을 가능하게 하는 것이 대화의 열림이다. 그것은 대화 상대자들이 진리나 의미에 관심을 가지고 진정으로 상대방에게 귀를 기울이는 자세를 말하는 것이다. 남에게 귀를 기울이기 위해서는 침묵의 자세도 가져야 한다. 얼핏 보면 역설인 것 같지만 남의 말을 듣기 위해서는 가슴 속에 침묵의 시간을 가져야 한다. 대화의 과정에 침묵이 도입되지 않는다면 그 대화의 의미가 상실될 것이다. 대화에 참여하여 언제 어떻게 말해야 하는지를 알아야 하지만 언제 어떻게 상대방의 말을 들어야 하는지도 알아야 한다. 대화 상대자들은 대화를 하는 의미를 스스로 구성하는 시간을 가질 때 상대방의 말에 귀를 기울일 수 있다. 일반적으로 침묵은 말의 부재를 의미하지만, 여기서 말하는 그것은 다른 의미이다. 방해가 될 수 있는 생각들이나 말들로 주의가 산만하지 않고 실질적인 대화의 과정에 관심을 가지는 자세가 여기서의 침묵이다. 그것은 대화 상대자들에게 대화의 공간을 만들어주고, 명백한 의사소통보다는 참여자들을 더 가까이 모일 수 있게 하는 잠재력을 가진다. 명백한 의사소통을 위한 순수한 구두적인 대화에서 중요한 과정은 '순서 지키기(turn-taking)'이다. 그러나 진정한 대화에서는 침묵은 중요하다. 순서 지키기에서는 대화 상대자들이 번갈아서 말하고 듣지만, 침묵을 통해서는 상대방이 말하는 말의 의미를 '받아들이기'와 자신이 하고자 하는 말을 '건네기'가 더 가까이 심지어 동시에 발생할 수 있다. 침묵은 계기적인 순서를 동시적인 순서로 바꿀 수 있다. 악수를 하거나 포옹을 하는 행위가 주고받음이 계기적으로 발생하는 것이 아니듯이, 침묵도 대화에서 말하고 듣는 행위를 동일한 행위로 통합되게 만드는 것이다.

또한 열린 대화라는 것은 대화 상대자들이 자신의 관점에 닫혀 있는 자신을 자유롭게 해방시키는 것을 말한다. 그것은 다른 관점들을 만나기 위해 자신의 정신을 여는 것이다. 그것은 섣부른 판단들에 우리가 묶이지 않게 하는 것이다. 자신의 관점에 자부심을 가지고 상대방의 관점을 압도하는 모습의 대화는 대화일 수 없는 것이다. 대화는 항상 자기수정적인 것이고 내부-성찰적인 것이어야 한다.

질문과 대답이나 의견이 같음과 다름이 대화의 중심적인 과정이다. 그런데 그 과정에서는 자신의 의견을 옹호하는 경향이 두드러진다. 그 결과 대화 상대자들은 전에 말했던 것을 단순히 반복만 하고 서로에게서 배우지 않는다. 질문과 대답에서 동일한 것을 말한다. 말하는 사람이 순수하게 수사적인 질문만을 제기하고 듣는 사람의 대답에 관심이 없다면 대답은 이미 질문 속에 내포되고 상대방을 통해 무언가를 배우지 못한다. 진정한 대화는 질문과 대답의 과정 이상의 어떤 것, 즉 혁신적인 요소로 이루어진다. "대화는 참여자들이 서로 상대방의 시각을 인정하고 동시에 그 상대방이 전달하는 구두적인 그리고 비구두적인 메시지들을 검토함으로써 자신들의 최초의 입장들을 각색하고 수정하고 더 나은 것으로 개선하게 할 수 있어야 한다. 그렇게 하고자 할 때 그 대화는 혁신적인 것이다."(H. Hermans, 2010, 175) 그런데 '되새김'으로 불리는 현상에는 혁신성이 부족할 수밖에 없다. 진정한 혁신적인 대화를 위해서는 되새김을 자제해야 할 것이다. 되새김의 경우, "소수의 부정적으로 경험된 입장들이 자아를 지배한다. 종종 이런 입장들은 내적인 입장들을 기르는 것으로 경험된 제한된 범위의 외적 입장들과 연계된다. 되새기면서, 나는 쉽게 접근이 가능한 내적 그리고 외적 입장들에 관련되지만, 그것은 어떤 출구를 허용하지 않는다. 전형적으로 그 개인은 이런 입장들을 순환하는 식으로 이동하고 다시 그리고 또다시 동일한 입장들에 도달하고 그들의 부정적인 기억들, 인지들, 기대들에 열중된다. 사실, 그런 다발은 그 개인이 피할 수 없다고 느끼는 자아-감금(I-prison)으로서 기능한다."(Ibid., 176) 되새김은 자신에 몰두하게 하고 진정한 만남을 불가능하게 만든다. 그 까닭은 그것이 바로 혁신을 저해하기 때문이다. 되새김은 자신의 입장들이 자신을 엄격하게 지배하게 하기 때문에 오히려 그것은 독백과 연관된다. 두 사람이 자신의 문제들을 서로 말한다면 공동-되새김일 수 있다. 그 경우에도 그들은 자신들의 문제를 과도하게 말한다. 그들은 동일한 문제를 반복적으로 토론하고, 서로를 격려하고, 문제들을 자세하게 다루고, 자신들의 부정적인 감정들에 집중한다. 공동-되새김은 서로를 더욱 친하게 만들 수는 있지만 불안이나 우울증과 같은 문제들을 일으키는 결과를 가져올 수 있다. 아무튼 되새김은 혁신이 부재하고 수용적인 입장이나 긍정적인 입장을 가지지 못하게 하기 때문에 진정한 대화를 불가능하게 만든다.

5. 결론

인간의 본질은 존재(Being)라기보다는 생성(Becoming)이다. 인간은 완전한 인간으로 태어나기보다는 인간의 가능성을 가지고 태어나서 인간으로 성장한다. 개적 존재로서의 개인이 공적 존재로서의 인격으로 성장한다는 것이다. 그 성장은 대화를 통해 가능하다. 그래서 인격적 자아 정체성을 '대화적 자아'로 부를 수 있다. 인격적 자아 내지 대화적 자아로 성장하는 과정의 본질은 만남과 대화이다.

부버에 의하면, 진정한 만남과 대화는 '나-너'로 이루어진다. 주체와 주체 사이의 인격적 만남은 '나-그것'의 주체와 객체 사이의 경험과 대조된다. 개인으로서의 '나'가 '그것'을 대상으로 경험하고 분석하고 이용하는 것과는 전적으로 다르게 인격으로서의 '나'는 '너'를 인격으로 만나서 서로의 존재에 참여하면서, '나'의 인격을 완성시켜 나간다. 인격들 사이의 진정한 대화는 '무엇에 관한 말'이 아니라 '누구를 향한 말'로 구성된다. 그것은 서로의 존재방식을 이해하고 수용하면서 서로에게 책임을 지는 과정으로서의 대화인 것이다. 그 과정을 통해 '나'와 '너'는 자신의 인격을 형성하는 것이다.

인격교육으로서의 도덕교육은 대화 속의 도덕교육이어야 한다. 도덕교육을 위한 진정한 대화의 모습들은 적어도 첫째, 상호주체성이 존중되어야 하며, 둘째, 공동의 의미 부여의 과정이어야 하며, 셋째, 공개적이고 혁신적인 모습이어야 한다.

인간교육은 근본적으로 세 가지 영역들로 나누어진다. 그것들은 철학교육, 과학교육, 예술교육이다. 도덕교육은 과학교육이 아니라 철학교육의 한 부분이다. 대화를 통한 교육도 세 가지 영역의 교육에 따라 아주 다른 방식으로 이루어져야 할 것이다. 철학교육 내지 도덕교육은 진정한 대화(dialogue) 속에서 이루어져야 한다. 그래서 '대화

<속의> 도덕교육(moral education in dialogue)'이어야 한다. 그 목적은 인격의 형성이지 진리의 발견이 아니다. 도덕교육에서는 대화는 다른 목적을 위한 수단이 아니기 때문에 '대화를 통한 도덕교육'이라고 부르지 않은 것이다. 과학교육은 담화(conversation)나 토론(discussion)의 형식으로 이루어진다. 지금까지의 도덕교과교육에서의 대화학습은 과학교육으로서의 사회과교육과 별 다름이 없이 토론 형식의 대화학습이었다. 그런 식의 대화학습은 차라리 하지 않은 것보다 못할 것이다. 진정한 대화 속 도덕교육의 구체적인 방법론과 수업 모형들의 개발에 많은 연구들이 이루어져야 할 것이다.

[참고문헌]

손장권 외 편(1994), 『미드의 심리학』, 서울: 일신사.

윤석빈(2006), 「마틴 부버의 대화원리: 인간 실존의 토대로서의 대화」, 한국동서철학회, 『동서철학연구』 제42호.

이삼열(1991), 「마틴 부버에서 본 대화의 철학」, 『대화의 철학』, 서울: 서광사.

조태훈(1987), 「G. H. Mead의 '자아'에 관한 연구」, 연세대학교 박사학위논문.

최성식(2007), 「마틴 부버 대화철학에서의 '원간격(Urdistanz)'과 '간격(Zwischen)' 개념에 관한 존재론적 고찰」, 범한철학회, 『범한철학』 제46집.

Bohm, David, 강혜정 옮김(1996), 『데이비드 봄의 창조적 대화론(On Dialogue)』, 서울: 에이지.

Bohm, David(1998), "On Dialogue", *Thinking: The Journal of Philosophy for Children*, vol. 14, no. 1.

Buber, M., 표재명 옮김(1995), 『나와 너(Ich und Du)』, 서울: 문예출판사.

Buber, M.(1962), *Schriften zur Philosophie*, München u. Heidelberg.

____(1984), *Das dialogische Prinzip*, 5. durchgesehene Aufl., Darmstadt.

Elliott, Anthony, 김정훈 옮김(2007), 『자아란 무엇인가?』, 서울: 삼인.

Friedman, M. S.(1956), "Martin Buber's Philosophy of Education", *Educational Theory* 6.

Hermans, H. J. M. & Kempen, H. J. G.(1993), *The Dialogical Self: meaning as movement*, San Diego: Academic Press.

Hermans, H. J. M. & Hermans, A.(2010), *Dialogical Self Theory: positioning and counter-positioning in a globalizing society*, Cambridge University Press.

Lipman, Matthew(1991), *Thinking in Education*, Cambridge, New York: Cambridge University Press.

Mead, G. H.(1934), *Mind, Self, and Society from the Standpoint of a Social Behaviorist*, C. W. Morris, ed., Chicago: University of Chicago Press.

____(1964), "The Social Self", *G. H. Mead, Selected Writings*, A. J. Reck, ed., New York: Liberal Arts Press.

Ramrez, E. R.(1995), "Thinking about Dialogue", *Thinking: The Journal of Philosophy for Children*, vol. 12, no. 2.

Scudder, J. R. & Mickunas, A.(1985), *Meaning, Dialogue, and Enculturation: Phenomenological Philosophy of Education*, The Center for Advanced Research in Phenomenology, Inc.

제 7 장

왜 그리고 어떤 서사적 접근의 도덕교육이어야 하는가: 서사와 도덕 생각하기

1. 서론

진정한 도덕교육은 '도덕(moral)' 교육이기보다는 '덕(virtue)' 교육이어야 한다. 사회교과와 달리 도덕교과가 따로 존재하는 것은 덕 교육 때문이다. 관습, 규범, 가치관 등을 의미하는 도덕이나 윤리를 가르치는 것은 사회교과의 몫일 수 있지만, 인간을 인간답게 행동하게 만드는 인간 내부의 에너지인 덕을 가르치는 것은 도덕교과만의 몫이다. 덕 내지 인격 교육은 다양한 접근들로 이루어질 수 있지만, 서사적 접근이 가장 근본적이라고 생각한다. 인간은 서사적 존재이다. "인간은 이야기하는 동물이다."(A. MacIntyre, 1981, 216) 인간은 누구나 자기 이야기의 주인공이자 자서전의 저자인 셈이다. 즉, "아침 식사에서부터 잠자리에 드는 것에 이르기까지, 또는 사랑하기에 이르기까지 우리가 행하는 모든 것은 하나의 서사로 보이고 설정되고 설명될 수 있다. 서사를 통해 우리는 우리 자신과 우리를 둘러싸고 있는 세계에 대해 더 많은 것을 알게 된다. 서사를 만들어내고, 이해하며, 보존하는 것은 또한 다른 사실들에 대한 이해를 돕는 일종의 사실 인식이다."(M. J. Toolan, 1993, 15) 서사는 인간 활동의 산물이면서 인간 활동에 많은 정보들을 제공한다. 또한 그것은 인간 사고양식과도 밀접하게 연결된다.

서사는 "실재나 허구의 사건들과 상황들을 시간 지속을 통해 표현하는 것"(G. Prince, 1988, 12)으로 정의된다. 서사 내지 스토리텔링(storytelling)은 글자 그대로 '이야기하기'이다. 그런데 이야기를 할 때 우리는 직접 보고 들은 것을 이야기하기도 하고, 상상 속에서 꾸민 이야기를 하기도 한다. 보고 들은 것을 말하면서도 그것에 대한 느낌을 말하기도 하고, 상상 속의 이야기를 하면서도 정서와 배경에 대한 묘사는 사실적일 수 있다. 그 내용이 사실적이냐 허구적이냐를 떠나서 이야기하고자 하는 모든 것들을 누군가에게 전달하는 형식이 서사 내지 스토리텔링인 것이다. 그러나 말하기들 모두가 서사 내지 이야기하기는 아니다. 서술과 서사는 구별되어야 한다. 서술적으로 말하기는 지식과 정보의 내용을 단순히 전달한다. 그것을 나열하거나 설명하거나 묘사하는 것이다. 그러나 서사적으로 말하기, 즉 이야기하기는 사건, 등장인물, 배경의 구성요소를 가지고 시작, 중간, 끝이라는 시간적 흐름을 따라 말하는 것이다. 그것이 바로 '이야기'인 것이다. 이야기하기는 그 이야기를 듣거나 읽는 사람의 입장에 따라서 형성되기 때문에 동일한 지식과 정보를 가지고도 많은 다른 이야기들이 말해질 수 있다. 이야기는 문맥에 따르는 유연성을 지닌 말하기이다.

그런데 이야기하기는 시대에 따라 그 차이들이 명백하다. 문자가 발명되기 이전의 시대, 즉 구전 시대에서도 사람들은 이야기들을 주고받았을 것은 분명하다. 구전 형식의 그들의 이야기하기는 "전래된 이야기라는 소재를 통해, 표준화된 주제를, 공식화된 어구를 이용하여 전달한다는 점에서 규칙성을 띠고 있는 반면, 이야기하는 상황과 환경에 따라 이야기의 빈 구멍들을 메우기도 하고, 들었던 다른 이야기들을 꿰어 맞추기도 하는 변이성을 지닌다."(최예정 외, 2005, 20) 구전 시대의 이야기하기는 그 세부 내용을 조금 바꿀 수 있는 자유를 지닌다는 장점이 있지만, 그 이야기의 내용을 신뢰할 수 없고, 그 이야기는 망각되면서 없어질 가능성이 있으며, 이야기하기가 실제 이루어지기 전에는 이야기될 가능성일 따름이라는 문제점들도 있다. 문자의 등장과 함께 "이야기는 언제라도 상황에 의해 바뀔 수 있는 것이 아니며, 작가의 의도에 따라 정교하게 디자인된 작품이 되었으며, 따라서 그의 의도에 따라 영구히 보존되어야 하는 물체, 혹은 재산이 되어 버렸다."(Ibid., 21) 현대사회에서는 새로운 매체들이 수없이 등장한다. 특히, 디지털 기술을 표현 수단이나 매체 환경으로 이용하는 새로운 이야기하기는 디지털 이야기하기로 부를 수 있다. 디지털 이야기하기에서는 "동시적으로 여러 명의 화자들이 등장할 수도 있고, 한 명의 화자의 이야기에 대한 반응과 댓글, 이어말하기, 동시에 말하기 등 다양한 형태로 화자는 등장하고 참여한다. 그리하여 화자와 청자의 구분이 더 이상 무의미한 채, 이야기가 말해지고 들려지게 된다. 여기서는 정해진 결말이 있을 수 없다. 이야기, 댓글, 댓글에 대한 댓글의 형태로 끝없는 댓글이 달릴 수 있다. … 항상 오픈 엔딩의 형식으로 이야기의 끝은 열려 있다."(Ibid., 29) 디지털 이야기하기는 다감각성과 다매체성을 지닌다. 디지털 미디어를 매체로 이용하는 디지털 이야기하기에서는 미디어와 사용자 내지 미디어와 미디어 사이에 상호작용이 끊임없이 발생할 수 있다. 따라서 더 이상 저자가 독점적 주도권을 가질 수 없음은 당연하다. 그런 상호작용을 이해하기 위해서는 우선 인터넷의 하이퍼텍스트(hypertext)를 이해해야 할 것이다. 인터넷에서 정보를 검색할 경우, 제시된 모든 정보를 처음부터 끝까지 차례대로 검색하는 사람은 거의 없다. 대강 훑어보고, 적합하다고 생각되고 흥미롭게 느껴지는 표제를 검색한다. 하이퍼텍스트는 인간 사고양식을 닮은 점이 있다. 기본적으로 인간은 시간의 흐름에 따라 경험하거나 머릿속에서 경험을 재구성하기도 하지만, 또한 연상적인 사고양식을 가지고 있다. 인간의 마음은 순차적으로 논리적으로 작동하는 것만은 결코 아니다. 그것은 연상적으로 작용할 수도 있다. 오감의 자극에 따라 자유롭게 연상하면서 시공의 한계를 극복한다. 이 점이 디지털 시대의 하이퍼텍스트가 사람들의 삶 속으로 스며들게 된 까닭일 것이다.

이 글에서는 이런 역사적인 배경을 지닌 서사 내지 이야기하기가 덕 그리고 덕 교육과 어떤 연계성이 있는지를 개괄적으로 살펴보고, 서사와 도덕 생각하기의 수준들 사이의 연관성을 중심으로 살펴보고자 한다.

2. 서사와 덕 그리고 덕 교육의 연계성

1) 서사와 덕

매킨타이어는 덕은 일관적인 삶에 기능한다고 주장한다. '하나의 전면적인 삶'을 경험하고 판단하는 것은 "단지 내가 나의 삶을 하나의 전체로 생각되고 평가될 수 있는 삶으로 보고, 이해하고, 판단할 경우에만 가능하다."(A. MacIntyre, 1981, 205) 그런데 그것은 다만 내가 나의 삶의 연대기적인 관념을 가질 때만이 가능하다. '나는 누구였는가?', '나는 누구인가?', '나는 누구이고자 원하는가?'라는 윤리적 질문들은 그런 맥락 속에서만 의미를 가진다. 내가 나의 삶을 하나의 전체로 이해하려고 하자마자 나는 서사 내지 이야기하기를 시작한다. 삶은 말해질 수 있으려면 통일적인 구조를 가져야 한다. 나는 누구였고, 누구이며, 누구이기를 원하는가는 내가 나 자신에 관하여 말하는 이야기에 일치한다. 나는 내가 말하는 것이다. 나 자신의 자아는 내가 말할 수 있는 이야기이며, 그리고 그 이야기에 의해 형성된다. 그 과정에서 나는 무엇이든 알고 있는 전지적인 저자가 아니고, 나는 그 이야기를 이야기하고 있기 때문에 나는 또한 나의 것이 된다. 나는 그것을 말하는 과정에서 나의 이야기를 이야기하는 사람이 된다.

개인의 자아는 이야기의 시작과 중반과 종말과 같이 탄생과 삶과 죽음을 결합시키는 이야기의 통일성 속에 자신의 통일성의 기반을 둔다. 자아를 이야기 형식으로 사유하는 것은 매우 자연스럽다. 인간의 삶이 서사적 특성과 같다는 것은 "인간의 행위는 의도적으로 이루어지는 것이기 때문에 이해 가능성의 자원을 가진다는 점과 관련된다."(A. MacIntyre, 1986, 63) 하나의 이야기 속에는 관련되는 사람들의 역사적 조건들, 구체적인 경험들, 특정한 배경들, 의도들과 목적들, 정서들 등이 포함된다. 자신을 하나의 서사의 한 부분으로 보는 자아는 하나의 구체적인 사회에 깊이 새겨진 그것의 개인적인 연대기이다. 우리는 단지 하나의 이야기의 맥락 속에서 하나의 행위를 이해한다. 이야기를 통해 우리는 행위하는 개인이 처한 구체적인 상황으로 이동할 수 있기 때문이다. 하나의 행위를 이야기한다는 것은 행위하는 개인의 개인적인 연대기들이 자리 잡는 틀 내지 상징적인 환경을 필요로 한다. '틀' 역시 하나의 역사를 지닌다. 더욱이 한 행위를 이야기하기는 그 행위자의 의도들에서 인과적인 그리고 연대기적인 질서를 필요로 한다. 이 두 가지 필요조건들을 채움으로써 우리는 말하기 행위들과 행위들의 '이해 가능성'에 관해 말할 수 있다.

매킨타이어는 다음과 같은 예를 든다(A. MacIntyre, 1981, 207).

'그는 무엇을 하고 있습니까?'라는 질문에 '그는 땅을 파고 있습니다', '그는 정원에서 일을 하고 있습니다', '그는 운동을 하고 있습니다', '그는 겨울 준비를 하고 있습니다', '그는 부인을 기쁘게 해주고 있습니다' 등의 대답이 주어질 수 있다. 이 중 일부 대답들은 행위자의 의도들을, 일부 대답들은 그가 의도하지 않은 행위의 결과들을 서술한다. 그리고 비의도적인 결과를 그가 의식할 수도 의식하지 못할 수도 있다. 특정한 그의 행동들을 이해하고 설명하기 위해서는 그 대답들이 서로 어떤 관계에 있는지를 고려해야 한다. 누군가의 일차적인 의도가 겨울을 대비하여 정원을 정리하고자 하는 것이고, 그런 일을 하면서 단지 우연히 운동을 하고 또 부인을 기쁘게 해준다면, 그 행동들은 설명할 수 있는 방식으로 이루어지고 있다. 그러나 그의 본래 의도가 운동을 함으로써 부인을 기쁘게 해주는 것이었다면 전혀 다른 방식으로 설명되어야 한다. 그 행동들을 이해하고 설명하려면 그것들을 보는 방향이 달라야 한다. 첫 번째의 일화는 가사활동의 연중주기 속에 자리 잡는다. 여기서 행동은 '정원을 가진 가정'이라는 특정한 유형의 '배경(setting)'을 전제하면서 하나의 의도를 구현하고 있다. 그 속에서 하나의 행동이 하나의 일화로 발전하는 배경은 특정한 서사적 역사를 가진다. 두 번째 일화는 결혼이라는 서사적 역사 속에 자리 잡고 있다. 그것은 비록 유사하지만 전혀 다른 사회적 배경이다. 그래서 우리는 행위를 의도와 무관하게 규정할 수 없으며, 또한 의도들을 행위자 자신들뿐만 아니라 다른 사람들에게 이해 가능하게 만드는 배경과 무관하게 규정할 수 없는 것이다. 행위의 이해 가능성은 그 행위가 일어나는 배경을 전제한다는 것이다. 특정 행위가 하나의 일화로 발전하게 만드는 배경은 특정한 서사적 역사를 지닌다는 것이다. 개인의 변화의 역사는 이 배경 속에서만 이해될 수 있으며, 하나의 행위는 하나 이상의 배경에 속할 수 있다. 행위의 특정한 부분을 의도와 연관시키고 또 그가 살고 있는 배경과 연관시킬 때, 우리는 그 사람의 행위와 그 사람 자체를 이해할 수 있게 된다.

여기서 우리는 진술(statement)과 이야기를 구분해야 한다. 진술은 사실을 말하고 있으며, 논리적으로 일관성을 지닌다면 그 자체로 이해 가능한 것이다. 그리고 지성적인 사람이라면 누구나 그 진술이 무엇을 의미하는지 알 수 있을 것이다. 그러나 이야기하기를 통해 무엇을 이야기하는가는 이야기하기의 배경 속에서 이해될 수 있다. 그래서 의미의 기본적인 단위는 진술이 아니고 이야기이다. 이야기가 이야기되는 맥락은 그것의 의미에 기여한다. 하나의 상황에서 적절하거나 분별 있는 진술은 다른 상황에서 완전히 부적절할 것이거나, 하나의 진술 의미는 다른 진술들이나 그것을 선행하거나 그것을 따르는 행위들에 의해 영향을 받을 것이다. 그것을 말하거나 듣는 개인들의 이야기에 명백한 관계를 가지지 않은 진술은 이해 불가능한 것이다.

매킨타이어의 주장은, 행위하는 개인이 바로 이야기의 주인공이자 저자라는 것이다. 그러나 그는 서로 다른 이야기들의 상호주관적인 그물망 속에 얽힌다. 그는 혼자 행위하는 것이 아니다. 각자가 자신의 삶을 살아내는 다른 개인들과 서로 이야기 주고받음을 통해 행위한다. 그런데 그들의 이야기 또한 다른 사람들의 행위들과 중첩되고 서로 얽힌다. 우리는 스스로 계획하지 않았던 단계로 들어가고, 우리는 스스로 하지 않은 행위의 한 부분이 되기도 한다. 그래서 행위와 이야기를 연결시키는 개념적인 연결고리는 '이해 가능성'의 개념이다. 어떤 행위라도 이해 가능한 것이어야 이야기될 수 있다는 것이다. 그리고 인간 행위는 가능한 것이거나 실제적인 역사 또는 일련의 역사들 속의 한 계기인 것이다. 행위와 마찬가지로 역사도 이야기의 핵심적인 개념이다. 행위의 이해 가능성은 역사 속에서 차지하는 행위의 자리와 동일한 자리를 차지한다. 여기서 매킨타이어가 '역사'라고 말하는 것은 하나의 서사적 역사이다. 그 속의 등장인물들은 동시에 작가들이다. 그들은 '처음부터' 시작하지 않고 '사건 중간에' 뛰어든다. 그들의 이야기들이 시작하는 것은 이미 이전의 이야기들과 그들 이전의 사람들에 의해 이루어졌다.

인간은 본질적으로 진리에 관한 이야기들을 말하는 것이 아니고, 자신의 이야기를 통해 말하는 사람이 되는 것이다. 이야기되는 삶은 자율적인 개인이 자기결정한 행위들의 결과가 아니고 미리 결정된 서사적 구조의 산물이다. 그래서 중심 논제는 준칙과 배움의 문제로 이어진다. 내가 어떤 이야기의 한 부분인가를 알게 되면 내가 무슨 일을 해야 하는지를 알게 된다는 것이다. 그래서 도덕교육은 이야기를 통한 배움이어야 한다는 것이다. 즉, " '나는 무엇을 해야 하는가?' 라는 질문에 답하려면, 그 이전에 '나는 어떤 이야기 또는 이야기들의 부분인가?'라는 질문에 답해야 한다, 우리는 우리에게 부과된 하나 이상의 성격을 가지고, 즉 우리가 어쩔 수 없이 맡게 된 역할들을 가지고 기존의 인간사회에 입문하게 된다. 다른 사람들이 우리에게 어떻게 반응하고, 그들에 대한 우리의 반응을 어떻게 구성할 것인가를 이해할 수 있기 위해서, 우리는 이 성격들의 역할들이 어떤 것인지를 배워야 한다."(Ibid., 216) 어린이들은 자신과 부모가 어떤 존재인지를 배워야 한다. 그들이 태어나면서 참여하는 서사 속에 등장하는 인물과 그들의 성격을, 더 나아가 이 세상에서 생기는 일들이 어떤 방식으로 왜 이루어지는가를 배워야 한다. 그것이 도덕교육의 핵심적인 내용일 것이다. 그래서 "이야기를 하는 것은 도덕교육에 핵심적인 부분이다."(Ibid.) 어떤 사회를 구성하는 연극 속에 등장하는 이야기들을 말하고 듣지 못한다면 그 사회에 관한 이해는 불가능할 것이다.

그리고 매킨타이어는 인간 삶의 서사 가능성을 통해 '인격적 정체성'과 '책임'의 문제를 다룬다. 나는 태어나서 죽을 때까지 진행되는 하나의 이야기를 살아가는 과정 속에 있으며, 나의 역사이자 고유한 의미를 지닌 역사의 주체이다. 이야기할 수 있는 주체는 그 이야기가 요구하는 성격의 통일성을 가져야 하며, 그 성격의 통일성을 가지는 것이 곧 인격적 정체성을 가질 수 있는 조건이다. 그런데 인격적 정체성을 가지고 역사의 주체가 된다는 것은 곧 삶의 이야기를 구성할 책임을 진다는 의미이다. 즉, "자신의 태어남에서 죽음으로 이어지는 하나의 서사의 주체가 되는 것은 서사적 삶을 구성하는 행위들과 경험에 책임을 진다는 것을 의미한다. 다시 말해, 그것은 우리가 행한 것, 우리에게 일어난 것, 또는 질문이 제기되기 이전의 삶의 시점에서 우리가 체험한 것에 관해 특정한 설명을 해달라는 요청에 열려 있다는 것을 의미한다."(Ibid., 217) 이 책임 속에는 다른 사람의 동일한 책임을 물을 수 있음을 포함한다. "나는 책임을 지는 사람일 뿐만 아니라, 나는 다른 사람에게 책임을 묻고 또 그들에게 질문을 제기할 수 있는 사람이기도 하다. 그들이 나의 이야기의 한 부분인 것처럼, 나는 그들 이야기의 한 부분이다. 더욱이 이처럼 해명을 요구하고 설명을 해주는 것은 그 자체 이야기를 구성하는 데 있어 중요한 역할을 담당한다."(Ibid., 218) 나와 다른 사람들의 이야기를 구성하는 데 본질적인 요소는 내가 그리고 다른 사람이 무슨 일을 왜 하였는지에 대한 질문과 대답이다.

2) 서사와 덕 교육

위대한 서사는 도덕적 삶에 큰 도움을 준다. 서사의 도움을 통해 생기는 삶의 변화는 도덕성에 관한 어떤 새로운 명제들을 배우거나 어떤 명제의 진실을 이해하는 것에 의해 생기는 삶의 변화와는 분명히 다른 것이다. 서사를 통해 얻게 되는 도덕적 통찰들은 명제적인 도덕적 논리를 넘어서는 도덕적으로 실질적인 어떤 것들이다.

도덕적 논리와 도덕적 실질을 구분하기 위해 인간 사고에 관한 브루너(Jerome Bruner)의 논의를 개괄하자(J. Bruner, 1986, 11-14 참고). 그는 인간 사고양식을 '범례적 사고(paradigmatic mode of thought)'와 '서사적 사고(narrative mode of thought)'로 구분한다. 인간이 자신의 경험을 조직하는 방식은, 물리적 세계의 사물을 다루는 논리-과학적인 범례적 사고와 인간 세계의 문제를 다루는 서사적 사고로 구분된다. 그것들은 상호보완적인 관계 속에 있지만 본질적으로 서로 다른 기능을 수행한다. 적격적인(well-formed) 논리적 주장은 정교한(well-wrought) 이야기의 그것과는 근본적으로 다를 수밖에 없는 것이다. 두 진술문 'If X, then Y'와 'The King died, and then the Queen died'를 비교하자. 두 문장의 연쇄를 나타내는 용어인 'then'은 두 진술문에서 그 기능이 다르다. 논리적 명제인 진술문 '만약 X라면 그러면 Y이다'에서는 보편적 진리조건을 추구하는 반면, 서술된 이야기인 진술문 '그 왕이 죽었고, 그리고 그 다음에 그 여왕이 죽었다'에서는 두 사건들 사이의 개연성을 나타낸다. 예를 들면, 왕이 죽어 그 슬픔으로 인해 왕비가 죽었을 수 있거나 어떤 음모에 의해 왕비가 살해되었을 수도 있음을 암시한다. 이야기의 세계는 논리적 일관성의 규범과 일치해야 한다는 것이 사실이지만, 드라마의 기본으로서 그런 일관성의 위반하려는 경향, 즉 비논리적 임의성을 가진다. 이야기의 추진력은 바로 이 임의성에 있다. 사실로 주장되거나 허구이거나 이야기는 논리적 주장의 적절성과 옳음을 판단하는 기준들과는 다른 종류의 기준들에 의해 그것의 장점을 판단한다. 범례적 사고는 인간의 의도와는 무관하고 불변하는 사물의 세계, 즉 '존재(being)'의 세계를 다루며, 옳고 그름을 요구한다. 반면, 서사적 사고는 독자의 관점에 따라 변화할 수 있는 예측이 불가능한 세계, 즉 삶의 요구가 반영되는 '인간'의 세계를 다루며, 옳다고 느끼거나 상상할 수 있는 어떤 관점과 부합되는 설명을 요구한다. 범례적 사고는 범주나 개념을 사용하면서, 일반적 원인들을 다루고, 검증이 가능한 지시 대상을 확인하고 경험적 진리를 검증하는 절차들을 사용한다. 그것의 언어는 일관성과 비모순성의 요구조건에 의해 규제된다. 서사적 사고는 좋은 이야기들, 매혹적인 드라마, 반드시 진실한 것은 아닐지라도 믿을 수 있는 역사적인 설명 등으로 이어진다.

서사는 도덕적 논리가 아니라 도덕적 실질(substance)과 관련된다. 그래서 다음의 네 가지 측면들에서 서사와 도덕교육의 연계성을 논의할 수 있을 것이다(T. H. Murray, 1997, 6-17 참고). 첫째, 도덕교육으로서의 서사이다. 우리는 어린이들처럼 이야기들을 통해 배운다. 우리가 배우는 것은 이야기의 '도덕'으로서 어린이에게 제시되는 명제와 같은 준칙들과는 다른 것이다. 누스바움은 도덕교육에서 문학적 텍스트가 지니는 중요성을 다음과 같이 말한다. "아리스토텔레스의 관념에는 문학의 주장들을 지지하는 데 아주 적절한 배움의 관점이 포함된다. 왜냐하면 여기서 가르침과 배움은 규칙들과 원칙들을 배움과는 무관하기 때문이다. 배움의 대부분은 구체적인 것을 경험하는 데에서 일어난다. 그런 경험적인 학습 또한 지각과 대응성의 양성을 필요로 한다. 그것은 사고와 행위에 의미 있는 것을 골라내면서 하나의 상황을 읽어내는 능력이다. 그런 능동적인 과제는 하나의 기술이 아니다. 공식에 의한다기보다는 안내에 의해서 그것을 배운다."(M. C. Nussbaum, 1990, 44) 대부분의 사람들은 대부분의 시간에 도덕성에 관해서 그들이 알고 있는 것의 대부분을, 어린 시절의 가공적인 이야기들에서 서로에게 말하는 삶의 이야기들, 우리의 문화에 스며든 서사들에 이르는, 이런저런 종류의 서사들로부터 배운다는 것이다.

서사는 명제로서의 윤리가 아니라 도덕성의 실질(substance)과 연관된다. 명제인가 실질인가는 '시인과 철학자의 고대 투쟁'에서 그 논쟁이 시작한다. 플라톤의 저서 『국가』(3, 10장)에 등장하는 "시인은 사회로부터 추방되어야 한다."는 주장이 바로 그 논쟁의 핵심이다. 거기서 말하는 '시인'은 오늘날의 소설, 연극, 영화, 드라마 등 공연 문화를 지칭한다. 인간이 다른 동물들과는 달리 문화를 누릴 수 있는 것은 바로 '자기 나름대로 구체화하여 표현할 수 있는' 능력 때문이다. 플라톤에 의하면, 인간은 모두 모방하는 재능을 가지고, 완전한 이데아를 불완전하게 반영하는 자연 사물들의 형상을 모방하면서 실제 그 작품 속에 이데아를 투영하게 한다. 그러나 그는 '시인'을 사회로부터 추방해야 한다고 주장한다. 그 이유는 사물을 모방하는 화가나 시인은, 근본존재인 이데아로부터 두 단계나 멀리 떨어져 있는 존재이기 때문이고, 특히 모든 것들을 상상하여 마음대로 말하는 시인은 거짓말을 사실처럼 말함으로써 실재와 허구를 혼동시킨다는 것이다. 그러나 삶의 방식에 대한 누스바움의 생각은 전혀 다르다. 즉, "소설들에 관한 나의 두 번째 관심은 삶에 관한 독특한 관념과 소설들의 구조들 사이의 연계에 관한 관심이다. 사실, 나는 독특한 윤리적 삶의 관념은 소설들에서 발견되는 것들과 같은 형식들과 구조들을 필요로 한다고 주장할 것이다. 따라서 만약 도덕철학이 하고자 하는 일이 모든 형식들의 진리를 추구하는 것으로 이해되고, 모든 주요한 윤리적 대안들에 대한 깊고 공감적인 연구를 요구하고 그 대안들을 삶의 능동적인 이해와 비교하기를 요구한다면, 도덕철학은 그것 자체의 완성을 위해 그런 문학적 텍스트들, 그리고 사랑하기와 세심한 소설-읽기를 필요로 할 것이다. 이것은 분명히 도덕철학이 오랫동안 포함해왔던 것을 확대시키고 재구성하는 것이다."(Ibid., 26-27) 서사는 도덕교육에서의 도구로서 그리고 도덕적 이해에의 본질적인 요소로서 중요한 실질적인 역할을 수행한다.

둘째, 도덕적 방법론에서의 서사이다. 사례-중심적 도덕적 추론이 다시 관심의 대상이 되고 있다. 도덕의 일반원리를 특정한 구체적인 인간 행위의 갈등 상황에 적용하여 그 해결책을 모색하는 방법이 비판을 받는 경우도 있지만, 그것의 전형인 사례-중심적 접근은 다양한 도덕적 문제들에 종종 사용된다. 클라우저(K. D. Clouser)는 "서사 윤리는 적절한 도덕적 결정들을 내리게 만드는 데 결정적인 풍부하고 중요한 정밀한 사실들을 이끌어내는 하나의 방법"임을 인정한다. (K. D. Clouser, 1996, 339) 사례들에 주목하기를 주장하는 서사 윤리는 아리스토텔레스가 실천지(phronesis)를 강조했던 것과 유사하다. 여기서는 명제적인 도덕적 논리의 우선성을 거부한다. 그것은 사례가 적어도 그것만큼 중요하다고 선언한다. 그것으로부터 우리가 끌어내는 원리는, 그 사례에 대한 하나의 해석이며, 늘 수정될 수 있는 것이다. 우리가 아는 것은 그 사례에서 구현된 옳음이나 그름이다. 즉, 도덕적 내용은 사례에 존재한다. 우리가 그것으로부터 끌어내는 명제들은 그 내용에 대한 해석들인 것이다.

셋째, 도덕적 대화의 적절한 한 형식으로서 서사이다. 도덕철학자들은 단순히 공리(axioms), 정의(definitions), 정리(theorems)를 제시하지 않는다. 그들은 전형적으로 이야기들, 적어도 두 가지 서로 다른 장르의 이야기들을 한다. 그 첫 번째 장르는 보통 윤리에 관한 주장의 그럴듯함 내지 그럴듯하지 않음에 관한 주장을 하기 위한 '철학자'의 '가설'이다. 이야기들의 옳음 혹은 그름에 대한 우리의 이해는 윤리 명제에 대한 우리의 신뢰보다 더 안전할 수 있을 것이다. 사실, 이야기들은 명제에 대한 우리의 확신을 강화시키거나 그것의 결점들을 보여주기 위해 기능한다. 이것은 사례들의 독자적인 도덕적 중요성을 주장하는 것과 상당히 비슷하다. 서사의 두 번째 장르는 이론가에 의해 택해진 접근법의 필연성을 설정하고, 동기 부여하고, 보여주기 위해 의도된 서사이다. 도덕철학에서의 그런 설계들은 서사, 즉 우리가 누구인가, 우리는 무엇과 같은가, 우리는 어떻게 우리의 현재 상황에 처하게 되는가 등에 관한 이야기들 속에서 탄생하고, 그것에 의해 동기 부여된다. 도덕이론을 포함하여, 전부는 아니지만 많은 도덕적 담론은 서사 속에 새겨지고, 그것에 의해 조건이 지어지고, 그것으로 실행된다. 예를 들면, 매킨타이어는 하나의 꾸며낸 이야기로 그의 저서를 시작한다.

"자연과학이 대재난의 결과로 인하여 고통을 당한다고 상상하자. 일반 대중들은 일련의 환경재해들이 자연과학자들의 책임이라고 비난한다. 광범위한 폭동이 일어나고, 실험실들은 불타고, 과학자들은 구타를 당하고, 책과 기구들은 파괴된다. … 한참 지난 후에 반동이 일어나 과학을 부활시키려 한다. 그러나 그들이 가진 것은 파편들뿐이다. … 이론적 맥락에 관한 지식과는 동떨어진 실험들에 관한 하나의 지식, 자연과학들이 소유하는 이론의 다른 조각들이나 실험과는 무관한 이론의 부분들, … 등이다. 그럼에도 불구하고 이 모든 파편들은 물리학, 화학, 생물학이라는 부활된 이름으로 분류되는 일련의 실천체계로 다시 구현된다. … 누구도, 거의 누구도 그들이 하고 있는 것이 진정한 의미에서 자연과학이 전혀 아니라는 점을 알지 못한다."(A. MacIntyre, 1981, 1)

그는 과학의 혼란을 상상하기를 요구한다. 그는 자신의 이야기를 통하여 그 점을 알게 만들고자 하는 것이다. 그가 제기하고자 하는 가설은 다음과 같다. 즉 "우리가 살고 있는 실제 세계에서의 도덕적 언어도 위의 이야기에 나오는 가상 세계에서의 자연과학의 언어와 마찬가지로 심각한 무질서에 처해 있다. 이 견해가 타당하다면, 우리가 소유하는 것은 하나의 개념적 구도의 파편들, 즉 그것들이 의미를 부여하는 그런 맥락들을 결여하는 부분들이다. 우리는 사실 도덕성의 환영을 가지고 있으며, 우리는 계속 많은 핵심적인 표현들을 사용한다. 그러나 우리는— 비록 전적으로는 아니지만 대부분— 도덕성에 관하여 이론적인 그리고 실천적인 이해력을 상실하였다."(Ibid., 2) 그에 의하면, 가상 세계에서 현재의 혼란 상태를 이해하는 데 필요한 전제조건은 서로 구별되는 세 단계로 이루어지는 역사를 이해하는 것이다. "첫째는 그 기획이 번영하였던 단계이며, 둘째는 대혼란의 단계이며, 셋째는 부분적으로 회복은 되지만 손상되고 혼란한 형태의 단계이다. 일종의 퇴보와 몰락의 역사인 이 역사가 특정한 기준에 의해 서술된다는 것이다. 그것은 가치평가에서 중립적인 연대기가 아님을 주목해야 한다. 기술의 형식, 단계의 구분은 성취와 실패, 질서와 무질서의 기준들을 전제한다."(Ibid., 3) 그가 말하는 이야기는 막강하다. 그의 이야기가 암시하는 점은, 분석학적, 현상학적, 혹은 실존주의적인 방식들은 현대 도덕성에서의 중심 문제를 알아채지도 못한다는 것이다. 그리고 그것은 근대적 도덕적 삶의 특징들을 담아내는 우리의 현재의 상황에 관한 하나의 기본적인 이야기— 일종의 '바로 그대로의(just-so)' 이야기를 제공한다. 그의 기본적인 서사는 성공적이다. 그것은 눈에 보이는 듯하고 강한 흥미를 돋우는 것이며, 세심한 독자들로 하여금 도덕성에 관한 기발한 방식으로 과거와 현재를 생각하도록 만든다. 그의 이야기는 단순한 멋진 이야기 이상이다. 그것은 독자의 마음을 끄는 단순한 수사적 장치는 결코 아니다. 그의 서사는 저자의 기획의 필요성을 설명한다. 도덕적 세계는 조각들로 부서지기 때문에, 우리의 현재 도덕성은 화해할 수 없는 도덕적 전통들의 양립 불가능한 파편들로 이루어지기 때문에, 내적으로 일관적인 도덕적 전통을 발견해야 한다고 그는 주장하는 것이다. 누스바움도 도덕적 대화에서의 서사의 역할에 관해 또 다른 하나의 관점을 제시한다. "도덕적 지식은 … 단순한 명제들에 관한 지적인 이해만이 아니다. 그것은 심지어 단순히 특별한 사실들에 대한 지적인 이해가 아니다. 그것은 지각(perception)이다. 그것은 고도로 알기 쉬운 그리고 풍부하게 대응적인 방식으로 하나의 복잡하고 구체적인 실재를 바라보는 것이다. 그것은 상상과 감정을 가지고, 거기 있는 것을 수용하는 것이다."(M. C. Nussbaum, 1990, 152)

마지막 넷째, 도덕적 정당화에서의 서사이다. 모든 도덕적 판단들은 도덕성에 관하여 우리가 알고 있는 것, 즉 도덕성에 관한 명제들의 목록뿐만 아니라 어떤 것들이 선하거나 악한 것인지, 옳거나 그른 것인지, 삶을 살아가는 어떤 방식이 찬양할 만한 것인지 혹은 경멸할 만한 것인지를 어떻게 자신만만하게 알고 있는가에 대한 미묘하고 복잡한 평가에 의존한다. 그래서 도덕성에 관한 믿을 만한 지식의 원천들과 그 지식에 서사가 수행하는 역할이 무엇인지가 중요한 문제이다. 누스바움은 '다른 삶 살기'를 제시하면서 이야기들의 도덕적 중요성을 주장한다(N. Rosenstand, 1997, 490-492 참고). 오늘날의 철학은 탐구의 정당한 주제로서의 정서를 더욱 정밀하게 바라보고 있는 모습들이 보인다. 그녀는 정서들이 지식을 만들어내지 못하기 때문에 철학에서 배제된 것이 아니었다고 지적한다. 정서들에는 실제로 많은 인지적 가치가 있다. 왜냐하면 정서들은 전반적으로 맥락 속에서 그것들을 바라볼 때 실제로 아주 '조리가 있기(reasonable)' 때문이다. 우리는 언제 분노를 느끼는가? 누군가가 고의적으로 우리를 해칠 때이다. 달리 말해, 우리의 분노에서 우리가 정당함을 느낄 때이다. 실망, 의기양양, 슬픔 그리고 심지어 사랑과 같은 감정들은 모두 어떤 상황들에 대한 대응들이다. 그것들은 어떤 내적 논리에 따라서 전개되며, 닥치는 대로 생기지 않는다. 그녀에게 있어, 정서들은 가치들에, 인간관계들에, 그리고 우리 스스로의 이해에 접근할 수 있게 하고, 그래서 그것들은 탐구되어야 한다. 그리고 정서들은 서사들에서 가장 명백하게 드러난다. 사회는 어린이들에게 이야기들을 통해서 가치를 가르치고, 그래서 이야기들은 실제로 하나의 구조 속에 주입된 정서들이다. 정서들의 가장 중요한 교사는 이야기이다. 정서들을 이해하기 위해서 우리는 이야기들을 읽어야 한다. 그러나 그녀가 강조하기를, 우리는 전체적인 이야기를 읽어야 한다. 우리는 다만 개요에 의존할 수 없다. 왜냐하면, 하나의 이야기의 형식과 내용 사이에는 통합적인 관계가 있기 때문이다.

3. 서사적 접근과 도덕 생각하기의 수준

1) 내용 중심의 서사와 직관적 수준의 도덕 생각하기

서사를 통한 도덕교육은 내용(content) 중심, 과정(process) 중심, 반성(reflection) 중심, 세 가지 접근들을 통해 이루어진다. 도덕 생각하기도 세 가지, 즉 직관적(intuitive) 수준, 비판적(critical) 수준, 메타윤리적(meta-ethical) 수준으로 나눌 수 있다. 서사적 접근과 도덕 생각하기의 수준이 반드시 서로 일치하는 것은 분명히 아니다. 그러나 내용 중심의 서사적 접근은 직관적 수준의 도덕 생각하기와, 과정 중심의 서사적 접근은 비판적 수준의 도덕 생각하기와, 반성 중심의 서사적 접근은 메타윤리적 수준의 도덕 생각하기와 밀접하게 연관된다고 판단한다.

여기서는 내용 중심의 서사를 검토하고, 그것과 직관적 수준의 도덕 생각하기의 연계를 살펴보자. 1960-70년대에 인기 있었던 '과정(process)' 중심의 도덕교육이 최근 다시 '내용(content)' 중심의 그것으로 이동하였다. 내용 중심의 도덕교육은 문화의 전통적 가치들에 바탕을 둔다. 도덕교육의 내용은 '학생 모두에게 알리기를 원하는' 어떤 것들이다. 그리고 도덕성을 가르치는 하나의 방법은 이야기하기인 것이다. "가치들은 자신의 날개로 날지 않는다. 그것들은 이야기들, 역사적 서사들, 전설들 등을 둘러싸고 효과적으로 의사소통된다."(W. Kilpatrick, 1994, 1) 동일한 도덕적 이야기들을 공유하지 못한다면, 도덕문화는 '붕괴'될 위험에 처할 것이다. "하나의 문화를 아는 것은 문화가 제공하는 이야기들을 아는 것을 의미한다."(R. C. Schank, 1990, 149) 그런데 서사 내지 이야기하기가 도덕교육의 본질적인 구성요소인 까닭은, 그것이 도덕에 구체적인 맥락을 제시하기 때문이다. 로크우드(John H. Lockwood)는 그 점을 다음과 같이 말한다. "대부분의 경우 도덕성이 추상적이지만, 이야기들은 도덕성의 내용이 학생들과 함께 머물도록 하는 방법이다. 이야기들을 통해서 학생들은 특별한 문맥에서 무슨 일이 일어날 것인지를 상상할 수 있다. 이것은 그들로 하여금 유사한 상황에서 최선의 행동방식이 무엇일까 결정하기를 허용한다."(J. H. Lockwood, 1999, 29) 비츠(Paul C. Vitz)도 "그 사람들의 특성, 그리고 그들의 환경, 또한 그들의 행위들과 의도들의 상세한 것들은 모두 서사에 본질적이다. 사실, 그것들의 정서적 영향력을 지닌 그런 문맥적인 특성들은 너무 중요하여 문학은 '문맥 감수성'을 통해 그것의 힘을 얻는다."(P. C. Vitz, 1990, 710)고 주장한다. 도덕교육은 학생들이 자신과 의미심장하게 연결시킬 수 있는 구체적인 실례들을 통해 이루어진다는 것이다. 그런데 이야기의 특정한 문맥은 기억 속에 남게 되는 막강한 모델을 구성한다. 모델을 제시한다는 것은 내용에 바탕을 두는 도덕교육에서 중요한 개념이다. 반두라(Albert Bandura)는, "새로운 행동들이 습득되고 실존하는 행동양식들이 수정되는 근본적인 방법들 중 하나는 모델링을 필요로 한다."고 주장한다(A. Bandura, 1973, 68).

문학 속에는 모델들과 반모델들(anti-models)이 수없이 등장한다. 이야기의 내용이 단순히 기억되는 것보다 어떤 사람과 개인적으로 연관되는 모델과 반모델이 이야기에 그 중요성을 부여한다. 이야기를 듣거나 읽는 사람은 그 속의 등장인물과 관계하면서 그의 행동에 의해 정서적 부담을 느낀다. 등장인물에 대한 그런 정서적 애착심은 그 등장인물을 하나의 행동 모델이 되게 만든다. "이야기들은 그것들이 상상을 지속하게 하기 때문에 선에 대한 정서적 애착심을 만들어내는 데 도움을 줄 수 있다. 만약 다른 것들이 자리한다면, 그 정서적 매력은 선으로의 실제적 몰입으로 성장할 수 있다. 이야기들의 극적인 본질은 우리를 도덕적 결정들을 '예행연습하고' 우리의 선과의 결속을 강화시키는 데 도움을 준다."(W. Kilpatrick, 1994, 24) 그리고 이야기하는 사람 자체가 하나의 중요한 모델일 수 있다. 모델을 제시하는 것은 구두로나 문자로 전달되는 이야기 속에서 이루어지는 것만이 아니라 비구두적인 형식의 모델 제시도 있다. 교사들은 비구두적인 의사소통을 통해 학생들과 의사소통한다. 베네트(William J. Bennett)는 도덕교육의 이상으로 부모 모델, 교사 모델, 교실 모델을 염두에 두면서, "우리는 옳고 그름 사이의 차이를 주장할 뿐만 아니라 학생들 앞에서 그 차이를 살리려고 노력하는 교사들과 원칙들을 가져야 한다."(W. J. Bennett, 1988, 31)라고 말한다. 교사나 교실 모델의 제시는 도덕교육의 중요한 한 측면이다. 교사가 말하는 단순한 이야기들은 학생들에게 큰 도움이 되지 않을 수 있다. '생각하고 행동하는 방식'을 보여주는 것이 큰 도움이 될 것이다. 모델을 제시한다는 것은 일종의 소리 없는 이야기일 수 있다.

내용 중심의 서사는 헤어(R. M. Hare)가 제시하는 도덕 생각하기의 직관적 수준과 밀접하게 연관된다. 그는 도덕 생각하기의 세 수준들을 '직관적 수준', '비판적 수준', 그리고 '메타윤리적 수준'이라고 부른다(R. M. Hare, 1981, 25). 그는 도덕적 갈등의 문제를 논의하면서 두 수준들을 설명한다. 도덕 내지 의무 갈등에 대해 가진 관점들을 통해 도덕성에 관한 생각하기의 이해와 간파의 정도를 잘 진단할 수 있다. 우리는 언제나 마땅히 A를 해야 하며, 또한 마땅히 B도 해야 하는 상황에 처할 수 있다. 그런데 A, B 둘 다를 동시에 할 수 없는 것이 사실일 수 있다. 사소한 유형의 예를 들어보자(Ibid., 27). 나는 자녀들을 데리고 옥스퍼드의 강가로 소풍을 가기로 약속한다. 그런데 오스트레일리아에서 와서 옥스퍼드에 오후 동안만 머물 오랜 친구가 부인과 함께 대학 주변을 구경하고 싶다고 한다. 나는 마땅히 자녀들과의 약속을 지켜야 하고, 또한 친구의 소원을 들어주어야 한다. 두 가지 의무를 동시에 지킬 수 없다. 내가 정상적으로 자랐다면 단연코 약속을 어겨서는 안 된다고 생각할 것이다. 그런데 내가 약속을 어겨야 한다고 생각하는 상황에 처하게 된다면 나는 반드시 거리낌을 느낄 것이다. 약속을 어기거나 거짓말을 하게 될 때 내 얼굴은 붉어질 것이다. 피부에 전혀 변화가 없고, 거리낌을 느끼지 않는다면 도덕교육을 제대로 받지 못한 비도덕적인 사람일 것이다. 아리스토텔레스가 말한 대로 도덕적 덕은 올바른 정서구조를 가지는 것이다. 즉, 마땅히 기뻐해야 할 때 기뻐하고, 슬퍼해야 할 때 슬퍼하고, 좋아해야 할 것은 좋아하고, 마땅히 싫어해야 할 것은 싫어해야 한다는 것이다. 물론 그것이 도덕교육의 전부는 아닐지라도 중요한 부분임은 분명하다. 직관주의에서 의무의 갈등을 해결하는 임기응변의 방안들은 다음과 같을 수 있다. 우선, "그 상황에 적용될 것 같은 원칙들 중 하나를 제한하거나 수정하고, 두 원칙들이 그 상황에서 우연적으로도 (per accidens)(두 원칙들의 연결이 자기모순적인 것은 아니지만 두 원칙들이 서로를 따를 수 없는 경우를 말한다) 그 자체로 더 이상 갈등하지 않게 만드는 유보조항을 도입하는 것이다."(Ibid., 32) 그래서 도덕원칙으로서 그 원칙들은 단순성을 벗어나 더욱 복잡해진다. 그리고 그 단어의 수가 많아진다. 예를 들면, ‘마땅히 G를 해서는 안 된다’는 원칙이 ‘더 나쁜 F를 피하기 위해서가 아니라면, 마땅히 G를 해서는 안 된다’라는 원칙으로 변한다. 도덕철학자들이 선호하는 단순하고 논리적이고 추상적인 원칙보다는 복잡하고 실질적이고 구체적인 원칙을 선택하는 것이 직관적 수준의 도덕 생각하기인 것이다.

또 다른 임기응변의 방안도 비슷한 것이다. 즉, “두 경쟁하는 원칙들 중 어느 것도 자격이 없고 그래서 상위의 혹은 버금가는 원칙, 예를 들면 ‘그 원칙을 지키는 것이 F를 행해서는 안 된다는 원칙을 위반하는 것과 관련되는 경우를 제외한 모든 경우에 G를 행해서는 안 된다는 원칙이 마땅히 지켜져야 한다’는 원칙을 채택한다.”(Ibid., 33-34) 두 의무들이 실질적으로 갈등하는 개별적인 상황에서는 어떤 것을 따를 것인지 판단하거나 저울질하는 과정을 반드시 거쳐야 할 것이다. 그 판단이나 저울질은 다음 수준인 비판적 수준의 도덕 생각하기에서 이루어질 수 있다. 직관적 수준의 도덕 생각하기는 도덕적 습관과 연관된다. 그것은 사회적으로 인간 상호작용들을 통해서 구성되고, 개인이 일상적으로 성찰하지 않고 습관적으로 행하는 행위에 영향을 크게 미친다. 그것은 상식적인 도덕성, 기본적인 가치들과 밀접하게 연계되는 것이다. 그것은 대부분의 사람들이 매일 의존하는 것이기 때문에 도덕교육에서 가장 기본적이다. 직관적인 도덕 생각하기가 논리성과 합리성을 결핍하고 있지만, 그것이 도덕적 실질임을 생각한다면 그것의 중요성을 인정할 수 있을 것이다. 도덕적인 원칙들은 객관성이나 보편성보다 더 중요한 실행성을 지녀야 할 것이다.

직관적인 도덕 생각하기는 의식적으로 이루어지지 않고, 일상적으로 사용하는 이야기들을 통해 이루어진다. 그것은 개인적인 성품 발달이라는 아이디어와 매우 닮은 것이다. 그래서 그것이 내용 중심의 서사와 밀접하게 연계되는 것이다. 이야기들이 내면화되고, 성찰하지 않고 일반적으로 사용되는 수준의 도덕 생각하기이다. 어린이들에게 모델을 제시하고, 그들이 특정한 방식으로 행동하게 만드는 데 도움이 될 수 있는 이야기하기가 내용 중심의 서사인 것이다. 직관적인 수준의 도덕 생각하기는 구체적으로 그런 이야기들을 포함하면서 이루어진다.

2) 과정 중심의 서사와 비판적 수준의 도덕 생각하기

서사적 접근의 도덕교육의 전통적인 양식들에 대한 대안들인 '가치 명료화'와 '콜버그의 도덕발달이론'이 과정 중심 서사의 대표적인 예들이다. 이 두 이론들이 '과정' 이론으로 불리는 것은 도덕적 결정에 다가가는 과정에 초점을 두기 때문이다. 즉, 사회의 내용으로부터, 개인이 도덕적 자세로 다가가기 위해 사용하는 과정으로 강조점이 이동하기 때문이다. 과정 중심의 서사에서는 내용은 그다지 중요하지 않다. 그것은 이야기들의 도덕을 가르치기보다는 이야기들에 대한 반응에 중점을 둔다. 거기서 사용하는 이야기들은 도덕적 전통이나 공동체 역사의 이야기들보다 개인들에게 나타나는 가치들을 다루는 경향을 지닌다. 여기서 이야기들은, 자기 자신의 경험에 관하여 말하기, 즉 '개인적인 이야기' 그리고 개인적 이야기하기를 고취시키기 위해 사용하는 이야기, 즉 '기폭제적인 이야기' 두 가지 역할을 수행한다. 강조되는 이야기들은 주로 학생들의 이야기들이다. "기폭제적인 이야기는 그 학생의 개인적 경험 밖으로부터의 서사이며, 따라서 다른 누군가가 이야기하는 사람이다. 그런 이야기들은 학생의 개인적 이야기들과 가치들을 발표하는 하나의 기폭제로 작동한다. 도덕적 이야기나 딜레마를 제시하는 기술이 그런 이야기의 한 사례이다. 개인적 이야기는 규정하기 더 어렵다. 개인적 이야기는 개인적인 경험 이야기와 유사하다. 그것은 말하는 자기를 그 이야기 중심에 두지 않는, 공유할 수 있는 경험들에 초점을 두는 것으로 규정된다. 따라서 개인적 이야기 또한 개인이 드러내고자 하는 어떤 것을 설명하기 위해 개인이 말하는 이야기일 수 있다. 가까운 친구의 경험에 관한 이야기가 한 실례일 것이다."(J. H. Lockwood, 1999, 35) 기폭제적인 이야기는 학생들로 하여금 그 이야기들에서의 가치들이 자신들에게 무엇을 의미하는지에 관하여 생각하게 하는 도구로 더욱 많이 사용된다. 가치 명료화와 콜버그 이론에서는 개인적 이야기가 기폭제 이야기에 관하여 학생들이 무엇을 생각하는지를 가려내는 하나의 방법으로 사용된다.

가치 명료화는 이야기들을 통해 학생들에게서 일관적인 도덕적 행동을 하게 하는 것을 목표로 삼는다. 산업화와 20세기 전후 붐들이 가치 혼란을 불러일으켰고, 전통적인 이야기들이 도덕적 대안의 선택에 도움을 주지 못하는 상황에서 가치 명료화가 등장했다. 그것의 목적은 어린이들이 근대적 생활의 복잡성을 다루는 것을 돕는 방법들을 발달시키는 것이었다. 그래서 그 기술은 개인적 경험의 이야기들을 끌어내고 그 경험에 관한 분석을 자극하는 방법을 의미했다. 가치 명료화가 사용했던 이야기들은 개인적인 그리고 기폭제적인 이야기들을 포함한다. 여기서 서사는 학생들이 자신의 입장을 이야기로 적거나, '그 이야기에서 무엇을 느끼는가?', '그 이야기에서 무엇을 반성하는가?' 등과 같은 질문들에 답하도록 요구하는 것으로 이어진다. 학생들은 그들의 삶에서 발생하는 것에 관하여 이야기를 하면서 그들 자신의 생각들과 감정들을 명료화시킨다.

콜버그의 이론에서는 이야기들을 다음과 같은 방식으로 이용한다. 하나의 도덕적 딜레마를 구성하는 이야기를 통해서 학생의 발달을 검증한다. 윤리적 문제를 둘러싼 기폭제적인 이야기가 학생들에게 읽히고, 그 딜레마에 관한 질문들에 대답하여야 한다. '하인츠 딜레마'가 한 실례이다. 도덕교육을 "하나의 발달의 삶을 망라하는 것으로 바라보는 전체적인 관념은 본질상 서사이다."(M. Bebeau, J. Rest & D. Narváez, 1995, 1) 인간 삶은 시작, 종말, 줄거리를 가지고 있기 때문에 하나의 이야기로 보일 수 있다. 따라서 여러 가지 방식들로 이야기들을 포함하는 것이다.

인지적 발달과 정의에 집중된 콜버그 이론의 한계를 넘어서기 위해 관계들과 배려와 연관되는 서사적 분석이 이루어지기 시작한다. 그것이 바로 '배려하기 접근'이다. 그 출발은 길리건(Carol Gilligan)이다. 그녀는 콜버그의 방법을 통해 도덕발달의 과정을 탐구한다. '하인츠 딜레마'와 같은 기폭제적인 이야기들을 실행한다. 여러 사례들에서 그녀가 관찰한 것은 콜버그의 과정 이론과 일치하였다. 그러나 그녀의 연구가 진보하면서, 차이들은 소녀들이 그 이야기들을 해석할 방식으로 나타나기 시작했다. "만약 우리가 관계, 배려, 연관성을 인간 삶과 발달에 필수적인 것으로 해석한다면, 우리는 여성의 이야기들을 진정으로 도덕적인 서사들로 해석할 것이다."(S. J. Hekman, 1995, 7) 길리건은 다음과 같이 말한다. "나의 관심은 경험과 사고의 상호작용에, 서로 다른 목소리들과 그것들이 야기하는 대화들에, 우리가 스스로에게 그리고 타자들에게 귀를 기울이는 방식에, 우리가 우리의 삶에 관하여 말하는 이야기들에 있다."(C. Gilligan, 1993, 2) 토론을 엄격하게 통제하면서 참여자들을 특정 방향으로 이끌고 가는 것의 콜버그의 방식이지만, 길리건의 방식은 도덕적 딜레마보다는 개인적인 이야기들을 직접적으로 바라보는 데 관심을 가진다. 그러므로 그녀의 이야기 관점은 더욱 관계 중심적이고, 본질상 더욱 대화적이다. 즉, 개인에 의해 들려지는 이야기들에 귀를 기울임에 초점을 둠은 도덕적 스토리텔링의 중심으로 다가온다(L. M. Brown & C. Gilligan, 1991, 45-48).

노딩스(Nel Noddings)는 길리건의 아이디어들을 더 넓게 적용시키고, 도덕교육과 서사를 결합시키기 위한 중요한 연구들을 하였다. 그것은 주로 '배려하기'라는 아이디어를 통해 이루어졌다. 배려하기 관계는 서사 관계와 유사하다. 이야기하기에서 이야기하는 사람, 이야기, 그리고 듣는 사람의 관계는 배려하기에서 배려하는 사람, 배려, 배려받는 사람의 관계와 유사하다는 것이다. 그 세 측면들은 관계가 이루어지는 데 필수적이다. 그리고 배려하기는 종종 이야기하기를 내포한다. 배려하기에서의 이야기하기는 어떤 것을 가르치기 위해 하나의 이야기를 읽거나 말하는, 즉 어린이에게 하나의 특별한 상황에 관한 어떤 지혜를 전달하는 형태를 띨 것이다. 그녀의 주된 관심들 중 하나는 젊은이들에게 배려하는 법을 가르치는 것이다. 스스로와 타자들에 관심을 가지는 법을 보여주기는 학교와 사회를 개선시키는 하나의 주요한 방법으로 보인다. 학교들이 직면하는 주된 문제들 중 하나는 학생들이 배려하지 않는다는 점이기 때문에, 배려하기에서의 교육은 대단히 중요하며, 그것을 하는 방법은 배려하기의 이야기들을 통해서이다.

과정 중심의 서사는 비판적 수준의 도덕 생각하기와 밀접하게 연관된다. 해소되지 않는 의무들의 갈등이 있을 수 있다는 것이 직관적 수준의 도덕 생각하기였지만, 비판적 수준에서는 자신의 생각하기가 불완전했다고 인정하지 않고서는 그 갈등을 해소해야 할 필요가 있다. "나는 마땅히 A를 해야 한다. 마땅히 B도 해야 한다. 둘은 동시에 못한다."라고 말한다면, 비판적으로 생각하지 않은 것이다. 비판적 생각하기는 도덕 개념들의 논리적 속성들에 의해서 그리고 비도덕적인 사실들에 의해서 부여되는, 그리고 다른 어떤 것에 의해서도 부여되지 않는 제한들 아래에서 선택을 내리는 것이다. 이 선택은 '원칙에 대한 결정'이다. "직관적 수준의 생각하기에서의 원칙은 '조건부 원칙'인 반면, 여기서의 원칙은 무한정하게 구체적일 수 있는 '비판적 원칙'이다. 그 차이는 일반성-구체성의 차원에서 생긴다. 일반성이란 구체성의 반대인 반면, 보편성은 구체성과 함께 사용할 수 있으며, 개체 상황이 없는 논리적 속성을 의미한다. '절대 살인하지 말라'와 '자기방어의 경우를 제외하고는 절대 살인하지 말라' 이 두 원칙은 모두 보편적이지만 전자는 후자보다 더 일반적이다. 조건부 원칙과 비판적 원칙은 둘 다 보편적 규정들이지만, 전자는 상대적으로 일반적이고 그 목적도 일반적이어야 한다. 그러나 후자는 고도로 구체적일 수 있고 그 목적도 구체적이어야 한다."(R. M. Hare, 1981, 41 참고) 비판적 원칙을 결정 내리는 것이 비판적 수준의 생각하기인 것이다. 서로 다른 도덕적 행위들 사이에 갈등이 있다고 믿는다면 적절한 행위가 무엇인지 결정을 내리기 위해 자신의 감정들, 친구들, 그리고 이야기들을 참고해야 한다. 비판적 수준의 도덕 생각하기는 경쟁하는 선들에 직면하여 도덕적 행위로 다가가기 위해 그 이야기의 도덕을 고려하는 것이다. 먼저 두 가지 경쟁하는 선들 사이를 판결한다. 그 것은 다양한 이야기들을 서로 저울질하여 최선의 행동방식을 결정하는 과정이다. 그 다음에는 어떤 이야기가 자신의 일상적인 행위들에 영향을 미치는가를 결정하는 과정이다. 그 이야기는 그 개인의 일상적인 일과와 습관의 일부가 된다. 비판적 수준의 도덕 생각하기는 서로 경쟁하는 도덕 이야기들에 대한 판결과 따라서 행동해야 할 이야기들의 선택을 가져오는 과정인 것이다.

내용 중심의 서사가 비판적 수준의 도덕 생각하기와 연계되는 이유들은 다양할 수 있다. 여기서는 분별력과 적응력이라는 두 이유들을 제시하고자 한다. 노딩스는 분별력이 필수적이라는 점을 다음과 같이 설명한다. "분별력은 종종 필수적이다. 가끔 배려하기는 자연적이고 마음 편한 수용성에서는 완벽하게 이루어지지 않는다. 배려하는 사람들은 배려하기를 표현하는 측면에서 크게 다르다. 나이 많고 무뚝뚝한 교사는 학생들에게 철저하게 배려한다. 그는 그들이 가르침을 따르게 만드는 것이 그들에게 가장 중요한 일이라고 믿는다. 반면, 긴 머리와 턱수염을 지닌 젊은 교사는 학생들을 철저하게 배려하면서, 존중받는 학생들이 현명한 선택을 할 것이라고 믿는다. … 학생들은 항상 교사들의 배려 시도를 평가할 수 있는 것은 아니다. 10년 동안 무뚝뚝한 교사가 밀려날 것이고, 또 다른 10년 동안은 젊은 교사가 밀려날 것이다."(N. Noddings, 1991, 166) 분별력은 배려하는 사람인지 아닌지를 판단하는 방법이다. 그것은 배려하는 관계와 배려하지 않는 관계 사이의 차이를 아는 것이다. 누군가가 자신을 배려한다는 점을 안다면, 그도 또한 남을 배려할 것이다. 도덕적 분별력은 경쟁하는 선들 사이에 판단을 내리는 방법이다. 그것은 수많은 이야기들과 이야기하기 기술들을 통하여 얻어질 수 있는 하나의 기술이다. 서로 다른 유형의 대화들을 통해, 그 이야기 속에서 연관되는 도덕적 원칙들과 다양한 행위들의 결과들을 분석할 수 있다. 담화, 수업, 탐구, 그리고 논쟁 등을 통해 서로 다른 도덕적 행위들이 토론되고 갈등들은 판결될 수 있다. 더욱이 그런 결정들은 정의, 배려, 그리고 기본적인 가치들에 대한 아이디어들과 관련된다. 서로 다른 유형의 이야기들과 과정 접근의 서로 다른 측면들을 이용함으로써, 분별력은 도덕 생각하기의 비판적 수준의 중요한 구성요소가 될 수 있다. 그리고 적응력 또한 비판적 수준의 도덕 생각하기의 근본이다. 즉, "아이디어들과 습관들이 기능장애를 일으킬 때 그것들을 바꾸고 삶에서의 기대하지 못한 만남들을 해결하는 능력을 발달시키고 유지하는 것으로서의 적응력은 일생 동안의 도전이다. 젊은이가 언제 환경에 순응하고 언제 흔들리지 않을 것인지를 이해하는 것은 중요하다."
(C. Greer & H. Kohl, 1995, 152-153) 이야기들에 관하여 비판적으로 생각하는 것은 어떤 관점을 따를지 벗어날지를 결정할 수 있게 한다. 서로 다른 도전들이 발생할 때, 비판적 생각하기와 반성에서의 올바른 실행을 가진 사람은 그런 도전들에 대응하기 위해 순응할 수 있을 것이다. 도덕 생각하기의 직관적 그리고 비판적 수준들 둘 다 오늘날의 세계를 살아가는 데 필수적이다. 그리고 내용, 과정, 반성 이론가들은 그것들에 대한 이야기하기 접근을 주장한다.

3) 반성 중심의 서사와 메타윤리적 수준의 도덕 생각하기

서사적 접근의 도덕교육이 가질 또 하나의 방법은 이야기들을 통해서 어떤 도덕적 규범을 따라야 할 이유들을 제시하는 것이다. 이것이 곧 반성적 접근이다. 도덕규범을 따르는 것은 어떤 의미를 가져야 한다. 그래서 의미 구성의 도덕교육 프로그램의 필수적인 요소이다. '왜 도덕적이어야 하는가?'에 대한 해답을 구하지 않는 도덕교육은 완전한 것일 수 없다. 의미 형성의 도덕교육을 가능하게 만드는 것이 미래의 비전을 포함하는 이야기들을 통하는 것, 즉 반성 중심의 서사적 접근이다. 그것은 부분적으로 전통적 이야기들과 그것들의 의미들에 관한 반성이다. 여기서 말하는 이야기는 '신화적인 이야기(mythic story)'라고 부를 것이다. 신화적인 이야기는 말해지고 다시 말해지는 전통적인 이야기이지만, 반성하고 비판하는 어떤 것으로 사용된다. 그것은 성품을 새겨 넣기 위해 말해지는 전통적인 이야기 내지 신화와는 다른 것이다. 신화적인 이야기들은 회고적일 뿐만 아니라 전망적이다. 그런 신화적인 이야기하기의 교실은 과거를 바라보는 서로 다른 방식을 생각해낼 수 있게 돕는다. 또한 현재와 미래를 바라보는 서로 다른 방식을 생각해낼 수 있게 하는 새로운 이야기들을 만들어 낸다. 즉, 신화적인 이야기들의 출발점이 종종 과거 사건일지라도, 그것들은 오늘날의 학생들과 그들의 미래 행동을 위해 의미 있는 어떤 것으로 변형될 수 있다. 신화적인 이야기들에 관해 반성하자마자, 학생들은 그런 이야기들을 분석하고 토론하며, 가능성의 새로운 이야기들과 행위를 만들 수 있다. 도덕교육에 실존하는 하나의 위험은 많은 해석들이 있을 때에 유일한 이야기나 해석을 가르치는 것이다. 일부 교육 이론가들이 주장하기를, 가르침은 전통적 이야기들을 말하는 것을 넘어서 그것들이 출발했던 곳으로부터 전통에 직접적으로 도전하는 것으로 이동해야 한다. 프레이리가 말하듯이, "공부하는(study) 것은 아이디어들을 소비하는 것이 아니고 그것들을 만들고 다시 만드는 것이다."(P. Freire, 1985, 4) 그것은 전통의 이야기들을 이해할 뿐만 아니라 그것들에 관해 반성하고, 말해지고 그것에 따라 행동하게 될 새로운 이야기들을 만들어내야 한다는 것이다. "모든 유형의 이야기들에 관한 반성은 자신의 행동에 새로운 차원들을 창출하는 하나의 중요한 부분이다."(C. Linde, 1993, 21) 신화적인 이야기들에 관한 토론들을 통해, 어떤 사람이 세계에서의 자신의 자리를 이해하기 시작할 수 있다. 세계에 관한 이런 이해는 왜 도덕적이어야 하는지의 이유들을 개인에게 알려줄 수 있다.

의미 형성을 위한 또 다른 방법은 자기 자신의 삶 이야기를 통하는 것이다. 자신의 동기들을 이해하는 것은 도덕적으로 행동할 하나의 이유를 형성할 수 있다. 삶 이야기는 이야기하는 사람 자신의 삶에 관한 어떤 것을 드러낸다. 삶 이야기들은 도덕적 행위를 나타내기 위하여 말해진다. 그것들은 정신 속에 하나의 도덕을 가지고 말해진다. 그런 이야기를 말하는 행동은 그 이야기에서 인기를 끄는 삶 사건에 그리고 이야기하기 사건 자체에 하나의 도덕적인 특성을 부여하는 경향이 있다. 삶 이야기들은 개인적인 이야기들과는 조금 다르다. 삶 이야기들은 개인적 삶에 경험을 고정시킨다. 그 이유는 그것이 자기 자신의 삶에 관한 것이기 때문이다. 개인적인 이야기의 범주는 더욱 일반적이고, 자기 자신의 삶에 관해서만 이야기하는 한 개인을 필요로 하지 않는다. 인용된 개인적인 이야기와 삶 이야기 사이에는 '입장'의 차이가 있다. 둘 다 도덕적 의미들을 가지고 있지만, 삶 이야기는 더 깊게 개인적이다. 삶 이야기에서 자아는 그 삶 이야기의 중심이지만, 그것은 또한 그 이야기의 주체이다. 달리 말해, 삶 이야기는 그 학생을 저자로 바꾼다. 삶 이야기들을 말하기는 한 개인이 자기 자신의 도덕적 행위들에 관해 반성하고, 그 과정에서 그런 행위들의 하나의 도덕적 권위, 심판관이 되기를 허용한다. 그런 반성은 과거 경솔들에 대한 깨달음을 가져오고 더 나은 미래 행동을 만들어낼 수 있다. 시종 일관적인 이야기를 만들기 위해 전체적인 일련의 삶 이야기들을 함께 묶는 하나의 이야기는 자서전적인 이야기로 불릴 수 있다. 자서전적인 이야기의 장점은 한 이야기하는 사람에 의해 구성되었던 다양한 삶 이야기들을 함께 모음으로써 그 일련의 이야기들로부터 더 넓은 의미가 도출될 수 있다는 점이다. 즉, 하나의 탐구나 하나의 이상이 확인될 것이며, 자신의 삶에의 하나의 도덕적 목적이 결정될 것이다.

비판적 수준의 도덕 생각하기는 행위를 위해 하나의 의미를 부여하지 못한다. 즉, 비판은 이야기들을 분석하는 데 유용한 도구일 수 있지만, 비판에 몰두하는 이야기들을 대체할 의미 있는 이야기들이 구성되어야 한다. 그러므로 도덕교육으로서의 이야기하기의 세 번째 수준이 필요해진다. 자신의 행위들에 의미를 부여하는 이야기들을 재구성하기를 돕는 것이다. 그것을 위해 반성하게 할 필요가 있을 것이다. 그것이 바로 메타윤리적 수준의 도덕 생각하기이다. 그것은 도덕적 단어들의 의미들과 도덕적 추론 논리에 관한 토론을 중심으로 이루어진다. 메타윤리학은 도덕적 판단의 본질에 관한 연구이다. 그래서 실제로 옳거나 그른 것 내지 선하거나 악한 것에 관한 질문들을 중심으로 이루어지는 연구이다. 그 연구는 옳음과 그름, 선과 악의 의미 내지 중요성을 이해하고자 하는 것이다. 메타윤리적 수준의 도덕 생각하기도 마찬가지다. 그것은 도덕적인 행위가 지닌 의미와 중요성에 관심을 가진 다양한 이야기하기 요소들을 내포한다. 그래서 그것은 자기 자신의 도덕적 행위들과 공동체의 도덕적 이야기들의 의미와 논리를 반성하면서 이루어진다. 여기서 학생들은 개인적인 경험과 이야기들이 신화적인 이야기들과 어떤 조화를 이루는지 혹은 어떤 모순을 지니는지를 살펴본다. 이 과정을 통해 학생들은 사회적 행위와 자신의 개인적 행위에 관해 반성하는 기회를 부여받는다.

4. 결론

진정한 도덕교육을 위한 이론적 연구의 출발점은 아리스토텔레스의 '도덕적 덕', 즉 올바른 정서구조와 '지적 덕', 즉 실천지에 관한 이해라고 생각한다. 이 점을 이해한다면 인격교육으로서의 도덕교육은 '도덕'이 아니라 '덕' 교육이라는 말을 수용할 수 있을 것이다. 그리고 진정한 통합교육의 의미도 파악이 가능할 것이다. 진정한 통합교육의 대표적인 모습이 서사적 접근일 것이다. 지금까지 스토리텔링을 통한 도덕교육의 방법에 관한 이론들은 어느 정도 연구되었으며, 실제 현장 학습에서 그것의 실행도 빈번하였다고 생각한다. 그러나 그 수준은 그저 흥미를 부여하고 관심을 집중하기 위해 단순히 이야기를 사용하는 수업의 수준을 넘어서지 못한 경우들이 대부분이었다고 판단한다. 진정한 서사적 접근의 도덕교육은 위에서 제시한 내용 중심, 과정 중심, 반성 중심의 서사가 통합되어야 하고, 그것을 통해 직관적 수준, 비판적 수준, 메타윤리적 수준의 도덕 생각하기가 통합적으로 이루어져야 할 것이다. 도덕 이야기하기의 수업에서는 세 가지 중심의 접근들이 이미 이루어지고 있었다. 일부 교실들에서는 전통적인 이야기들이 말해지고, 다른 교실들에서는 개인적인 이야기들이 서로 교환되고, 그리고 일부 다른 교실들에서는 이야기들이 반성되기도 하였다. 그러나 그런 접근들이 통합적으로 사용되는 수업이 진정한 서사적 접근의 도덕교육일 것이다.

기본적 가치들은 오직 전통적인 이야기들을 통해서만 가르쳐질 필요가 없다. 비전통적 이야기들과 방법들도 전통적 이야기들의 메시지들을 지지할 수 있다. 비전통적 이야기들은 기폭제적인, 개인적인, 신화적인, 그리고 삶 이야기들을 포함한다. 선한 성품을 형성하려는 목표들은 비전통적인 이야기들과 방법들을 사용함으로써 달성될 수 있다. 학생들은 기본적인 가치들을 배울 필요가 있지만, 그들에게 흥미가 있는 이야기들을 가지고 그렇게 해야 할 것이다. 기본적인 것은 가치들이지 이야기들이 아니다. 기본적 가치들 외에도, 어떤 사람이 경쟁적인 도덕적 이야기들 사이를 판결하고 필요할 때 전통적인 이야기들을 수정하는 것을 돕는 기술들이 가르쳐져야 한다. 따라서 이야기하기의 서로 다른 접근들은 기본적 내용, 과정, 반성을 포함하는 도덕교육의 프로그램을 형성하기 위해 통합될 수 있다. 세 가지 중심의 이야기와 세 가지 수준의 도덕 생각하기가 통합된 도덕교육은 진정한 의미의 통합적 도덕교육일 것이다.

[참고문헌]

최예정·김성룡(2005), 『스토리텔링과 내러티브』, 서울: 글누림.

Bandura, Albert(1973), *Aggression: A Social Learning Analysis*, Englewood Cliffs, NJ: Prentice-Hall.

Bebeau, M., Rest, J. & Narváez, D.(1995), "A Plan for Moral Education", University of Minnesota: Center for the Study of Ethical Development.

Bennett, W. J.(1988), "Moral Literacy and the Formation of Character", *NASSP* Bulletin December 1988.

Brown, Lyn Mikel & Gilligan, Carol(1991), "Listening for Voice in Narratives of Relationship", Mark B. Tappan & Martin J. Packer, eds., *Narrative and Storytelling: Implications for Understanding Moral Development*, San Francisco: Jossey-Bass.

Bruner, Jerome(1986), *Actual Minds, Possible Worlds*, Harvard University Press.

Clouser, K. D.(1996), "Philosophy, Literature, and Ethics: Let the Engagement Begin", *Journal of Medicine and Philosophy*, 21.

Freire, Paulo(1985), *The Politics of Education: Culture, Power, and Liberation*, South Hadley, MA: Bergin & Garvey.

Gilligan, Carol(1993), *In a Different Voice: Psychological Theory and Woman's Development*, Cambridge, MA: Harvard University Press.

Greer, Colin & Kohl, Herbert(1995), *A Call to Character: A Family Treasury of Stories, Poems, Plays, Proverbs, and Fables to Guide the Development of Values for You ad Your Children*, New York: Harper Collins.

Hare, R. M.(1981), *Moral Thinking: Its Levels, Method and Point*, New York: Oxford University Press.

Hekman, Susan J.(1995), *Moral Voices, Moral Selves: Carol Gilligan and Feminist Moral Theory*, University Park, PA: The Pennsylvania

State University Press.

Kilpatrick, William, et al.(1994), *Books That Build Character: A Guide to Teaching Your Child Moral Values Through Stories*, New York: Simon & Schuster.

Linde, Charlotte(1993), *Life Stories: The Creation of Coherence*, New York: Oxford University Press.

Lockwood, John H.(1999), *The Moral of the Story: Content, Process, and Reflection in Moral Education through Narratives*, Dissertation. Com.

MacIntyre, Alasdair(1981), *After Virtue*, Notre Dame, Indiana: University of Notre Dame Press.

____(1986), "The Intelligibility of Action", M. Margolis & R. M. Krausz, eds., *Rationality, Relativism and the Human Sciences*, Dordrecht: Martinus Nijhoff Publishers.

Murray, Thomas H.(1997), "What Do We Mean by 'Narrative Ethics'?", Hildee L. Nelson, ed., *Stories and Their Limits: Narrative Approaches to Bioethics*, New York and London: Routledge.

Noddings, Nel(1991), "Stories in Dialogue: Caring and Interpersonal Reasoning", Carol Witherell & Nel Noddings, eds., *Stories Lives Tell: Narrative and Dialogue in Education*, New York: Teachers College Press.

Nussbaum, Martha C.(1990), *Love's Knowledge: Essays on Philosophy and Literature*, New York: Oxford University Press.

Prince, Gerald, *Narratology: The Form and Function of Narrative*, 최상규 옮김(1988), 『서사학』, 서울: 문학과지성사.

Rosenstand, Nina(1997), *The Moral of the Story: An Introduction to Ethics*, California: Mayfield Publishing Company.

Schank, Roger C.(1990), *Tell Me a Story: A New Look at Real and Artificial Memory*, New York: Charles Scribner's Sons.

Toolan, Michael J., *Narrative: A Critical Linguistic Introduction*, 김병옥

· 오연희 옮김(1993), 『서사론: 비평언어학 서설』, 서울: 형설출판사.

Vitz, Paul C.(1990), "The Use of Stories in Moral Development New Psychological Reasons for an Old Education Method", *American Psychologist* 45.

제 8 장

철학적 탐구 공동체를 통한 도덕교육

1. 서론

도덕교육의 내용이 도덕이라는 점은 너무나 당연하다. 제대로 된 도덕교육은 도덕에 관한 올바른 이해에 바탕을 두고 그 방법이 논의되어야 한다. 무슨 공놀이인지를 알고 난 후에 공놀이 방법을 논의해야 한다. 그러나 지금까지 우리의 도덕교과교육은 이 당연한 사실을 무시하고 오로지 방법적 논의에 전념해왔다고 생각한다. 내용을 모르는 방법이 제대로 된 방법일 리 만무하다. 제7차 교육과정의 부분 개정이 이루어질 때까지 한 번도 제대로 된 교육과정이었다고 생각하지 않는다. 덕목 보따리를 풀어헤치는 식의 도덕교육도 덕의 의미를 너무 왜곡하여 가르친, 문제 많은 교육과정이었고, 그 문제를 극복하기 위하여 등장했던 인지적 접근의 도덕교육도 진정한 도덕교육의 모습과는 너무 동떨어진 것이었다. 최근 등장하고 있는 덕 교육 내지 인격교육도 덕과 인격에 관한 진지한 논의보다는 인지적, 정의적, 행동적 요소들만을 종합하는 것으로 통합적 도덕교육을 가장하고 있다.

진정한 (도)덕의 의미는 통합성에 있다. 그것은 인지적, 정의적, 행동적 요소들로 구분할 수 없는 것이다. 도덕적 지식, 정서, 행동은 결코 분리 불가능한 수준의 지식, 정서, 행동인 것이다. 도덕이나 인격자체가 통합적인 것이라서 요소들로 나누어서 새로 조립하는 순간, 그것은 도덕과 인격의 심각한 왜곡이나 심지어 조작일 뿐이다. 도덕(교육)이나 인격(교육)은 사회성과 자율성, 정서와 이성, 목적론과 의무론 등의 논쟁 자체가 무의미할 정도로 통합적인 것이다. 종합성이 통합성이 될 수 없음은 너무나 당연하다.

아리스토텔레스가 말하는 도덕적 행위는 그저 알기만 하고 행하는 행위가 아니다. 아는 것(지식) 이외에 다른 두 가지 조건들이 요구된다. 행위자 자신의 선택을 통한 그것도 행위 자체 때문에 이루어지는 선택을 통한 행위이어야 하며, 확고하고 불변하는 성품에서 나오는 행위여야 한다. 아는 것도 중요하지만 그것보다 훨씬 더 중요한 것은 선택이나 결정을 하고 성품에 따라서 행위하는 것이다. 따라서 단순히 옳고 절제 있는 행위가 도덕적 행위가 아니고, 옳고 절제 있는 사람이 하는 행위인 것이다. '옳고 절제 있는 사람이 하듯' 행하는 사람이 옳고 절제 있는 사람이다(Aristotle, *Nicomachean Ethics*, 1105a-b 참고). 단순히 도덕적인 행위를 하는 것만으로는 필요조건일 뿐이지 충분조건이 될 수 없다. '도덕적인 사람이 행하듯', '알고 그 행위 자체 때문에 선택하고 결정하고 확고한 성향으로서의 성품을 통해' 행위해야 비로소 진정한 도덕적 행위가 된다는 것이다. 인간의 행위는 선택과 결정에 의해 이루어지며, 그 선택과 결정을 가능하게 만드는 것은 이성과 욕망이다. 사유(이성)와 성품(정서 내지 욕구)의 통합을 통해서만 선택과 결정이 이루어질 수 있는 것이다. 그러나 관조적 이성 혹은 사유 그 자체는 진리에 관계될 뿐 사람을 움직이게 하지 못한다. 오직 목적적이고 실천적인 사유만이 무언가를 움직일 수 있다

(Ibid., 1139a). 욕망은 도덕적 덕이며, 목적적, 실천적 사유는 지적 덕으로서의 실천지인 것이다. 이 둘의 통합을 통해 이론적 선택과 욕구적 결정이 이루어지며, 그 선택과 결정에 따라 인간의 삶이 이루어진다(박재주, 2008 참고).

통합성의 (도)덕을 가르치는 도덕교육은 이론적 접근의 도덕교육이어서는 물론 안 될 것이며, 단순히 정서나 행동을 훈련시키는 교육이어서는 더욱 안 될 것이다. 도덕성 자체가 통합적이듯이, 도덕교육도 당연히 통합적으로 접근해야 할 것이다. 도덕교육은 수심(修心)교육이라기보다 수신(修身)교육이어야 한다는 것이다. 유교에서 말하는 마음(心)은 영어로는 'mind and heart'로 번역될 정도로 정신과 마음이 분리되지 않은 것이다. 몸은 더욱 통합적인 개념이다. 그것은 단순한 육체(body)만이 아니라 정신(mind)과 마음(heart)을 포함한 인간 전체를 가리킨다. 수신교육으로서의 도덕교육은 아리스토텔레스가 말하는 '함으로써 되기(becoming by doing)'의 교육이다. (도)덕은 몸의 실천을 통해 비로소 얻게 되는 것이다. 옳은 행위를 알면서 느끼면서 실행함으로써 옳은 사람이 되는 것이며, 용감한 행위를 알면서 느끼면서 실행함으로써 용감한 사람이 되는 것이다. 이런 점에서 도덕교과교육은 실기교과여야 한다.

이 글은 통합성의 (도)덕을 학습하게 하는, 수심만이 아니라 수신의 교육을 가능하게 하는 실기교과로서의 도덕교과교육이 올바르게 이루어질 수 있는 가장 효과적인 접근은 철학적 탐구 공동체에서의 도덕교육이라고 판단하고, 그것의 상세한 의미들을 분석하고, 그 접근방법을 적용하는 초등도덕과의 학습 모형을 제시하고자 한다.

2. 철학적 탐구 공동체의 의미

1) 철학적 탐구

철학적 탐구(philosophical inquiry)는 '철학함(doing philosophy)'의 활동이지 철학(philosophy)에 관한 지식을 습득하는 활동이 결코 아니다. 철학을 '탐구'하는 것이 아니라 '철학적으로' 탐구한다는 것이다. 그것은 철학적 지식을 전수받기보다는 지혜사랑의 태도를 스스로 기르는 것이다. 마치 전통의 대학(大學)은 철학교육이며, 소학(小學)은 철학함 교육이었던 것과 같다. 철학적 사고활동을 통해 얻어진 내용체계들을 배우는 것이 철학교육이라면, 이성의 활동과정 자체를 배우는 것이 철학함 교육이다. 철학함이란 단순히 전달되거나 주입받을 수 없는 주체적인 사고활동으로서, 스스로 의문을 던지고 스스로 판단하고 해결하는 주체적 사고활동의 과정 자체인 것이다.

칸트는 철학보다는 철학함의 교육을 강조하였다. 그는 사상들(thoughts)을 가르치기보다는 생각하기(thinking)를 가르쳐야 한다고 주장한 것이다. 그가 말하는 철학함의 특징적인 방법은 '탐구하기(inquiring)'이다. 그가 말하는 탐구하기의 의미는 무엇인가?(이 질문에 대한 대답은 A. Cosentino, *Thinking*, vol. 12, no. 1 참고) 철학함은 열린 질문들을 다루는 특별한 활동이라는 것을 말한다. 특정 내용들은 그 자체로는 무의미하고 탐구의 '과정'에 주목해야 한다는 것이다. 철학의 저자(author)는 판단의 모델이기보다는 단지 판단의 사례로 간주될 뿐이다. 철학함에서의 판단은 그 저자에 관해, 심지어 그에 반하여 이루어진다. 철학함 교육은 자율적 발달을 토대로, 그리고 교사의 도움을 통하여, 사고 기술(thinking skills)을 실행하고 육성하는 것을 말하는 것이다. 효과적으로 생각하는 능력은 지식의 첫 단계이며, 더 이상의 행진이 지속될 수 있게 하는 토대이다. 우리가 사고능력의 육성이라는 절차를 무시한다면, 지적 성숙이 이루어지기 오래 전에 벌써 어떤 종류의 추론능력을 얻게 되고, 자신으로부터 성장된 것이 아니고 외적인 지식, 빌려온 지식을 주입받는다. 이것이 우리가 종종 아주 적은 지능을 보여주는 배운 사람들(연구인, man of study)을 만나게 되는 이유이다. 내용이 그것을 반성적으로 다루는 자신의 능력을 압도할 때 그 결과는 억측이나 개인적 생각일 가능성이 높다. 결국 철학함의 교육은 지식의 도구 내지 사고능력을 배우게 하는 교육이라는 것이다.

결국, 어린이들의 수준에서는 철학교육이 불가능하다는 주장은 일리가 있을 수 있지만, 철학함마저 어린이 교육에서 배제시키는 것은 본질을 외면하는 너무나 어리석은 일이다. 지혜를 사랑하는 태도를 기르게 하는 교육은 이미 외적인 지식에 물든 어른들보다는 어린이들에게 적절한 교육이다. "어린이들에게 철학을 가르친다는 이야기는 듣지도 못했다."는 입장은 오직 철학의 내용만을 다루는 연구인의 수준이지 철학의 근본을 알고 그것을 실행하는 진정한 철인(哲人)의 수준은 아닌 것 같다. 어린이는 자기중심적이기 때문에 세계에 대한 객관적 이해나 객관적 관계를 기대할 수 없기 때문에 논리적이고 비판적인 사고가 불가능하고 따라서 철학교육도 불가능하다는 피아제를 중심으로 하는 인지발달 심리학자의 입장도 철학만을 생각하고 철학함을 모르는 잘못된 관점인 것이다. 어린이들은 피아제가 생각하는 것보다 훨씬 더 철학적이다. 어린이들은 그들 나름대로 풍부한 생각의 세계를 가지고 있으며, 철학적 물음을 끊임없이 물을 수 있다. 이런 점에서 오히려 어른들보다 더욱 철학적이다. "어린이는 대부분의 성인이 훨씬 전부터 그만둔 방식으로 끊임없이 질문을 내던지고, 자기 자신의 경험을 평가하고 자유로이 표현한다. 어린이의 이러한 철학적 기질은 사람의 생애 어떤 다른 단계와 마찬가지로 어린 시절의 단계에서도 확실히 발견된다."(M. Lipman/여훈근, 1987, 130 참고) 어린이들의 대화들을 살펴보면서, 어린이 철학의 가능성은 입증된다. 어린이들의 언어와 사고가 자기중심적이라는 피아제의 관점과는 달리 타인의 입장에 서서 생각하고 타인을 배려하고 그의 견해를 이해하려는 모습을 보인다는 점이 입증되었고(G. Matthews/황경식, 1988, 188 참고), 어린이들도 유추와 같은 형식적 사고 작용을 한다는 점과 이유나 근거를 제시하는 논리성을 예로 들면서 미숙하지만 추론을 하고 있음이 입증되었다(G. Matthews/김민남, 1996, 43-46 참고). 어린이들은 자연적으로 철학적이며, 관념들을 추상적으로 연구하고자 하는 열정을 가진다. 적절한 길잡이만 만난다면 그들은 자신의 행위에 관해서 반성적인 탐구로 안내되어 그것을 해낼 수 있고, 그들 자신의 세계관에 관해서 이야기하고 의심할 수 있다. 그리고 그들은 자신의 경험에 관해 잘 추론할 수 있다. 그 추론을 통해 그들은 자신의 세계를 잘 이해할 수 있을 것이다. 어린이들이 도덕적으로 직관할 수 있으며 도덕적인 문제를 스스로 해결할 수 있다는 것은, 루소의 생각대로 도덕적으로 순수하고 주변의 어른들에 의해 오염되지 않는다는 의미가 아니고 확고한 도덕발달 시간표를 믿지 못하게 만드는 것이다. 그래서 어린이들의 도덕적 추론은 낭만적으로 묘사되지 않는 것이 필수적이다(C. Slade, *Thinking*, vol. 13, no. 2, 4-5 참고).

철학적 탐구는 철학적 사상들 자체를 배우는 것이 아니라 열린 방식으로 중요한 사상들에 참여해보는 것이다. 따라서 철학적 탐구에서 주목할 것은 탐구의 내용보다는 어린이들이 생각하고 질문하고 의사소통을 하는 데 자유로움과 안전함을 느끼는 환경의 조성이다. 지금까지의 익숙한 교실의 모습은 결정적으로 폐쇄적이며, 교실에서 이용되는 자료 역시 권위적인 책들(books)이었다. 어린이들은 자기설명으로 가득 찬 기존의 지식들을 마주하여 그것을 받아들이는 일에 집중해야 하였다. 지식의 단순한 수용은 진정하고 적절한 이해가 될 수 없음은 자명하다. 철학적 탐구는 진정한 이해를 위하여 스스로 참여하여, 생각하고 질문하고 동료들과 대화하면서 의미를 찾고 자신과 그 지식 사이의 관계를 파악하는 활동이다.

철학을 한다거나 철학적으로 탐구한다는 것은 과정(process)과 관점(perspective), 그리고 다원주의(pluralism) — 3Ps — 를 어린이 개인의 발달에 중요한 요소로 인정하는 것이다(3Ps에 관한 내용은 L. M. Mitias, *Thinking*, vol. 17, no. 1&2, 20-23 참고). 교육은 평생의 '과정'이며. 개인들과 그들의 사고는 지속적인 과정에 있기 때문에 단순한 정보 획득 이상으로 학습-탐구와 분석-도구들을 필요로 한다. 개인들로서 우리의 경험은 우리 자신의 사고와 지식에 의해 여과될 수밖에 없다. 생각하는 개인들로서 우리 자신의 사고는 우리의 경험의 중심, 그것도 지속적으로 변화하는 중심이자 생성의 과정(process of becoming)에 있는 중심이다. 그리고 어떤 것을 안다는 것은 아는 주체를 필요로 한다. 다시 말해, 어떤 제한되거나 주관적인 '관점'에 의해 알려져야 한다. 우리의 이해는 우리 자신의 특별한 관점에 의해 제한되기도 하고 가능해지기도 한다. 주관성(subjectivity)은 지식에 본질적이다. 그런데 우리는 세상을 살면서 지속적으로 질문하고 질문을 받는다. 그러한 질문이 우리의 경험에 토대를 제공하고, 우리 스스로와 타자들에 대한 관념들의 토대를 제공한다. 따라서 우리는 생산적인 질문을 던질 수 있을 때에만 자기결정하는 개인이 될 수 있다. 방향을 가진 질문이나 의도적인 심사숙고 없이 생각하고 행동한다면 그것은 습관이나 심리적 연상의 작동에 따르는 것이다. 우리는 이런 방식으로는 우리의 경험에 완전하게 참여할 수 없다.

키에르케고르(Søren Kierkegaard)는 검토되지 않은 이런 관점을

"진정하지 않은" 것이라고 부른다. 그리고 그는 개인의 주관성과 지속적 선택의 필요성을 인정하면서 모든 진리는 주관적 전유를 필요로 한다고 믿었다. 즉, "진리는 생성의 과정에서만, 전유의 과정에서만 존재한다."(S. Kierkegaard, 1846, Ibid., 20 재인용) 그의 관점에서 진리는 그것을 알게 되는 개인에게만 속한다. 즉, 진리는 경험되는 것이다. 모든 진리들이 진실로 인식되기 위해서는 주관적 전유를 필요로 한다. 우리가 그것을 진리로 인식할 수 있기 전에 그것을 우리 자신의 것으로 만들거나 우리 자신의 목소리로 생각해야 한다. 삶의 한 과정으로서의 우리의 주관성 자체가 진리의 토대이다. 우리에게는 무엇이 진실한 것인지를 지속적으로 결정할 수 있도록 우리의 개인성과 주관성이 요구되는 것이다. 키에르케고르의 표현대로 주관성이 진리이다. 이런 의미에서 우리의 생각하는 습관과 우리의 관점은 우리의 개인성의 토대일 뿐만 아니라 우리의 자유와 우리의 개인적 책임성의 궁극적인 원천이다. 개인들로서 우리의 앎은 개인적인 것이며, 반드시 주관적으로 전유되어야 한다. 생각하는 사람으로서 우리는 선택하는 사람이다. 우리는 우리 자신의 개인성의 자유와 책임성을 회피할 수 없다. 우리는 우리들 각자이며, 우리 자신의 결정과 우리 자신의 사고와 경험에 대한 최종적 심판이며, 우리의 각자는 궁극적으로 책임을 져야 한다. 그러나 우리는 '오직 인간일 뿐', 우리들 각자는 무한히 오류 가능하다. 따라서 우리는 대화와 공동체에서 그리고 그것을 통해서 비로소 지식을 가지게 된다. 우리의 많은 의견 불일치들은 사실은 언어적이다. 우리는 동일한 정의들을 공유하지도 않고, 우리의 말들과 사고들에 관하여 동일한 연상을 하지도 않고, 사건들에 관하여 동일한 기대를 하지도 않는다. 이러한 격차들을 밝히기 위해서는 신중하고 사리에 맞는 분석이 필요하다. 따라서 철학적 탐구가 필요하고 탐구 공동체 활동이 필요한 것이다. 우리들은 다양하게 있을 수 있는 관점들과 지속적으로 새로워지는 경험을 만나면서 우리는 탐구를 할 수밖에 없으며, 계속 스스로 결정할 수밖에 없을 것이다. 그래서 우리는 열려 있어야 하고 동시에 비판적이어야 하며, 그러한 자기검토의 습관을 가져야 한다. 우리가 열려 있음으로 인하여 생기는 손실은 우리의 말이나 우리 자신과 타인에 관한 엄격한 정의들이겠지만, 그 손실은 성공적으로 배울 수 있고, 타협할 수 있고, 더 명료하게 경험할 수 있고, 변화하면서 현 상황에 적응할 수 있고, 지속적으로 새로운 경험을 통합해나갈 수 있다는 이점으로 충분히 보완될 것이다.

그리고 '다원주의적' 환경은 피할 수 없는 것이기도 하고 바람직한 것이기도 하다. 왜냐하면 다른 사고자들의 공동체 속에서 그리고 지식의 그물망 속에서 개인이 지식에 도달하기 때문이다. 우리는 모든 것을 서로 다르게 이해할 수밖에 없는 세계를 살고 있다. 하나의 유일한 진리가 받아들여지는 권위주의(authoritarianism)와, 서로 다른 진리들이 인정되고 어느 것이 올바른 것인지 판단을 내릴 수 없는 상대주의(relativism), 두 극단들의 대안으로서 제3의 입장이 다원주의(pluralism)이다. 다원주의는 이미 사실이며, 우리가 확인하는 가치이다. 다원주의적 대답들은 검토하고 판단하고 생각하고 분명하게 표현하기를 필요로 한다. 다원주의라는 사실을 지켜야 할 가치와 관점으로 지키기 위해서는 특별한 어떤 것이 필요하다. 그것이 바로 철학함 내지 철학적 탐구인 것이다. 판단의 수단이 없다면 다원주의는 쉽게 상대주의로 바뀔 것이다. 진정한 관심과 진정한 탐구의 개방성이 없다면 우리는 판단의 문제를 단순한 선호나 절차의 문제로 받아들일 것이다. 지혜를 친구로 삼거나 진리를 사랑함이 없다면 우리는 관련 문제의 상대성이나 권위에 호소할 것이다. 상대주의처럼 다원주의는 서로 다른 관점들의 타당성을 인정하지만, 상대주의와는 달리 이런 관점들은 주어진 환경에 따라 적절성과 타당성이 다를 수 있음을 인정한다. 생산적 다원주의를 유지하기 위해서는 지속적인 개방성과 수정뿐만 아니라 논리적인 판단도 필요한 것이다. "철학은 경이로 시작한다. 그리고 결국, 철학적 사고가 최선을 다했을 때, 그 경이는 남게된다. 그러나 거기에는 사물의 무한성에 관한 어느 정도의 파악과 이해에 의한 정서의 정화가 더해져 있다."(A. N. Whitehead, 1938, Ibid., 23 재인용)

2) 탐구 공동체

'탐구 공동체(community of inquiry)'는 원래 성인들 사이에서의 '과학적' 탐구의 실천을 뜻하는 말로서, 실용주의 철학자들인 퍼스, 미드, 듀이 등이 사용했던 용어이다. 어린이들도 탐구 공동체를 형성할 수 있다는 점과 철학이 탐구한다는 것이 무엇을 '의미하는지'에 관하여 가르치고 배우는 것의 학문적 구조를 제공한다는 점을 이해했던 립맨(Matthew Lipman)에 의해 탐구 공동체라는 용어에 새로운 활기가 주어졌다. 그와 그의 동료들은 생각하는 법을 가르침에 있어 주요한 진전은 교실을 탐구 공동체로 변형시키는 것이라고 주장한다.

탐구 공동체에서 추구하는 탐구의 유형은 '공동 탐구(co-inquiry)'이다. 여기서는 어떤 구성원도 탐구의 대상인 질문에 하나의 옳은 대답을 가지지 않는다. 그 대답은 공동체 전체의 공헌으로서 점진적으로 개선되어 나간다. 그러나 모든 사람들의 관점들에 귀를 기울이고 존중한다고 해서 그것들이 모두 옳다는 것은 결코 아니다. 공동 탐구의 성공은 문제의 핵심을 다루는 것이다. 핵심을 다룬다는 것은 공동체가 문제의 복합성을 발견하고 그 문제를 더 큰 문제로 다룰 수 있고, 제기되는 여러 가지 아이디어들과 관점들을 서로 연계지을 수 있

316

으며, 그 문제에 관한 하나의 대답을 찾을 수 있음을 말하는 것이다 (J. McRae, *Thinking*, vol. 17, no. 1&2, 33 참고). 그런 탐구의 모습을 이해하는 데 도움이 되는 것이 봄(David Bohm)의 '대화(dialogue)'이다. 그는 탐구를 대화로 이해한다. 그가 말하는 대화는 공동체 구성원들 사이에서 일어나고 있는 공유된 의미의 창조적 흐름이다. 그리스어의 'dialogos'에 어원을 두는 대화는 'dia(through)'(two가 아님)와 'logos'(말, 혹은 말의 의미)의 합성어이다. 그것은 결코 두 사람만이 아닌 일정한 수의 사람들 사이에서 일어나는 것이며, 심지어 한 사람이 스스로와 대화할 수 있다. 그리고 그것은 우리들 사이에 그리고 우리들을 통하여 흐르는 '의미의 흐름(stream of meaning)'이다. 반면, 토론(discussion)은 충격(percussion)이나 진동(concussion)과 동일한 이원을 가진 말로서 분쇄한다는 의미를 지닌다. 그것은 분석이라는 관념을 강조하는데, 거기에는 많은 관점들이 있고, 모든 사람들이 서로 다른 관점을 제시하고 그리고 분석하고 분쇄시킨다. 그 것도 분명히 가치를 가지지만 한계가 있고 우리로 하여금 다양한 관점들을 초월하게 하지 못한다. 토론은 거의 탁구 게임과 같다. 사람들은 결론 없이 아이디어들을 상세하게 논의한다. 그 게임의 목표는 이기거나 스스로 관점을 얻는 것이다. 자신의 아이디어를 뒷받침하기 위해 다른 사람의 아이디어를 받아들인다. 어떤 사람들과는 의견을 함께하고 다른 사람들과는 의견을 달리하지만 요점은 그 게임을 이기는 것이다. 그러나 대화에서는 누구도 이기려고 하지 않는다. 어떤 사람이 이긴다면 모두가 이긴다. 거기에는 다른 종류의 정신이 숨쉰다. 대화에서는 관점들을 얻거나 특별한 관점이 이기게 만들려는 시도가 전혀 없다. 오히려 어느 편에서 실수가 발견되면 모두 이득을 얻는다. 이것이 쌍방 승리(win-win)의 상황이다. 대화는 공동 참여 이상의 어떤 것이다. 거기서 우리는 서로에 대하여(against) 게임을 하는 것이 아니고 서로와 함께(with) 게임을 하고 있는 것이다. 대화에서는 누구나 이기는 것이다(D. Bohm, 2006, 6-7 참고). 대화가 탐구에 관련된다면 토론은 논쟁이다. 토론에서는 최선의 웅변가만이 승리하는 반면, 대화에서는 공동체의 '모든' 구성원들이 승리한다. 왜냐하면 탐구에의 그 집단의 노력들은 그것으로부터 전체적인 공동체가 도움을 받는 대답을 생산하기 때문이다. 대화의 목표는 특별한 문제를 '논쟁(debate)'하는 것이 아니고 탐구를 통하여 그 문제의 핵심을 다루는 것이다.

공동체는 일반적으로, 일정한 지역 내에서 서로 연관되는 사람들이 모인 단체를 말한다. 그 공동체의 구성원들은 신념과 가치를 공유하며 자기이해보다는 우애와 책임의식을 가진다. 그러나 탐구 공동체에서의 공동체는 '지적으로 안전한 곳(an intellectually safe place)'이다. 그 의미는 그들의 신념을 표현한다고 해서 조롱당하거나 공격을 당할 두려움 없이 자유롭게 그들의 아이디어들을 공유할 수 있는 환경이다. 그러한 안전성 없이는 철학적 토론이 일어날 수 없을 것이다. 지적으로 안전한 곳은 다음의 네 가지 특징들을 포함하는 장소이다. (1) 공동체의 모든 구성원들이 인격으로 존중을 받아야 한다. (2) 구성원들이 토론에 적절하다고 느끼는 것을 질문하거나 말하는 것은 모두 승인된다. (3) 아무리 인습을 벗어나는 것일지라도 다양한 관점들에 대한 평가가 있어야 한다. (4) 남들에게 귀를 기울이는 것은 말하기만큼 중요하다. 공동체의 모든 구성원들은 단순히 그 자신의 의견을 제시하려고 하기보다는 다른 구성원들이 말하고 있는 것에 주목하고 대응하여야 한다(J. McRae, *Thinking*, vol. 17, no. 1&2, 32).

탐구 공동체로 기능하는 교실의 주요 특징들을 탐구와 공동체로 나누어 나타내면 다음과 같다(L. Splitter, *Thinking*, vol. 13, no. 3, 10).

탐구	+	공동체
난제에 직면		협동적으로 작동
사고에 대한 성찰		공동의 목적 감각
이야기하기(대화)와 질문하기		상호 신뢰와 존중
대안적 관점을 인정		평등적 환경
자기수정적인 사고하기		위험을 무릅씀: '안전한' 장소

자유의 실행/책임을 짐
타자들과 함께 생각함에 의해 스스로 생각하기를 배움
자존심을 세움
탐구 절차에 대한 배려

위의 특징들을 가진 탐구와 공동체의 만남은 다음과 같은 모습의 탐구 공동체를 형성한다. (1) 일정한 결과를 산출할 목적으로 진행되는 목적적 과정이다. (2) 탐구의 과정은 일정한 방향을 가지고 논의가 진행되는 쪽으로 움직여 나간다. (3) 탐구의 과정은 단순히 주고받는 담화나 토의가 아니라 일정한 논리라는 절차적 규칙에 의해 엮이는 대화이다. (4) 탐구의 과정 속에는 합리적 사고와 비판적 사고, 창조적 사고와 배려적 사고가 작동하고 이런 사고를 통해 탐구가 진행된다(M. Lipman, 1991, 241).

탐구 공동체에서 중요한 것은 탐구 과정 자체이지만, 탐구의 결과 내지 목표는 의미를 탐색하고 구성하는 것이다. 어린이들은 타고난 호기심과 사물들을 알아차리려는 열망으로 인해 자신의 관점들과 견해들을 공동체로 가져간다. 지구의 서로 다른 부분들로부터 일식이나 월식을 바라보는 과학자들이 각각 혼자 구성할 수 있는 것보다는 더욱 완성된 전체의 그림을 형상하기 위해 그들 자신의 개인적 관점들을 결합시키듯이, 탐구 공동체는 그것의 구성원들이 가져오는 서로 다른 관점들과 의견들을 함께 조립시킴으로써 '의미를 만든다.' 의미들은 관계들이며, 따라서 의미들을 찾아내고 창조하는 과정은 관계들을 찾아내고 창조하는 과정과 동시에 일어난다. 그러므로 사고 과정을 구성하는 많은 종류의 인지적 그리고 정서적 기술들과 성향들은 스스로 의미를 부여하는 관계들이다. 더욱이 그것들은 종종 다면적인 관계들이다. 예를 들어 추론은 새로운 명제들을 공급하기 위해 명제들을 연계시키는 과정이다. 그러나 그것은 역시 인간들(persons) 사이의 관계이다. 이런 측면에서 탐구 공동체의 목표는 합리성(rationality)이라기보다는 '합당성(reasonableness)'이다. 그것은 논리성 이외에 공정성과 개방성과 관용을 포함한다. 탐구 공동체에서의 사고 기술 프로그램의 목표는 어린이들을 철학자들이나 결정을 내리는 사람들로 바꾸는 것이 아니라 어린이들이 더욱 사색적이고 더욱 성찰적이고 더욱 사려 깊은 그리고 더욱 합당한 개인들이 되게 돕는 것이다(M. Lipman, A. M. Sharp & F. S. Oscanyan, 1980, 15).

탐구 공동체는 특별한 종류의 의도적 공동체이다. 우리가 서로를 구성원들이라고 생각하는 것은 '함께 생각하기(thinking together)'의 덕분이다. 어떤 어린이가 말함이 없이 탐구 공동체에 앉아 있지만 여전히 참여자일 것이다. 그러나 귀 기울임과 생각함이 없이 공동체에 앉아 있을 수 없는데도 여전히 참여자로 간주될 것이다. 그들은 그 교실의 부분일 것이지만 공동 탐구의 부분은 아닐 것이다. 탐구 공동체가 형성되는 것은 '함께 무엇인가를 하고 있다'는 것 덕분이라는 점이 요점이다(J. Glaser, *Thinking*, vol. 14, no. 1, 17 참고). 탐구의 공유를 통해 구성원들은 다른 사람으로부터 생각과 경험을 얻게 되고 전체 공동체의 역할에서 가치감을 느끼게 된다. 결국 탐구 공동체는 효과적인 사고를 기르기 위한 논리적 구조와 상호존중과 민주적 가치를 공유하는 도덕적 구조의 양 측면을 가진다.

3) 철학적 탐구 공동체에서의 대화

　인간에게 있어 대화는 의사 전달의 수단만은 아니다. 그것은 본질적으로 인간의 존재방식을 결정한다. 나 혼자 주체가 되어 세계를 인식하고 타자를 혼자 규정하는 것이 아니다. 나는 타자와 함께 살아간다. 나의 존재방식은 너와의 관계 속에서 형성되는 것이다. 나와 너의 존재방식에 영향을 미치는 것이 대화이다. 부버에 의하면, 대화는 '무엇에 관한 말'이 아니라 '누구에게 향한 말'이다(부버의 대화론에 관한 아래 내용은 윤석빈, 2006, 278-281 참고). 인간은 '나-너' 혹은 '나-그것'의 상태로 존재한다. 그것은 다른 두 존재자를 말하는 것이 아니라 한 존재의 두 존재양식인 것이다. '나-너'에서의 나는 주체성(subjectivity)의 나를 의미하고, '나-그것'에서의 나는 주체(subject)를 의미한다. 주체성의 나는 세계에 참여하고 너와 만나고 대화를 하지만, 주체의 나는 세계를 구성하고 타자를 의식의 지향적 대상으로 구성한다. 주체성의 나는 나 이외의 모든 것을 만남의 대상으로 삼지만, 주체의 나는 그것들을 경험의 대상으로 삼는다. 경험은 대상들을 객체로 받아들이고 그것들에 '관하여' 인식한다. 인식의 주체와 객체 사이에는 허물 수 없는 벽으로서의 경계가 성립한다. 인식의 주체는 여기에, 인식의 객체는 저기에 따로 존재한다. 객체는 주체의 의식이 구성한 표상이다. 사물 자체가 아니라 주체의 관념인 것이다. 만남은 공간을 함께 공유함으로써 이해할 수 있다. 나는 너에 '관하여' 인식하는 것이 아니고, 나는 너에게로 '향한다.' 진정한 인간의 대화는 상대로의 '향함'에서 이루어진다. 너에게 향하는 나의 말은 단순히 언어적 의미를 넘어 나의 존재방식도 담고 있다. 그리고 인간의 대화는 서로 말을 나누는 주체성의 관계이다. 대화는 결코 나와 그것의 단순한 말 나눔이 아니라 나-너 사이에서 일어나는 '향한 말들'이다. 이

향한 말을 인격적 대화의 방법이라고 할 수 있다.

공동체를 통한 철학적 탐구는 부버가 말하는 진정한 대화로 이루어진다. 철학적 탐구로서의 대화는 우선 상호존중과 평등성을 바탕으로 성립된다. 그것은 객관적인 진리의 탐구보다는 탐구과정에서의 절차와 규범 그리고 타인에 대한 이해와 존중을 중시하며, 의미의 흐름을 목표로 삼는다. 과학적 탐구로서의 대화는 주어진 문제에 대한 정답을 추구하지만, 철학적 탐구로서의 대화는 자신과 타인 사이의 관계를 토대로 하여 서로의 인간적 성장을 추구한다. 철학적 탐구로서의 진정한 대화는 상대방을 인격적으로 긍정하고 존중하는 것을 기본 전제로 한다. 이와 관련하여, 부버는 교육이 에로스가 아니라고 한다. 여기서 말하는 에로스는 기호에서 비롯하는 선택을 말하는 것이며, 에로스 교육은 상호적이지 않고 일방적이며 따라서 대화적이지 않다. 또한 그는 교육은 권력의지가 아니라고 말한다. 권력의지는 전투적이고 폭력적이며 이용과 오용에 노출된다. 에로스나 권력의지가 아닌 교육은 바로 대화교육이다(우정길, 2007, 148 참고). 그의 대화교육에서 말하는 진정한 대화는 존재론적 영역으로서, 말하는 사람과 듣는 사람이 따로 존재하지 않는 상태의 대화이다. 그것은 말함과 들음의 역할 교환도 아니고 정보 전달과 수신의 기계적인 과정도 아니다. 그것은 인간이 함께 있음을 표현하는 것이며, 말함과 말함, 즉 능동과 능동의 동시적 공존인 것이다. 그것은 바로 대화 참여자들이 서로를 있는 그대로의 인격으로 인정하며 서로의 말함에 귀를 기울이는 상호성의 대화인 것이다.

탐구를 통하여 사고하는 것이 가능한 것은 서로 다른 입장들과 관점들의 주고받는 대화의 상호성 때문이다. 철학적 탐구는 진리 탐구보다는 인격 형성이 근본이다. 탐구자로서의 개인들은 서로와의 대화에 참여할 수 있어야 한다. 철학적 탐구로서의 대화는 반성적이고 자의식적인 활동들이기 때문에 스스로를 사람(person)으로 지각하는 것은 스스로를 대화에 참여할 수 있는 사람으로 지각하기를 요구한다. 그리고 그것은 스스로를 타자들 중에 있는 한 사람으로 지각함을 요구한다. 철학적 탐구 공동체에서의 구성원들은 잘 말하는 사람일 뿐만 아니라 잘 듣는 사람이어야 한다. 그들은 경청하는 사람들이어야 한다. 경청의 태도를 지닌 구성원들이 철학적 탐구로서의 대화를 통해 서로를 관용하고 공감하며, 냉소주의와 상대주의를 해독시킬 수 있다. 우리는 대화를 통하여 관계 속에 있음(being-in-relationship)을 알게 된다. 우리는 우리의, 타자와의, 그리고 타자들과의 관계를 알게 된다. 우리는 우리의, 인간으로서, 개인(persons)으로서의 존재를 알게 된다. 우리의 정체성은 세계와의 그리고 타자들과의 관계 속에서 드러난다. 그러므로 대화는 우리의 정체성의 전개에서, 그리고 그것에 대한 우리의 의식 속에서 하나의 근본적인 과정이다. 귀 기울여지고 있고, 귀 기울이고 있다는 사실에서 자기(self)는 그 자신을 알게 되는 동시에 그 자신을 초월하게 되는 것이다.

그러나 철학적 탐구로서의 대화에서 '탐구'로서의 대화는 인격의 만남 이외의 다른 면모를 지닌다. '철학적' 탐구로서의 대화가 아무리 인격 형성에 초점이 두어지지만 논리적 이해력과 사고력의 증진을 결코 도외시할 수 없다. 사고력의 증진이 인격의 형성에 근본일 수 있기 때문이다. 이 점은 대담(conversation)과 대화(dialogue)를 구분함으로써 이해될 것이다(이에 관한 아래 내용은 E. R. Ramirez, *Thinking*, vol. 12, no. 2, 22 참고). 대담은 우리 일상적 삶의 아주 공동의 부분이다. 거기에서는 의견들과 경험들의 상호교환 외 더 이상 아무 일도 일어나지 않는다. 대담에서는 모든 것이 평형상태에 있다. 먼저 한 사람이 상승하면 다음에는 다른 사람이 상승한다. 그러나 어떤 움직임도 없다. 이것은 상호성이지만 아무것도 움직이지 않을 것이라는 것을 이해한다. 대담은 주인공들이 시소(seesaw)를 하는 것이지만 대담 자체는 움직이지 않는다. 대조적으로 대화에는 불균형(disequilibrium)이 작동한다. 각 전진은 또 다른 전진을 가능하게 만든다. 대화에서 각 주장은 다른 주장을 넘어설 수 있도록 도움을 주고, 다른 주장 자체도 그 자체를 넘어설 수 있도록 도움을 주는 반대 주장을 불러일으킨다. 대화는 움직임, 역동성, 탐색(exploration), 탐구이다. 어린이들이 자신의 경험들을 공유한다는 것은 자신의 아이디어들을 끊임없이 비판하고 평가한다는 것을 의미한다. 철학적 탐구로서의 대화는 중요한 경험의 재구성을 허용한다. 탐구 공동체 내에서 진행되는 철학적 대화는 담론의 논리에 의해 안내된다. 그것은 구조화된다. 문제 있는 것을 찾아내고, 그리고 그것에 대한 대답을 찾는 노력이 있다. 그 대답들은 결국 종국적이지 않을 것이다. 그것들은 항상 비판을 받을 것이며, 그것들의 이유들과 가정들이 분석될 것이다. 탐구의 방법론은 대화적 과정을 통한 판단 내리기의 방식인 것이다. 우리의 경험상, 문제 있는 삶이 우리로 하여금 판단을 내리도록 요구하는 것이다. 하나의 사고하는 전체로서[1] 탐구 공동체는 우리에게 탐구를 준비시키고 탐구하게 만든다. 그것은 문제 있는 것에의 감수성을 조성한다. 탐구는 하나의 문제점을 파악하고 대안적 해결책의 탐색하기, 수단과 목적의 확인, 그리고 결과들의 고려 등을 포함한다. 그것은 곧 자기수정(self-corrective)의 과정이다. 공동체 속에서 이 과정이 만들어질 때, 그것은 더 복잡하고, 더 건전하고, 더 유익한 것이다. 따라서 대화는 모든 철학적 탐구 공동체에서 핵심적인 과정을 이루는 것이다. 그래서 가다머(Hans-Georg Gadamer)는 대화에 참여하

---

1) 샤프와 스플리터가 언급하듯이, 대화는 전체로서의 공동체의 사고를 대변한다고 말할 수 있을 것이다. Ann M. Sharp & Laurance J. Splitter, *The Classroom Community of Inquiry*, p.58, Ibid., note 29에서 재인용.

는 사람들이 그것을 가지고 토론을 시작했던 개인적 측면들이 수정되고 그것과 함께 참여자 스스로도 수정된다고 말한다. 우리가 공동의 언어를 말하는, 그리고 탐구의 논리가 있는 공동체에서 세계에 대한 우리의 경험은 확장되고 우리는 일련의 추론 기술들을 내면화시킨다. 탐구 공동체에 참여하는 사람들은 대화 과정들과 그것을 위해 필요한 태도들의 내면화를 실현할 수 있는 것이다.

따라서 철학적 탐구로서의 대화는 인간으로서 우리들에게 중요한 문제점들과 관련된다. 그 문제점들에 관한 어떤 '선험적이거나(a priori)' 미리 결정된 전문적 지식은 있을 수 없다. 철학은 사고에 관한 사고(thinking about thinking)와 관련된다. 그러므로 철학적 탐구로서의 대화는 절차적 차원을 가진다. 즉, 어린이들은 가정들을 제시하고 도전하며 예와 반대의 예들을 제공하고, 추론하고, 함축된 의미들을 확인하고, 잘못된 사고를 수정한다. 이 절차들이 진행되는 과정에서 모든 관점들이 대변되었는가, 그리고 각 관점이 정당하게 대변되었는가 등이 고려된다. 어린이들의 참여는 인지적 차원뿐만 아니라 사회적 차원을 가진다. 즉, 어린이들은 다른 어린이의 관점을 끌어내기도 하고 침묵시키기도 한다. 그리고 서로 다른 관점들을 연관짓거나 다른 관점들을 추구하면서 일부 관점들을 피하기도 한다. 그들은 공명하는 관점에 귀를 기울이기도 하지만 다른 관점에는 피상적으로 이해하고 지나치기도 한다. 어린이들은 대화 속에서 인지적 그리고 사회적 관계를 확인하면서 더욱 숙련되어 간다. 그들은 자신의 참여들이 탐구의 방향이나 질을 결정하는지를 알게 되고, 모든 참여들의 독특한 공헌들을 알아차린다.

결국, 철학적 탐구로서의 대화는 열린 것이지만 구조화된 담화이다. 일상적인 사고와 담화와는 달리, 철학적 탐구로서의 대화는 어려운 문제를 해결하고 적어도 이해하는 데 초점이 두어진다. 그것이

'소크라테스적'이라고 불리는 그런 종류의 질문들을 포함하여야 하는 이유이다. 철학적 탐구로서의 대화를 특징짓는 질문하기는 본질상 근본적으로 열린 것이며, 참여하는 사람들이 더 열심히 생각하게 한다. 질문들은 대화에서 중요한 역할을 수행하는 것이다. 가치 탐구에서 질문들은 두 가지로 나누어질 수 있다. 하나는 상호주관적인 이해에 초점을 두는 개인 간의 질문이며, 다른 하나는 새로운 착상과 미지의 영역에 대한 공동 탐색을 가져오는 공개적인 질문이다. 이해가 추구되고 대안들이 탐색되고, 가설을 설정하고 그것을 검증하는 것은 너무 진부한 것이다.

철학적 탐구 공동체에서의 대화는 참여자들의 사고를 깊게 한다. 참여자들과 함께 참여한 자신의 사고들을 탐색함으로써 자신의 사고를 더 잘 알게 된다. 봄이 설명하듯이, 전체 집단은 개인에게 하나의 거울이 된다(D. Bohm, 2006, 20). 이 반성은 자신의 가정들을 드러낸다. 봄의 주장에 의하면, 모든 사람은 '절대적으로 필수적인' 것으로 느끼는 가정들이나 주도면밀한 믿음들을 가진다. 그것은 그 가정이나 의견을 외면할 수 없음을 의미한다. 그것은 그 개인의 일부분이다. 개인들이 '절대적으로 필수적인' 서로 다른 가정들을 가질 때 갈등이 생긴다. 그러나 한 사람이 이런 '필수적인' 가정들을 알게 되고 타자들도 역시 서로 다를 수 있는 '필수적인' 가정들을 가진다는 것을 인식한다면, 그는 누군가가 이런 가정들의 '필연성'을 의문시하고 어느 정도 그것들을 보류하지 않는다면 그 갈등이 끝나지 않을 것이라는 것을 주장한다. 그래서 사람들은 머리를 충돌시키기보다는 의미를 공유할 수 있다는 것이다. 우리는 우리가 옳다는 것을 입증하기 위해 싸우기보다는 함께 생각하고, 의미는 우리들 사이로 흐르게 될 것이다.

3. 철학적 탐구 공동체와 도덕교육의 연관성

1) 철학적 탐구와 도덕교육의 분리 불가능의 이유들

도덕교육은 철학적 탐구 공동체를 통해서 이루어져야 한다. 그것이 진정한 통합적 도덕교육의 거의 유일한 방식이기 때문이다. 그곳은 사회화와 자율적 판단이 동시에 통합적으로 이루어지는 곳이며, 인지적 접근과 덕 교육적 접근이 통합되는 곳이다. 철학적 탐구 공동체는 하나의 공동체를 구성하여 그 작은 사회의 구성원으로서 도덕문제를 함께 공동 탐구하는 과정에서 사고력과 도덕적 판단력의 고양과 함께 타인을 관용하고 존중하며 배려하는 인격의 함양을 이루어낼 수 있다. 각종 차이들이 존중되는 현대 다원주의 사회에서 그 차이들이 유지되면서 초월되기도 하는 방식으로 사람들을 모이게 하고, 그런 모습으로 어린이들이 스스로 도덕을 학습할 수 있는 것이 공동체의 의미인 것이다. 그러나 문화나 성의 차이들과 같은, 가끔 사람들 사이에 실존하는 근본적인 차이들이 의식되고 심지어 존중되고 평가될 수 있다. 그러나 의식적, 인지적 수준에서의 자각도 개인들 사이의 큰 간격을 좁힐 수 없을 것이다. 그러나 공동체 속에는 이런 이해의 수준을 넘어서서 함께한다는 관념이 들어 있다. 구성원들 사이에 이해의 수준을 넘어서는, 더 심층적인 연관이 발전할 수 있게 하는 '타인들과 함께함(doing-with-others)'의 활동이 조장되는 곳이 탐구 공동체인 것이다.

철학적 탐구 공동체에서의 도덕교육이 아니라면, 도덕이 교육될 수 있는가의 논쟁이 있을 수 있다. 모든 교육은 도덕적 차원을 지닌다는 주장들도 있고, 도덕성은 교화 이상일 수 없기 때문에 어떤 상황에서도 도덕성이 교실에 도입되어서는 안 된다는 주장도 있다. 또한 건전한 교육은 도덕교육의 구성요소를 포함할 수 있고 또 포함해야 한다는 주장도 있다. 각 주장들은 도덕성이 도덕적 원리와 규범으로 구성된다는 점을 전제하지만, 어떤 규범들이 가르쳐져야 하는지 혹은 도대체 규범들이 가르쳐져야 하는지에 관해서는 의견이 다르다. 철학적 탐구 공동체는 특별한 규범들을 가르치기보다는 도덕성에 대한 탐구의 '방법'을 강조한다. 철학적 탐구는 문제들에 관해서 논리적으로 추론할 수 있게 하는 것이 도덕문제를 포함한 인간 문제들을 해결하는 데 진정으로 도움을 줄 것이라고 가정한다. 그것은 인간 경험의 형이상학적, 인식론적, 미학적 측면 등에 관하여 알지 못하고 이루어지는 도덕성에 관한 탐구는 근시안적이고 불건전한 것이라고 믿는다. 그리고 철학적 탐구는 어린이들이 건전한 도덕적 판단의 중요성을 알아차리게 하는 데 관심을 가지며, 그것은 어린이들에게서 도덕적 감수성, 배려, 관심 등이 발달해야 함을 필요로 한다. 따라서 도덕성이 철학적 탐구 공동체에 제기될 경우에, 그것은 실질적인 도덕규범이나 추정된 도덕적 원리들을 주입시키는 것이 아니라 어린이들이 도덕적 탐구의 '실천'에 익숙하게 하는 것과 관련된다. 어린이들이 어떤 도덕적 결정을 내리거나 도덕적 결정 내림의 고차적인 단계로 진입하게 만드는 것보다는 도덕적 판단의 본질을 깨닫게 하는 것을 돕는 것을 강조한다(M. Lipman, A. M. Sharp & F. S. Oscanyan, 1980, 66-67 참고).

철학적 탐구 공동체와 도덕교육이 별개로 나누어질 수 없다는 점을 파악하기 위해서는 무엇보다도 도덕교육에서의 이분법의 위험을 터득하는 것이 중요하다고 생각한다. 그것은 인지와 정서, 사실과 가치, 사회화와 자율성, 습관과 이성 등의 이분법들이다(이에 관한 아래 내용은 Ibid., 160-164 참고). 순수한 인지적 접근의 도덕교육은 도덕성을 효율적인 추론으로 생각한다. 다른 접근은 도덕성을 습관과 규율에 따르고 그것을 받아들이는 것으로 생각하고, 도덕성을 지적인 추론의 문제가 아니라 품성 내지 인격(character)의 문제로 삼는다. 또 다른 접근의 해석에 따르면, 어린이들은 선천적으로 덕스러운 존재이기 때문에 그의 정서가 좌절되거나 억압되지 않고 타자들에의 감수성이 고양된다면 착한 행위는 자연스럽게 행해질 것이다. 그러한 접근들은 모두 일리를 가질 수 있다. 도덕교육에는 추론의 요소도 있고, 품성 형성의 요소도, 정서적 해방(emotional liberation)과 감수성 훈련의 요소도 있다. 문제는 그 모두를 통합하는 것이다. 도덕교육에는 어린이들이 무엇을 해야 하는지를 알도록 도움 주는 것만이 아니라, 어떻게 해야 하는지를 보여주고 도덕적 상황에서 행하기를 선택한 것을 실천하도록 해야 한다. 그런 행함이 없다면 도덕교육은 붕괴할 것이다. 그러나 생각하기와 행동하기의 이분법을 비판하는 것만으로는 충분하지 않고, 통합적 도덕교육의 방안을 모색하는 것이 중요하다. 그것을 위해서는 생각하기와 느끼기의 분리할 수 없는 연대를 인정해야 한다.

간혹 어린이의 지성은 가르칠 수 있지만, 그의 감정은 가르칠 수 없다고 가정한다. 인간의 감정이나 정서는 원시적이고 비합리적인 것으로 가정된다. 그것을 억누르고 길들일 수는 있지만 계발하거나 순화하거나 인지적인 일에 이용할 수 없다는 것이다. 이는 너무 잘못된 생각이다. 도덕교육에서 정서와 인지를 구분하는 것은 위험한 발상이며, 학습의 본질에 관하여 오해하는 것이다. 지성(intelligence)은 결코 '정신적인(mentalistic)' 관념이 아니다. 그것은 '정신(mind)' 속에서 일어나는 어떤 것이 아니다. 그것은 육체와 머리와 마음의 통합체인 몸에서 일어나는 것이며, 생각이나 말이나 행위에서 드러나는 것이다. 또 하나는 가치와 사실의 이분법이다. 마치 사실은 '객관적인' 것이고, 가치는 '주관적인' 것처럼 생각하면서 서로를 구분한다. 어린이들이 개인의 품성과 그들이 자리하는 개인적 상황의 중요성을 올바르게 이해하는 데에는 경험이 주어져야 한다고 할 때 도덕적 가치가 단지 주관적이거나, 주어진 상황에서 어떤 대응도 다른 것과 마찬가지로 옳은 것이라는 의미에서 단순히 상대적이라고 주장될 수 없다. 가치의 문제에서 모든 것은 상대적이고, 당신에게 옳은 것이 나에게는 그를 수 있다고 주장하는 것은 만사가 옳다고 말하는 것과 같다. 그 주장은 받아들일 수 없다. 논리와 탐구를 강조하는 것은 어린이들에게 건전하고 믿을 수 있는 결론에 이르도록 그들이 자리한 상황들을 분석하는 데 이용할 도구를 제공함으로써 주관주의에 반대하도록 하자는 것이다. 자신의 감정들을 다른 사람들과 함께 토론할 기회를 가진 어린이들은 감정들을 분석하고 더욱 객관적으로 그것들을 이해할 수 있다. 어린이들이 조심스럽게 비판적으로 생각하는 습관을 가지게 되면 사실에 근거를 두고 더 많은 것을 체계적으로 접근하고, 단순히 소문이나 첫 인상이나 주관적 감정에 근거하여 판단하기보다는 다른 행동방식을 고려하기 시작한다. 따라서 사실과 가치를 분리된 것으로 가정하는 것은 도덕교육에서 위험한 일이다. 그것들을 분리시켜 생각한다면 사실에서의 변화 없이 가치가 변한다고 생각하기는 쉬운 일이지만 그것은 환상이다. 가치라는 말은 어린이에게 중요한 것이거나 중요한 것이어야 하는 것을 의미한다. 가치는 한 개인의 욕망과 동일한 것이 아니며, 성찰과 탐구 이후에 중요한 문제로 파악되는 것들과 동일한 것이다. 따라서 탐구의 과정은 주관적인 것에서 객관적인 것으로 이동한다. 사실과 가치는 서로 다른 '관점'에서 바라본 동일한 것에 지나지 않는다.

사회화와 자율성, 습관과 이성의 이분법은 같은 맥락에서 검토될 수 있다. 도덕교육은 사회의 가치들과 관행들에 어린이들이 순응하도록 하는 방식으로 이루어지거나 그들이 자유롭고 자율적인 개인이 될 수 있도록 바로 그 가치들과 관행들로부터 어린이들을 해방시키는 방식으로 이루어진다. 이런 방식들로 도덕교육을 파악하는 것은 대단히 불행한 일이다. 교육 자체가 그것으로부터 인간을 구제해야 할 그런 종류의 이데올로기 논쟁에 교육을 연루시키기 때문이다. 이름값을 하는 도덕교육은 사회가 어린이들에게 기대하는 것을 그들에게 알려주는 것과 관련되며, 더욱이 그것은 그 기대들을 비판적으로 평가하는 데 필요한 도구들을 조성할 수 있게 하는 것과 관련된다. 부모-자식 관계처럼, 사회-어린이 관계는 상호간의 의무들과 권리들로 채워진다. 그것들을 일방적으로 제시하는 것은 교육일 수 없다. 사회의 기대를 알리는 것도 책임 있는 도덕교육의 중요한 한 부분이며, 어린이들이 사회를 창조적으로 갱신할 수 있고 그들 자신이 창조적으로 성장할 수 있기 위해서 스스로 생각하게 하는 것도 필수적인 부분이다(Ibid., 157-158 참고).

사회화는 습관과, 자율성은 이성과 연관된다. 이 이분법은 그것들이 서로 분리할 수 없는 것임을 밝힘으로써 극복될 수 있을 것이다(아래 이분법 해결 내용은 박재주, 2000 요약). 소크라테스가 '덕은 가르칠 수 있는가?'를, 아리스토텔레스가 '지적인 덕과 도덕적인 덕'을, 오크쇼트가 '습관적인 도덕적 삶과 합리적인 도덕적 삶'을 논의했던 것은 이미 도덕교육에서의 이성과 습관의 이분법의 문제를 해결할 이론적 토대를 제공하였다. 이성에는 이미 습관이나 전통의 요소가 깃들어 있으며 습관이나 전통에는 이미 이성의 요소가 묻어 있기 때문에, 그것들을 논리적으로는 구분할 수 있지만 사실적으로는 구분할 수 없는 것이며, 따라서 도덕교육에의 합리주의적(인지적) 접근이나 전통주의적(사회적) 접근은 따로 분리될 수 없는 것이며 통합적 도덕교육이 이루어져야 한다는 것이다. 이성에 습관의 요소가 깃들어 있다는 것을 '습관적 이성'이라는 말로 정리하고, 습관에 이성의 요소가 묻어 있다는 점을 '이성적 습관'이라는 말로 정리할 수 있을 것이다.

여기서 말하는 습관적 이성은 아리스토텔레스의 실천지와 같은 의미를 가진다. 그것은 인간의 욕망과 정념을 이성과 연결짓는 다리인 것이다. 그것은 '인간'과 '현실'을 초월하는 보편적인 것에 대한, 순수이성적 지식이 아니라 인간 자신에게 좋은 것과 나쁜 것에 관한 이치에 따라서 행동하게 하는, 실천이성적 지식이다. 더욱이, 도덕적 덕은 중용을 선택하는 성향을 가진 성품으로 정의된다. 여기서 말하는 중용은 원리로서의 중용이 아니라 삶의 구체적인 지침으로서의 중용이다. 그리고 중용의 선택은 '감각(sense)'에 의해 이루어진다. 이 경우 감각은 실천지이며 상황적 지식 또는 전통적 지식에 다름 아니다. 중용의 선택은 상황을 반성적으로 검토하여 이루어지지 않는다. 그것은 직관적으로 선택되는 것도 아니다. 거기에는 이미 임기응변적인 지식, 습관적인 지식이 전제되고 있는 것이다. 오크쇼트의 지식의 분류도 이성과 습관의 관련성을 이해하는 데 도움이 된다. 그는 지식을 두 가지로 분류한다. 물론 그것들은 별개로 존재하지 않지만 그 둘 사이에는 명백한 차이가 있다. 그 하나는, 모든 예술과 학문 그리고 실제적 활동 속에 포함된 지식이며, 분명하게 공식화하는 것이 가능한 지식으로서 '기술적 지식(technical knowledge)'이다. 또 다른 하나는, 기술과는 달리 규칙으로 공식화할 수 없는 지식으로서 모든 구체적 활동들 속에 포함되어 있으며, 그 활동에 통달하기 위해서는 반드시 필요한 지식으로서 '실천적 지식(practical knowledge)'이다(M. Oakeshott, 1962, 7 참고).

이 두 가지 종류의 지식들은 그것이 표현되는 방식과 그것을 학습하고 습득하는 방식에 있어서 다른 점이 있다. 기술적 지식은 규칙이나 원리와 같이 명제로 공식화하는 것이 가능하며, 책으로 담아낼 수 있다. 어떤 예술가가 자신의 기술(art)에 대하여 무엇인가를 글로 쓰고 있다고 하면, 그때 그는 자신의 기술의 테크닉을 쓰고 있는 것이다. 그러나 그의 실천적 지식은 공식화가 불가능하다. 그것은 무엇인가를 습관적으로 혹은 전통적으로 해나가는 방식 속에서만 표현된다. 예를 들면, 요리의 경우에 그것은 요리사의 구체적인 요리활동 속에서만 표현되며, 과학의 경우에 그것은 과학자의 구체적인 탐구활동 속에서만 표현된다. 또한 두 지식들은 그것들을 습득하는 방식에서도 다르다. 먼저, 기술적 지식은 책으로부터 배울 수 있다. 따라서 그것은 외우고 암기하고 그리고 기계적으로 적용하면서 학습될 수 있다. 반면, 실천적 지식은 가르칠 수도 그리고 배울 수도 없다. 그것은 기술적 지식을 가르치는 것과 동시에 간접적으로 전수되고 습득될 뿐이다. 그 지식은 오직 개인의 구체적인 실행 속에서만 존재하기 때문에 그것을 습득하는 유일한 방법은 도제식으로 함께 생활하는 것이다. 그것은 교사가 그것을 가르칠 수 있기 때문이 아니다. 그는 그것을 가르칠 수 없다. 그것은 오히려 그 지식을 지속해서 발휘하고 있는 사람과 계속적으로 접촉함으로써만 습득될 수 있기 때문이다. 이것은 가르침과 배움이 이루어지고 있는 곳은 어디에서나 찾아볼 수 있다. 피아니스트가 선생으로부터 기술뿐만 아니라 예술적 영감을 습득하는 것과 같다(Ibid., 10-11 참고). 도덕규범과 원리를 상황에 반성적으로 적용하여 행동한다는 것도 기술적 지식과 실천적 지식의 통합을 통해 이루어진다. 기술적 지식에 관한 정보를 가진다는 것만으로는 도덕규범과 원리 그리고 상황을 알고 판단할 수 없다. 도덕적 지식과 그것을 상황에 반성적으로 적용하여 이루어지는 도덕적 행위란 일종의 '감각' 또는 '감식력' 또는 '통찰력'으로서 기술적 지식과 실천적 지식의 통합인 것이다. 여기서 말하는 실천적 지식은 습관(전통)적 지식이다.

그리고 도덕규범과 원리 자체도 전통이나 관습과 무관한 것이 아니다. 행위전통들과 관습들을 반성적으로 검토한 결과물로서 이론적으로 체계화된 것이 도덕규범과 원리인 것이다. 그리고 도덕규범과 원리를 '반성적으로' 추구한다는 것 역시 전통과 관련된다. 어떤 사람이 도덕적 지식을 인식하는 과정은 사회적 과정이다. 반성적 사고를 통해서 이루어지는 도덕적 삶은 완전히 개인적인 수준에서 이루어지는 것이 아니라 교육을 통해 형성된 도덕적 이상과 규범에 관한 신념과 연관되어 이루어진다. 교육을 통해 배우는 것은 '합리적으로 사고하는 방법들'이다. 그러나 개인이 도덕적 지식을 정확히 인식하는 사고방법을 배운다 하더라도 그가 추구하는 도덕성이 개인의 차원에서 완전히 창조된 것이라고 볼 수 없다. 도덕적 지식을 이해한다는 것은 사회의 '합의의 틀' 속에서 가능하다. 매킨타이어의 '전통의 존적인 합리성(tradition-dependent rationality)'은 습관(전통)적 이성을 지적한 것이다. 그에 의하면, 합리성은 주어진 시대와 상황이라는 특수한 전통에 의존하는 것이다. 따라서 전통에 따라 합리성도 다양하다. 합리성은 역사와 관련되는 것이며, 역사에는 다양한 전통이 있기 때문에 다양한 합리성이 존재했다는 것이다(A. MacIntyre, 1988, 9 참고). 합리성이란 결국 전통에 의존하는 합리성, 즉 전통적 이성에 다름 아니라는 것을 말하고 있다.

그런데 오크쇼트는 적극적으로 전통(또는 습관) 속에 이성적 요소들이 포함되어 있음도 주장한다. 즉, '이성적 습관(전통)'을 주장하는 것이다. 전통을 습관적으로 따르는 것은 사회의 합의된 삶의 양식을 따른다는 의미에서 자기비판 내지 자기수정의 힘을 가진다. 그것은 화석처럼 고정된 것이 아니라 탄력성과 변화 가능성을 지닌다. 스스로 변화할 수 있다는 것은 어떤 기준을 가지고 자기검토를 할 수 있다는 것이다. 이 경우 기준은 또 다른 의미에서 합리성이라 할 수 있다. 전통과 관습은 장님의 눈과 같이 전혀 상황을 파악할 수 없는 것이 아니며, 습관적인 행위가 결코 맹목적인 행위는 아니라는 것이다. 그것은 박쥐의 맹목과 같다는 것이다. 사람들에게 박쥐는 맹목적이고 어리석게 보일지 모르지만, 동굴 속에서의 박쥐들의 행동은 사람들보다 더욱 정확하고 목적적이다. 마찬가지로 전통과 관습 역시 시공간적 상황에 대응하여 다양한 모습으로 나타나면서 스스로 지속적으로 변화하고 있는 하나의 유기체와 같은 존재로 이해될 수 있다. 상황에의 적절한 대응은 합리적 사고능력의 산물에 다름 아니다. 따라서 전통과 관습이 자기비판과 자기변화를 이룸에 있어 그 기준과 방향을 제공하는 것이 바로 합리성이라는 것이다.

도덕교육에서 이성과 습관의 문제를 역설의 문제로 직접 명명한 피터스도 이 문제가 역설일 수 없음을 말한다. 그는 습관과 이성이 적대적인 관계에 있지 않고, 오히려 습관 속에 이성이 들어 있다고 생각한다. 그는 습관과 이성에는 개념적 갈등이 존재하지 않기 때문에 습관적 도덕성 또한 강조되어야 한다고 생각한다. 그는 습관과 이성의 역설의 문제를 해결하기 위해 '어린이는 도둑질을 할 수 없다'는 점을 지적한다. 도둑질은 허락을 받지 않고 다른 사람이 소유한 것을 자기 것으로 만드는 것이다. 그는 다른 사람과 확연하게 구별되는 자기 자신이나 재산 또는 허락을 얻는 것 등의 개념을 알고 있지 못하다. 오랜 시간이 지나야 그런 개념을 가지게 될 것이다. 도둑질이라는 개념을 습득하지 못한 어린이는 엄격한 의미에서 도둑질을 할 수 없을 뿐만 아니라 도둑질을 하지 않는 일도 할 수 없는 것이다. 부모들이 어린이들에게 도둑질하지 않도록 가르친다고들 하지만 실은 가르치지 않고 있는 것이다. 개념의 습득이 이루어지지 않은 어린이에게 도둑질하지 않는 것을 가르칠 수 없으며, 도둑질하지 않는 습관을 길러줄 수 없는 것이다. 도둑질하지 않는 습관을 드러내는 행위를 반복하더라도 그것은 사실 다른 종류의 행위습관일 것이다. 즉, 어른들이 하지 못하게 금지하는 일을 하지 않는 습관일 것이다. 도둑질을 하지 않고 거짓말하지 않고 약속을 지키기 위해서 규범을 따라 행위하는 것을 배우는 것은 지성과 고도의 사회적인 지식이 요구된다. 다양한 행위들은 하나의 고도로 추상적인 규범의 한 실례라는 점을 어린이는 배워야 하기 때문이다. 만일 어린이가 하나의 규범에 따라 행동하게 되었다면, 반성하거나 지성을 가지고 있지 않고서는 그렇게 하지 못했을 것이다. 그가 하나의 규범에 따라 행위하도록 훈련을 받거나 강제에 의해 그렇게 행위할 수도 있을 것이다. 그러나 그것은 습관을 학습한다는 것과는 거리가 멀다(M. Oakeshott, 1962, 166 참고). 어떤 어린이가 도둑질하지 않는 습관을 습득하였다면, 도둑질과 관련된 개념을 이해하였고 사태를 파악했을 것이다. 개념 이해와 사태 파악은 반성적 사고의 결과이다. 따라서 습관과 전통은 그 자체 속에 이미 이성적 활동이 상감되어 있는 것이다. 습관은 단순한 습관이 아니라 이성적 습관인 것이다. 그에 의하면, 전통과 관습에 따르는 행위에도 이미 나름대로의 이성이 포함되어 있으며, 반성적 사고활동은 그 이성적인 측면을 더욱 부각시켜 행위를 더 높은 수준으로 끌어올려주는 기능을 하는 것이다. 이런 점에서, 전통(습관)적 행동과 반성적 사고활동은 연속적인 것이라고 말할 수 있는 것이다.

  습관의 중요성은 듀이에 의해서도 대단히 강조된다. 그는 삶과 교육을 동일시한다. 그가 의미하는 교육은 개인이 환경과의 상호작용을 통해 계속적으로 경험을 재구성하는 과정에서 성장하는 것이다. 교육의 목적인 성장은 결국 경험의 성장이다. 성장은 삶의 특징이다. 따라서 교육과 삶은 동일한 과정으로 이해되는 것이다. 그리고 성장은 지성적인 습관의 형성을 통해서 가능하다고 주장한다. 그는 성장으로서의 교육과정 자체가 도덕성을 획득하는 과정이어야 한다고 생각한다. 인간의 삶은 고정되지 않으며 항상 변화한다. 도덕교육은 고정된 사실 자체를 학습하는 과정이기보다는, 문제를 도덕적으로 해결하는데 필요한 것을 관찰하고, 탐구하고, 사고하는 방법을 학습하는 과정이어야 한다는 것이다. 그는 도덕적인 삶을 위해서는 단순한 지식보다는 지성적 습관을 통한 실천이 필요하다고 생각한다. 그는 도덕적 관념(moral idea)과 도덕성에 관한 관념(ideas about morality)을 구별한다. 도덕적 관념은 행위를 함으로써 효과를 드러내며, 행위를 선하게 향상시키는 관념이다. 도덕성에 관한 관념은 도덕에 관한 지식의 개념으로서, 지성적 능력을 획득하고 교재를 이해하는 등의 행위를 활발하고 체계성 있게 하게 해줄 때 도덕적 관념이 된다고 밝힌다. 도덕적 관념은 개인이 도덕적으로 행동할 수 있도록 이끌어주는 것이고, 도덕성에 관한 관념은 도덕에 관한 지식을 획득하는 것이라 할 수 있다(John Dewey, 1975, 1, 3). 도덕적 지식은 도덕적 행위로 연결될 때에만 가치를 가질 수 있다. 결국 도덕교육은 추구해야 할 절대적인 가치나 도덕적 원리를 가르치는 것이 아니라 변화하는 삶에서 처해진 상황의 문제를 해결해나갈 수 있는 방법을 개인이 스스로 경험할 수 있는 기회를 제공해야 한다는 것이다. 그는 진정한 도덕적 지식이란 인간이 여러 가지 경험들을 통하여 스스로 획득하는 것이며, 획득된 지식이 행위에 중요한 영향을 미치는 것으로 이해되어야 한다고 본다. 그에게 있어 지식이란 한 물체가 어떤 주어진 사태에 적용될 수 있는가 하는 관점에서 그 물체가 가지고 있는 여러 가지 관련성을 파악하는 것이다. 우리는 삶의 상황에서 사태 하나하나에 반응하기보다는 그 사태가 가진 '관련들'을 파악한다. 그 관련들이 제시하는 여러 시각들 중에서 하나를 선택하여 그것에 접근하고 적절한 습관을 따라 행위할 수 있는 것이다. 여기서 그가 말하는 습관은 지성적 습관을 의미하며, 이 지성적 습관의 형성이 도덕성을 결정 짓는다는 것이다. 그래서 그는 인간은 이성이나 본능의 창조물이 아 니고 습관의 창조물이라고 주장한 것 같다(John Dewey, 1957, 125). 도덕교육에서 습관은 지성적 습관으로서 능동적인 의미를 지닌다. 습 관과 이성은 모두 인간의 본성으로서 그것들의 상호작용에 의해서 인간의 행위가 결정된다. 습관은 환경을 변화시키기도 하지만 자신도 고정되지 않고 변화할 수 있는 탄력성을 지니고 있다. 도덕적인 습관 이란 지성적 습관으로서, 정해진 규범을 습득해나가는 과정이라기보 다는 이전의 경험을 환경과의 상호작용으로 갱신할 수 있는 능력을 말하는 것이다.

2) 철학적 탐구 공동체에서의 도덕적 활동

공동체를 통한 철학적 탐구활동 자체가 도덕적인 활동이라는 점은 도덕교육에 있어서 더욱 중요한 문제이다. 진정한 대화라는 철학적 탐구활동의 근본은 무엇을 하려고 시도하는 것(seeking), 즉 '나가기' 위해 '들어오는' 것이다. 그러한 일종의 여행하기는 인습적인 논쟁에 서는 늘 발견되는 것이 아닌 개방성(openness)과 생동성(liveliness)을 전제한다. 생동적인 논쟁도 있을 수 있으나, 그 생동성은 참여자들이 얼마나 많은 말을 했는가의 측면에서 측정되는 것이 아니고, 얼마나 강한 말을 했는가의 측면에서도 측정되지 않는다. 힘을 추구하는 것 이 아니고 자발성(spontaneity)과 진정성(authenticity)을 추구해야 한 다. 논쟁자들과 탐구자들이 스스로 자유롭게 말하거나 그들의 현 입 장으로부터 스스로를 자유롭게 하기 위해 말하는 정도에 따라 하나 의 논쟁이나 적어도 탐구는 생동적이다. 이런 의미에서 공동체를 통 한 철학적 탐구가 인격이나 덕의 발달에 연관될 수 있다. 그리고 철학적 탐구가 공동체를 통해 이루어져야 하는 까닭이 되기도 한다. 어떤 입장을 옹호해야 할 필요성을 느끼지 않을 경우에 사물들을 바라보는, 가능한 한 많은 다양한 방식들에 노출될 수 있거나 경험할 수 있다. 탐구 공동체에서의 철학적 탐구의 도덕성은 그것의 생동성으로 정당화되기에 충분하다. 생기를 상실한 탐구는 강요된 활동에 가까운 것이다. 탐구는 솔직한 선택의 요소를 지닐 때 도덕적일 것이다. 모든 생동적인 활동이 모두 도덕적인 것은 아닐지라도 모든 도덕적인 활동은 생동적이어야 한다. 그런데 여기서 말하는 생동성은 단순한 것이 아니고 삶의 양식과 관계되는 것이다. 그것은 진정성 내지 자기검토, 자기비판, 자기수정이라는 철학적 삶의 모습인 것이다.

철학적 탐구활동이 지니는 기본적인 도덕성은 신중함(carefulness)이다. 단순히 조심한다고 해서 신중하다고 말할 수 없고, 그것이 하나의 성향을 이루는 것이 신중함이다. 특히 언어의 신중한 사용이 중요하다. 모든 이해들이 언어로 이루어지는 것은 아니지만, 언어의 신중한 사용은 탐구활동에서 기본적인 하나의 도덕이다. 그래서 그것은 철학적 탐구의 '필수조건'인 것이다. 철학적 탐구가 신중함을 필요로 하기 때문에 도덕적이라고 말하는 것은 아니다. 신중은 철학적 탐구에 부대적인 것이다. 목공의 업무와 신중의 관계와 같다. 신중하지 않아도 나무를 조각할 수 있으며, 여전히 목공으로 불릴 것이다. 물론 아주 신중하게 나무를 조각하는 목공은 훌륭한 목공, 혹은 장인, 심지어 조각가가 될 것이다. 요점은 철학적 탐구가 주변의 사람들을 포함하여 세계의 본질을 이해하려는, 마음으로부터의 관심과 신중에서 생긴다는 점과 그런 이해는 공유된 언어를 매개로 추구된다는 점이다(R. H. Sutcliffe, *Thinking*, vol. 12, no. 1, 7 참고).

철학적 탐구는 신중함 이외에도 성실, 열린 정신, 참을성, 겸양, 상상, 친절 등을 요구한다. 철학적 탐구가 본질적으로 개인적인 활동이라고 하면 성실은 그것에 충분히 중요할 것이다. 개인이 불성실하다면 그가 이해는 고사하고 진리 개념을 향하여 어떻게 방향을 잡는가를 알기 어렵다. '성실'이 부족하다면 협동적인 철학적 탐구를 얼마나 손상시킬 것인가는 더욱 분명하다. 타인들에 의한 고의적인 왜곡들을 참작하지 않고서는 세상과 타인들에 대한 이해는 아주 어려운 일일 것이다. 항상 자신과 타인들에 충실하고 신중해야 한다. 그리고 타자들로부터 진리나 적어도 나은 이해를 받아들일 수 있기 위하여 '열린 정신(open mind)'을 가져야 한다. 열린 정신 내지 편견을 가지지 않음은 지적인 덕일 수 있지만 '열린 마음(open-heartedness)'이라는 표현을 통해 가장 잘 표현되는 성품(인격)의 덕과 구분될 수 없는 것이다. 적절한 것으로 보이면 무슨 결론에 이르는 탐구이든 그것을 열린 정신으로 따르거나 적절한 것으로 보이는 어떤 결론에도 이르지 못하는 탐구도 열린 정신으로 유지시키는 것은 또 다른 성품, 즉 용기를 드러내는 것이다. 그것은 평생의 친구를 떠나는 것과 유사한, 일종의 자기버림이다. 탐구가 확장되어 한 질문이 다른 질문을 불러온다는 인상을 남기고 끝없이 지속된다면 최소한의 '참을성'이 필수적일 것이다. 그리고 이해의 탐색으로서의 탐구는 무지와 몰이해를 인정하고서야 비로소 시작될 수 있다. 그러한 인정은 소크라테스가 자신은 아무것도 모른다는 것을 안다고 말할 때와 같은 종류의 '겸양'을 드러낸다. 그리고 철학적 탐구는 지각적 내지 인지적 '상상'과 정서적 내지 정감적 '상상'을 요구한다. 그것은 사물들을 그려봄은 그것들을 더 잘 이해할 수 있게 도움이 되며, 사람들이 어떻게 느끼고 또 평가하는지를 이해하기 위해서 필요한 것이다. 이것이 바로 도덕적 상상 내지 검소한 공감이라고 불리는 것이다. 마지막으로 철학적 탐구는 '친절'을 요구한다. 그것은 우정과 같은 것인데, 그것은 세계를 발견하고, 다른 사람과 논의하고, 세계를 바라보는 서로 다른 방식들에 관하여 배우고, 자기(self)를 알게 되는 기회를 우리에게 제공한다. 소크라테스의 말처럼, 우정을 형성하고 깊게 하는 것이 교육에서 가장 중요할 것이다. 더욱이, 철학적 탐구 공동체에서의 도덕교육에서 그것은 본질적인 도덕일 것이다(Ibid., 8 참고).

철학적 탐구의 도덕을 알기 원한다면 탐구 공동체에서 그것을 실천하는 것 외에 다른 방법은 없을 것이다. 탐구 공동체의 기본적인 모습인 원형구조(circle)는 열린 마음, 상상, 친절을 위한 적절한 포럼에 도움이 된다. 머리의 뒤를 보는 데 익숙한 경우보다는 얼굴을 바라볼 수 있는 경우에, 이웃이 무엇을 느끼고 무슨 생각을 하는지를 상상하고 대응하기가 분명히 더 쉽다. 우정을 증진시키는 탐구 공동체의 구조는 우정에의 장애물들의 일부, 즉 교사 중심의 구조가 가지는 개성 없음뿐만 아니라 모든 구성원들이 동등하게 토론에 참여할 기회의 제한 등이 제거되는 구조이다. 원형구조에서의 평등성은 전체로서의 공동체에 대한 존중과 공동체에서의 토론의 민주적 원칙들에 대한 존중을 형성하는 데 필수적이다. 처음에는 당황하기도 하고 주목의 중심이 되고자 시도하겠지만, 모든 구성원들의 공헌들이 진지하게 받아들여진다는 원칙으로부터 안전감이 주어지면 대부분의 어린이들은 서로에게 마음의 긴장을 풀고 서로 교대하기를 배운다. 그리고 탐구 공동체의 또 다른 구조적 특징은 모든 구성원들이 탐구재료를 제공하는 데 의존한다는 점이다. 그리고 그것은 일반적으로 하나의 텍스트로부터 도출되는 질문들의 형식을 띤다. 그러나 질문을 만드는 것은 하나의 텍스트에 의존할 필요가 없다. 탐구 공동체는 이해와 의미에 대한 그것의 일상적 탐색에서 주제를 도출할 수 있다. 만약 어린이들이 질문을 만드는 습성이 없다면, 그 습성을 발달시키게 하는 것이 우선적이다. 그 초기의 습성에서는 질문들이 폐쇄적이거나 정보 추구의 경향일 테지만, 교사들은 의미 추구의 열린 질문을 할 수 있도록 도와야 한다. 어린이들의 질문들을 모아서 목록을 작성한 후 어느 질문들에 집중할지를 선택한다. 철학적 탐구 공동체에서는 그 선택이 민주적으로 행해진다. 그러나 그것은 하나의 원리의 차원이며, 실제로는 기술이 요구된다. 교실에서의 철학적 탐구가 가진 많은 도덕들은 개인들을 덜 혹은 더 유능한 사람으로 판단하기보다는 그들을 인간으로 존중하는 민주적 이상들의 실현들이다. 잘못된 관념이 더 명백한 재관념을 자극하는 경우에서처럼, '누구나' 토론 중인 문제를 밝힐 수 있는 잠재력을 가진다는 것이 탐구 공동체에서의 가정인 것이다(Ibid., 9 참고).

4. 철학적 탐구 공동체를 활용한 초등도덕과 학습모형

1) 철학적 탐구로서 대화학습의 구체적 과정과 학습방법

(1) 철학적 탐구 공동체를 통한 학습절차

철학적 탐구로서의 대화학습에서는 탐구 공동체가 주요 방법으로 활용되고 철학적 탐구 결과 만들어지는 질문이 곧 토론의 주제가 되며, 철학적 텍스트를 교재로 활용한다. 이러한 철학적 탐구 공동체를 통한 학습절차는 다음과 같이 5단계로 구분할 수 있다(M. Lipman, 1991, 241-243 참고).

첫째, 수업 도입 부분에 텍스트를 제시한다. 철학적 탐구 공동체에서 사용되는 텍스트(교재)는 도덕적 주제를 담은 이야기, 철학동화, 영화, 시사적인 현안 등의 형식을 취하고 이러한 형식의 이야기를 통해 어린이들은 지난 세대들의 성취 업적과 가치를 성찰하게 되며, 문화와 개인 사이의 매개 역할을 한다. 제시된 교재는 어린이들의 반성적 활동을 수반하고, 인간관계를 논리적 관계로 분석하여 제시한다.

어린이들은 번갈아 돌아가면서 교재를 소리 내어 읽는다. 읽기와 듣기, 보기를 구성원과 함께 번갈아 하는 활동은 어린이들에게 윤리적 암시를 제공하고, 교실 공동체에서의 역할 분담을 제공하며 개인이나 공동체가 교재 내용을 재구성할 수 있게 해준다. 교재 읽기와 듣기를 통해 어린이는 교재에 등장하는 가상 인물의 행위를 내면화(모방)하게 되며, 교재 내용을 음미하고 감상하게 된다.

둘째, 안건을 구성한다. 수업 도입부에 제시되는 텍스트와 도덕교과서에 제시되는 이야기를 읽은 후 어린이들은 자신의 궁금증과 연결된 질문을 만든다. 교사는 이 안건들을 칠판에 받아 제시해가면서 어린이들의 관심이 무엇인지 알 수 있고 다음 단계의 토론주제를 정하기 위한 준비를 할 수 있다. 탐구 공동체에서는 교사가 어린이들에게 학습주제를 부과하는 것이 아니라 어린이들 자신이 만든 궁금증을 종합해서 하나의 안건을 구성하고 어린이들 스스로 문제를 제기하며 협력하여 선택하게 한다는 점에서 어린이들의 자발적 참여를 유도한다. 공동의 협력을 통해 결정된 학습주제는 어린이들이 가장 중요하게 여기는 내용이며, 공동체의 인지적 필요를 표현한 것이다. 따라서 어린이들의 호기심이 고취되고 창의적 아이디어와 상상력, 의미의 발견 등 이미 적극적인 사고활동이 이 단계에서부터 시작된다. 그리고 토론의 시작 범위 역시 교사와 학습자의 협력을 통해 결정된다.

셋째, 대화적 탐구를 진행한다. 앞에서 선택한 주제를 가지고 허용적인 분위기에서 구성원들 간 대화적 탐구를 한다. 교사는 대화가 활발하게 진행될 수 있도록 돕는 역할을 한다. 이때 구성원이 각자의 의견만 내어놓아 상대적이고 주관적인 개개의 견해들을 이해할 뿐 얻어지는 것이 없는 산만한 토의나 담화가 되지 않도록 한다. 대화는 참여한 사람들의 참여에 의해 자기수정적 변형이 이루어진다는 점에서 토의나 담화와 구별된다. 토의나 담화는 단순히 상호교환적, 상호 작용적인 데 비해 대화는 상호거래적, 전이작용적이어서 변증법적 진전의 가능성을 가지고 열려 있는 것이다. 따라서 구성원들 간 공동체의 결속을 강화하기 위해서 반성을 넘어서는 활동을 강조하고, 의견의 불일치를 분명히 하면서 상호이해를 추구해야 한다. 그리고 대화를 통해 가정의 발견, 일반화, 예시화와 같은 인지기술을 촉진시키고, 추론, 준거, 개념, 연산, 규칙, 원리와 같은 인지도구 활용법을 학습한다. 공동체의 구성원들은 개인의 아이디어를 구축하거나 반대 사례나 대안적 가설을 제공하는 공동 사유에 함께 참여하고, 공동체의 인지행동을 내면화해야 한다. 이런 과정 속에서 공동체 구성원들은 문맥차에 따른 미세한 의미의 차이에 민감해야 하고, 공동체를 통해 논의방향을 모색하고 논의를 진행하게 된다.

넷째, 연습문제와 주제를 이용한다. 탐구 공동체별로 주제에 대한 탐구가 이루어진 다음에 탐구를 확대 심화시키는 단계이다. 학문적 전통으로부터의 질문들을 인용해 전문적인 안내 방향을 따라 탐구를 전개한다. 어린이들은 여기서 학문 연구 방법에 따라 주도적인 탐구를 진행하고, 또 다른 대안들을 접하거나 더 깊이 있는 도덕적 개념들을 생각하게 되며 실제적인 판단 연습의 기회를 가진다. 여기서 어린이들에게 진리, 공동체, 개성, 미, 정의, 그리고 선과 같은 규범적 관념들을 검토하는 탐구 기회도 제공되어야 한다.

다섯째, 심화 반응으로 고무시키는 단계이다. 지금까지의 공동 탐구를 통해 얻은 결과가 앞으로 개개인들이 인지적 표현을 할 때 그 이상의 심화 반응을 불러일으키는 데에 도움이 되도록 해야 한다. 즉 이야기, 시, 그림, 표어, 포스터, 광고, 데생 등 다양한 방법의 인지적 양식을 이용해 수업하면서 느낀 자신의 느낌과 생각을 심화 반응으로 도출하도록 해야 한다. 이 과정에서 개인과 공동체는 협력에 의한 비판적, 창의적 사고를 종합적으로 인지하게 되고 의미의 심층적 이해를 통해 판단력을 강화시키게 된다.

(2) 철학적 탐구 공동체를 통한 학습방법

철학적 탐구 공동체 방법은 구체적 맥락 속에서 전개되는 이야기 자료를 교재로 사용하고 어린이들은 그런 자료들을 읽고 질문을 스스로 만든다. 어린이들의 질문 중 구성원들 모두가 관심 있어 하는 질문이 우선적으로 다루어지게 되고, 교사는 이런 과정에서 어린이들과 대등한 위치에서 참여하되 조력자로서 누구나 공평하게 이야기할 수 있는 기회를 제공하기 위해 노력해야 한다. 어린이들의 인격은 교사와 구성원 상호간에 존중되며, 수업은 어린이들의 능동적인 참여로 전개된다(M. Lipman, A. M. Sharp & F. S. Oscanyan, 1980, 53-81).

질문이 정해지면 그러한 질문을 출발점으로 하여 대화가 진행된다. 겉으로 보기엔 일반적인 토론 수업과 별 차이가 없는 것으로 보이지만 철학적 탐구 공동체에서의 대화는 정직, 공평, 존경, 협동, 양심, 겸손 등의 덕목들과 필수적으로 연결된다.

정직은 공동체 탐구의 기본조건이다. 그것은 공동체의 상호신뢰가 전제되지 않으면 효과적인 탐구가 불가능하기 때문이다. 동시에 말은 그의 인격을 드러내는 것이기 때문에 정직하게 말하는 것은 가장 중요한 덕목이기도 하다. 교실에서 이루어지는 토론수업에서의 문제는 교사의 감독 하에 이루어지는 토론 이야기와 자기들끼리의 이야기는 전혀 다르다는 것이다. 이러한 교실문화의 이중구조는 심각한 실정으로 정직의 중요성을 깨닫게 하는 것이 가장 시급한 현안이다.

공평은 수업과정에서 가장 강조된다. 교사는 탐구 공동체 수업과정에서 공평한 발언 기회를 주기 위해 세심하게 배려한다. 일단 손을 든 학생에게는 일일이 이름을 기록했다가 발언 기회를 가지게 한다.

몇몇 어린이들이 발언을 독점하는 것을 막기 위해 한 시간에 개인이 발표할 수 있는 최고 횟수를 정하는 등의 방법을 사용한다.

존경은 매우 중요한 덕목으로 상대방에 대한 존경은 상대방의 의견을 존중하는 것이며, 상대방의 말을 경청하는 것이다. 서로 존경하는 가운데 공동체 속에서 주체적 자아에 대한 긍정적 자아관을 형성할 수 있다. 상대방에 대한 존중은 이기적 자아에서 벗어나 더불어 사는 자아를 형성하는 데 결정적인 요소가 된다.

협동의 정신 또한 철학적 탐구 공동체에서 강조되는 덕목이다. 교실이 더 이상 개인 간의 경쟁의 장이 되지 않고 서로 협력하는 장으로 바뀌어야 한다. 최근 경쟁보다는 협동학습이 많이 활용되고 있는데, 철학적 탐구 공동체는 문제 해결을 위한 대화과정에서 구성원 상호간의 협동을 배울 수 있다.

양심은 개인이 다른 사람들로부터 존중받는 가운데 형성되는 긍정적 자아 개념을 바탕으로 도덕적 상상력과 다른 사람에 대한 배려가 작용한 결과이다. 겸손과 같은 덕목들도 구체적인 상황에서 실천적 행동으로 나타나기 때문에 철학적 탐구에 의한 판단에 의하지 않고서는 실천하기 어려운 것이다. 지나친 겸손은 비굴한 것이 될 수 있다. 자만하지도 않고 비굴하지도 않은 겸손을 실천하기란 어렵다. 즉, 판단력 없는 덕목의 실천은 온전한 것이 될 수 없다는 것이다.

2) 구체적인 학습모형

일반적으로 활용하는 탐구 공동체 수업과정 모형은 [그림 1]과 같다(박판점, 2003, 25 참고).

[그림 1] 탐구 공동체 수업과정 모형(2차시 통합)

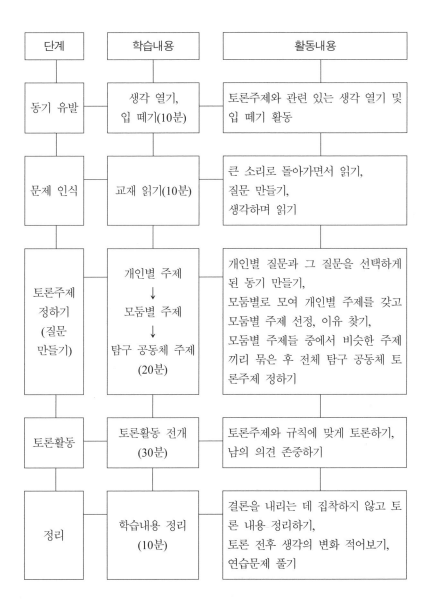

단계	학습내용	활동내용
동기 유발	생각 열기, 입 떼기(10분)	토론주제와 관련 있는 생각 열기 및 입 떼기 활동
문제 인식	교재 읽기(10분)	큰 소리로 돌아가면서 읽기, 질문 만들기, 생각하며 읽기
토론주제 정하기 (질문 만들기)	개인별 주제 ↓ 모둠별 주제 ↓ 탐구 공동체 주제 (20분)	개인별 질문과 그 질문을 선택하게 된 동기 만들기, 모둠별로 모여 개인별 주제를 갖고 모둠별 주제 선정, 이유 찾기, 모둠별 주제들 중에서 비슷한 주제 끼리 묶은 후 전체 탐구 공동체 토 론주제 정하기
토론활동	토론활동 전개 (30분)	토론주제와 규칙에 맞게 토론하기, 남의 의견 존중하기
정리	학습내용 정리 (10분)	결론을 내리는 데 집착하지 않고 토 론 내용 정리하기, 토론 전후 생각의 변화 적어보기, 연습문제 풀기

(1) 동기 유발

토론주제와 관련이 있는 생각을 해보고 다른 사람의 의견을 들으면서 다양한 생각들의 차이를 서로 존중해야 한다는 사실을 알게 한다. 또 생활 속에서 궁금한 생각들을 찾고 추론해보는 연습을 간단하고 기초적인 논리 문장의 형식들로 익혀보게 한다.

(2) 문제 인식

하나의 이야기씩 희망하는 학생을 시작으로 큰 소리로 한 문단씩 돌려가며 읽게 하고 두 번째 읽을 때는 추상적인 도덕적 낱말 중에서 정확한 개념을 알고 싶은 것을 찾으면서 읽게 한다. 교재 내용과 관련하여 자신의 궁금증과 연결된 질문을 생각해가면서 읽는다.

(3) 토론주제 정하기(질문 만들기)

(가) 개인별 주제 만들기

교재를 읽고 추상적인 도덕적 낱말 중에서 정확한 개념을 알고 싶은 것을 중심 개념으로 개인별 질문주제를 만들고 그 질문을 선택하게 된 동기를 생각하게 한다.

(나) 모둠별 주제 정하기

모둠별로 모여 앞서 만든 개인별 질문주제를 가지고 모둠 주제 선정을 위한 토의를 한다. 이때 각자 개인별로 질문 선정 이유를 들어가며 발표하고 구성원들은 다른 사람의 말을 집중하여 듣고 존중해준다. 개인별 발표가 끝나면 토론을 통하여 구성원들의 전체적 방향에 일치하는 모둠주제를 선정하도록 한다.

(다) 탐구 공동체 주제 정하기

모둠별 주제 선정이 끝나면 각 모둠의 대표가 구성원들끼리 선택한 모둠주제를 선정 이유와 함께 발표한다. 교사는 각 모둠의 주제를 칠판이나 어린이들이 모두 잘 볼 수 있는 곳에 기록을 하여 어린이들이 모둠주제 발표 중에도 전체 주제 선정을 위한 자기 생각을 할 수 있도록 한다. 각 모둠의 주제 발표가 모두 끝나면 비슷한 주제들끼리 묶어보도록 하고 주제별 묶기가 끝나면 거수투표를 통하여 탐구 공동체 주제를 선정한다. 이때도 또한 주제 선택 이유를 함께 물어보아 어린이 스스로 가장 설득력 있다고 생각되는 주제를 선택할 수 있는 기회를 제공한다.

(4) 토론활동

수업 도입 단계인 '생각 열기', '입 떼기' 활동을 본시 수업에서도 도입 단계로 활용하여 본격적인 토론활동 전 분위기를 조성한다. 결정된 토론주제를 가지고 자신의 생활 경험과 관련시켜 생각하고 자유롭게 토론하도록 한다. 이 토론활동을 통해 나의 의견을 표현하는 법을 배우고 타인의 생각을 받아들일 줄 아는 방법도 배우게 된다. 또한 나와 타인의 생각이 다를 때 서로 비교해보고 더 나은 방향으로 협력하여 수정해감으로써 어린이들의 사고방식을 한 차원 높여줄 수 있다. 이러한 토론과정에서 교사는 주제에 크게 벗어나지 않는 한 직접 개입하지 말고 자유롭게 어린이들 스스로 토론하고 합의하며 결론에 다다를 수 있도록 조력자 역할만을 해준다. 토론과정에서 기존 지식체계에 빗대어 보아 오류가 나타난다 하더라도 지금 현재 우리가 가지고 있는 지식은 불변의 진리가 아니라 언제든지 수정 변경 가능하다는 시각을 가지고 어린이들이 큰 틀 속에서 자유롭게 자신의 의견을 개진할 수 있도록 분위기를 조성해준다.

다만, 이러한 토론과정이 원활히 진행될 수 있게 하기 위해서는 활동 전에 참여 어린이들과 토론규칙을 함께 정하고 스스로 지키도록 하여 질 높은 토론이 이루어지도록 해야 한다. 토론규칙을 정할 때는 어린이들 스스로 기존 토론 경험을 상기해보며 의견을 충분히 제시하고 교사는 이를 수렴하여 취사선택하고, 의견에 나오지는 않았지만 중요하다고 생각되는 규칙들도 별도로 제시하여 모든 어린이들이 인정하도록 선정 이유도 함께 말해준다. 정해진 규칙은 어린이들이 모두 잘 볼 수 있는 곳을 활용하거나 모둠별 책상에 놓아 수시로 어린이들이 규칙을 살피며 토론과정에 참여할 수 있도록 제시한다. 토론규칙 중에는 다른 사람이 말할 때 귀 기울이기, 앞서 말한 것과 관련된 이야기하기, 다른 사람 의견 존중하기, 토론주제에 맞는 말하기, 규칙 지키기 등이 있을 것이다.

(5) 정리

탐구 공동체 수업의 마무리 단계로서 앞서 토론한 내용을 정리하는 시간으로 하되 군이 결론을 내리려고 하지 않는다. 모든 어린이들이 토론 전에 가지고 있던 생각과 친구들과 토론을 거친 후의 생각을 비교, 정리해보도록 하고 변화 내용을 적어보도록 한다. 생각에 가장 큰 변화를 보인 어린이나 중요한 변화가 있었던 어린이들의 발표를 들어보는 것도 좋다. 토론 내용 정리 후 연습문제를 통하여 활동 내용을 다시 상기시키며 스스로 내면화시키도록 한다.

5. 철학적 탐구 공동체 수업에서 교사의 역할과 주의점

교사는 철학을 알아야 할 뿐만 아니라 학생들이 나름대로 이해하고자 노력하는 것에 의문을 제기하여 철학적 지식들을 적절한 시기에 소개시키는 방법도 알아야 한다. 철학적 탐구 공동체 활동에서 교사의 유효적절한 발문은 학생들의 생각을 이끌어내고 사고를 확장시켜주는 역할을 한다. 나아가 추론 및 탐구 과정을 평가하고 성찰하고 적용하는 역할을 하고 학생들이 기본적인 개념을 탐구하도록 도와주고 질문이나 진술이 의미의 탐색과 관련되도록 도와야 한다.

원활한 철학적 탐구 공동체 운영을 위한 교사의 역할은 매우 중요하다. 어린이와 교사 사이는 일방적, 주입식이 아닌 상호교환적이어야 하며 활발한 의사소통이 자유롭게 이루어져야 한다. 어린이들 스스로 진행해나가는 분위기가 조성되어야 하며, 그러기 위해서 교사는 어린이들이 자율적이고 적극적으로 참여하도록 해야 하며, 다양한 발문법을 알고 자연스럽고 시기적절하게 실행하여야 한다. 만일 토론의 주제 자체를 어린이들이 결정하는 것이 바람직한 경우는, 토론학습의 목표 및 내용, 방법을 어린이들에게 위임할 수 있을 것이다.

탐구 공동체 교실에서의 교사는 다음과 같은 역할을 수행하여야 한다(박진환, 1999, 266). 첫째, 촉진자로서의 역할이다. 이것은 대화를 원활하게 하고 생각을 분명하게 하도록 도와주는 역할이다. 학생 간의 의사소통을 용이하게 하고 아이디어 순환과 이해 및 확장을 돕는 것을 목적으로 한다. 둘째, 프로보크이다. 이것은 학생들로 하여금 자신의 입장을 깊이 생각해보도록 자극하고 반대 입장을 취하여 새로운 토론의 실마리를 제공하는 역할이다. 반성적 사고를 통해서 자기수정의 기회를 제공해주며 계속적인 토론을 이끌어낼 수 있도록 하는 데 그 목적이 있다. 셋째, 조정자이다. 이것은 음악가가 완전한 연주를 위해 악보기를 조율하듯이 대화가 짜임새 있도록 전개하고 생산적 방향으로 대화가 진행될 수 있도록 하는 데 목적이 있다. 넷째, 통제자이다. 이것은 논쟁이 전개될 때 일어날 수 있는 오류를 지적하고 토론의 방향이 주제에서 벗어나지 않도록 도와주는 데 목적이 있다. 다섯째, 격려자이다. 이것은 어린이들로 하여금 서로 돕고 격려하며 편안한 마음으로 토론에 참여할 수 있도록 하는 데 목적이 있다. 특히, 발표에 소극적인 어린이들에게 적절한 질문이나 관심을 표명함으로써 참여도를 높이는 데 효과가 있다고 본다. 여섯째, 발판 제공자이다. 이것은 논리적으로 생각할 수 있도록 대화를 논증의 형태로 구조화시키고, 자신이 말한 것을 확장해서 생각할 수 있는 실마리를 제공하는 데 목적이 있다. 탐구 공동체 수업이 제대로 이루어지기 위해서는 교사는 위와 같은 역할을 충분히 이해하고 있어야 한다.

토론학습에서 어린이들의 활기찬 토론을 위해 중요한 것은 교사가 어린이들의 토론과정에서 정답을 제공하려고 하거나 활동을 직접 안내하는 일 등을 자제해야 한다는 것이다. 하지만 주제 중심의 활기찬 토론을 위해서 교사가 행하는 질서 및 규칙 안내, 집단 구성, 자료 제공, 발문 등의 활동은 어린이들이 더욱 자유롭게 사고하고 발표하며 토론할 수 있는 탐구 분위기를 형성해줄 수 있다.

자유롭게 사고하고 발표하며 토론할 수 있는 탐구 분위기 형성을 위해 교실의 물리적 배치나 모둠 편성 등 외적인 환경 조성도 필요하다. 교사는 사고를 위축시킬 수 있는 부주의한 개입은 삼가며, 반면에 어린이들에 대한 애정의 눈빛과 진지한 태도로 사고와 대화를 촉진시켜주고 어린이들이 공동체적 사고를 할 수 있도록 역할을 수행하며 부드러운 분위기로 충분히 생각할 여유를 제공하여야 한다.

6. 결론

지금 다시 존폐의 위기에 처한 도덕교과교육이 존속할 수 있기 위해서는 전혀 다른 모습으로 변화되어야 한다고 생각한다. 도덕교과교육의 바람직한 모습은 통합적 접근의 도덕교육이다. 왜냐하면 도덕

(성) 자체가 본질적으로 통합적인 것이기 때문이다. 지금까지의 도덕 교과교육이 걸핏하면 폐지 주장의 대상이 된 것은 일방적인 도덕교과였거나 사이비 통합성을 주장하는 사람들에 의해 마련된 교육과정이었기 때문이다. 진정한 통합성의 도덕교과교육은 다양한 방식으로 이루어질 수 있겠지만, 무엇보다도 철학적 탐구 공동체를 통한 교과 운영이 그 지름길일 수 있다고 생각한다.

철학적 탐구 공동체 교육은 철학교육이 아니라 철학함의 교육으로서 이성의 활동과정 자체를 학습하게 하는 것이다. 그것은 단순히 전달되거나 주입받을 수 없는 주체적인 사고활동으로서, 스스로 의문을 던지고 스스로 판단하고 해결하는 주체적 사고활동의 과정 자체인 것이다. 그러한 주체적 사고활동은 어린이들이 함께 생각하는 활동이다. 그것은 효과적인 사고를 기르기 위한 논리적 구조와 상호존중과 민주적 가치를 공유하는 도덕적 구조의 양 측면을 지닌다. 그리고 그런 공동의 사고활동은 서로 다른 입장들과 관점들의 주고받는 대화를 통해 이루어진다.

철학적 탐구 공동체 활동 자체가 도덕적인 활동이기 때문에 그것과 도덕교육은 분리될 수 없는 것이다. 대화를 통한 철학적 탐구활동은 개방성과 생동성을 통해 이루어진다. 그리고 그 생동성은 힘을 추구하는 것이 아니고 자발성과 진정성을 추구하는 것이다. 그리고 그 활동은 신중함, 성실, 열린 정신, 참을성, 겸양, 상상, 친절 등을 요구한다. 이 점이 철학적 탐구 공동체 활동이 인격과 덕의 발달과 연관되는 것이다.

철학적 탐구 공동체를 통한 학습은 어린이들이 합리적으로 사고하고 판단하는 방법을 알게 하여 궁극적으로는 자율적으로 현명하게 판단할 수 있는 인격을 기르는 것이다. 따라서 대화를 통한 철학적 탐구 공동체 학습에서는 무엇보다도 그 교실을 운영하는 교사의 자질이 중요하다. 어린이들의 사고력과 판단력 함양을 도울 뿐만 아니라 실천의 측면에서는 모범이 되어야 할 것이다. 또한 어린이들이 자율적이고 적극적으로 공동체 활동에 참여하도록 하되, 일방적인 지시나 직접적인 안내보다는 어린이들 스스로 토론과 협의의 과정을 통해 주제를 설정하게 하여야 한다. 그리고 그 주제에 대해 상호 의견을 교환하면서 문제를 해결하게 하고, 그 과정에서 발생하는 오류들은 시기적절하게 지적함으로써 고차적인 도덕적 판단능력과 인격을 함양하는 데 도움을 주어야 한다.

최근 사회과에의 통합을 포함하여 도덕과의 폐지를 요구하는 조짐들이 다시 등장하고 있는 것 같다. 무조건 도덕과를 살리자고 나서는 일은 무모하고 어리석은 일인 것 같다. 그렇게 중요한 교육의 문제가 힘으로나 억지로 떼를 쓴다고 해결될 일도 아니고 또 그래서도 안 될 것이다. 문제는 도덕을 살리는 것이지 도덕과를 살리는 것이 아니다. 도덕과 도덕교육을 살리는 일은 도덕교과 교육과정의 정상화에 있다고 본다. 정상적이고 그래서 실효성 있는 도덕과라면 오히려 학교의 중심 교과목으로 등장할 수 있을 것이다. 늦은 감은 있지만 다시 한번 진정한 통합적 도덕교육을 위한 교육과정이 개편되어야 하고, 전적으로 다른 모습의 교과서가 집필되어야 한다. 그 다른 모습들 중의 하나가 철학적 탐구 공동체 활동을 통한 학습을 보장하는 교육과정과 교과서일 것이다. 무엇보다 중요한 점은 교과서를 집필하는 사람들 중에서 도덕적으로 법적으로 죄를 짓고 처벌을 받은 사람들은 탈락시키는 일이다. 이 문제가 해결되지 않는다면 도덕교과는 존속될 이유가 전혀 없을 것이다.

[참고문헌]

박재주(2000), 「도덕교육에서의 습관과 이성의 패러독스」, 『초등도덕교육』, 한국초등도덕 교육학회.

_____(2008), 「덕의 통합성과 통합적 접근의 도덕교육」, 『윤리교육연구』 제15집, 한국윤리교육학회.

박진환, 「탐구 공동체 방법을 통한 윤리 교육방안 연구」.

박판점(2003), 「철학적 탐구 공동체를 통한 초등학교 도덕과 교수학습에 관한 연구」, 진주교육대학교 석사학위논문.

우정길(2007), 「마틴 부버: 대화철학과 대화교육학의 임계점에 대하여」, 『교육철학』 제40집.

윤석빈(2006), 「마르틴 부버의 대화원리: 인간실존의 토대로서의 대화」, 『동서철학연구』 제42호.

Aristotle, *Nicomachean Ethics*, David Ross, trans.(1980), Oxford: Oxford University Press.

Cosentino, Antonio, "Kant and the Pedagogy of Teaching Philosophy", *Thinking: The Journal of Philosophy for Children*, vol. 12, no. 1.

Bohm, David(2006), *On Dialogue*, London and New York: Routledge.

Dewey, John(1957), *Human Nature and Conduct*, New York: The Modern Library.

_____(1975), *Moral Principles in Education*, Illinois: Southern University Press.

Glaser, Jen, "Thinking Together: Arendt's Visiting Imagination and Nussbaum's Judicial Spectatorship as Models for a Community of Inquiry", *Thinking: The Journal of Philosophy for Children*, vol. 14, no. 1

Lipman, Matthew, Sharp, A. M. & Oscanyan, Frederick S.(1980), *Philosophy in the Classroom*, Philadelphia: Temple University Press.

Lipman, Matthew & Sharp, A. M., 여훈근·송준만·황경식 옮김(1986), 『세 살 철학 여든까지』, 서울: 정음사.

Lipman, Matthew(1991), *Thinking in Education*, Cambridge, New York: Cambridge University Press.

MacIntyre, Alasdair(1988), *Whose Justice? Which Rationality?*, Notre Dame, Indiana: University of Notre Dame Press.

McRae, James, "Scratching Beneath the Phenomena: P4C as the Practice of Comparative Philosophy", *Thinking: The Journal of Philosophy for Children*, vol. 17, no. 1&2

Mitias, Lara M., "P4C: Philosophy, Process, Perspective, and Pluralism-for Children", *Thinking: The Journal of Philosophy for Children*, vol. 17, no. 1&2

Matthews, G., 김민남 옮김(1996), 『철학과 아동』, 서울: 문음사.

Matthews, G., 황경식 외 옮김(1988), 『어린이를 위한 철학 이야기』, 서울: 샘터.

Oakeshott, M.(1962), "Rationalism in Politics", *Rationalism in Politics and Other Essays*, London and New York: Methuen & Co. Ltd.

Ramirez, Eduardo Rubio, "Thinking about Dialogue", *Thinking: The Journal of Philosophy for Children*, vol. 12, no. 2

Slade, Christina, "Reasoning and Children: The Wide Glare of the Children's Day", *Thinking: The Journal of Philosophy for Children*, vol. 13, no. 2

Splitter, Laurance, "Philosophy and Democracy in Asia and the Pacific: Philosophy and Civic Education", *Thinking: The Journal of Philosophy for Children*, vol. 13, no. 3

Sutcliffe, Roger H., "Is Philosophical Inquiry Virtuous?", *Thinking: The Journal of Philosophy for Children*, vol. 12, no. 1.

제 9 장

철학적 탐구 공동체를 통한 '함께 생각하기'의 도덕교육

1. 서론

교육에서 교사와 학생 못지않게 중요한 것은 교실의 분위기이다. 교실의 분위기는 주로 교사와 학생들 사이의 관계와 연관된다. 그런 점에서 교실의 분위기는 세 가지 유형들로 구분된다. 그것은 "신병 훈련소(boot camp), 공장(factory), 공동체(community)"(R. DeVries & B. S. Zan, 1994, 12)로 유비되는 유형들이다. 오늘날 우리의 교실들은 주로 공장과 같은 분위기가 아닐까 생각한다. 공장과 같은 교실에서는 상품을 생산하듯이 지식을 축적하는 데 몰입한다. 교육의 주체는 교사들이며, 학생들은 조용히 교사의 말씀을 듣고 따르기만 하면 된다. 가르침(teaching)이 주가 되고 배움(learning)이 종이 되는 그런 교실의 모습이다. 최근 교과서의 선택권과 교수활동에 상당한 재량권이 교사들에게 주어지고는 있지만, 여전히 교과서를 금과옥조(金科玉條)로 받아들이면서 일방적 가르침 위주의 교육이 이루어지고 있다고 생각한다. 그 주된 이유는 교사들의 무능력 때문이며, 그것은 교사 교육의 잘못에서 기인한다. 이제 우리의 교실은 전적으로 그 모습을 바꾸어야 한다. 공동체로서의 교실이 되어야 한다. 공동체로서의 교실에서는 가르침보다 학생들의 배움이 주가 된다. 교사들의 일방적인 가르침이나 통제는 학생들의 배움에 큰 도움이 되지 못할 뿐만 아니라 심지어 진정한 배움에 해를 끼칠 수도 있다. 교사는 공동체의 일원으로서 학생들의 상호작용을 촉진시키고 그들의 아이디어들을 존중하며 조언을 한다. 학생들은 스스로를 통제하면서 스스로 배움의 과정을 만들어나간다. 교사도 교과서도 이제는 텍스트(text)일 뿐 결코 권위(authority)를 행사하는 저자(author)나 학생들의 정신을 예약하는(booking) 책(book)이어서는 안 될 것이다.

듀이는 이미 오래전에 미국 교육이 실패한 까닭을, 세련되고 잘 마무리된 결과로서의 탐구의 산물과 덜 익고 거친 시작으로서의 탐구의 내용을 혼돈하면서 학생들이 탐구에 참여하여 문제를 탐구하기보다는 정답을 발견하기를 종용하였다는 점에서 찾았다. 그리고 그는 미국 교육이 성공하기 위해서는 독립적이고, 상상력이 넘치며, 기지가 넘치는 '생각하기' 교육이 이루어져야 한다고 생각했다. 듀이의 이런 교육관을 이어받은 립맨은 "규범적으로 접근하는 표준 패러다임(standard paradigm of normal practice)과 비판적으로 접근하는 성찰 패러다임(reflective paradigm of critical practice)의 교육활동을" (M. Lipman, 1991, 13) 구분하면서, 새로운 모습의 교육활동으로 후자를 강조한다. 표준 유형은 교육의 본질을 가르침으로 여기면서, 더이상 검토를 필요로 하지 않는 명확한 지식을 전달하는 것이 교육의 모습이며, 지식을 축적한 사람이 교육받은 사람이라고 가정한다. 성찰 유형은 전혀 다른 가정을 한다. 즉, 교육의 본질은 가르침에 있지 않고 배움에 있으며, 탐구 공동체에서 학생들 스스로 생각하고 탐구하는 활동이 교육의 본질이라는 것이다. 학생들은 탐구 공동체 속에서 서로 존경심을 가지고 다른 사람의 의견을 경청하면서 서로 도우면서 아이디어들을 만들어나간다. 또한 신빙성이 없어 보이는 주장들에 대해서는 이유를 대도록 도전해보기도 하고, 추론을 이끌어내도록 서로 도와주며, 다른 가정들을 찾아보기도 한다. 탐구 공동체는 기존 교과들의 영역과 경계에 의해 제한을 받지 않고, 탐구가 진행되어 가는 방향을 따라간다. 학생들은 공동체에서의 대화과정 속에서 생각했던 대로 스스로 생각하게 되는 것이다. 학생들이 활발하게 생각하도록 하고 싶다면 너무 분명하고 확정적인 학습내용을 제시해서는 안 된다. 왜냐하면 이런 것들은 오히려 생각을 마비시키기 때문이다. 그러므로 학생들을 자극하여 탐구 공동체를 자연스럽게 형성하고 그 과정에 몰두하게 하려면 그들에게 제공되는 학습내용이나 교재는 확정되지 않고 문제성이 많은 내용들로 이루어져야 한다. 성찰적 유형의 교육이 목표로 삼는 자율적인 사람은 증거에 의해 스스로 판단할 줄 알며, 세상에 대해 자기 스스로 이해하려고 하고, 자신이 되고 싶은 인간의 개념과 원하는 세상에 대한 개념을 스스로 키워나가는, 바로 '스스로 생각하는' 사람이다. 여기서 추구하는 자율성은 개인주의적인 것이 아니고 전적으로 사회적이고 공동체적이다. 그것은 숙고를 통해 갈등을 전체적으로 이해하여 결국은 좀 더 객관적인 판단에 도달할 수 있도록 하는 것이다(M. Lipman/박진환·김혜숙, 2005, 40-46 참고).

공동체를 통한 탐구로서의 도덕교과교육은 교사들이 도덕원리나 규범 내지 덕에 관한 지식들을 가르치고 학생들이 그것을 배우는 교육일 수 없음은 당연하다. 철학적 탐구활동을 통한 인격 함양이 도덕교과교육의 진정한 모습일 것이다. 모방할 모델을 제시하는 방식의 도덕교과교육은 훈련이지 진정한 교육은 아니다. 인간 실존의 본질적 구성요소인 경험을 동일한 것의 반복으로 변형시키는 것이 진정한 인간교육일 리 없다. 역사적 존재로 살아가는 인간 누구도 피할 수 없고, 다른 인간을 위해 대신 살아갈 수 없는 것이 경험이다. 그 경험은 반복되지도 않고 이동되지도 않는다. 그것은 표준화도 획일화도 될 수 없는 것이다. 그것을 동일하고 반복되는 것으로 변형시키는 것은 진정한 가르침일 수 없다. 그것은 오히려 진정한 배움을 방해할 수 있다. 철학적 탐구를 통한 도덕교과교육은 철학적 사고활동을 통한 인격 함양을 목표로 삼는다. 철학적으로 생각한다는 것은 하나의 능력이나 도구가 아니고 하나의 사건(event)이며 경험인 것이다. 능력이나 도구로서 그것은 기계화되고 기술화되고 전달될 수 있지만 철학적 사고는 전달되거나 훈련될 수 없고 스스로 경험할 수밖에 없는 것이다. 그것은 인지적 경험만이 아니고 인지와 정서와 행동을 따로 구분할 수 없는 차원에서의 통합적 경험이다.

그런데 도덕교과교육의 근본인 '생각하기' 내지 '함께 생각하기'라는 경험은 무엇을 어떻게 경험하는 것일까? 이 점이 명백해진 다음에 도덕교과교육의 내용과 방법이 자세하고 정확하게 논의될 수 있을 것이다. 생각하기는 혼자 이루어지는 것이 아니다. 다른 사람의 공동 참여 없이는 생각할 수 없는 것이다. 우리의 생각이 나의 생각을 결정하는 것이다. 나의 생각이 우리의 생각을 구성하는 것은 아니다. 이 글은 이런 관점에서 '함께 생각하기'의 필요성과 본질을 한나 아렌트(Hannah Arendt)의 관점들을 중심으로 논의하고, 그것이 도덕교과교육의 내용과 방법에 줄 수 있는 의미들을 살피고자 한다.

2. 도덕교과에서 '생각하기' 학습의 중요성

오늘날 우리는 어느 때보다 '생각하기'가 요구되는 시대를 살고 있다. 사회의 다양화, 사회변화의 가속화, 경쟁의 첨예화 등이 진행되면서 끊임없는 선택과 깊고 넓은 생각을 요구받고 있는 것이다. '생각하기'는 더욱 요구받으면서 생각을 할 수 있는 마음의 여유를 점점 상실해가는 역설의 시대를 살고 있는 것이다. 과학적 지식을 배우는 것도 중요하지만 철학적으로 생각하는 것도 너무 중요한 시대가 현대사회인 것이다. "배우기만 하고 생각하지 않으면 얻음이 없고, 생각하기만 하고 배우지 않으면 위태롭다(學而不思則罔 思而不學則殆)."(『論語』, 「爲政」, 15)는 공자(孔子)의 말씀이 심금을 울리는 시대를 우리는 살고 있는 것이다. 학생들은 생각하기의 여유도 열의도 능력도 가지지 못하며, 학교교육도 생각하기의 중요성도 인정하지 않고 실제로 그것을 가르칠 엄두도 내지 못하고 있는 실정이다. 교육의 내용뿐만 아니라 방법의 문제도 심각하다. "생각하기보다는 단순한 암기를, 고등 정신기능의 배양보다는 단순한 개념적 지식의 축적을, 독창성보다는 획일성을, 자발적인 시도보다는 피동적인 수용을, 정의적 측면보다는 지적인 측면을 보다 더 강조하는 식으로 수업이 진행된다는 점이 지적되고 있다. 이런 문제점들은 한마디로 암기 위주의 주입식 교육으로 요약될 수 있다."(성일제, 1989, 124) 오래전부터 우리 교육의 문제점들로 지적되어 온 '암기 위주의 지식교육'은 오늘날에도 달라진 모습을 보기 힘들다. 제7차 교육과정이나 부분 개정의 초등학교 도덕교과 역시 '생각하기를 통한 의미 탐구'의 학습은 기대하기 어려운 실정이다.

도덕교과에서의 '생각하기' 학습이 중요한 까닭은 크게 두 가지로 나누어 제시할 수 있다. 생각 없음(thoughtlessness)의 위험성과 생각하기의 위험성이 그것들이다. 아렌트는 생각 없음 내지 생각할 능력이 없음이 악행과 연관된다고 생각한다. 그녀는 아돌프 아이히만(Adolf Eichmann)의 재판에 대한 참관기인 『예루살렘의 아이히만: 악의 평범성에 대하여(Eichmann in Jerusalem: banality of evil)』에서, 끔찍한 유대인 대학살의 범죄를 저지를 수 있는 조건이 '생각 없음'이며, 현대인들도 똑같은 악행을 누구나 범할 수 있음을 지적하면서, '단순한 행동'이 아닌 '생각하는 행위'의 중요성을 강조한다. 그녀는, 과거 나치 친위대장으로서 아우슈비츠 유대인 수용소에서 가스학살을 기획하고 실행했던 아이히만에게서 어떤 악마적인 모습보다는 지극히 일상적이고 상식적인 모습을 발견한다. 그녀는 그에게서 확고한 이데올로기적 확신이나 특이한 악의적 동기의 징후를 발견할 수 없었던 것이다. 그의 과거 행적과 검찰의 사전심리와 재판 당시의 태도 등에서 발견한 그의 유일한 특성은 우매함이 아니라 '생각하지 않음'이었다. 그의 상투적인 말투, 진부한 구절들, 표현과 행실에 있어서 관습적이고 표준화된 예법에의 집착 등을 통해 생각하지 않음이 확인된 것이다. 그는 아주 보통사람처럼 보였고, 그를 검토했던 6명의 심리치료사들도 그가 아주 정상적이라고 선언했다. 그의 살인활동들은 유대인들에 대한 그의 개인적 증오나 심지어 특별히 확고한 나치 확신들에 의해서 동기 부여되었던 것이 아닌 것 같고, 그의 임무를 잘 수행하겠다, 지휘관들의 인정을 얻겠다, 실제로 관료적 사다리를 오르겠다는 더욱 세속적인 목표들에 의해서 동기 부여되었다는 것을 알고, 아렌트는 충격을 받았던 것이다. 그녀는 그의 악행은 생각하지 않음 때문에 저질러진 것으로 판단하면서, 생각하는 능력과 옳고 그름에 대해 판단하는 능력이 연관성을 가지는 것으로 생각한다. 그리고 생각하기가 악행을 방지할 수 있다고 생각한다. 그래서 "선악 문제를 일반적으로 '도덕(mores, 관습)'이나 '윤리(ethos, 습관)'의 교과과정에서 취급한다는 사실은 우리가 이것들에 대해 얼마나 모르고 있는가를 암시하는지도 모른다. … 내가 경험했던 사유의 부재는 좋은 풍습과 습관의 망각에서 나온 것도 아니고, 이해능력의 부족이란 의미의 우매함에서 나온 것도 아니다. '도덕적 비정상'에서 나온 것은 더더욱 아니다."(H. Arendt/홍원표, 2004, 19)라고 말하면서, "생각하는 능력을 표현하는 것은 지식이 아니고 옳고 그름이나 아름답고 추함을 말할 수 있는 능력이며, 그 능력이 재앙을 막아줄 것이라고"(H. Arendt, 2003, 189) 말한다. 결국 그녀는 인간의 악행을 방지하는 조건은 생각하기라고 생각한 것이다. 관습이나 규범을 가르치는 도덕·윤리교육보다는 인격 함양을 목적으로 삼는 도덕교육의 본질은 생각하기 교육임을 말해주고 있는 것이다.

생각하기가 악행을 방지할 수 있는 까닭은 그것이 선과 악이나 옳고 그름을 판단하고, 그 판단의 결과에 따라 행위할 수 있게 하기 때문이다. 생각하기는 판단하기를 촉진시키는 예비단계인 것이다. 그런데 판단을 한다는 것은 기존의 관습이나 규범을 일방적으로 수용하는 것은 결코 아니다. 그런 판단을 촉진시키는 생각하기도 고정관념이 아니며, 보편성에 무조건 의존하는 것이 아니다. 생각이 무조건 기존의 도덕이나 윤리를 따르지 않는 것이라면, 오히려 생각하지 않음이 정치적, 도덕적 문제를 해결하는 데 필요할 것 같다. 그러나 생각하지 않음은 심각한 도덕적 문제를 지닌다. 생각하지 않음이 일상화된 곳에서는 고찰을 통해 비판하는 계기를 가질 수 없는 것이다. 생각하지 않음은 "특정 사회, 특정 시기에 통용되는 규범을 지속시키는 데 기여하는 것이다. 따라서 사람들은 항상 당혹감을 야기하는 면밀한 검토나 규칙의 내용에 익숙해지기보다는 특정한 것들을 포괄하는 규칙을 소유하는 데 더 익숙해져 있다."(H. Arendt/홍원표, 2004, 274) 반대로, "사유는 선악에 관한 기존의 모든 기준, 가치, 척도, 즉 우리가 윤리와 도덕에서 취급하고 있는 품행의 관습과 규칙에 불가피하게 파괴적이고 침식적인 효과를 미친다."(Ibid., 270-271) 따라서 특정한 상황 속에서 특정한 삶들을 살아가는 사람들의 경우에는, 생각하여 특정한 상황을 판단하고 행위하는 사람보다는 생각하지 않고 무조건 기존의 규범을 수용하는 사람의 행위가 악행이 될 가능성이 크다. 아이히만은 생각을 해본 적이 없었기 때문에 자신이 무슨 짓을 하고 있는지를 알지 못하였고, 자신의 악행이 악행인 줄도 몰랐기 때문에 서슴없이 악행을 저지를 수 있었지만, 생각하고 판단했던 독일인들은 악행에 참여하기를 거부하고 독일을 떠났던 것이다. 생각하기가 기존의 가치나 규범을 부정하지만 악행을 방지한다는 점에서 소크라테스는 생각하기를 '바람(wind)'에 다음과 같이 비유하였다. "바람 자체는 눈에 보이지 않지만, 바람으로 인한 결과는 우리에게 뚜렷이 나타나며, 우리는 어쨌든 바람이 접근하는 것을 느낀다."(Ibid., 269 재인용) 당시 아테네 사람들은 생각하기를 기존의 모든 흔적을 파괴시키고 도시를 무질서 상태로 몰아가고 시민들을 혼란에 빠뜨리는 '폭풍(hurricane)'에 비유한 반면, 소크라테스는 시민들을 수면 상태에서 깨우는 '바람'에 비유하면서, 생각의 바람이 시민들을 수면에서 깨우는 것이 국가를 위해 훌륭한 선이라고 생각했다.

더욱이, 인간의 삶 자체가 정신활동의 산물이며, 그 정신활동의 바탕은 생각하기이다. 따라서 생각하지 않음은 악행의 근본조건일 뿐만 아니라 인간의 삶 자체를 무의미한 것으로 만든다. 아리스토텔레스가 『형이상학』 제11권 제7장에서 시도한 "생각하기는 삶"이라는 은유를 받아들여, 아렌트는 "삶의 숨결 없는 인간 육체는 시체이며, 사유하지 않는 인간 정신은 죽은 것이다."라고 말한다(Ibid., 192). 아리스토텔레스는 생각하기를 "순환운동, 즉 중단 없는 운동"으로 규정한다(Ibid., 192). 이성과 관조를 항상 목적에 도달하고 최종적인 결과를 생산하는 '지식'으로 오해하는 것과는 달리, 순환운동으로서의 생각하기는 목적에 결코 도달되지 않거나 최종산물을 형성하지 못하는 것으로, 삶을 동반하며 죽음에서만 종결되는 의미 탐구를 암시한다. 철학과 죽음의 유사성을 강조하는, 진리와 철학을 연계시키는 전통과는 달리 아렌트는 철학을 탄생과 관련시키고, 의미 탐구의 중요성을 정당화시키며, 생각하기를 의미 형성에 기여하는 것으로 본 것이다. 생각하기와 살아 있음은 동일한 것이며, 생각하지 않는 삶은 무의미하다는 것이다. 인간은 눈에 보이지 않는 바람이 부는 것을 느끼듯이, 생각하기라는 눈에 보이지 않는 바람은 생각하는 사람에게 생존을 느끼게 한다. 그리고 생각하기는 의미 탐구와 연관되는 것이다. 특히 이 점은 덕은 올바른 의견일 뿐 지식이 아니고 그래서 가르칠 수 없다는 소크라테스의 관점과 도덕적 지식을 실천지로서 파악한 아리스토텔레스의 관점을 생각나게 한다.

도덕과 윤리는 절대적이고 보편적인 삶의 원리나 규범이 아니라 올바른 삶의 방식, 삶의 의미이다. 그것은 진리나 지식처럼 전달받을 수 있는 것이 아니라 끊임없는 탐구를 통해서 스스로 만들어나가는 것이다. 아렌트는 칸트의 '지성(Verstand, intellect)'과 '이성(Vernunft, reason)' 구분에 기초하여 진리 추구를 포기하고 의미 탐구를 주장한다. 그녀에 따르면, 지성은 과학적 탐구에서 전형을 찾을 수 있는 추론(reasoning)의 능력이며, 지식이나 인식(cognition)으로서 진리의 영역에 속한다. 그것은 현상 속에 감추어진 본질을 인식하는 능력이다. 그러나 "이성의 필요는 진리의 추구가 아니라 의미 탐구에 의해 촉진된다. 그리고 진리와 의미는 동일하지 않다."(Ibid., 34) 의미를 탐구하는 생각하기와 이성은 진리 인식을 목표로 삼는 지성과는 다르다. 생각하기는 알 수 없는 것에 물음을 제기함으로써 그 의미를 발견하는 활동이다. 의미가 있음이 곧 진리는 아니며, 의미는 반드시 확실성을 지녀야 하는 것도 아니다. 사물에 대한 의미 탐구로서의 생각하기는 인간 삶의 자연적 필요이며, 인간 모두의 삶에 절대적으로 필요한 것이다. 따라서 생각하지 않음은 곧 의미 없는 삶을 가리킨다. 아렌트는 이 점을 다음과 같이 지적한다. "사유는 삶을 동반하며, 살아 있는 존재의 탈물질화된 본질 그 자체이다. 삶이 과정인 만큼, 그 본질은 실제적인 사유과정에 존재할 수 있을 뿐, 어떤 확고한 결과나 특정한 사유에 있지 않다. 사유하지 않는 삶은 분명 가능하다. 그러한 삶은 자체의 본질을 발전시키지 못한다. 즉, 그러한 삶은 무의미할 뿐만 아니라 완전히 살아 있는 것이 아니다. 사유하지 않는 사람들은 몽유병자들과 같다."(Ibid., 296)

도덕교과에서 '생각하기' 학습이 중요한 또 다른 이유는 생각하기의 위험성 때문이다. 그것은 생각하기에 내재하는 허무주의의 위험이다. 생각하기가 선과 악, 옳음과 그름에 대한 기존의 판단기준들, 즉 도덕·윤리를 손상시키는 힘을 가지고 있지만, 반대로 그 힘은 허무주의라는 위험을 불러올 수 있다. '생각하지 않음'의 위험을 피하기 위한 '생각하기'의 교육도 중요하지만, '생각하기'의 위험을 피하기 위해서 '생각하는 방식'을 교육하는 것이 더 중요할 것이다. 무엇을 어떻게 생각하는가라는 사고의 본질에 관한 논의는 다음 절에서 상세하게 이루어질 것이다. 여기서는 '생각하는 방식'을 간단하게 논의하고, 생각하기가 가져올 수 있는 허무주의를 논의하기로 한다.

아렌트가 '생각하기'의 모델로 삼은 소크라테스의 모습을 잠깐 살펴보기로 하자. 그는 자신의 생각하는 삶을 스스로 등에, 산파, 전기가오리로 비유한다. 등에 소크라테스는 사람들을 깨운다. 그의 쏘기가 없다면, 사람들은 남은 인생 동안 혼돈되지 않은 채, 반쯤 살아 있듯이 방해를 받지 않고 자고 있을 것이다. 생각하고 검토하는 활동이 없는 삶은 살 가치가 없을 뿐만 아니라 완전히 살아 있는 것도 아니라고 생각하는 그는 혼란스러운 질문을 통해 생각하고 검토하는 삶을 살도록 일깨운다. 그러나 산파 소크라테스는 자신의 질문들에 대한 대답을 알지 못한다. 그는 자신이 나이가 많아 불임이기 때문에 다른 사람들을 자신들의 생각에서 벗어날 수 있게 하는 방법을 알고 있다고 말한다. 붙임 덕분에 산파에 관한 전문지식을 가지게 되었고, 자식이 건강한지 아니면 임산부가 포기해야 할 아이인지를 판단할 수 있다는 것이다. 자신은 질문에 대한 답을 알지 못하지만 다른 사람들이 스스로 답을 만들어나가도록 도울 수 있다는 것이다. 전기가오리 소크라테스는 때때로 그의 쏘기가 너무 강하여 다른 사람을 총체적으로 마비시킨다. 전기가오리는 등에와는 반대인 것 같다. 등에는 자극시키지만, 전기가오리는 마비시킨다. 그러나 일상생활의 관점에서 보면 마비로 보이지만, 깊은 사고에 빠져서 외부로부터 마비된 것으로 보이는 것이다. 그것은 오히려 최고로 활동적이고 살아 있는 상태로 느껴지는 것이다. 등에, 산파, 전기가오리로 비유되는 소크라테스는 따라서 가르치지 않고 가르칠 내용도 가지지 못하기 때문에 철학자도 아니며, 사람들을 현명하게 해준다고 주장하지 않았기 때문에 소피스트도 아니라는 것이 아렌트의 결론이다. 그는 사람들에게 생각하기를 촉구했던 것이다. 그래서 그는 젊은이들을 타락시켰다는 기소에 강하게 변호하면서, 자신이 시민들을 생각하게 하고 삶을 검토하게 한 점이 아테네에 부여한 최대의 선이었다고 주장한다(Plato, *Apology*, 30a).

그러나 아렌트는 산파 소크라테스의 생각하기가 가져온 결과 없음(non-results)과 전기가오리 소크라테스의 생각하기가 일반적인 것을 회의하게 만든다는 점이 부정적인 결과를 가져올 수 있다고 생각하기도 한다. 어떤 일을 행하면서 문제 해결의 방식을 가지지 못하고, 기존의 기준들마저 부정한다면, 그 결과는 오히려 위험스러울 것이다. 소크라테스의 생각하기가 가진 부정적 결과의 예는, 국가에 위험한 인물이 되어 버린 그의 제자 알키비아데스, 크리티아스의 경우들이다. 그들은 전기가오리에 의해서 마비된 것이 아니라 등에의 자극을 받고 방종과 냉소주의에 빠졌다. 그들은 생각하는 방식을 배우지도 못하고 기존의 기준들도 배우지 못하였기 때문에 소크라테스의 사유실험에 부정적인 결과를 초래하고 말았다. 그들은 '경건'이 무엇인지 규정할 수 없다면 '경건하지 말자'는 것이었다. 소크라테스가 '경건'을 언급한 이유는 경건한 사람이 되게 하는 것이었는데, 결국 그 결과는 정반대였던 것이다. 이 결과는 '생각하지 않음'의 결과와 동일하다. 이 허무주의는 생각하기 자체에 내재된 위험인 것이다. 이에 관한 아렌트의 말을 직접 들어보자. "위험한 사유는 없다. 즉, 사유 자체는 위험하지만 허무주의는 그 산물이 아니다. 허무주의는 인습주의의 다른 측면일 뿐이다. 그 신조는 당대의 소위 긍정적 가치들의 부정으로 구성된다. 그 신조는 가치에 의해 제약받게 된다. 모든 비판적 검토는 그 의미와 무언의 가정을 추적함으로써 기존의 의견과 '가치'를 적어도 가설적으로 부정하는 단계를 거쳐야 한다. 이런 의미에서 허무주의는 사유에 상존하는 위험으로 인정될 수 있다." (H. Arendt/홍원표, 2004, 273) 생각하기는 일반적인 가치들을 부정하는 단계를 거치기 때문에 허무주의는 거기에 항상 존재하는 위험이다. 생각하기가 판단하기의 길을 열어주기도 하지만, 동시에 기존의 가치들을 단순히 반전시키기도 한다. 우리는 생각하기와 생각하지 않음이 유사성이 있음을 알게 된다. 생각하지 않음이 기존의 규범을 유지시키지만, 생각하기가 예를 들어, '살인하지 말라', '거짓말하지 말라'는 등의 규범을 단순히 반전시킨다면 도덕성의 전도가 있게 될 것이다.

3. '방문하기'로서의 '함께 생각하기'

소크라테스는 생각하기의 본질을 '하나 속의 둘(two-in-one)'로 생각했다. "플라톤은 이것을 '나와 나 자신 사이의 소리 없는 대화'로 변형시켰다."(Ibid., 286) '하나 속의 둘'은 내적 대화인 생각하기를 통해서 상대자들인 나와 나 자신이 친구로 남는다는 의미이다. 혼자 있을 때 나타나는 상대방은 생각하기를 중단하기 전에는 결코 피할 수 없는 존재이다. "소크라테스가 집에 왔을 때, 그는 혼자 있지 않고 그 자신의 '곁'에 있었다. 그는 자기를 기다리는 그와 함께 어떠한 형태의 합의에 도달해야 한다. 그들은 같은 지붕 밑에 있기 때문이다. 당신이 동료들을 떠났을 때 함께 살 수밖에 없는 유일한 사람과 불화를 일으키는 것보다 전체 세계와 대립 상태에 있는 편이 훨씬 나은 것이다."(Ibid., 292) 생각하기의 대화는 친구들 간에서만 이루어질 수 있으며, 친구인 자기 자신과 어긋나지 말라는 것이다. " '자신들과 불일치 상태에 있는 것'은 '비천한 사람들'의 특징이며, 자기 자신의 동료를 피하는 것은 사악한 사람들의 특징이다. 그들의 영혼은 자신에 대하여 반기를 든다."(Ibid., 293)

소크라테스를 집에서 기다리면서 그를 일상적 삶으로부터 떼어놓아 생각하게 만들었던 것은 바로 다이몬(Daimon)이라는 그의 친구였다. 그 다이몬의 목소리가 그로 하여금 생각하고 검토하는 삶을 살아가도록 그를 일깨운 것이다. 예를 들어, 소크라테스 자신이 가장 지혜롭다는 신탁의 선언은 메아리가 되어 그를 일깨우는 다이몬이었다. 그는 자신이 무지하다고 생각하기 때문에 그 선언을 의심하면서, 진정으로 지혜 있는 사람을 만나서 신탁의 실수를 입증하려고 노력하였다. 그와 마찬가지로 고대 그리스의 모든 사람들은 각각 자신의 다이몬을 지니고 있었다. 이 친구 다이몬과의 대화는 양심을 은유한다. 양심, 즉 자기 자신이라는 '동료'의 목소리를 듣는다는 것은 모든 것에 동의한다는 것이 아니라 오히려 대화에 참여할 수 있다는 것을 의미한다. 자기와 자기 자신은 너무 적대적이고 그래서 서로 분리되어서는 안 되지만, 너무 확고한 동의 때문에 대화의 필요성을 상실해서

는 안 된다. 양심이 '손대지 않은 채' 남아서는 안 되는 것이다. 그것
은 생각하기를 지속할 수 있게 하는 우정의 상실, 더 나아가 생각하
기 자체의 상실을 보여주는 신호이다. 생각하지 않는 사람의 양심은
손대지 않은 채로 남는다. 그것은 생각하는 사람들을 지도하는 '하나
속의 둘'을 활성화시키지 못하는, 즉 생각하기를 멈춘 사람의 표시인
것이다. 그리고 동료가 밉살스럽다고 했듯이, 양심은 긍정하기보다는
항상 의문시하고 질문한다. 그리고 어떤 사람에게 '해야 할(ought)'
것을 말하기보다는 오히려 행하지 말아야 할 것을 말한다.

그러나 생각하기가 '자기와 자기 자신과의 대화'라고 해서, 현상의
세계를 떠나서 관념의 세계에 머무는 것으로 생각하기를 이해하는
것은 아렌트의 관점과 상반된다. 그녀는 인간의 삶을 '관조적 삶(vita
contemplativa)'과 '활동적 삶(vita activa)'으로 엄격하게 구분하면서
그 연관성을 주장하는데, 관조적 삶은 "완전히 고요함을 유지하고,
적막 속에서 진행되며, 신의 안목에 헌신하는" 반면, 활동적 삶은 "몸
으로 노력하는 것이며, 공개적으로 진행되며, 이웃의 필요에 헌신한
다." 서양철학의 전통에 따르면, 생각하기는 관조를 목표로 삼고 관
조에서 끝난다. 관조는 수동적이며, 일체의 정신적 활동들이 정지되
는 점이다. 그것은 진리를 알기 위해 더 이상 활동하지 않고 직관 속
에서 진리를 받아들이기만 하는 일종의 명상이다. 그러나 아이히만의
재판을 지켜보고 생각하기의 중요성을 깨달은 아렌트는 생각하기가
관조나 명상으로 귀결되는 것이 아님을 밝히고 생각하기를 일종의
행위 내지 활동으로 주장한다. 그녀는 키케로(Cicero)가 카토(Cato)의
언급이라고 소개했던 "사람은 아무것도 하지 않을 때 가장 활동적이
며, 홀로 있을 때 가장 덜 외롭다."(H. Arendt, 1957, 325)라는 말을
상기하면서, "단지 생각하는 것 이외에 아무것도 하지 않을 때 우리
는 무엇을 행하고 있는가?"라고 묻는다. 이 물음에 대한 대답에서 아

렌트는 생각하기가 일종의 활동임을 밝힌다. 그녀가 사고의 모델뿐만 아니라 시민(활동)의 모델로 소크라테스를 선정하는 까닭이 이 점 때문이다. 그는 실제적 삶의 일상적 활동들이 방해를 받거나 파괴될 때 생각하기가 출발한다는 것을 가장 잘 예시했던 사람이었다. 아렌트의 지적처럼 그는 "갑자기 정신을 자기 자신에게로 돌리고, 모든 동아리를 절교하고, 그가 우연히 있게 되는 곳 어디에나 입장을 취하고, 그전에 그가 하고 있었던 것이 무엇이든 그것을 계속하기 위해 모든 간청들에 귀를 막아버렸다."(M. Gordon, 2001, 214) 그는 현상의 세계로부터 관념의 세계로 철수하지 않고 자신의 동료들과 함께 '아고라'에 머물기를 원했다. 즉, 그는 "항상 다수 가운데 한 사람으로 존재하였고, 시장을 피하지 않았으며, 자신의 관점에서 모든 시민이 갖추어야 할 것과 권리를 제외하고는 아무것도 주장하지 않는 시민들 가운데 한 사람이었다."(H. Arendt/홍원표, 2004, 259) 그녀는 깊은 생각에 몰두하면서 '아고라'의 가장자리에 앉아 있는 인물이 아니라 논쟁에 강하게 참여하는 한 남자로 그를 소개한다. 그러나 '아고라'에서 그는 생각하기와 활동하기를 동시에 실행한 것은 아니었다. 그가 현상의 세계에 관심을 가졌다는 점이 중요하다. 그의 생각하기는 영원한 진리들에 관한 것이 아니고 현상의 일상세계에 관한 것이었다. 그리고 용감하게 사적 영역을 벗어나 시장 속에서 동료들과 함께 생각한 것이다. 일종의 활동으로서의 생각하기에는 동료의 존재가 필수적이다. 그는 관객으로 남아 있기를 거부하고 스스로 활동하는 사람이었다.

아렌트는 서양철학의 역사는 이념들과 진리들을 현상세계로부터 분리된 것으로 두는 슬픈 이야기라고 주장하면서, 활동적 삶의 의의를 부각시킨다. 그녀는 관조적 삶, 즉 모든 활동의 정지를 요구하는 삶은 인간이 사는 이 세상에서의 삶의 건전한 의의를 부정한다고 생각한다. 그래서 생각하기를 '정신적 활동'으로 정의한다. 정신의 삶은 인간이 살아 있음과 더 잘 살려고 함을 확인시켜주는 중요한 활동이다. 인간 활동의 근본조건으로 아렌트가 제시하는 것이 다수성(plurality)이다. 일종의 활동으로서의 생각하기는 다수의 사람들과 '서로(miteinander)', '서로 마주(gegeneinander)', '나란히 서서(nebeneinander)' 이루어지는 것이다. 다수성은 인간은 인간이라는 점에서 동일하지만, 또한 인간은 유일한 개체로서 서로 상이한 존재임을 강조하는 개념이다. 생각하기는 동일하지만 상이한 사람들 사이에서 이루어진다는 점을 강조하는 것이다. 이는 사람들 사이의 의사소통의 가능성과 필요성을 제시한다. 의사소통을 위해서는 말이 절대적으로 요구된다. 말 내지 대화는 생각하기와 본질적으로 연관된다. 말 내지 대화 없이는 생각하기는 일어날 수 없다. "스스로 비가시적이면서 비가시적인 것을 다루는 정신활동은 말을 통해서만 자신을 드러낸다. … 사유하는 존재는 말하려는 충동을, 말하는 존재는 사유하려는 충동을 가지고 있다."(Ibid., 152-153) 따라서 생각하기의 본질은 대화를 통한 '함께 생각하기'이며. 그것은 '살아 있음(living)'과 동일한 것이다.

　'정신활동'으로서의 생각하기에 대한 아렌트의 이런 관점들은 '방문하기(go visiting)'라는 개념을 통해 정리될 수 있다. 우선, 생각하기가 '함께 생각하기(thinking together)'라는 점은 생각하기라는 정신활동의 공간성을 통해 이해될 수 있다. 이 점과 관련하여 아렌트는 "생각할 때 우리는 어디에 서 있는가?"라고 묻는다. 그리고 그 대답은 "우리는 바로 여기에 서 있다."는 것이다. 아렌트는 '현재'의 공간적 위상을 알려주는 카프카의 우화를 원용하여 사유하는 인간의 시공간적 위상을 언급한다. 생각하는 사람, '그(He)'는 파편 속에, 과거와 미래의 틈 속에 서 있다. 그곳이 '현재', 즉 '지금 서 있음(nunc stans)'이다. 서양철학의 전통에서 생각하는 사람은 덧없고 거짓의 현상세계를 떠나서 '이성(nous)'의 눈 속에 고정된 존재(Being)의 세계에 관한 시각을 가지고 그것에로 되돌아가고 있다. 카프카의 우화는 인간의 활동과 그 활동으로부터 생긴 경험들이 일종의 생각하기를 요구한다는 것이다. 생각하기가 활동과 경험들이 현재 보존되게 하고 미래에 시행될 수 있게 만들기 때문이라는 것이다. '그'는 두 세력들 간의 전쟁에 참여한다. 즉, 하나는 무한한 과거로부터 나오는 세력이며 또 하나는 무한한 미래로부터 나오는 세력이다. 과거는 그를 미래로 데려가고 있고, 미래는 그를 과거로 뒤로 데려가고 있다. 아렌트에게 있어, 이 점은 생각하기의 조건을 묘사한다. 그러나 그 틈이 전통에 의해 포장될 때도 있었다. 그 틈의 진정한 모습이 드러나고 전통이 상실되면서 생각하는 사람이 전쟁에 참여하게 된 것이다. '그'는 그 전쟁을 넘어 도약하고 싶어 하고 심판의 역할을 맡고자 한다. 이는 '이성'이 가지는, 실존의 유한성을 초월하고 영원한 것의 침묵하는 영역에 들어가고자 하는 형이상학적 꿈이다. 아렌트는 이 점에서 우화를 바꾼다. 그녀는 전쟁에 의해 만들어지는 힘의 기울어짐을 허용한다. 이 기울어짐은 전투에 참여하는 생각하는 사람이 힘의 평행사변형에 따라 과거와 미래 사이를 앞뒤로 움직일 수 있게 하는데, 거기서 생각하는 사람은 시간을 떠나지 않으면서도 심판의 불편부당성을 얻기 위하여 충분한 거리를 얻을 수 있을 것이다. 이 시점에서, 아렌트는 생각하는 사람의 위상이 심판이라는 단서를 제공한다. "과거와 미래 사이 틈의 시간적 지속성은 '비시간적인(untimely)' 것이다. 이는 시간 속의 비시간성을 말하는 것이다. '비시간적임'은 시간속의 영원성, 즉 '지금 서 있음'을 의미하지 않는다. '비시간적임'의 개념은 '위기'로 이해된다. 그것은 위기의 시간이다. 비시간적인 것을 생각하는 것은 '분리분할(krinein)'을 생각하는 것이다. '분리분할'은

'결정'의 근본이다. 즉, 절단하는 것이다. 여기서 생각하기는 관점(perspective)으로 이해되고, 특별한 시간과 장소에 위치한다. '분리분할'은 구분시키고 분리시키고 분산시키는 관점이다. 그래서 그 위기 속에서, 과거와 미래의 틈에서 '움직이는, 이동하는' '그'는 '분리분할', 즉 판단에 참여한다."(P. Birmingham, 1999, 39) 바라봄의 순간에 관찰자는 그 사건의 특수성을 파악한다. 생각하는 사람은 '순간'의 시간을 피할 수 없다. 즉, 이것은 이전(전통)이나 이후(미래)의 시간이 아니고, 역사적으로 일어나고 있는 '지금'의 시간이다. 특정한 것과 고유한 것에 비판적인 대응을 요구하는 것은 시간이다. 관조적이지도 않고 내성적이지도 않은 관찰자는 유일하고 우연적인 것을 바라본다. 이 바라봄(시각)은 영원하거나 필연적인 형상들을 응시하지 않고 사건들을 바라본다. "이 점에서 아렌트는 '생각하기는 항상 문란하다'고 주장한다. 질서정연한 대상을 생각하는 것이 아니라는 것이다. 사건의 일상적 코스와 비교될 때 항상 질서를 벗어나는 것이 생각하기인 것이다. 그러나 그것은 세상을 벗어난 것은 아니다. 생각하기는 내재적으로 현상들의 세계에 연관된다. 아렌트에게 있어, 사악(evil)이라는 진부한 말이 왜 생각 없음(thoughtlessness)과 연계되는지 우리는 알기 시작할 수 있다. 만약 생각하기가 판단의 위기, 사건들의 질서 있는 코스로부터의 '이탈'과 관계된다면, 생각 없음은 정확히 판단의 결여이며, 몰두하는 사건의 코스와 동행하는 것이다. 분명히 아렌트는 이것이 아이히만의 경우라고 보았다."(Ibid., 40)

아렌트는 철학적 용어 '이론(theory)'이 '구경꾼(theatai)'이라는 그리스어에서 나온 것이라고 지적한다. 그녀는 라에르티우스(Diogenes Laertius)의 기록을 인용한다. 즉, "삶은 마치 축제와 같다. 일부는 경쟁하기 위해 축제에 참가하고, 일부는 열심히 장사를 한다. 그러나 대부분은 구경꾼으로서 참가하는 것과 같이, 노예적 근성을 가진 사람들은 삶 속에서 명성(doxa)이나 이익을 쫓아다니지만 철학자는 진리를 추구한다."(Ibid., 145) 명성이나 이익을 위한 경쟁보다 고귀한 것으로 간주되는 것은 일반인들에게는 보이지 않고 다가갈 수 없는 진리는 아니다. 구경꾼이 머무는 곳도 '저 높은' 곳도 아니다. 그곳은 세계 속이다(Ibid., 145). 구경꾼들은 축제에 자리를 잡게 되고 그들 앞에서 진행되는 실제 사건들을 관찰한다. 그들은 참여하지 않지만 활동적이다. 그리고 그들은 경쟁과 관련된 활동가(배우)들을 심판한다. 명성이나 의견은 그 사건에서의 활동가가 구경꾼(관찰자)의 심판에 의존하게 만든다. 활동가는 자율적이 아니다. 왜냐하면 그 사건에 관한 마지막 판단은 관찰자의 책임이기 때문이다.

구경꾼, 즉 관찰자의 판단과 관련하여 아렌트는 이론가(theoretician)로서 그리스의 관찰자와 심판관(judge)으로서 칸트의 관찰자를 구별한다. 전자는 지혜를 추구한다. 관찰자만이 사건 밖에서 활동에 관여하지 않고 전체를 바라보기 때문에 자율적이다. 사건 밖으로 물러남으로써 확보되는 자율적인 삶의 방식은 그것을 관찰하고 그것에 의미를 부여하는 관조적 삶의 방식으로 이어진다. 관찰자가 사건에 직접 가담하면 그는 부분적인 역할을 수행하느라 전체를 볼 수 없게 된다. 사건으로부터 분리되어 그 사건 전체를 바라볼 때만이 초연한 판단이 가능해진다. 이런 이론가로서의 관찰자는 단순한 구경꾼의 입장인 것이다. 그는 명성과 이익을 얻으려 하지 않기 때문에 이해관계로부터 자유롭고 고상하다. 그의 목적은 바라봄(seeing)이다. 그는 사건을 자세히 들여다보고 자신의 관점을 형성한다. 그러나 활동가는 경쟁에 직접 참가한다. 그리고 그 사건의 한 부분을 연출하는 담당자이다. 그는 경쟁에서 이기고 명성을 얻는 데 관심을 둔다. 그런데 그 명성은 관찰자들의 판단에 의해 결정된다. 이 점에서 그는 자율성을 상실한다. 그러나 관찰자는 자율성을 가지고 개별 사건을 있는 그대로 바라보고 판단한다. 그는 전체적인 맥락을 고려하지 않고 사건과 활동 자체에 관심을 가진다. 그런데 아렌트는 칸트적 의미의 관찰자를 '심판관'으로 부른다. 칸트의 심판관이 내리는 판단은 일반적인 입장에서의 판단이다. 그는 그리스적 관찰자의 관점인 미학적, 성찰적 판단에 진보(progress)의 관점을 추가시킨다. 즉, 어떤 사건이 미래 세대에 어떤 희망을 줄 수 있느냐에 따라 그 사건을 판단한다. 그래서 그는 사건의 배후에 숨겨지고 활동가들에게는 알려지지 않은 자연의 목적을 드러내는 것이다. 그리스적 관찰자는 일반적인 것에 특수한 것을 포섭시키지 않고, 특수한 사건을 그 자체로 판단하면서, 전체의 의미를 드러내는 반면, 칸트적 관찰자는 사적 조건에서 해방되어 일반적인 관점, 즉 공정성의 관점에서 판단한다. 인간 종(種)의 진보를 위해 주어진 사건에 의해 촉진된 희망에 초점을 두고 평가하는 것이다.

아렌트의 입장에 따르면, 칸트의 진보 개념은 개별자로서 자율적인 관찰자, 그리고 현실과정과 독립적이고 탈관심적인 그의 활동의 중요성을 강조하는 칸트 자신의 생각과 모순된다. 진보 개념은 모든 사건들과 활동들을 진보의 틀 속에서 판단되게 만든다. 이는 개별자들의 존엄성과 상반될 수 있다. 진보는 한 개인이 달성할 수 있는 것이 아니라 인류 전체의 진보를 의미하기 때문에, 진보의 관점은 개별자가 아니라 보편자에 강조점을 둔다. 아렌트가 진보 개념을 반대하는 이유는 인간 개별자의 존엄성을 회복하고자 하는 그녀의 의도와 어긋나기 때문이다. 아렌트의 생각하기와 칸트의 생각하기는 미묘하지만 중요한 차이를 보인다. 칸트는 '어떤(any)' 사람의 일반적 관점으로부터 생각하기를 말하지만, 아렌트는 결심하고 궁극적으로는 특수한 견해들과의 관련 속에서 나의 판단을 위치시키는 과정에서 다양한 의견들을 고려하는 것으로 주장한다. 아렌트는 자신의 생각하기를 '난간(banister)이 없는 생각하기'라고 부른다. 그녀가 말하는 '난간'은 실제적 사건들에의 적절성보다는 지적 일관성을 지닌 범주들과 공식들을 지칭한다. 그것은 습관에 의해 사건들에 '부가된' 추상화들이다. 난간 없는 계단을 오르거나 내리는 것은 하나의 난간을 가진 것보다 더 위험할 테지만 불가능한 것은 아니다. 난간이 없는 생각하기는 하나의 현상에의 자신의 개입에 의해 고무되는 생각하기를 말하는 것이다.

아렌트의 '함께 생각하기'는 상상의 '방문하기'로 요약된다. 방문하기는 여행하거나 공감하거나 증언하기와는 대조적이다. 관람(여행)하는 사람은 방문하는 사람과는 달리 관람하는 대상과의 일정한 거리를 경험한다. 공감하는 사람은 다른 사람의 경험을 자신의 것으로 동화시킨다. 증언하는 사람은 '이것이 내가 세계를 바라보는 방식이다'라고 말하는 자기표현적(self-expressive)이다. 그리고 그는 공감적 확인을 바란다. 그러나 방문하는 사람은 단순히 관람만 하는 것도 아니고 무조건 공감만 하는 것도 아니다. 일정한 거리를 두고 방문하는 것도 아니고 공감하기 위해 방문하는 것도 아니다. 그는 생소한 다양한 시각들로부터 세계를 고려하기 위해서 세계 속으로 모험하는 사람이다. 그는 이야기하는 사람(story teller)이다. 이야기는 이야기하는 사람에게 방문하기를 권고하면서, '만약 당신이 나의 관점으로부터 그것을 본다면 세계를 어떻게 볼 것인가?'라고 묻는다. 이야기하는 사람은 철학자의 입장과 다르다. 철학자의 생각하기는 일반적 관점에서 생각의 대상과 일정한 거리를 두고 이루어진다. 이야기하는 사람은 특수적 관점에서 사건들을 서로 연결지우면서 이루어진다. 이야기하기는 추상적으로 관점들을 제시하지 않으며, 관점들을 개인적 증언으로 제시하지도 않는다. 이야기하기는 하는 사람과 듣는 사람이 '나란히 서서' 이루어지며, 거기에는 비판적 참여가 허용된다. 이야기하는 사람으로서 방문하는 사람은 서로 다른 관점들을 공감을 통해 동화시키려고 하지 않고 오히려 그 관점들이 자신의 것과 어떻게 다른지를 고려한다.

방문하기에는 일반성 내지 일정한 거리 두기와 공감 내지 연결짓기가 동시에 일어난다. 그것은 결국 상상(imagination)을 통해 가능한 것이다. "오직 상상만이 사건들을 적절한 거리에서 바라볼 수 있게 만든다. 적절한 거리를 둔다는 것은 실제로, 너무 가까운 것들을 제거하여 '편견과 선입견 없이' 사건들을 바라보고 이해할 수 있도록 충분히 강해야 하며, 먼 구렁텅이들(abysses)에 다리를 놓아서 너무 멀리 떨어져 있는 것들을 :마치 우리 자신의 사건인 양' 바라보고 이해할 수 있도록 충분히 강해야 한다는 점을 의미한다."(H. Arendt, 1994, 157) 칸트는 상상을 통해 일반적 관점을 유지할 수 있도록 비판적 거리를 확보할 수 있음을 강조한다. 아렌트에게 있어, 상상은 다양한 관점들을 드러나게 만들기 위해 관점들 사이를 연결짓는 기능을 수행한다. 그녀가 주장하는 상상의 기능은 두 가지이다. 하나는 어떤 것들을 제거하는 것이고, 다른 하나는 생소하고 알기 힘든 관점들을 서로 연결짓는 것이다. 방문하기에는 거리 둠의 상상과 연결짓기 상상이 동시에 일어난다. 적절한 거리를 둔다는 것은 멈추어서 생각할 수 있는 공간도 없는 현재의 즉시성으로부터 나를 분리시킨다. 그것은 또한 자기이익으로부터 한 발짝 뒤로 물러나게 만든다. 그래서 상황이 나에게 미치는 영향을 고려함이 없이 그 상황을 고려할 수 있게 한다. 방문하기는 또한 익숙하지 못한 것들을 서로 연결시킴으로써 '마치 그것이 내 자신의 사건인 양' 그것을 바라볼 수 있게 한다. 그것은 다양한 관점들 각각으로부터 하나의 사건에 대한 흥미 있는 이야기들을 구성하는 것과, 나 자신의 이야기와는 아주 다른 이야기에서 한 사람의 등장인물로서 내가 어떤 대응을 할 것인가를 상상하는 것을 포함한다. 그것은 특수한 것을 통해 일반적인 것에 도달하는 일종의 표상(representation)이다. 결국, 방문하기는 일반성의 유지를 위하여 거리를 두는 여행하기와 다르며, 다른 사람과 공감의 즉시성, 일종의 동화와 구별된다. "익숙하지 않은 관점으로부터 하나의 사건에 관한 이야기를 하기 위해서, 당신은 '자신의' 자리를 잡아야 한다. 즉, 당신은 그 자리와 떨어져 설 수도 없고 그것과 동일해질 수도 없다."(L. J. Disch, 1994, 158) 그것은 마치 여행을 하면서 가정의 안일함과 포근함을 모두 가지려고 하거나 가정이 아닌 곳에서도 스스로 가정에 있는 것으로 생각하는 것과는 다르다. 어떤 곳을 방문한다는 것은 새로운 장소로 여행하고, 익숙한 것은 뒤에 남겨두고, 안일하고 포근함을 누리려는 유혹을 버려야 한다. 결국 방문하기는 일반성과 즉시성, 동화와 지방성을 넘어서는 것이다. 그것이 요구하는 것은 '상황적 불편부당성'이다. 일반적 관점의 유지를 요구하는 추상적 불편부당성은 일종의 포괄주의일 수 있다. 그것은 다른 사람들을 모두 수용하고 포괄함으로써 다수성(plurality)을 무시할 수 있다. 불편부당하기 위해 나를 '다른 사람'으로 만드는 시도에서 '다른 사람들'을 나와 같은 자아들로 만들어버릴 수 있는 것이다. 그러나 방문하기는 나 자신을 '어느(any)' 사람으로 상상하기보다는 '그들이 나 자신인 것처럼' 다른 사람들의 사건들에 관심을 가지기를 요구한다. 이야기를 떠나서 나 스스로를 생각하기보다는 다른 누구의 이야기 속에 등장하는 주인공으로 나 자신을 생각하는 것과 같은 것이다. '상황적 불편부당성'은 옳음(right)이라는 추상적 기준을 준거로 정당화되는 것이 아니고, 서로 다른 다양한 관점들에 대한 방문하기를 통해 정당화되는 결정인 것이다.

4. 철학적 탐구 공동체를 통한 '함께 생각하기' 학습

'함께 생각하기'의 학습은 철학적 탐구 공동체를 통해 이루어져야 한다. 그런데 그것이 이루어지는 교실은 어떤 모습일까? '함께 생각하기'를 통해 무엇을, 어떤 방법으로 학습할까? 이는 '함께 생각하기'는 무엇을, 어떻게 생각하는가라는 질문과 동일한 질문일 것이다. 함께 생각하는 내용의 본질은 진리나 지식이 아니라 의미나 의견이다. 함께 생각하는 방법의 본질은 '함께' '탐구'하는 것이다. 즉, 함께 생각하기 학습은 '의미 탐구' 학습인 것이다.

먼저, 내용 문제를 검토해보자. 분명한 점은 (도)덕에 관한 생각하기 학습은 '지식'이나 '진리'를 직접 다루어서는 안 된다는 것이다. 덕은 지식이 아니라 의견이기 때문에 가르치기보다는 탐구하게 할 수밖에 없다고 한 소크라테스의 관점에 따른다면 그 점은 분명할 것이다. 더욱이 생각하기 자체는 진리가 아니라 의미 탐구를 내용으로 이루어지기 때문에 더욱 분명할 것이다. 생각하기의 학습은 어떤 유형의 지식이나 정보를 내용으로 다루어서는 결코 안 된다. 물론 특정 지식이나 정보를 다루더라도 그 자체가 학습의 본질이어서는 안 될 것이다. 아렌트는 생각하기에 몰두하여 어떤 지식이나 교의를 절대적 진리로 주장하는 것을 경계한다. 그녀가 생각해야 하는 것으로 제시한 것이 '의미(meaning)'이다. 지식 탐구는 지성적인 사람이나 일정한 지적 발달의 수준에 있는 어린이들에게 가능한 일이지만, 의미 탐구로서의 생각하기는 우매한 사람도 어린이들도 누구나 정상적이면 실행할 수 있다. 우매한 사람도 생각할 수 있듯이, 매우 지성적인 사람도 생각하지 못할 수 있다. 생각 없음이 악의 원천이기 때문에, 우매한 사람도 어린이들도 선한 사람일 수 있지만, 지성적인 사람도 성인들도 악한 사람일 수 있는 것이다.

칸트가 구분한 '이성'과 '지성' 중에서, 지성(내지 오성)은 확실하고 검증이 가능한 지식을 추구한다. 진리나 지식의 획득을 목표로 삼는 '앎(knowing)'과는 달리 생각하기는 의미를 파악하는 것이다. 이성과 생각하기는 인식과 지성의 한계를 초월하고 지성이 관여하는 것에 관심을 가지지 않는다. 이성의 필요는 의미 탐구에 의해 촉진된다. 의미 탐구로서의 생각하기는 경험하는 사건의 의미를 이해하고 행위의 미래를 예견하는 능력이 내재되어 있기 때문에 중요한 정신 활동이다. 우리는 상상력을 통하여 이전에 발생한 것에 관해 이야기를 시작함으로써 의미에 관한 생각하기를 시작한다. 우리는 사건을 보고 그 다음에 이해를 하게 된다. 즉, 생각하기는 사건을 이해하기 위하여 사건을 바라보는 것이 된다. 따라서 "삶이란 항상 생각하기와 동시에 이해되는 것이다."(J. Kristeva, 2001, 86)

생각함이 없이 단순히 내뱉는 말은 그냥 하는 말(talking)이지 진정한 의미의 말(speaking)이 아니다. 그 말은 행위에 어떤 의미도 부여하지 못한다. 정신 속에서 현상의 재현으로 진행되는 생각하기는 그 자체는 현상의 세계로부터 철수하여 일어난다. 그것은 가까이에 있는 것, 감각적인 것을 배제하는 대신에 멀리 있는 것을 드러나게 한다. 그러나 생각하기의 결과물인 정리된 관념들을 가지고 현상의 세계로 복귀를 지향한다는 점에서 생각하기는 하나의 활동이다. 그것은 인간의 살아 있음과 더 잘 살려고 함을 확인시켜주는 중요한 활동인 것이다. 따라서 생각하지 않는 삶은 살 가치가 없는 의미 없는 삶이다. 아이히만의 악행은 우리가 기존의 인습이나 규칙에 무조건 순응하여 구체적인 사건이나 사실들의 의미가 무엇인지를 반성적으로 생각하지 못한 데서 발생했다. 그는 자신이 명령을 충실히 이행하는 사람이라고만 생각했다. 그는 사회적으로 오랫동안 용인되어 온 인습적 규범이나 습속 등을 왜 따라야 하는지에 대한 아무런 숙고도 없이 그것을 맹목적으로 따랐기 때문에 올바른 판단은 고사하고 아무런 판단도 할 수 없었다. 그는 집단학살에 적극적으로 가담하면서도 그 의미를 파악하지 않았던 것이며, 그것이 바로 도덕적 악에 무감각했던 그의 모습이었던 것이다.

다음으로, 공동체에서의 '함께' 생각하기를 논의하자. 우리가 서로를 구성원들로 고려하는 것은 '함께 생각하기' 덕분이다. 말하지 않고 탐구 공동체에 앉아서 여전히 한 참여자가 될 수 있지만, 남의 말에 귀를 기울이지 않고 생각하지 않고서는 그 공동체 속에 앉아 있을 수 없다. 그는 교실 공동체의 한 성원인 것처럼 보이지만 공동 탐구의 참여자는 아닌 것이다. 공동체에 공동 참여한다는 것은 서로간의 특별한 친밀성을 가지는 것이다. '내'가 한 것과 '너'가 한 것을 단순히 종합하는 것은 공동 참여의 모습이 아니다. 카(David Carr)는 동시에 동일한 일을 하는 다수의 사람들과 그것을 '함께' 하는 사람들 사이의 차이를 구분한다. 즉, '나'의 경험이나 활동들의 종합이 아니라 '우리'의 경험이나 활동을 구분하는 것이다. 그는 에펠탑을 바라보는 사람들을 예로 든다. 다수의 다른 사람들도 역시 그것을 바라보고 있는 동안 우리는 혼자 그 탑을 방문하여 그것을 볼 수도 있고, 한 친구와 함께 그곳을 방문하여 '서로 나란히 그곳에 서서' 바라볼 수 있다. '함께' 본다는 것이 그 차이점이다. 내가 그것을 보는 것으로, 그리고 당신이 그것을 보는 것으로 묘사한다면, 그것은 '함께' 보는 것을 묘사하는 것이 아니다. 나와 당신의 바라봄의 상호관계에 대한 우리의 의식이 중요하다. '함께' 본다는 것은 공동의 주체를 경험한다는 의미이다. "'함께' 본다는 것은 대상의 의미를 확대시키고, 우리는 그 봄들을 흡수하는 복합적인 전체가 된다. … 함께 보는 우리들 각각의 주체는 우리에게서 발생하는 복합적인 경험에 적절하게 접촉한다. 우리는 복수적 주체를 경험하는 것이다. 우리의 참여가 타자들의 참여에 대한 우리의 의식을 포함하고, 마찬가지로 그들의 참여가 우리의 참여에 대한 그들의 의식을 포함한다는 새로운 의미가 발생한다."(J. Glaser, *Thinking*, vol. 14, no. 1, 18) 결국, '함께 본다'는 것은 각각의 경험과 동시에 서로의 경험을 경험한다는 것이다. 이점이 탐구 공동체 학습에 무슨 의미를 주는가? 탐구 공동체 학습을 통해 '우리는 우정과 거짓말은 양립할 수 없다고 생각하기 시작했다'라고 말하는 것은 '나도 그렇게 생각했다', '너도 그렇게 생각했다'고 말하는 것일 뿐만 아니라 '우리'라고 말함으로써 너와 내가 이 점에 함께 참여한다는 사실을 경험했음을 인정하는 것이다. 탐구 공동체에서의 '함께' 생각하기는 '세 가지 방식의 관계(three way relation)', 즉 "나에게서의 의미(당신에게서의 의미에 대한 나의 평가를 하나의 요소로 포함시키는), 당신에게서의 의미(나에게서의 의미에 관한 당신의 평가를 하나의 요소로 포함시키는), 공동 탐구가 진행될 가능성들에 대한 우리 공동의 의견의 병렬로부터 생길 수 있다."(Ibid.)

생각하는 사람은 혼자서 생각할 수 없다. 다른 사람의 공동 참여를 통해 생각하기는 가능해진다. 따라서 '나는 생각한다'는 말은 더 이상 성립할 수 없고, '우리가 생각한다.' 생각하기에의 공동 참여가 바로 의사소통(communication)이다. 따라서 생각의 대상은 생각하기의 '목적'이 아니고 의사소통의 '매개체'이다. 의사소통의 대상을 의사를 전달받는 존재로 보는 한 진정한 의사소통은 불가능하다. 의미 있는 존재는 의사소통 주체들이다. 생각한다는 것은 서로 배우고 서로 의사소통하는 이중 기능을 가진다. 이 기능은 대상에 대한 지식이나 의미를 지도하거나 알게 하는 것이 아니다. 그 대상에 대한 의미를 서로 의사소통한다는 것이다. 그 과정에서 수동적인 주체란 있을 수 없다. 의사소통은 생각의 대상에 공동으로 접근하는 주체들이 그 대상의 내용과 의미를 서로 이야기하는 것이다. 따라서 의사소통은 대화 속에서 이루어진다.

마지막으로, 철학적 탐구 공동체를 통한 '함께 생각하기' 학습의 방법적 특징을 살펴보기 위해 '협동학습(cooperative learning)'에 대한 비판적 검토를 하고자 한다. 요지는 협동학습은 '생각하지 않기(nonthinking)'의 조건을 조성한다는 것이다. 그것의 본질은 '긍정적 상호의존성'이다. 긍정적 상호의존성은 '협동작업(teamwork)'의 특성이다. 그 작업에서는 모두가 배울 수 있도록 학생들은 함께 작업한다. 협동학습의 성공은 모두에게 유익한 결과에 대한 학생들의 몰입에 달려 있고, 그 몰입 여부는 함께 학습하기의 목적에 대한 '통찰'에 의해 결정된다. 학생들은 다른 학생들의 작업은 우리에게 도움이 되고, 우리들의 작업은 그들에게 도움이 된다는 것을 지각해야 한다. 상호의존성에 대한 학생들의 지각은 협동학습의 본질이지만, 그 본질에 대한 철학적 검토는 이루어지지 않는다. 왜 학생들이 함께 학습하기를 바라는지를 근본적으로 검토하지 않는다. 그 지각은 마치 자연적인 반응인 양 당연시된다. 다만 협동학습이 실패할 경우 협동학습의 전략을 잘 수행하지 못한 교사의 책임을 묻거나, 전략을 수정하는 것으로 대처한다. 협동학습의 주창자들은 비고츠키의 이론에 바탕을 둔다. 그는 유아 시절에 생각하기와 말하기는 분리되고 평행적인 과정들로서 발달하지만, 어떤 시점에서 두 가지 과정들은 종합되어 새로운 과정을 만든다고 주장한다. 즉, 말하기와 생각하기는 서로를 고양시키고 서로를 발달시킨다는 것이다. 그는 소리 없이 이루어지는 '내적' 대화로서의 생각하기는 어린이 발달에서 아주 늦게 등장한다고 주장한다. 그래서 관조적인 생각하기로서의 '내적 말하기'는 의사소통이나 '사회적 말하기(social speech)'로부터 발달한다는 것이다. 그에게는 '사회적 말하기'가 일차적인 것이다. 협동학습 이론의 근본은 바로 이 점이라고 볼 수 있다. 여기서는 생각하기의 근원은 말하기와 의사소통 행위인 것이다. 그것이 사실이라면 "협동학습 모델은, 지식은 공동-인지(co-cognizing)를 통해 만들어지고, 학생들이 공동-창조하고(co-creating) 공동-문제-해결하는(co-problem-solving) 지속적인 공동 활동에서 진정한 학습이 이루어진다는 주장을 강화시킬 것이다. 협동학습 이론가 브루페(Kenneth Bruffee)는 '우리는 서로와 함께 말할 수 있기 때문에 생각한다'고 말한다. 그 까닭은 성찰적 생각하기는 내적인 사회적 담화(conversation)이기 때문이다."(M. Gordon, 2001, 206) 협동학습 이론가들은 사회적 말하기의 선행성과 우선성을 주장한다. 따라서 협동학습은 의사소통을 중심으로 이루어진다. 여기서는 생각하기는 오히려 가려질 것이다. 아렌트의 관점은 관조나 내적 대화가 선행적이고 우선적이라는 것이 결코 아니다. 비판의 대상은 비고츠키의 관점이 아니고, 오히려 그것을 수용하는 방식이다. 협동학습은 '내적 말하기'의 여지를 남기지 않고, 학생들에게 끊임없이 '말하도록' 요구함으로써 '아이처럼 천진스럽게 만드는' 것 같은 생각하기 모델이다. 명상과 관조로서의 생각하기를 추방한다는 점에서는 아렌트와 협동학습 이론가는 동일하다. 아렌트는 생각하기를 일종의 활동으로 주장하지만, 그녀는 그 둘을 구분한다. 즉, 생각하기는 일상적 삶으로부터 철수하여 일어나는 고독한 활동이다. 다시 카토의 금언, "아무 일도 하지 않을 때 가장 활동적이다. 자기 혼자 있을 때 가장 덜 외롭다."를 상기하자. 생각하기는 공동의 세계로부터 철수하여 다른 사람들과 함께 있지 않을 때 이루어진다는 것이다. 그리고 그것도 일종의 활동이라는 것이다. 이 점은 아렌트가 생각하기를 '방문하기'로 은유한 점과 상반되는 것 같다. 그러나 일상적 세계로부터의 철수는 동료들의 동아리로부터의 단절을 의미하는 것이 아니고, 동아리 속에서의 활동의 방식이나 태도를 바꾼다는 의미이다. 철수하는 행위는 생각하기 자체를 구성하는 것이 아니고 그것을 위한 하나의 준비과정일 따름이다. 생각하기는 의사소통 내지 말하기 활동으로부터 철수할 때 이루어질 수 있다. 그 철수는 공간적 철수가 아니고 공동 학습에 참여하는 방식이나 태도를 다르게 가진다는 의미이다. 말하기를 중심으로 참여하는 방식이 아니라 생각하고 말하고 의사소통하는 방식으로 공동 학습에 참여하는 것이다. 협동학습은 의사소통하기나 말하기를 중심으로 이루어지지만, 철학적 탐구 공동체 학습은 말하기와 의사소통의 과정을 통한 '함께 생각하기'를 중심으로 이루어지는 것이다. 따라서 협동학습은 자칫 토론(discussion)의 학습일 가능성이 높은 반면, 철학적 탐구 공동체에서의 '함께 생각하기' 학습은 전적으로 대화학습인 것이다.

아렌트의 관점을 수용하는 철학적 탐구 공동체에서의 학습은 공동체를 떠나기보다는 그 속에서 관조를 위한 정신적 공간을 마련하는 학습 모델이다. 동아리로부터의 철수, 즉 생각하기의 준비는 '긍정적 독립성'의 경험을 통하여 생각하기를 시작하는 것을 목표로 삼는다. '긍정적 독립성'은 독립적으로 그리고 더욱 중요하게는 반성적으로 작동할 수 있는 학생의 욕망과 능력에 특권을 부여하는 경험을 가리킨다. 물론, 그러한 경험들은 '긍정적 상호의존성'의 협동학습과 상반되지만, 반드시 갈등하는 것은 아니다. 사실, 관조의 교수법이 자기중심적 개인주의를 불러일으킨다면 역효과를 낼 것이다. 협동학습이 학생들로 하여금 하나의 팀으로 작동하게 하려고 하는 반면, 아렌트가 말하는 공동체를 통한 생각하기 학습은 학생들이 멈추어서 스스로 생각하는 방식의 학습이다. 카토의 금언에서 말하듯이, 생각하기는 인간이 세계로부터 철수할 때 일어난다. '세계 속에 있고', 일상적 삶의 업무에 몰두하거나, 다른 사람들과 함께 활동하고 있을 때에는 생각할 수 없다는 것이다. 공동체 속에서 함께 학습 활동을 하지만 함께 노동하는 것처럼 활동하는 학습이 아니고 함께 방문하는, 즉 함께 생각하는 학습인 것이다. 축제에 활동가로 직접 공동 참여하는 식의 학습이라기보다는 방문자로서 공동 관찰하는 식의 학습이다. 물론 협동학습은 교사들이 더 이상 학습의 과정을 독점하지 않는 동료 매개적인 학습이다. 그러나 동료 매개라는 점이 학생들이 동아리로부터 철수하기를 저해할 수 있고, 그것은 곧 생각하기의 시작 단계를 막아버리는 결과를 가져온다. 협동학습에서는 동료들 간의 우정을 강조하겠지만 탐구 공동체 학습에서는 동료들 간의 우정은 물론 자신과의 친밀한 우정도 함께 강조된다. 따라서 철학적 탐구 공동체를 통한 '함께 생각하기' 학습은 남들과의 대화에 참여하는 듣고 말하는 활동하기 학습은 물론, 자신과의 대화에 참여하는 생각하기 학습이 분리되지 않고 동시에 일어나는 것이다.

5. 결론

우리의 도덕교과교육은 여전히 '생각하기' 학습과는 너무 거리가 멀다고 생각한다. 일방적으로 정보나 지식을 전달하는 교육의 수준을 벗어나지 못하고 있다. 자신이 생각하는 삶의 모습을 보여주지 못하는 교사들이 '우리 … 생각해보자'는 말 정도로 끝나는 교과서를 가지고 어떻게 그 어렵고 까다로운 '함께 생각하기' 학습을 안내할 수 있겠는가? 생각하지 않음이 악의 근원임을 생각한다면, 도덕교과는 반드시 '함께 생각하기' 학습으로 그 모습을 바꾸어야 할 것이다. 필자는 최근 '전혀 생각이 없는' 현대판 아이히만과 같은 도덕교육 교수를 만나면서, 왜 도덕교과가 걸핏하면 폐지의 위기에 처하고, 지금도 그 위기의 조짐이 고개를 내밀 정도로 그 실효성을 상실하고 있는지 그 이유를 알게 되었다. 한마디로, 생각하기 학습의 부재가 그 원인이었다고 확신한다. 생각 없이 법을 어기고 반성은커녕 변명만을 일삼고, 법의 몽둥이에 아픔을 느끼지 못한다면, '생각 없는' 사람이 아닐까? 그 정도의 교수가 도덕교육을 강의하고, 어린이들의 영혼을 일깨울 교과서를 집필해서는 결코 안 될 것이다. 교과서도 잘 정리된 지식들과 감동적인 장면들의 자료집이어서는 안 된다. 지식의 전달이 도덕교과교육의 본질이 아니며, 인격 함양을 위한 도덕교과교육이 요구하는 진정한 공감은 정서적인 공감만이 아니라 이성적인 공감이기 때문이다. 감동적인 장면은 오히려 학생들의 생각하기를 저해할 수 있다. 한마디로 도덕교과교육은 '함께 생각하기' 학습이어야 한다. 교과서 역시 '함께 생각하기'의 자료집이어야 할 것이다. 도덕교과교육이 새로운 모습으로 탈바꿈하지 못한다면, '도덕과'가 계속 존속할 이유가 없을 것이다.

'생각하기'는 본질적으로 '함께 생각하기'이다. '함께 생각하기'는 '방문하기'로 은유될 수 있다. 방문한다는 것은 단순히 여행하는 것도 아니고, 공감하는 것과도 다르다. 여행하는 것은 대상을 일정한 거리에서 바라보는 것이며, 공감은 다른 사람의 경험을 나의 경험으로 동화시킨다. 방문하기로서의 '함께 생각하기'는 일반성, 즉 대상과 일정한 거리 두기와 공감, 즉 연결짓기가 동시에 일어난다. 그것은 '상황적 불편부당성'을 요구하는 것이다. 옳음이라는 추상적이고 일반적인 기준에만 몰입하지 않으면서 다양한 관점들에서 현실의 사건들을 방문하여 그 옳음을 판단하는 것이다. 도덕교과교육에서도 원리나 규범만을 강조하지 않고 상황을 함께 방문하여 고려하면서 옳음과 그름을 판단하는 방식의 '함께 생각하기' 학습의 모습이어야 할 것이다.

그런 모습의 도덕교과교육은 철학적 탐구 공동체 학습을 통해 가능할 것이다. 여기서는 도덕적 원리나 지식을 일방적으로 전달하는 가르침(teaching)이 아니라 삶의 의미들을 스스로 탐구하는 배움

(learning)이 이루어질 것이다. 그것은 진리나 지식을 '아는' 것이 아니라 의미를 '탐구'하는 학습인 것이다. 그런 학습은 주로 대화나 이야기하기를 통해 이루어질 것이다. 그러나 그것은 협동학습과는 다르다. 협동학습은 대화에 적극 참여하여 공동의 노력으로 진리나 지식을 알아나가는 식의 학습이다. 그러나 철학적 탐구 공동체에서의 '함께 생각하기' 학습은 공동체에 적극 참여하여 남의 말에 귀를 기울이고 자신의 의견을 적극적으로 말하면서도, 결코 여기서 머물지 않고 그런 활동에서 철수하여 '자기 자신과의 대화'인 생각하기에도 적극 참여하는 학습이다. 여기서는 동료들과의 대화 활동보다도 자신과의 대화 활동인 생각하기가 중심적인 것이다. 그 두 가지가 활발하게 이루어지는 공동 탐구 학습이 '함께 방문하기'로서의 '함께 생각하기' 학습인 것이다.

[참고문헌]

성일제 외(1989), 『국민학교 사고교육의 이론과 실제』, 서울: 배영사.
Arendt, Hannah, 홍원표 옮김(2004), 『정신의 삶 I: 사유(The Life of the Mind: Thinking)』, 푸른 숲.
Arendt, Hannah(1957), The Human Condition, Chicago: University of Chicago Press.
____(1994), "On the Nature of Totalitarianism: An Essay in Understanding", Library of Congress, MSS Box 76, 12, Lisa Jane Disch, Hannah Arendt and the Limits of Philosophy, Ithaca and London: Cornell University Press.
____(2003), "Thinking and Moral Considerations", J. Kohn, ed., Responsibility and Judgment, New York: Schocken.

Birmingham, Peg(1999), "Hannah Arendt: The spectator's vision", Joke J. Hermsen & Dana R. Villa, eds., *The Judge and the Spectator: Hannah Arendt's Political Philosophy*, Belgium: Peeters.

DeVries, R. & Zan, B. S.(1994), *Moral Classrooms, Moral Children*, New York: Teacher's College Press.

Glaser, Jen, "Thinking Together: Arendt's Visiting Imagination and Nussbaum's Judicial Spectatorship as Models for a Community of Inquiry", *Thinking: The Journal of Philosophy for Children*, vol. 14, no. 1.

Gordon, Mordechai(2001), *Hannah Arendt and Education: Renewing Our Common World*, Colorado: Westview Press.

Kristeva, Julia(2001), *Hannah Arendt: Life is a Narrative*, trans. by Frank Collins, University of Toronto Press.

Lipman, Matthew, 박진환·김혜숙 옮김(2005), 『고차적 사고력 교육』, 도서출판 인간사랑.

Lipman, Matthew(1991), *Thinking in Education*, Cambridge, New York: Cambridge University Press,

Plato, *Apology*, 30a, J. M. Cooper, ed.(1997), *Plato: Complete Works*, Indianapolis: Hackett Publishing Company.

제 10 장

아크라시아와 도덕교육: 도덕적 앎과 도덕적 행위 사이의 연계성을 위한 도덕교육

1. 서론

"도덕교육에서 가장 중요한 문제는 지식과 행동의 관계와 관련된다."(J. Dewey, 1966, 360) 그러나 지금까지 우리의 도덕교과교육은 이 문제를 근본적으로 해결하지 못한 것 같다. 지식과 행동 내지 사고와 행위 사이의 연계성을 확보하는 도덕교과교육만이 존재의 이유를 가질 수 있을 것이다. 연계성 확보를 위한 도덕교과교육은 '해야 한다(ought)'는 점을 알고 믿고 판단하게 하는 교육보다는 앎과 믿음에 따라서 행동할 수 있게 하는 점에 중점을 두어야 한다. 그것은 곧 행동방식(what)보다는 행동이유(why)에 대한 교육이 중심적이어야 한다는 것이다. '어떤 행동을 해야 한다'는 내용(what)보다는 '왜 그런 행동을 해야 하는지'(why)가 도덕교과교육의 주된 내용이어야 한다.

'해야 한다'는 점을 알거나 믿거나 판단하면서도 그것을 '행동하지' 못하는 것을 '아크라시아(akrasia)' 내지 '도덕적으로 나약함(moral weakness)'이라는 말로 표현할 수 있을 것이다. 그리스어의 아크라시아는 '제어하지 못함', '자제력이 없음', '도덕적으로 나약함' 등 다양하게 번역된다. "아크라시아의 상태는 옳음/그름, 선/악 등에 관한 믿음을 가지고 있음에도 자기통제가 되지 못해서, 해야 하는 것을 하지 못하고 하지 말아야 할 것을 하게 되는 상태이다. 가치에 관한 믿음을 유지시키기 위해 자신의 욕망을 제어한다면 자제하는 사람(enkrates)이 되고, 자신의 감성적 욕망을 제어하지 못하여 일시적으로 가치에 대한 믿음을 잃게 된다면 자제하지 못하는 사람(akrates)이 된다."(M. Pakaluk, 2005, 234) 도덕성과 관련하여, 도덕적인 책무에 관해 알고 믿고 판단을 내리면서도, 감정적인 욕망 때문에 그 책무를 어기는 행동을 한다면, 그것을 '도덕적으로 나약함'으로 부를 수 있을 것이다.

사람들은 종종 도덕적으로 나약하다. 무엇이 도덕적인 것인지를 몰라서 비도덕적인 행위를 하는 경우는 드물고, 알면서도 다양한 이유들 때문에 그것을 실행하지 못하는 경우가 대부분이다. 아는 것을 반드시 실행하는 것은 그 사람의 덕(virtue) 내지 성품(character) 때문이다. 덕은 어원상 '에너지'를 의미한다. 그 에너지는 앎을 행위로 옮기는 힘을 가리키는 것이다. 따라서 도덕이 무엇인지 알고 믿고 판단하게 하는 인지 교육은 진정한 덕 교육과는 거리가 있다. "도덕교과교육을 통해, 예를 들어서, 눈 먼 사람들이 길을 건너는 것을 돕는 것이 옳다고 어린이들에게 가르칠 수도 있고, 눈 먼 사람들이 길을 건너는 것을 돕는 방법을 가르칠 수도 있고, 눈 먼 사람들이 길을 건너는 것을 돕기를 가르칠 수도 있다. '무엇을 가르치기(teaching that)'는 '무엇에 관한 지식(knowledge that)'을 가지게 하고, 그런 가르침을 받은 사람은 눈 먼 사람들이 길을 건너는 것을 돕는 것이 옳다고 말할 수 있을 것이다. '방법을 가르치기(teaching how)'는 '방법에 관한 지식

(knowledge how)'을 가지게 할 것이다. 그런 가르침을 받은 사람은 그 과제를 수행하는 데 필요한 기술들을 습득할 것이다. '행동하기를 가르치기(teaching to)'는 특정한 상황들에서 옳은 대응을 하게 할 것이며, 그런 가르침을 받은 사람은 지속적으로 그런 방식으로 행동할 것이다. 그러나 지식을 행동으로 이동시키는 데 필요한 그런 기술들의 습득 없이 '무엇을 가르치기'는 전적으로 가능하며, 실제 삶 상황에서 학습자들의 실제적인 행동에 어떤 영향을 주지 않고도, '무엇을 가르치기'와 '방법을 가르치기'는 가능한 일이다."(R. Straughan, 1989, 74-90 참고) 지금까지의 도덕교과교육은 단순히 어린이들에게 옳음과 그름 내지 선과 악의 차이만을 강조하는, '무엇을 가르치기'의 수준을 넘어서지 못했다고 생각한다. 그런 교육이 가능했던 것은 다음과 같은 가정에 바탕을 두었다. 즉, '그른' 행동과 구별된 '옳은' 행동 내지 '악한' 행동과 구별된 '선한' 행동이 어떤 것인지를 배운다면 반드시 자동적으로 '옳고 선한' 행동으로 이어질 것이라는 가정이다. 이 가정은 너무 순진하다. 즉, "'옳음과 그름 사이의 차이를 가르침'과 일반 '도덕교육'의 근본적인 모호성을 드러낸다. 그런 가르침은 단순한 형식적인 문구(verbalism)로 변질되고, 그것이 지나치게 많은 의미와 성과를 가진 것으로 여겨지는 것이 너무나 쉬운 일이기 때문이다. 구두적인(verbal) 규정에 너무 의존하는 도덕적 가르침은 분명 도덕적으로 나약함에 빠지기 쉽고, 그 도덕적으로 나약함은 학습자들의 행동의 측면에서 어떤 실효성을 가지지 못하게 할 것이다."(R. Straughan, 1999, 263 참고)

이 글은 앎과 행위의 연계성에 중점을 두면서 도덕적으로 나약함을 해결하는 진정한 도덕교과교육의 모습을 위한 이론적 검토를 하고자 한다. 우선, 아크라시아(도덕적으로 나약함)에 관한 기존의 이론들을 정리하고, 다음에 도덕적 판단과 도덕적 행위, 도덕적 이유와 도덕적 행위 등의 연계성을, 그것들이 가지는 도덕교육에의 함의들과 함께 검토하고, 도덕적 앎과 도덕적 행위와의 연계성을 높이기 위한 도덕교육의 방법을 제시하고자 한다. 그것은 곧 성품 교육으로서의 도덕교육으로 제시될 것이다.

2. 덕과 아크라시아

소크라테스는 덕은 선(good)에 관한 지식이라고 주장하면서, 선이 무엇인지를 아는 사람은 누구나 그 지식에 반하여 행동할 수 없으며, 덕스럽지 못한 행동은 선에 관한 무지의 산물이라고 주장한다. 자제력이 부족하여 무엇이 선인지를 알면서도 다르게 행동할 가능성을 고려하지 않는다. 우선 그는 『프로타고라스』에서 지식에 관한 일반인들의 생각과 자신의 생각이 다름을 다음과 같이 말한다. "지식은 막강한 것도 아니고, 선도자도 아니고, 지배자도 아니라는 것이 일반인들의 지식에 관한 생각입니다. … 사람이 종종 지식을 가지고 있을 동안에도 그를 지배하는 것은 지식이 아니고 다른 어떤 것, 때로는 욕망, 때로는 쾌락, 때로는 고통, 다른 때에는 사랑, 종종 두려움일 것입니다. 일반인들은 그의 지식을 마치 노예처럼 그런 다른 것들에 끌려 다니는 것으로 생각합니다. … 만약 누군가가 무엇이 선이며 악인지를 알고 있다면 지식이 지시하는 것과는 다르게 행동하도록 어떤 것도 강요하지 않을 것이며, 지성이 사람을 구하는 데 충분한 힘을 가진 것입니다."(Plato, *Protagoras*, 352b-c) 쾌락이나 고통 등에 의해 압도당하거나 지배당하기 때문에 최선인 것을 알면서도 실행하지 못한다는 일반인들의 생각에 반대하면서, 소크라테스는 모르기 때문이지 알면서 그렇게 하는 것은 아니라고 주장한다. 그는 감정이나 의지는 고려하지 않고 오직 지식(이성)만이 인간 행위의 동기가 되는 것처럼 주장하고 있다.

그러나 『프로타고라스』에서 지식이 쾌락 등에 의해 압도당한다는 점을 논의하면서, 이미 소크라테스는 덕이 지식이라는 도덕적 주지주의의 입장을 약간 달리하고 있다(아래 내용 K. Dorter, 1997, II를 참고). "선한 것들은 다만 그것들이 쾌락을 가져오거나 고통을 줄이거나 피할 수 있게 하기 때문이다."(Plato, *Protagoras*, 354b) "자주 사람은 악이 악인 줄 알면서 그리고 그것을 하지 않을 수도 있을 때에도 쾌락에 끌리거나 압도당하여 그런 악행을 저지를 수 있다고 한 말이나, 사람이 선이 무엇인가를 알면서 순간적인 쾌락에 압도당하여 선행을 하지 않으려고 한다고 한 말은 터무니없는 말이다. … (쾌락을 가져오는 것이 선이기 때문에) 우리는 하나의 선에 의해 압도당한다. 그러나 우리가 선한 것에 의해서 압도당하기 때문에 선한 것을 행하지 못한다고 말하는 것은 타당하지 않다."(Ibid., 355a-c) "그것은 우리가 더 작은 선(쾌락)을 더 큰 선이라기보다 더 나은 선으로 잘못 지각함을 의미한다."(Ibid., 355e) "우리에게 더 가까이 있는 것이 항상 더 멀리 떨어져 있는 것보다 더 크게 보이고, 소리도 가까이서 들으면 크게 들리고 멀리서 들으면 작게 들리듯이, 즉각적인 만족은 장기간의 만족보다 더 막강하게 끌어당기기 때문에 그런 일이 일어날 수 있다."(Ibid., 356a-c) "그래서 필요한 것은 우리로 하여금 그것들의 우리에게의 근접성과는 독립적으로 경쟁하는 선들을 저울질하고 비교할 수 있게 하는 측정하는 기술이다."(Ibid., 356d) "이것이 일종의 지식이기 때문에, 분명히 덕은 지식에만 의존한다."(Ibid., 356e, 357c) "쾌락에 의해 압도당함은 무지함을 의미할 뿐이다."(Ibid., 357e) 소크라테스가 지식보다 더 강한 것이 있을 수 있다는 일반인의 생각을 공격하기 시작하면서, "지혜(wisdom)와 지식(knowledge)은 … 모든 인간적인 일들 가운데 가장 강한 것"이라고 말했다(Ibid.,

352c-d). 그 논쟁의 마지막에 지혜의 개념이 다시 등장한다. 즉, "압도당함은 무지일 따름이다. 그리고 자제(self-mastery)는 지혜일 따름이다."(Ibid., 358c) 그는 『메논』에서 덕은 가르칠 수 없는 것이라고 주장했다. 덕이 지식이라면 가르칠 수 있을 것이지만, 덕은 가르칠 수 없는 다른 종류의 지식 곧 지혜인 것이다. 덕을 가르치는 교사들이 없다는 그의 주장 역시 덕은 일종의 지식이 아니라는 점을 함의한다(Plato, *Meno*, 89d-e). 지혜는 일종의 기술이다. 그것은 결국 자제력을 가진 지식이 아닌 것이다.

덕은 곧 지식이고, 지식은 자제력을 가지기 때문에, 도덕적으로 나약함으로서의 아크라시아는 불가능하다는 소크라테스의 주장은 『국가』(여기에서의 소크라테스의 주장은 플라톤의 관점이라는 것이 일반적인 해석임)에서의 혼(soul) 삼분설에 의해 그 내용이 달라진다(아래 내용 K. Dorter, 1997, II를 참고). 동일한 대상에 대한 우리의 갈등은 내적인 구분이 있기 때문이라는 것이다. 즉, "동일한 것이 그 자체의 동일한 부분에서 동일한 것과 관련하여, 동일한 순간에 반대되는 것들을 하거나 받아들이지 않을 것임은 분명하다. 그래서 만약 우리가 혼에서 이런 일이 일어나고 있음을 알게 된다면, 우리는 하나로서 행동하지 않고 많은 것으로 행동하고 있음을 알 것이다."(Plato, *Republic* IV, 436b) 우리는 술 마시기와 관련하여 상반된다. 이성과 욕망이 상반하는 것이다. 쾌락을 좋아하는 부분(욕망)은 한 가지를 원하지만, 지식을 사랑하는 부분(이성)은 그 반대가 우리에게 선하다고 주장하는 것이다. 이성과 욕망은 다른 것이다. 때때로 우리는 어떤 것들에 대해 욕망을 가지면서 그 욕망을 가짐에 대해 스스로 분개한다. 그래서 기개와 욕망도 다른 것임이 분명하다. 때때로 이성은 우리에게 분노를 통제하라고 말하고 그래서 이성과 기개(spiritedness)도 구분되는 것이 틀림없다. 『국가』 후편 『티마이오스』에서는 혼 삼분의 생리적인 토대까지 가정한다. 두뇌에 이성을(Plato, *Timaeus*, 44d), 목과 횡격막 사이에 기개를, 횡격막과 배꼽 사이의 가슴 아래에 욕망을(Ibid., 70a) 위치시킨다. 그것들의 심리적인 차이들은 두뇌의 유관한 세 부분들의 생리적인 차이들로 증명된다. 그것들은 진화된 시간들이 달랐고, 각각 준독립적으로 작동한다. 혼의 세 부분들은 본성상 서로 배타적이지만, 그것들의 활동에서는 상호의존적이다. 즉, 그것들 각각은 욕망들을 가지고, 각각은 이성을 이용하고, 각각 기개를 가져야 한다. 그것들은 서로 경쟁하기 때문이다. 그래서 혼의 세 부분들은 추상적으로는 서로 배타적이지만, 구체적으로는 본질적인 활동의 부분으로서 서로를 이용한다고 말할 수 있다.

덕은 자제력을 가진 지식일 수 없다. 그래서 도덕적으로 나약함은 가능하다. 알고 믿고 판단하면서도 그대로 실행하지 못하는 일은 일어날 수 있다. 지식(이성)이 욕망과 기개를 제압할 수 없기 때문이다. 덕이 지식이라는 말은 지식이 있어야 덕이 생길 수 있음을 의미한다. 알고 행동하는 것이 덕이기 때문이다. 그런데 덕이 지식일 수 없다면, 즉 지식이 덕을 위한 필요조건이 아니라면 지식 외의 다른 무엇이 우리를 덕스럽게 만들 수 있는가? '메논의 역설'에의 대응을 통해 소크라테스는 이 문제를 해결한다. 메논은 덕의 본질을 알고자 하는 소크라테스의 노력에 도전한다. 즉, "소크라테스, 당신은 그것이 무엇인지 전혀 모르면서, 그것을 어떻게 찾을 것입니까? 당신이 모르는 어떤 것을 탐색하고자 어떻게 의도하십니까? 만약 당신이 그것을 만난다면, 그것이 당신이 알지 못한 것이라는 것을 당신은 어떻게 알 것입니까?"(Plato, *Meno*, 80d) 소크라테스는 사전에 지식을 가지지 않고 덕인 지식을 우리가 어떻게 획득할 수 있는가를 설명한다. "지식으로 시작하지 않고 직관에 의해 정당화되는 의견들로 시작한다. 진실한 의견은 완전한 지식을 위한 길을 연다. 기하학에 관한 노예의 학습에서의 의견, 직관, 반복된 경험을 통한 지식에 따라서 다음의 계기는 우리의 덕 학습에 적용된다. 즉, (1) 덕에 관한 관념들은 우리의 삶들을 통해 우리에게 전달된다. (2) 그것들의 어떤 것은 옳다는 점을 우리는 직관적으로 인식한다. 그러나 이것은 우선 하나의 의견일 뿐이다. (3) 만약 우리가 덕에 관한 우리의 진실한 의견들을 반복적으로 실천에 옮긴다면, 결국 우리는 그것들의 진실에 관한 완전한 지식을 가질 것이다. 그런 방식으로 우리는 덕은 지식이라고 말할 수 있다." (K. Dorter, 1997, III) 진실한 의견을 지식으로 바꾸는 것은 그 이유들을 찾아내는 것이며, 진실한 의견은 선에 영향을 미친다. "우리가 진실한 의견들을 실천으로 옮기고 그것들의 진실을 직접적으로 확인하는 내적 경험을 발견할 때 그것은 다만 파악되고 회상될 수 있을 뿐이다. 그런 경험은 탐욕과 열정의 도전들을 견디기에 충분히 확고한 덕스러운 이유를 발견할 수 있는 유일한 길이다."(Ibid.)

그러나 아리스토텔레스는 아크라시아를 적극적으로 논의한다. 그는 다음과 같이 말한다. "일부 사람들은 소크라테스의 주장에 동의하지만 다른 사람들은 동의하지 않는다. 그들은 지식보다 더 강한 것이 없다는 데는 동의하지만, 더 나은 것으로 보이는 것에 반하여 행동하지 않는다는 데에는 동의하지 않는다. 그러므로 그들은 자제력이 부족한 누군가는 쾌락들에 의해 압도당하는 지식을 가지지 않고 단지 의견을 가질 뿐이라고 말한다."(Aritstotle, *Nicomachean Ethics*, 1145b31-5) 그가 주장하는 바는, 지식은 그것이 완벽한 의미에서의 지식이 아닐 때 압도당할 수 있으며, 일상적으로 지식이라 불리는 것은 더욱 정확하게 묘사한다면 단지 의견일 따름이라는 것이다. 그가 말하는 아크라시아, 즉 자제력이 없음은 "악덕(vice), 야만성(brutishness)과 함께 피해야 할 인간성이다."(Ibid., 1145a16) "어떤 사람이 강하고 지나친 쾌락이나 고통에 진다고 한다면 그것에 이상한 일은 없다. 만일 그가 저항을 했는데도 졌다면 우리는 그를 쉽게 용서한다. ··· 그러나 견딜 수 있는 쾌락이나 고통에 저항하지 못하고 지는 사람은 한심한 사람이다."(Ibid., 1150b6-9) "방종한 사람은 고쳐질 가망이 없고, 자제력이 없는 사람은 고쳐질 가능성이 있다. 사악함은 수종이나 폐결핵과 같은 질병이고, 반면에 자제력이 없음은 간질병과 같다. 전자는 지속적으로 생기는 나쁨이고, 후자는 간혹 생기는 나쁨이다. 일반적으로 자제력이 없는 것과 악덕은 그 종류가 다르다. 악덕은 의식되지 못하지만, 자제력이 없음은 의식되지 못하지 않는다. 자제력이 없는 사람은 합리적인 원칙을 가지고 있지만 그것을 따르지 않는 사람보다 나은 사람이다. 왜냐하면 후자는 더 약한 정념에도 넘어가며, 또 전자와는 달리 사전에 심사숙고함이 없이 행동하는 것도 아니기 때문이다. 자제력이 없는 사람은 대부분의 사람들보다 훨씬 적은 양의 술을 마시고 빨리 취하는 사람과 같다. 그러므로 자제력이 없음이 악덕이 아님은 명백하다. 왜냐하면 자제력이 없음은 선택과 반대되는 반면, 악덕은 선택에 따르는 것이기 때문이다."(Ibid., 1150b32-1151a7)

아리스토텔레스가 말하는 자제력 없음은 바로 도덕적으로 나약함을 가리킨다. 그것은 '도덕적으로 악함'을 의미하기보다는 '연속적이지 않은 나쁨' 내지 '반쯤 나쁨'으로 이해될 수 있는 것이다. " '자제력 없는 사람'의 합리적 선택 자체는 훌륭하며, 자신이 선택한 것에 머물지 못해서 결과적으로 무절제(방종)한 사람이 하는 것과 같은 행위를 하지만, 그런 사람과는 달리 그런 행동에 대해 후회할 줄 아는 사람이기 때문이다. '자제력 없는 사람'의 이 '반쯤만 나쁜' 성격을 해명하려면, 올바른 선택과 후회를 가능케 하는 앎 자체는 인정하되, 감정상태에 빠져 있는 동안만 그 앎을 잃어버리고, 마치 그런 앎이 없는 것과 같은 '무지'의 상태에 빠지는 것으로 가정해야 한다."(강상진, 2008, 139) 여기서 '앎'은 지식이라기보다는 지혜 내지 진실한 의견이다. "알기 위해서는 몸에 배지 않으면 안 된다. 그렇게 되는 데는 시간이 걸린다. 그래서 자제력이 없는(도덕적으로 나약한) 사람들이 사용하는 말들은 무대 위에서 내는 소리와 다름이 없다. … 하나의 의견은 보편적이고, 다른 의견은 특별한 사실들과 관련된다. … 순수하게 관조적인 것들에 관한 의견이라면 정신이 긍정해야 하며, 실천적인 영역에 관한 의견이라면 반드시 즉시 행해져야 한다. 맛있는 것은 모두 한번 먹어보아야 하고, 개별적인 맛있는 것들 중 하나라는 의미에서 '이것은 맛있는 것'이라고 하면, 먹어볼 수 있고, 방해를 받지 않는다면 반드시 동시에 실제로 먹어볼 것이다. 그런데 우리에게 맛보기를 금지하는 보편적인 의견을 우리가 가지고 있으면서, 맛있는 것은 모두 마음을 풍족하게 해준다는 의견과 이것은 맛있는 것이라는 의견이 있고, 거기다 마침 우리 속에 욕망이 있다면, 한 의견은 우리에게 그 맛있는 것을 피하라고 명하지만 욕망은 우리를 끌어 그것에 나아가게 한다. 욕망은 신체의 각 부분을 움직이게 할 수 있기 때문이다. 따라서 사람이 자제하지 못하고 행동하는 것은 어떤 의미에서 규칙과 의견의 영향을 받아서 이루어진다. 이 경우 의견 자체가 옳은 규칙에 반대되는 것은 아니지만 다만 일시적으로 반대된다. 옳은 규칙에 반대되는 것은 욕망이지 의견은 아니다. 이것이 짐승들이 자제력이 없는 것이 아닌 이유이다. 즉, 그것들은 보편적인 판단을 가지지 않고 특별한 것들에 관한 상상과 기억을 가지고 있을 따름이다."(Aritstotle, *Nicomachean Ethics*, 1147a23-1147b5) 무지의 상태를 벗어나고 자제력을 회복하는 도덕적으로 나약한 상태를 벗어나는 것은 시간이 흐르면서 경험을 통해 진실한 의견 내지 지혜를 가지는 것을 통해서 가능하다.

소크라테스가 덕은 지식이며 가르칠 수 없다고 말했을 때의 지식

400

이나, 알면서도 그것에 따라 행동하지 못함은 무지 때문이라고 말했을 때의 지식은 아리스토텔레스가 말하는 진실한 의견 내지 지혜를 말하는 것이지, 결코 옳은 규칙이나 원리원칙에 관한 이론적 지식을 말하지 않는다. 따라서 자제력의 회복, 도덕적으로 나약한 상태를 벗어나는 것은 아리스토텔레스가 말하는 실천지를 통해서 가능할 것이다. 그것은 이론지(episteme)나 직관지(nous)와는 달리 욕망이 결정하는 목적을 구성하는 요소들을 심사숙고하는 능력을 말하는 것이다. 아리스토텔레스는 아크라시아에 관한 모든 내용들을 가장 잘 요약하여 다음과 같이 은유적으로 표현한다. "자제하지 못하는 사람이 그의 앎을 다시 얻게 되는 것은 술에 취한 사람이나 잠자고 있는 사람이 술이나 잠에서 깨어나는 것과 같다."(Ibid., 1147b7-8) 실천지는 이론적 추론(theoretical reasoning) 이상을 가리키는 동시에 생산적 추론(productive reasoning) 내지 기술지(techne)와도 구분된다. 그것은 도덕적으로 선하게 만드는 가치들과 덕들에 대한 심사숙고이다. 덕들이 실천지를 필요로 하는 것만큼 실천지도 덕들을 필요로 한다. 실천적 경험은 실천적 지식이나 지혜의 주요한 구성요소이다. "덕들의 습득(acquiring)과 기술들을 길들임(mastering) 사이에 대한 아리스토텔레스의 유명한 유비는 우리가 정직하거나 용기 있기를 배우는 것은 실천(실기)을 통해 한 기술자가 기술을 개선시키는 것과 같음을 암시한다. 도덕적 지식은 명제들을 파악(grasp)하기보다는 '성향들'을 습득하기의 문제이며, 실천지의 역할은 효과적인 도덕적 행위를 위하여 우리의 실천적 경험을 형성하거나 정리하는 것이다. 마찬가지로, 만약 그 유비가 덕들은 적어도 일부 기술들의 방식대로 기계적인 순서들처럼 습득된다고 간주한다면 그것은 잘못이다."(David Carr, 1999, 147)

3. 도덕적 판단과 도덕적 행위 사이의 연계

앎과 행위(知行)의 문제는 철학자들과 심리학자들의 주된 논쟁의 대상이었다. 도덕적 지식 내지 판단과 도덕적 행위 사이의 관계에 관한 철학적 논쟁들은 양극단, 즉 '내재주의(internalism)' 대 '외재주의(externalism)' 사이에서 벌어졌다. 전자는 도덕적 판단과 도덕적 행위 사이에 견고한 논리적 관계가 있음을 강조하면서 둘 사이의 간격이나 불일치의 가능성을 최소화시킨다. 반면에 후자는 반대의 입장이다. 극단적인 형태의 내재주의는 아크라시아를 부정한다. 예를 들면, 쾌락을 선으로, 고통을 악으로 규정하는 쾌락주의적인 입장을 가진 소크라테스는 "어떤 사람이 쾌락에 압도되기 때문에 선하다고 알고 있는 것을 행하지 못한다는 것"은 "선 때문에 선을 행하지 못한다는 것"과 같기 때문에 터무니없는 생각이라고 주장한다. 모든 그릇된 행동은 도덕적으로 나약해서가 아니라 그 행동이 그릇된 행동임을 알지 못하거나 그 행동이 가져올 쾌락이나 고통을 잘못 계산하기 때문에 일어난다는 것이다. 그래서 덕은 곧 지식이라는 주지주의(intellectualism)를 주장했던 것이다.

그리고 엄격하게 논리적인 내재주의의 현대적 사례는 헤어(R. M. Hare)이다. 그는 지시(prescription)를 도덕적 담론의 중심 기능으로 보고 일련의 논리적 귀결들을 제안한다. 그는 우선 도덕적 판단을 "어떤 것이 다른 것보다 더 낫거나 마땅히 해야 하는 것이라는" 평가적(evaluative) 판단에 속한다고 본다. "행위들이 특정한 방식으로 도덕적 원칙들을 계시하는 이유는 도덕적 원칙들은 행동을 유도하는 기능을 수행하기 때문이다. 도덕의 언어는 일종의 지시적(prescriptive) 언어이다. 윤리가 연구의 값어치를 가지게 만드는 것이 이 점이다."(R. M. Hare, 1978, 1) 도덕 언어들은 행동을 지시한다는 것이다.

그것들은 오랫동안 피할 수 없는 '나는 무엇을 해야 하는가?'라는 질문에 답변을 제시한다는 것이다. "만약 '나는 x를 해야 한다'는 가치판단을 내린다면 그것에 의해 나는 나 자신에게 일인칭 명령('나는 x를 하라')을 지시하고 있다. 그리고 그것에 대해 나는 진지하게 동의하고 나는 그것에 따라 행동하고 행동하려고 노력해야 한다. 그래서 내가 그것의 중심적인, 평가적인, 지시적인 의미에서 '해야 한다(ought)'를 사용하고 있음을 생각한다면, 내가 해야 한다고 내가 생각하는 것을 하지 못하거나 하려고 노력하지 않을 수 없다. … 그의 가치판단에 따라 행동하지 못하는 사람은 위선적이고, 진지하지 못하고, 혹은 그의 '해야 한다'의 오용에서 자기기만하는 것이거나 육체적으로 혹은 심리적으로 그의 가치판단을 행위로 옮길 수 없다."(R. Straughan, 1983, 127) 결국 그는 '해야 한다'고 판단을 내리고도 그 판단에 따라 행동할 수 없을 가능성을 부정하고 있는 것이다.

그러나 극단적으로 다른 외재주의는 지식 내지 판단과 행위 사이의 관계를 논리적으로 필수적인 것이 아니고 순수하게 우발적인 것으로 본다. 즉, '해야 한다'는 점을 인정한다는 것이 하기를 원하고 노력한다는 것과 반드시 연결되는 것은 아니다. 그래서 도덕성은 '그래서 그게 어쨌다는 것인가(so what)?'와 관련 있는 것이지, 옳음과 그름에 관한 판단과 행동과 논리적 연계를 가지는 것은 아니다. 어떤 행위를 '도덕적인' 행위라고 부르는 말은 단순히 그 사실만을 언급하면서 정보를 전달하는 수준에 머물 따름이지, 그 사실과 정보에 따른 행동은 그것과는 상관이 없다는 것이다. 도덕적 판단과 행위 사이에는 어떤 논리적인 관계도 있을 수 없고 우연적인 관계만이 있을 뿐이라는 것이 외재주의의 주장이다. 도덕적인 행위가 관습이라거나 나 자신이나 사회에 큰 행복을 가져준다거나 법적으로 규정된 것이라는 주장은 받아들여야 할 사실이나 정보이지, 나의 행동에 실천적 관련성을 가지지 않는다. 외재주의자들은 내재주의가 주장하는 판단과 행동의 논리적 연계성은 사실에 어긋난다고 주장한다. '그르다고 믿었던 것을 행동한다'거나, '원칙에 반하여 행동한다'는 경우들이 사실들이며, 그 사실들을 설명하는 기준들은 '후회', '양심의 가책', '수치심', '죄책감' 등이 있다는 것이다. "원리들과 실천, 이상과 실현 사이에는 어떤 규범적 도덕성에 하나의 간격이 있을 것이다. 간격이 있다는 점이 도덕적 삶의 본질적 특성이며, 행위에 선행하여 원리와 욕망 사이에 실존하는 긴장에서 명백하게 드러난다. … 그것이 도덕적으로 나약함에 어떤 여지를 남겨야 하는 것은 어떤 합리적 도덕성의 필수적인 특성이다."(N. Cooper, 1971, 225)

도덕적 지식 내지 판단과 도덕적 행동 사이의 연계성 문제는 사변적 연구보다는 경험적 연구들을 통해서 더 적절하게 논의될 수 있을 것이다. 아동 도덕발달에 대한 대표적인 경험 연구자였던 콜버그는 도덕적 행동은 도덕적 원리에 바탕을 둔다고 하면서 아크라시아의 가능성을 부정한다. 그는 우선 '구두적인(verbal)' 지식과 행동 사이의 관계를 다음과 같이 언급한다. "고등학생이나 대학생이 '정직은 가치 있고 속이는 것은 나쁘다'고 말한 구두적인 표현과, 실험 상황에서 그들이 보여주는 실질적인 정직 사이에는 어떤 긍정적인 상관관계도 없음을 여섯 가지 연구들이 보여준다."(L. Kohlberg, 1969, 394) "사람들의 정직에 관한 구두적인 도덕적 가치들은 그들이 어떻게 행동하는가와 무관하다. 속이는 사람은 속이지 않는 사람들만큼 혹은 더 많이, 속이는 것이 도덕적으로 나쁘다고 비난한다."(L. Kohlberg, 1970, 64) 아는 것을 말한다고 한다면 아는 것을 행동하지 못하기 때문에 도덕적으로 나약함의 현상을 인정하는 것이다. 그러나 그는 이 문제를 도덕적 추론 발달에 관한 그의 이론과 연계시킨다. 그리고 연구 대상자의 도덕적 사고 단계를 인습적인 도덕적 가치들에 관한 단순한 구두적인 지지의 단계라기보다는, '원리적 지식' 내지 '도덕적 지식'의 단계로 간주한다. "그는 결국 '도덕적인 행위는 곧 선에 관한 지식이며', '진실한 지식, 즉 정의의 원리들에 관한 지식은 덕스러운 행위를 예고한다'는 플라톤(소크라테스)의 관점을 지지한다."(Ibid.) 더 낮은 단계들에 비교한다면 단계 5의 그리고 특별히 단계 6의 연구 대상자들은 도덕적 판단들을 행동으로 옮기는 비율이 훨씬 더 높다는 것이 그의 연구결과들이다(L. Kohlberg, 1969, 395; L. Kohlberg, 1970, 78-79). 그러나 여기서 다룰 문제는 아니지만 '진실한 지식은 덕스러운 행위를 예고한다'는 주장을 지지하지 않는 많은 연구들도 있었다.

극단적인 내재주의는 도덕적 지식 내지 판단과 행위 사이의 논리적 연계를 너무 엄격하게 주장한다. 그 연계의 가능성은 지식 내지 판단을 진지하게 가지고 있음에 전적으로 의존하는 것은 아니다. '해야 한다(ought)'는 데 관한 도덕적 지식 내지 판단 속에는 그것이 지켜질 수 있을지 없을지 불확실성을 내포한다. "나는 내가 사실상 x를 '해야 한다'는 점을 알지만, '해야 한다(ought)'는 '하지 않을 것이다(might not)'를 내포한다."(I. Thalberg, 1971, 245) 그리고 도덕적 판단이 전적으로 외재적이고, 그래서 우연히 도덕적 행위에 연결될 뿐이라고 주장하는 극단적인 외재주의도 도덕적 개념의 중심적 특징을 무시한다. 도덕적 책무를 인식하는 것은 한 가락의 노래 인식과 논리적으로 다르다. 그것은 그 책무의 중요성과 타당성을 인정하면서 특정한 행위를 '정당화시키는' 인식이기 때문이다. 예를 들어, '거짓말하지 말라'는 것이 내가 지켜야 하는 책무라고 판단한다면, 그 판단 속에는 거짓말이 자신이나 다른 사람들에게 어떤 어려움을 가져다주는지를 알고 자신이나 남에게 어려움을 가져다주면 안 된다는 원리를 수용하고 있음을 내포한다. 나의 책무를 내가 진정으로 인정한다는 말은 내가 알고 수용하는 정당성과 원리가 나에게 규범적인 압력과 권위로서 영향을 행사함을 인정하는 것이다. 단순히 한 가락의 노래를 인식함은 규정적인 영향을 행사하지 않는데도, 그것과 도덕적 책무 인식을 구분하지 않는 것이 외재주의의 입장이다.

양극단의 입장들은 도덕교육에도 부적절하다. 극단적인 내재주의 입장에 따르는 도덕교육은 도덕적 지식 내지 판단 교육에 머물 것이다. 그런 교육이 도덕적 실행을 분명히 보장할 것이라고 믿기 때문이다. 그런 교육이 잘못임은 이미 잘 알려져 있다. 극단적인 외재주의 입장 또한 도덕적 지식 교육에 머물거나 도덕적 실행 교육에 머물 것이다. 두 분야의 연계성을 인정하지 않기 때문이다. 여기서 말하는 도덕적 실행 교육은 행동 길들이기 교육의 수준을 넘어설 수 없을 것이다. 도덕적 지식과 행위 사이의 연계성과 관련하여 진정한 통합교육을 실천하는 데 필요한 입장은 양극단을 조화시키는 이른바 '온건한' 내재주의 입장일 것이다. 진정으로 진지하게 믿고 있다면 그 믿음대로 행동할 수 있을 충분한 이유가 있음은 인정하면서, 그럼에도 불구하고 믿음대로 행동하지 못할 다른 더 강한 이유가 그 순간에 생겼다면 믿음을 실행하지 않을 수도 있음을 동시에 인정한다. 이런 입장이 바로 '온건한 내재주의'이다. 다시 말하면, 어떤 행동방식은 '당신이 x를 해야 한다'는 믿음과 양립 가능할 것이다. 만약 당신이 대신에 y를 한다면, 그것은 당신이 y를 할 더 강한 이유들을 가졌음을 의미한다. 따라서 중요한 것은 행위 이유들을 자세히 살피는 것이다. 도덕적 지식 내지 판단과 도덕적 행위 사이의 일치와 불일치의 문제는 행위 이유들에 대한 자세한 검토들을 통해 설명될 수 있을 것이다. 정당성의 이유만이 아니라 동기 부여적인 이유가 동시에 강조되어야 한다. 지금까지의 도덕교육은 전자만을 강조했지만 진정한 통합적 접근의 도덕교육에서는 두 측면의 행위 이유들, 특히 동기 부여적인(motivation) 행위 이유들을 살피는 교육이어야 할 것이다.

행위 이유들은 달리 표현하면 행위 동기일 수 있다. '나는 어떤 행동을 도덕적으로 옳은 행동이라고 믿는다면, 반드시 나는 그 행동이 정당하다고 간주한다.' 내재주의는 정당성을 인정하기 때문에 반드시 그런 식으로 행동해야 한다고 주장하면서, 실제로 그런 행동을 하지 못함은 그 행동의 정당성을 알지 못하거나 믿지 않았음을 의미한다고 주장한다. 외재주의는 그것이 옳다는 믿음과 그런 행동을 원함은 다른 것이라고 주장한다. '온건한 내재주의'의 입장은 다음과 같다. 즉, 그 행동의 정당성을 알고 믿고, 그런 것으로 판단한다면, 그 정도만큼 그것을 행할 수 있도록 동기를 부여받을 것이다. 그러나 고려될 다른 이유들이 있을 것이며, 그것들은 정당성의 동기 부여를 압도할 것이다. 그리고 해야 한다고 알고 믿는 대로 행동할 것인지는 다른 바라는 것들뿐만 아니라 죄책감과 수치심, 성실과 자기존경 등과 같은 요소들의 동기 부여적인 영향력에 달려 있을 것이다. "어떤 특별한 사람이 어떤 일을 하는 이유들이 됨은 그가 그 일을 하기를 원한다는 점을 내포하지는 않는다는 그런 종류의 이유들이 있다. 도덕적 이유들은 나에게 이런 종류의 것들인 것 같다."(R. Edgley, 1969, 162) 행위의 정당화보다는 행위에의 동기 부여(motivation)에 더 많은 관심을 가질 필요가 있으며, 동기 부여 중심의 도덕교육이어야 한다.

4. 도덕적 이유와 도덕적 행위

도덕교육이 아크라시아(도덕적으로 나약함)를 극복하고자 한다면, 도덕적 행위 이유들에 관한 관심을 가져야 한다. 그것들은 '정당화시키는(justificatory)' 이유들과 '동기를 부여하는(motivational)' 이유들로 나눌 수 있다. 전자는 특정한 행동을 정당한 것으로 평가하게 하는 일반적인 원리에 바탕을 둔다. 그러나 후자는 어떤 목표를 달성하고자 하는 행위자의 소원이나 욕망들로부터 생기는 것이다. 종종 단순히 내가 그것을 해야 한다고 믿기 때문에 그 믿는 것을 행하고자 원할 것이다. 그러나 내가 해야 한다고 믿는 것과는 다르게 행동하기를 원하기도 할 것이다. 그래서 " '왜 나는 내가 도덕적으로 해야 할 것을 해야 하는가?'의 질문을 하는 것이 의미 있을 것이다."(W. K. Frankena, 1958, 44) "그러므로 도덕적으로 나약하다는 것은 사실상 행위 이유들이 갈등하고 그것들 중 어느 하나의 이유가 실질적으로 우선시되었음을 인정하지 않거나 명백하게 설명하지 않는 상황을 가리키는 잘못된 용어이다. 나는 그 공격자들로부터 위험한 보복을 당하기를 원치 않기 때문에, 범죄의 장면에서 내가 사실상 목격했던 것을 경찰에 말해야 함을 알고 있지만 말하지 못한다. 이 소원은 나에게 너무 무겁기 때문에 그것은 사실상 내가 왜 진실을 말해야 하는지 '정당화시키는' 이유에 대해 우선권을 가진다. 그러나 나는 그 우선권을 명백하게 인정하지(나 자신에게나 타자들에게도) 않을 것이며, 그래서 나의 행동은 '도덕적으로 나약하다'로부터 초래된 것으로 해석될 것이다."(R. Straughan, 1999, 264-265)

도덕적 행위들의 양식들을 검토하면서 도덕적 이유들이 도덕적 행위에 대해 수행하는 역할을 검토해보자. 도덕적 행위들은 세 가지 양식들로 나누어진다(아래 내용은 Don Locke, 1983, 114-116 참고). 첫째, 우리는 도덕적 행위를 도덕적으로 평가될 수 있는 행위가 아니고 도덕적으로 동기가 부여되는 행위로 확인해야 한다. 예를 들어, 우리는 도덕적으로 동기가 부여된 행위들을 그것들이 도덕적이기 때문에 혹은 더욱 중립적으로 그 행위자가 그것들이 도덕적이라고 믿기 때문에 수행되는 행위들로 이해할 수 있을 것이다. 칸트는 도덕적 행위는 도덕성을 위하여 행동하는 데 있다고, 혹은 그가 표현하였듯이 도덕적 법칙에의 존경심으로부터 행위하는 데 있다고 믿었다. 콜버그 또한 진정한 도덕적 행위를 명백하게 진정한 도덕적 원리들, 예를 들어 정의의 원리들에 토대를 두는 행위들에 한정시키는 경향을 보이는 것 같다. 그러나 이런 양식의 도덕적 행위는 너무 좁은 것 같다. 행위들 중 다만 소수만이 이런 제한된 의미에서 도덕적이기 때문이다. 전형적으로 우리는 그것이 옳기 때문이 아니라 그것을 옳게 만드는 그런 특징들 때문에 도덕적 행위를 수행한다. 즉, 내가 고통 속의 누군가를 도울 때, 나는 내가 옳은 일을 하고 있음을 잘 평가할 것이지만, 내가 그것을 하는 이유는 그들이 고통 속에 있기 때문이지, 정의나 도덕적 법칙이 그것을 요구하기 때문이 아니다. 정말, 나는 그것을 자발적으로 행하고, 도덕성이나 정의에 관해 생각하기를 멈추지 않고 그리고 여전히 도덕적으로 행동할 것이다. 도덕성 자체를 위해 수행되는 행위들이 도덕적 행위라는 주장은 '명백하게 도덕적인 행위들'을 강조한다. 명백하게 도덕적인 행위는 다른 행위들보다 더욱 도덕적인 것으로 생각되기 때문에 이런 양식의 도덕적 행위는 강조된다. 그것이 옳기 때문에 옳은 일을 하는 사람은, 아무리 선할지라도 다른 이유들 때문에 그것을 행하는 사람이나, 습관으로부터 혹은 무의식적으로(spontaneously) 심지어 그가 그것을 해야 하는지 여부를 생각하지도 않고 그것을 행하는 사람보다 더욱 큰 칭찬을 받을 것이다. 그러나 무엇보다도 이 점은 생각보다 윤곽이 뚜렷한 것 같지 않다. 즉, 공감이나 인자로움으로부터 직접적으로 수행되는 하나의 행위가 당신이 공감적이거나 인자로워야 한다는 인식을 요구하는 행위에 도덕적으로 선호할 만한 것인 경우들이 있고, 그리고 무의식적으로 수행되는 하나의 행위는 당신이 그것을 행해야 하는지 여부를 생각하는 것에 달려 있는 행위보다 선호할 만한 것인 경우들도 있을 수 있다. 그리고 행위자가 도덕적이라고 생각하기 때문에 수행되는 행위들은 다른 행위들보다 도덕적으로 더 나을 것이라는 보장은 없다. 역사적으로 경험했던 잘못된 양심성의 사례들을 생각하면 그 점은 이해될 것이다.

둘째, 명백하게 도덕적인 행위들 이상을 내포하는 반면 단지 우연적으로 도덕적인 행위들을 배제시키는 더 넓은 두 가지 양식의 도덕적 행위들이 있다. 그중 하나는 다음과 같은 양식이다. 무엇보다도 행위자가 옳거나 선한 어떤 것을 행하고, 그 행위가 그것을 옳거나 선하게 만들기 '때문에' 그것을 행하지 않고, 그것을 옳거나 선하게 만드는 다른 이유들 때문에 그것을 하는 그런 행위들이 있다. 그 이유들이 그 행위를 도덕적인 것으로 만드는 것을 인식하지 않고 그것을 도덕적인 것으로 만드는 이유들 때문에 어떤 것을 행동하는 것은 가능한 것이다. 예를 들면, 그가 나의 형제이기 때문에 그를 돕는 것은 나의 의무일 것이지만, 나는 그것이 나의 의무이기 때문이 아니고 그가 나의 형제이기 때문에 그를 돕는다. 그것이 도덕적이라는 이유 때문이 아니라 그것을 도덕적인 것으로 만드는 이유들 때문에 수행된 이런 종류의 행위는 '간접적으로 도덕적인 행위'로 불릴 수 있을 것이다.

셋째, 위의 두 양식들 중 또 다른 하나는 다음과 같은 행위 양식이다. 왜 그리고 무엇 때문에를 의식적으로 고려하지 않고, 따라서 그것이 도덕적인지 여부나 그것을 도덕적인 것으로 만드는 요소들을 고려하지 않고, 하나의 상황에 대한 즉각적인 대응에서 수행하는 그런 행위들이다. 내가 누군가의 발가락을 밟았을 때 즉시 사과하는 경우처럼 일부 도덕적 행위들은 자동적으로 무의식적으로, 혹은 습관으로부터 수행된다. 그러나 비록 그런 행위들이 생각함이 없이 수행될지라도, 내가 하는 것처럼 행동해야 하는 이유들, 나의 행위를 설명하고 그리고 정당화시키는 요소들이 있다. 만약 이런 이유들이 그 행위의 도덕성과 무관하다면 그 행위는 다만 우연히 도덕적일 것이다. 그러나 만약 그런 이유들이 그 행위가 도덕적이라는 사실이나 그것을 도덕적인 것으로 만드는 다양한 요소들을 포함한다면 우연적인 도덕적 행위는 아닐 것이다. 예를 들어, 만약 나의 부모들이 내가 옳고 적절한 방식으로 행동하기를 원했기 때문에 나에게 그 대응을 설득했고, 그것이 내가 하듯이 하는 이유이라면, 그 행위는 우연히 도덕적인 것만은 아니다. 그런 행위들은 '성찰 없는 도덕적인 행위'로 불릴 것이다.

무의식적인 행위는 행위자가 하고 있는 것에 관해 생각하는 행위보다 도덕적으로 선호될 수 있는 것이다. 도덕이론가들은 도덕적 생각하기의 중요성을 과도하게 평가하면서, 행위의 도덕성을 완전하게 이해하지 못한 사람은 진정으로 도덕적인 행동을 할 수 없다고 생각하는 경향이 있다. 그러나 도덕적 행동의 다수는 어떤 의식적인 도덕적 계산을 동반하지 않는다. 그러므로 도덕적 추론으로부터 도덕적 이유들을 구분하는 것, 추론의 결과로서 행동하는 것으로부터 이유들 때문에 행동하는 것을 구분하는 것이 중요하다. 여기서 도덕적으로 추론한다는 것은 일종의 의식적 심사숙고를 의미하며, 문제 해결이나 결론 도달을 위해 노력한다는 것이다. 그래서 도덕적 추론은 어떤 특정 사례에 적용될 수 있는 규칙들, 기준들, 가치들이 무엇인지를 발견하려고 노력하는 것이다. 그러나 의식적으로 생각한다고 해서 모두가 반드시 추론한다는 것은 아닐 것이다. 무엇을 해야 하는지를 단순하게 상기할 수도 있을 것이다. 그러나 더욱 중요한 점은, 사람들이 그 문제에 관해 추론할 필요가 없이, 도덕적 이유들을 인식하고 그것들에 따라서 행동할 수 있다는 점이다. 예를 들면, 길을 건너는 눈 먼 사람을 도와야 한다는 것을 깨닫는 데는 어떤 사고가 필요하지 않다.

나는 다만 내가 해야 한다는 것을 인식한다. 물론 이것은 인지적 과정들이 어떤 수준에 관련된다는 점을 부정하는 것은 아니다. 즉, 내가 개입해야 한다는 것을 인식하는 것 자체가 인지적인 작동이다. 그 것은 사람들은 다만, 그들의 행동을 설명하고 정당화시키는 이유들을 의식적으로 깨닫지 않고도 도덕적으로 행동할 수 있고 행동한다고 주장한다. 즉, 내가 무엇을 해야 하는지 혹은 그것을 해야 하는지에 관해 생각하지 않는다는 사실이 나의 행동이 도덕적인 것이 되지 못하게 방해할 수는 없는 것이다.

5. 도덕적 앎과 도덕적 행위의 연계를 위한 교육방법

도덕적으로 아는 것을 항상 행동으로 실천하는 연계성 내지 일관성을 가진다는 것은 바로 '도덕적 자아(moral self)'가 형성되었음을 함의한다. 도덕적 자아는 일종의 실체라기보다는, 알고 믿고 판단하는 것을 일관적으로 행동으로 실천하는 '자아 정체성(self-identity)'을 말한다. 따라서 도덕교육의 궁극적인 목적은 도덕적 자아 형성에 있는 것이다. '도덕적 자아'라는 말은 '도덕적인 성품을 지니고 있다'는 말과 다르지 않다. 결국 도덕교육은 도덕적 앎과 도덕적 행위의 연계를 위한 교육이어야 하며, 그것은 곧 선한(good) 성품 형성의 교육이다.

'성품(character)'의 어원은 그리스어 'charassein'인데, 그 말은 돌이나 금속에 '새기다' 내지 '조각하다'의 의미를 가진다. 돌과 금속에 새긴다는 것은 쉽게 이루어지지 않는다는 의미와 동시에 새겨진 것이 뚜렷하게 보이는 것은 아니지만 분명하고 일관적이라서 잘 바뀌지 않는다는 의미를 지닌다. 그런 어원에서 '차이를 표시하는 기호'로, 또 거기서 '개인의 행위 양식이나 개인의 도덕 구성'으로 성장된 말이다.

사람은 누구나 하나의 성품을 지닌다. 그 말은 주변의 아는 사람들이 식별할 수 있는, 그리고 예측이 가능한 행위 방식을 가진다는 뜻이다. "선한 성품은 선한 것을 '알고(knowing)', '사랑하고(loving)', '행동하는(doing)' 것이다. 선한 것을 안다는 것은 선과 악, 옳음과 그름을 이해하고 구별한다는 것이다. 그것은 단지 지식만 가지는 수준이 아니라 어떤 상황을 잘 파악하고, 그 상황에서 해야 할 옳은 일이 무엇인지를 숙고해서 선택하고, 그것을 행동으로 옮길 수 있는 능력을 가지고 있음을 포함한다. 아리스토텔레스가 말한 '실천지'가 그런 지식인 것이다. 선한 것을 사랑한다는 것은 다른 사람들과의 공감이나 선에 대한 사랑과 악에 대한 혐오를 포함한 도덕적 감정들과 정서들을 가지고 있음을 의미한다. 그것은 옳은 것을 행하고자 함과 관련된다. 선을 사랑하는 것은 심지어 다른 사람들의 행위들이 나쁘다는 것을 알면서 그들을 존중하고 사랑할 수 있게 만든다. 즉, '죄는 밉지만 죄인은 사랑한다.' 그리고 선을 행한다는 것은 모든 상황들과 유관한 모든 사실들에 관하여 심사숙고한 후에 행위하고자 하는 '의지'를 가진다는 것을 의미한다. 세상에는 선을 알고 있지만 행하지 못하는 사람들로 가득하다."(K. Ryan & K. E. Bohlin, 1999, 5-6) 선한 성품을 가진 사람은 진정한 인격 통합성을 가진 사람이다.

미국 교실에서 실행되고 있는 이른바 '3Vs(View, Value, Virtue)'를 통해 성품 교육의 실제 모습들을 검토할 수 있을 것이다. 그것은 '관점 추구 접근(The Views-Driven Approach)', '가치 추구 접근(The Values-Driven Approach)', '덕 중심 접근(The Virtues-Centered Approach)'이다(아래 내용은 Ibid., 33-48 참고).

'관점 추구 접근'은 논쟁적인 도덕적 문제들에 관한 관점들 사이의 토론식 수업을 말한다. 이 접근은 학생들로 하여금 도덕적 문제들에 대한 강한 관점을 가짐으로써 도덕적 나침반을 가질 수 있게 한다는 접근이다. 이 접근은 다음과 같은 내용으로 구성된다. 즉, (1) 열정적인 관심을 가질 문제를 설정한다. (2) 그 문제를 가능한 한 명백하고 드라마틱한 방식으로 제시한다. (3) 어떤 관점의 편을 들게 한다. (4) 논쟁적인 방식으로 관점을 제시하게 한다. (5) 모든 편들이 들려지고, 긴장된 분위기이지만 통제하지 않음을 분명히 한다. (6) 옳은 관점을 가지고 있음을 믿지 않는다면 중립적인 입장을 가지고, 다수의 관점과 다른 관점을 가지지 않을 때를 제외하고 판단을 내리지 않는 입장을 가지도록 한다. (7) 학생들이 가진 입장의 장점이나 진실 때문이 아니라 그들의 관심과 참여 때문에 그들에게 축하한다. 진실을 알기 위한 논쟁은 잘못된 것일 수 없다. 이 접근은 도덕적 영역에 관한 학생들의 자각을 높이고, 그들이 많은 도덕적인 문제들의 복합성을 평가하는 것을 도울 수 있다. 그러나 이 접근에 대한 과도한 강조는 성품 교육을 저해할 수도 있다. 과도한 투쟁정신을 유발시키는 것으로 끝날 수 있기 때문이다. 경우에 따라서는 학생들에게 도덕적 문제들은 너무 복잡하고 궁극적으로 의견의 문제일 따름이라는 인상을 남길 수 있다. 그 문제가 지니는 도덕적 의미를 분열시키는, 주장들과 반대 주장들의 잡동사니에 머물 수도 종종 있으며, 그런 주장들의 기저에 깔린 도덕적 원리들은 검토되지 않은 채 남을 수도 종종 있다.

  '가치 추구 접근'에서 말하는 가치는 심사숙고를 통한 선택의 산물이기보다는 맛이나 느낌의 문제일 것이며, 선한 것일 수도 악한 것일수도 있다. 문제는 가치의 내용보다는 그것을 소중히 여긴다는 사실에 있다. 사람들은 다양한 가치들을 가지며, 삶의 다양한 영역들에서 그것들을 적용시킨다. 그런데 중요한 가치는 도덕적 가치이다. 한때 '가치 분석', '가치 명료화' 등의 프로그램들을 통한 도덕적 가치 교육이 관심의 중심이 된 적이 있었다. 성품 교육으로서의 도덕교육에서 다루어질 가치들은 어떤 것들인가? 가치들을 개인적 선택 내지 권리의 문제로 간주하는 상대주의적인 가치관이 오늘날 일반적인 문화 풍조인 것 같다. 문화적 상대주의에서 도덕적 상대주의로 연결되기 십상이다. 도덕성은 순수하게 개인적인 문제가 된다. 지속하는 유일한 도덕적 기준은 어떤 절대적인 도덕적 기준들이나 규범들이 없다는 점이다. 오로지 개인적인 가치들만 있을 수 있다. 우리는 자신의 사적인 배심원인 것이다. 가치 추구 접근의 성품 교육에서는 자신의 가치들 내지 '내적인 감정들 세계'를 명료화시키는 것을 돕는 것에 불과하다. 그것은 진정한 성품 교육이기보다는 '기계적인 도덕성'을 촉진시키는 것에 불과할 수 있다.

'덕 중심 접근'은 성찰과 토론의 진정한 결합을 통해 이루어진다. 삶의 목적과 분리되고 의미가 텅 빈 그런 덕들은 단순히 멋진 이상들일 뿐이며, 그런 덕들을 가르친다는 것은 단순한 '덕목 교육' 내지 '덕목 보따리' 교육에 불과할 것이다. 그것은 곧 의무(법칙) 윤리 교육과 큰 차이가 없을 것이다. 삶의 의미를 담고 있는 덕들을 교육하는 것이 진정한 덕 교육이며, 성품 교육이다. 덕이 관점과 가치와 다른 점은 그것은 개인 내부로부터 계발되며, 실제로 지성과 성품을 개선시킨다는 점이다. 그것들과는 달리 덕은 수동적이지 않다. 그것은 도덕적으로 생각하고, 느끼고, 행동하는 성향이면서 동시에 그런 성향의 실행인 것이다. 더욱이 그것은 인간 행복의 수단 그리고 동시에 목적으로 기여한다. 수단으로서의 덕은 우리가 우리의 책임들을 더욱 적절하게 실천할 수 있게 만드는 습관들이나 성향들이다. 목적으로서의 덕은 그것의 달성을 위해 노력할 만한 가치를 지닌 삶의 이상들이다. 따라서 덕을 가르친다는 것은 질문공세를 통해 옳음과 그름을 배우는 모습이나 삶의 이정표가 될 일반원리들을 따르도록 훈련시키는 모습이어서는 안 된다. 그것은 덕과 삶(living)을 연계시키는 교육이다. 덕을 얻는다는 것은 매우 어려운 일이다. 예를 들어, 관용의 덕을 계발하기 위해서는, 우선 관용의 '필요성'을 머리와 마음을 통해 보아야 한다. 다음에는 이기심과 게으름과 같은 경쟁적인 충동들과 투쟁할 필요가 있다. 그리고 마지막으로 관대한 어떤 일을 해야 할 필요가 있다. 그러나 하나의 관대한 행동이 관대한 사람으로 만들지는 못한다. 덕스러운 사람이 되기 위해서는 덕스러운 행위들을 함으로써 가능한 것이다. 덕 중심의 성품 교육은 반드시 위의 세 가지 점들을 고려하는 교육이어야 한다. 그리고 또한 도덕적인 표준들과 모델들을 소개하는 교육이어야 한다.

6. 결론

도덕적으로 나약하다는 점을 긍정하건 부정하건 큰 차이는 없다. '선을 알면 반드시 행위하고, 선행을 하지 못한 것은 반드시 알지 못했기 때문'이라는 극단적인 내재주의의 입장에서 말하는 '앎'도 단순한 인식(이론지)만을 의미하지 않는다. 알면 반드시 실천할 수 있는 수준의 앎은 지혜 내지 진실한 의견을 말하는 것이다. '선을 알면서도 실행하지 못할 수도 있음'을 인정하는 외재주의의 입장도 '앎'을 실천지로 생각한다. 삶의 지혜가 실천지인 것이다. 완전한 지혜를 가지지 못하면 그 아는 내용을 반드시 실행할 수 있는 것은 아니라는 것이다. 내재주의와 외재주의의 차이는 결국 앎과 행동의 일치, 불일치의 문제라기보다는, 행위의 이유를 정당성에 두는가, 아니면 다른 동기 부여에도 두는가의 차이일 것이다. 두 행위 이유들을 인정하는 입장이 바로 '온건한 내재주의', 즉 '동기 부여적인 내재주의(motivational internalism)'의 입장이다. 그것은 동기 부여적인 행위 이유들을 특별히 중요시한다. 행위의 정당성을 알고, 믿고, 그런 것으로 판단한다면, 그 정도만큼 그것을 행할 수 있는 동기를 부여받을 것이다. 그러나 고려될 다른 이유들이 있을 것이며, 그것들이 정당성의 동기 부여를 압도할 것이다. 단순히 그 행위가 옳거나 선하다는 정당성보다는 다른 동기 부여적인 요소들 내지 행위 이유들이 앎과 행의의 연계성을 높일 것이다. 우리는 단순히 정당하기 때문에 행동하기보다는 행동할 다른 이유들을 가지기 때문에 행동할 것이다. 따라서 도덕적 행위는 그것을 실행하게 하는 이유들을 기준으로 세 가지 양식으로 분류된다. 정당하기 때문에 도덕적인 행위, 간접적으로 도덕적인 행위, 성찰 없는 도덕적인 행위 등이 그것들이다.

도덕적 앎과 행위를 연계시키는 교육은 '도덕적 자아' 형성의 교육이다. 도덕적 자아는 실체라기보다는 알고 믿고 판단하는 것을 일관적으로 실행할 수 있는 자아 정체성을 가리킨다. 그것을 목표로 삼는 도덕교육은 반드시 성품 교육이어야 한다. 선한 성품은 선을 알고, 사랑하고, 행동하는 것이다. 그것은 진정한 도덕성이다. 교실에서 이루어지는 성품 교육의 모습들은 관점 추구 접근, 가치 추구 접근, 그리고 덕 중심 접근 등이다. 관점이나 가치를 중심으로 가르치는 것은 사회과(social studies)일 것이다. 진정한 도덕교과는 덕 중심 교과여야 한다. 최근 아무리 사회과와의 통합이 이루어졌더라도 사회과와 도덕과는 내용도 방법도 전혀 다른 교과들이다. 앞으로 도덕교과교육이 더욱 활성화되고 그 효과성을 높이기 위해서는 덕 중심 접근의 성품 교육이어야 한다. 무엇보다도 정당성 자체만을 강조하는 지금까지의 교육을 넘어서서 동기 부여적인 행위 이유들을 강조하는, 그래서 앎과 행위의 연계성을 높이는 성품 교육으로서의 도덕교과여야 할 것이다.

[참고문헌]

강상진(2008), 「아리스토텔레스의 '자제력 없음(akrasia)': 문제와 맥락」, 『서양고전학 연구』, vol. 33.

Aritstotle, *Nicomachean Ethics, Great Books of the Western World 9. Aristotle: II*(1952), The University of Chicago Press.

Carr, David(1999), "Virtue Akrasia and Moral Weakness", David Carr & Jan Steutel, eds., *Virtue Ethics and Moral Education*, New York and London: Routledge.

Cooper, N.(1971), "Further Thoughts on Ought and Wants", G. W. Mortimore, ed., *Weakness of Will*, London: Macmillan.

Dewey, John(1966), *Democracy and Education*, New York: Macmillan.

Dorter, Kenneth(1997), "Virtue, Knowledge, and Wisdom: Bypassing Self-Control", *The Review of Metaphysics* 51.2.

Edgley, R.(1969), *Reason in Theory and Practice*, London: Hutchinson.

Frankena, W. K.(1958), "Obligation and Motivation", A. I. Melden, ed., *Essays on Moral Philosophy*, Seattle: University of Washington.

Hare, R. M.(1978), *The Language of Morals*, Oxford: Oxford University Press.

Kohlberg, L.(1969), "The Cognitive-Developmental Approach to Socialization", D. A. Goslin, ed., *Handbook of Socialization Theory and Research*, Chicago: Rand McNally.

____(1970), "Education for Justice: a Modern Statement of the Platonic View", N. F. Sizer, ed., *Moral Education: Five Lectures*, Cambridge, MA: Harvard University Press.

Locke, Don(1983), "Moral Reasons and Moral Action", Helen Weinreich-Haste & Don Locke, eds., *Morality in the Making: Thought, Action, and the Social Context*, Chichester: John Wiley & Sons Ltd.

Pakaluk, Michael(2005), *Aristotle's Nicomachean Ethics*, Cambridge:

Cambridge University Press.

Plato, *Protagoras*, J. M. Cooper, ed.(1997), *Plato: Complete Works*, Indianapolis: Hackett Publishing Company.

____, *Meno*, J. M. Cooper, ed.(1997), *Plato: Complete Works*, Indianapolis: Hackett Publishing Company.

____, *Republic* IV, J. M. Cooper, ed.(1997), *Plato: Complete Works*, Indianapolis: Hackett Publishing Company.

____, *Timaeus*, J. M. Cooper, ed.(1997), *Plato: Complete Works*, Indianapolis: Hackett Publishing Company.

Ryan, K. & Bohlin, K. E.(1999), *Building Character in Schools: practical ways to bring moral instruction to life*, San Francisco: Jossey-Bass.

Straughan, Roger(1983), "From Moral Judgment to Moral Action", Helen Weinreich-Haste & Don Locke, eds., *Morality in the Making: Thought, Action, and the Social Context*, Chichester: John Wiley & Sons Ltd.

____(1989), *Beliefs, Behaviour and Education*, London: Cassell.

____(1999), "Weakness, Wants and the Will", J. M. Halstead & T. H. McLaughlin, eds., *Education in Morality*, London and New York: Routledge.

Thalberg, I.(1971), "Acting Against One's Better Judgment", G. W. Mortimore, ed., *Weakness of Will*, London: Macmillan.

박재주

경남고등학교를 졸업하고, 서울대학교 사범대학에서 문학사, 교육학 석사, 교육학 박사 학위를 받은 뒤, 한국학중앙연구원에서 철학(동양철학) 박사 학위를 받았다. 한국초등도덕교육학회 회장과 동양윤리교육학회 회장을 지냈으며, 1986년부터 지금까지 청주교육대학교 윤리교육과 교수로 재직하고 있다.

주요 저서로 『남북분단과 사상적 갈등』(공저, 1991), 『사회주의 체제의 변화와 적응』(공저, 1993), 『주역의 생성논리와 과정철학』(1999), 『동양의 도덕교육사상』(2000), 『서양의 도덕교육사상』(2003), 『문학 속의 도덕철학』(2010), 『동서양 세계관과 윤리관의 만남』(2011) 등이 있으며, 번역서로는 『현대 마르크스주의에 대한 이해』(공역, 1987), 『공산주의 정체체계』(공역, 1988), 『강한 민주주의』(1991), 『중국윤리사상사』(공역, 1997), 『주역과 전쟁윤리』(공역, 2004), 『윤리탐구공동체교육론』(공역, 2007), 『해의 양심과 달의 양심』(2008), 『공감과 도덕발달』(공역, 2011) 등이 있다. 논문으로는 「유가윤리에서의 공감의 원리」, 「덕의 통합성과 통합적 접근의 도덕교육」, 「철학적 탐구 공동체를 통한 함께 생각하기의 도덕교육」, 「도덕적 상상과 도덕적 판단의 연계성」, 「왜 그리고 어떤 서사적 접근의 도덕교육이어야 하는가?」, 「아크라시아와 도덕교육」 등 60여 편이 있다.

인격 함양의 도덕교육

1판 1쇄 인쇄	2012년 10월 15일
1판 1쇄 발행	2012년 10월 20일
지은이	박 재 주
발행인	전 춘 호
발행처	철학과현실사
등록번호	제1-583호
등록일자	1987년 12월 15일

서울특별시 종로구 동숭동 1-45
전화번호 579-5908
팩시밀리 572-2830

ISBN 978-89-7775-759-2 93190
값 20,000원

잘못된 책은 바꿔 드립니다.